Neff

JEAN-MICHEL CHARLIER
PIERRE DEMARET

DER BULLE

HOOVER VOM FBI

PAUL NEFF VERLA
WIEN · BERLIN

Nach der bei Robert Laffont, Paris, erschienenen Originalausgabe
HOOVER
aus dem Französischen übertragen von
MARIANNE HEINDL

ISBN 3-7014-0134-9

Alle Rechte vorbehalten
© 1976 by Robert Laffont, Paris
German Edition by Arrangement with Paul R. Reynolds, Inc. New York
Umschlag- und Einbandentwurf von Prof. Willi Bahner
Gesetzt aus der Garamond-Antiqua
Gedruckt und gebunden bei Wiener Verlag, Wien
Hergestellt im Auftrag des Paul Neff Verlages, Wien

INHALT

Vorwort / Die Legende und die Wahrheit		7
I	Der größte Lügner, den ich kenne	13
II	Muttersöhnchen und Musterschüler	27
III	Das FBI entsteht	39
IV	Kampf gegen die Kommunisten	55
V	Korruption und Ku-Klux-Klan	63
VI	Die perfekte Polizei	73
VII	Der Fall Lindbergh	81
VIII	Die Wissenschaft vom Verbrechen	91
IX	Der Staatsfeind Nr. 1	113
X	Die G-Männer	123
XI	Verbrechen macht sich nicht bezahlt	137
XII	Die „ehrenwerte Gesellschaft"	163
XIII	Agenten des Dritten Reiches	211
XIV	Das Netz der Sowjetspione	227
XV	Die Verbrechersyndikate	255
XVI	Martin Luther King und die Bürgerrechtsbewegung	283
XVII	Das Attentat von Dallas	317
XVIII	Der Tod eines Mannes, das Ende einer Ära	331
Anhang / Bibliographie		345

Vorwort

DIE LEGENDE UND DIE WAHRHEIT

Die außergewöhnliche Lebensgeschichte John Edgar Hoovers war fast ein halbes Jahrhundert lang eng mit der Geschichte des FBI, des berühmten amerikanischen „Federal Bureau of Investigation", verbunden. Obwohl Hoover selbst nicht der Schöpfer dieser Organisation war, kann er doch als ihr wahrer Begründer und Organisator gelten. Er war ihr Gott und ihr Tyrann in einer Person.

Hoovers Lebensgeschichte zu erzählen, heißt daher die Geschichte des „Bureaus" erzählen, das in wörtlicher Übersetzung nichts anderes ist als ein „Bundesbüro für Untersuchungen". Allerdings würde die Geschichte aller Kriminalfälle, die das FBI im Laufe der Zeit von 1928 bis heute gelöst hat, eine ganze Bibliothek füllen. Und so aufregend diese Fälle im einzelnen auch sein mögen, würden sie doch auf die Dauer langweilig wirken, wollte man sie wirklich alle ausführlich erzählen.

Die Tätigkeit des FBI besteht ja in noch viel größerem Maße als bei anderen berühmten Polizeidiensten zu einem großen Teil in Routinearbeit. Die Aufgabe der G-Männer — so sollte es ganz nach dem Willen John Edgar Hoovers sein — bestand und besteht aus gründlichem und minutiösem Teamwork. Ein schwieriger Fall setzt automatisch eine große Anzahl geschulter Agenten sowie alle Mittel, die der Organisation zur Verfügung stehen, in Bewegung: das Archiv, den Erkennungsdienst, die kriminaltechnischen Labors usw.

Es wird detaillierte Forschungsarbeit betrieben, die nach einem festen Schema abläuft, und in dieser Arbeit hätte die geniale Intuition eines Maigret oder Sherlock Holmes keinen Platz. Es gibt weder Stars noch einsame Abenteurer im FBI. Im Gegenteil: Die romantische, durch Filme genährte Vorstellung von den G-Männern, die schnell zur Pistole greifen, stimmt nicht. Obwohl sie alle pflichtgemäß ausgezeichnete Schützen sind, die mit der Pistole ebensogut umzugehen verstehen wie mit einem Präzisionsgewehr oder einer Maschinenpistole, sind sie in erster Linie wissenschaftlich geschulte Kriminalisten, die ihrer Arbeit eher hinter dem Schreibtisch oder in einem Laboratorium nachgehen als am Steuer eines Wagens, der mit heulenden Sirenen Gangster jagt, die ihre Flucht durch Feuer aus Maschinenpistolen zu decken versuchen.

Selbst wenn man sich auf die berühmtesten Fälle beschränken würde, wäre es eher ermüdend, die großen Erfolge des FBI in allen Einzelheiten zu erzählen. Wir schildern deshalb lediglich jene typischen Fälle, beispielhaften Arbeitsmethoden und charakteristischen Praktiken des „Bureaus", die in ihrer Gesamtheit das seltsame Wesen und die kraftvolle Persönlichkeit des FBI-Direktors widerspiegeln.

Den wahren John Edgar Hoover kannte ja kaum jemand. Er selbst war zeit seines Lebens unermüdlich bestrebt, an seiner eigenen Legende zu bauen und sein eigenes Image zu formen, das strahlend wie ein Bild aus einem Heldenepos wirken sollte. Für seine Landsleute und für die ganze Welt war er das Gewissen der Vereinigten Staaten und ihr Bollwerk gegen das Verbrechen. Achtzig Prozent der Amerikaner — das ergaben Befragungen — hielten ihn für unfehlbar.

Halb braver Pfadfinder, halb edler Ritter, der Gangster und Kidnapper bekämpfte wie der heilige Georg den Drachen — so sah sich Hoover selbst: Ein Held ohne Furcht und Tadel, wie aus dem Bilderbuch, der eine Armee „Unbestechlicher" befehligte,

VORWORT / DIE LEGENDE UND DIE WAHRHEIT

Männer in Filzhüten, die schneller schießen konnten als ihre Gegner, und die fähig waren, jedes Geheimnis zu enthüllen und jeden Fall zu lösen, auch wenn es kein anderes Indiz gab als ein verlorenes Haar oder eine verwehte Feder.

Doch schon vor seinem Tode wurde dieses vertrauenerweckende Bild, an dem Hoover so lange gearbeitet und das er der Öffentlichkeit aufgezwungen hatte, langsam zerstört, und der wahre John Edgar Hoover trat zutage. Dieser Zerstörungsprozeß wurde durch die Watergate-Affäre beschleunigt, in deren Gefolge die zwei großen Institutionen, die beauftragt waren, die Sicherheit der Vereinigten Staaten zu schützen, CIA und FBI, im Zwielicht erschienen.

In Oscar Wildes Novelle „Das Bildnis des Dorian Gray" verändert sich nach dem Tode plötzlich das schöne, engelsgleiche Gesicht des Helden und die verzerrten, lasterhaften und verwelkten Züge des Verbrechens und der Perversität werden am Toten sichtbar.

Vergleiche hinken stets ein wenig, aber nach dem Tode John Edgar Hoovers hat sich sein Image fast so drastisch gewandelt wie das Antlitz des Dorian Gray. Heute werden dem braven Pfadfinder und edlen Ritter von einst Machiavellismus, Zynismus und Gefühlskälte in einem Ausmaß vorgeworfen, das geradezu erschauern läßt. Bei aller Übertreibung, die in diesen Vorwürfen steckt, wird aber das gewandelte Image der faszinierenden und unheimlichen Persönlichkeit John Edgar Hoovers eher gerecht als die gutmütige und vertrauenerweckende Maske, die er sich selbst zurechtgelegt hatte.

Er war ohne jeden Zweifel einer der mächtigsten und gefährlichsten Männer der Vereinigten Staaten; eine graue Eminenz, die hinter den Kulissen agierte und entscheidenden Einfluß auf das politische Geschehen der letzten dreißig Jahre ausübte, indem er seine Befugnisse als Direktor des FBI in stetig zunehmendem Maße überschritt.

Diese Feststellung ist keine Übertreibung, und hinter ihr verbirgt sich nicht die Absicht, eine jener „Enthüllungsstorys" zu fabrizieren, die der Öffentlichkeit den Eindruck vermitteln sollen, Zeuge großer Verschwörungen und geheimer Machenschaften zu sein.

Die bloßen Fakten sind aufschlußreich und beängstigend genug: Ein Präsident der Vereinigten Staaten und mehrere Justizminister hatten die Macht, die Methoden und die Starrheit ihres obersten Polizeichefs zu kritisieren, ohne in der Lage zu sein, ihn zu entlassen. Sie konnten nicht einmal seine Pensionierung durchsetzen, obwohl er schon längst das erforderliche Alter erreicht hatte. Edgar Hoover vermochte ihnen zu trotzen und war dabei lediglich ein Beamter wie so viele andere. Und dabei wurden der Präsident und die Justizminister von vielen Abgeordneten und durch die Pressekampagne bedeutender Journalisten unterstützt, die sich nicht scheuten, Hoover mit dem Chef einer Art amerikanischer Gestapo oder GPU gleichzusetzen. Das alles ist um so erstaunlicher, als die Vereinigten Staaten eines der wenigen demokratischen Länder sind, in denen der Staatschef, ohne irgend jemandem eine Erklärung schuldig zu sein, seine Minister mit einem Federstrich entlassen kann.

So und nicht anders hat z. B. Präsident Gerald Ford im Jahre 1975 seinen Verteidigungsminister Schlesinger und den Chef des CIA, Colby, höflich, aber bestimmt aus ihren Ämtern entfernt. Vor allem aber werden in Amerika bei einem Präsidentenwechsel, insbesondere wenn er zugleich ein Wechsel der Macht zwischen Republikanern und Demokraten oder umgekehrt ist, bedeutende politische Funktionäre und hohe Beamte geradezu automatisch ausgetauscht. Um so bemerkenswerter war es, daß der demokratische Präsident Lyndon Johnson einen siebzigjährigen Mann, der keineswegs seiner Partei angehörte und damals in der Öffentlichkeit bereits lebhaft umstritten war,

VORWORT / DIE LEGENDE UND DIE WAHRHEIT

als Chef der wichtigsten Polizeibehörde der Vereinigten Staaten bestätigte.

Das war aber lediglich ein Beweis für die einmalige Machtposition, die sich Hoover geschaffen hatte. Er war der einzige Polizeichef der Welt, zu dessen Agenden nicht nur der Kampf gegen das Verbrechen, sondern auch die Überwachung des Personals aller Bundesbehörden, die Gegenspionage, der Nachrichtendienst, die politische Polizei und die Wirtschaftspolizei, insbesondere die Kontrolle der großen Industriekonzerne, gehörten. Er war auch der einzige Polizeichef der Welt, der 48 Jahre im Amt blieb und ohne Unterbrechung und Einschränkung über eine Armee von 6700 Spezialagenten verfügte. Diese Super-Polizisten waren ihrem Chef mit Leib und Seele ergeben, sie stellten nie einen seiner Befehle in Frage und nahmen es ohne ein Wort des Widerspruchs hin, wenn er ihnen nach eigenem Ermessen das Gehalt bis zu einem Drittel kürzte oder Überstunden aufzwang, die nicht bezahlt wurden. Im Vergleich mit John Edgar Hoover wirkt selbst Fouché wie ein bescheidener Amateur.

Mußte ein Polizeichef mit derartiger Machtfülle, der sich *motu proprio* zum Richter seiner Mitbürger erkoren fühlte und der in dieser selbsterwählten Eigenschaft nicht zögerte, selbst die obersten Repräsentanten der Vereinigten Staaten öffentlich zu tadeln, nicht der Versuchung erliegen, die unbeschränkten Untersuchungsmöglichkeiten und Untersuchungsergebnisse, die ihm zu Gebote standen, allenfalls als Druckmittel selbst gegen allerhöchste Autoritäten zu benutzen?

Und wenn ja: War das nicht Erpressung? Sicherlich nicht in seinen Augen! Im Innersten seiner Seele und vor seinem Gewissen scheint sich John Edgar Hoover als der aufrechte Verteidiger der Freiheit und der Größe Amerikas gefühlt zu haben. Diese Freiheit und diese Größe waren in seinen Augen durch die „Liberals", durch jene gefährlich progressiven Politiker bedroht, die zwar guter Absicht waren, von Feinden im In- und Ausland aber schamlos als Werkzeuge benutzt wurden. Er war überzeugt, der einzige zu sein, der dank seiner außergewöhnlich gut informierten Mitarbeiter imstande war, die machiavellistischen Umtriebe dieser in- und ausländischen Feinde zu durchschauen und ihre Machenschaften zu Fall zu bringen. Und wenn er zu diesem Zweck seinerseits eine große Zahl bedeutender Mitbürger zu seinen Werkzeugen machen mußte, dann deshalb, weil er als aufrechter und braver Amerikaner glaubte, daß man diese schwachen, ihrer Verantwortung offensichtlich nicht bewußten Menschen vor sich selbst schützen und sie notfalls *manu militarii* zu der wahren Erkenntnis des öffentlichen Wohls zurückführen mußte. Und die wahre Erkenntnis war natürlich das, was Hoover für wahr erkannte.

Diese Charakterzüge, die faszinierend und beängstigend zugleich sind, verleihen der Persönlichkeit John Edgar Hoovers eine ganz andere Dimension als die eines bloßen Super-Kommissars in einem aufregenden Kriminalstück. Deshalb haben wir uns, ohne seine großen Leistungen im Kampf gegen das Verbrechen in den Vereinigten Staaten unterschätzen oder gar unterdrücken zu wollen, nicht auf eine simple chronologische Aufzählung der großen Fälle beschränkt, die das FBI gelöst hat. Wir haben vielmehr versucht, wo immer es möglich war, den schwierigen, widersprüchlichen Charakter des Mannes zu erhellen, den man „Mr. FBI" oder schlicht und einfach den „Direktor" nannte.

Jean-Michel Charlier
Pierre Démaret

I

DER GRÖSSTE LÜGNER, DEN ICH KENNE

„Martin Luther King, das ist doch bekannt, ist der ärgste Lügner der Vereinigten Staaten." Dieser Satz fällt plötzlich in die Stille eines aufmerksam lauschenden Auditoriums. Betroffenes Schweigen folgt. Ungläubig betrachten die Zuhörerinnen, die Redakteurinnen der größten Frauenzeitschriften der Vereinigten Staaten, den kleinen, untersetzten Mann, der sich auf Einladung der gefürchteten Klatschkolumnistin einer texanischen Zeitung, Sarah MacClandon, seit drei Stunden bei einer Tasse Kaffee den Fragen der Damen stellt. Und es sind viele Fragen, die auf John Edgar Hoover, den Chef des FBI, niederprasseln.

Es ist Mitte November 1964. Ein Jahr zuvor ist Präsident Kennedy ermordet worden, und das Land steckt in einer tiefen Krise. Die Warren-Kommission, die beauftragt worden war, das Attentat und seine Hintergründe zu untersuchen, hat einen Bericht erstellt, der viele Lücken enthält und ebenso vielen Vermutungen Raum gibt. In Vietnam herrscht der Krieg. Die Jugend protestiert. Sie hat die Drogen entdeckt, und Universitätsprofessoren preisen in aller Öffentlichkeit die Glücksgefühle, die das LSD zu vermitteln vermag. Die Rassenunruhen verschärfen sich unter dem Druck von Organisationen, deren Ziel die Entfachung der Gewalt ist: Die Black Muslims Elijah Muhammeds, die Afro-Amerikanische Einheit des Malcolm X und die Anhänger von Robert Williams, der nach Kuba geflüchtet ist und von dort seine Rassenbrüder aufruft, sich zu bewaffnen und die Weißen am Tage X zu töten. Das war in jenem Sommer, in dem zum ersten Mal im Norden der Vereinigten Staaten kurze, aber blutige Aufstände in New Yorks Negerviertel Harlem und in mehreren anderen Städten ausbrachen.

Turmhoch über diesen Agitatoren stand ein Mann, auf den ganz Amerika blickte: Martin Luther King. Präsident Kennedy hatte ihn im Jahre 1962 im Weißen Haus als ebenbürtigen Gesprächspartner empfangen. Am 23. August 1963 gelang es King, 250.000 Menschen, darunter 60.000 Weiße, zu einem Protestmarsch nach Washington zu vereinigen. Das Nachrichtenmagazin „Time" wählte ihn zum Mann des Jahres. Sein Ruf drang über die Grenzen Amerikas, und im September 1964 wurde er nach Europa eingeladen. Willy Brandt und Papst Paul VI. empfingen ihn; im gleichen Jahr erhielt er den Friedensnobelpreis. Für Hoover aber war er der bedeutendste und zugleich gefährlichste Gegner. Seit Monaten führte Martin Luther King einen erbitterten Feldzug gegen das FBI. Nach den Rassenunruhen in Albany im Staate Georgia beschuldigte er Hoover, daß dieser in den Südstaaten nur Südstaatler, die eo ipso Rassisten seien, als FBI-Agenten einstelle und in der Zentrale des FBI in Washington ebenfalls eine Personalpolitik der Rassendiskriminierung betreibe. Die Presse und zahlreiche Bürgerrechtsorganisationen griffen Hoover im gleichen Sinne an, der sich daraufhin vehement, aber sachlich mit einer Fülle von Dementis und Klarstellungen verteidigte. Nun aber schien er, offensichtlich verärgert durch die Fragen der Journalistinnen, zum ersten Male die Haltung verloren zu haben; zornig und wiederholt, als fürchte er, nicht verstanden zu werden, erklärte Hoover: „Martin Luther King ist der verdammteste Lügner, den ich kenne!"

Das war eine Beschuldigung, die um so schwerer wog, als in den Vereinigten Staaten die Gerichte Verleumdungen unnach-

KAP. I / DER GRÖSSTE LÜGNER, DEN ICH KENNE

sichtlich ahnden. Als der Milliardär Howard Hughes einmal auf einer Pressekonferenz ähnliches über einen Mitarbeiter gesagt hatte, wurde gegen ihn eine Klage über zwei Millionen Dollar Schadenersatz eingebracht.

Das Gesicht des FBI-Chefs war wieder unbeweglich geworden. Je älter er wurde, desto mehr glich er einem chinesischen Mandarin. Hinter schweren Lidern blickte er leicht amüsiert vor sich hin und tat nur so, als ob er Entsetzen und Entrüstung seiner Zuhörerinnen gar nicht bemerkt hätte. Der Rest des Pressegespräches war uninteressant. Die Damen hatten nur einen Gedanken: So bald wie möglich in ihre Redaktionen zurückzukehren, um zunächst ihren Kollegen und im weiteren Verlauf der Öffentlichkeit die unglaubliche Bemerkung des FBI-Chefs über den Nobelpreisträger mitzuteilen.

Am nächsten Tag brachten alle Zeitungen Hoovers Beschuldigung als Schlagzeile. Der Skandal war groß. Die Organisation zum Schutze der Verfassungsrechte wandte sich sofort an Präsident Johnson und verlangte Entschuldigungen und Maßnahmen gegen Hoover. Aus Freeport auf den Bahamas, wo er seine Dankrede für die Verleihung des Nobelpreises vorbereitete, schickte Martin Luther King folgendes empörte Telegramm: „Ich bin sehr betroffen von Ihrer Erklärung, die meine Ehre aufs Spiel setzt. Ich kann mir nicht erklären, was Sie zu dieser so unwürdigen und ungerechtfertigten Beschuldigung getrieben hat. Ich habe sicherlich die Fähigkeit des FBI in Zweifel gestellt, jedoch nie seine Integrität."

In einer Pressekonferenz, die er am nächsten Tag gab, bemerkte Martin Luther King ironisch, daß die große Verantwortung und die Sorgen, die auf dem FBI-Chef lasteten, vielleicht dazu beigetragen hätten, seinen Geist zu verwirren.

Hoover antwortete nicht. Ohne Zweifel war seine Empörung echt und der Zorn, den er vor den Journalistinnen gezeigt hatte, zumindest zum Teil gerechtfertigt. Seit Wochen waren fünfzig

Agenten des FBI auf der Suche nach drei aus dem Norden stammenden jungen Bürgerrechtskämpfern, die in Jackson im Staate Mississippi verschwunden waren. Hoover, der Präsident Johnson täglich über die Affäre persönlich berichtete, hatte ein eigenes Büro des FBI in der Stadt eröffnet, obwohl er sich damit Angriffen der Presse in den Südstaaten aussetzte, die ihn beschuldigte, nur auf seine persönliche Publicity bedacht zu sein. Martin Luther King seinerseits kritisierte die Beamten des FBI, obwohl sie aus dem Norden kamen, und behauptete, daß sie die Tätigkeit des Ku-Klux-Klan deckten. Hoover war darüber mit Recht empört; er wußte, daß seine Beamten täglich Drohbriefe bekamen und daß man ihnen Giftschlangen in die Autos warf.

Aber so groß Hoovers Verbitterung über die Haltung der farbigen Führer auch gewesen sein mag, so wenig handelte er ausschließlich aus Empörung, als er den Friedensnobelpreisträger als Lügner bezeichnete. Er handelte vor allem aus Berechnung, und King ging in die Falle, als er Hoover den Vorschlag machte, sich mit ihm zu treffen, um dessen Anschuldigungen zurückzuweisen.

Ein solches Zusammentreffen hatte sich Hoover schon seit langem insgeheim gewünscht. Aber er wollte nicht den ersten Schritt dazu tun, denn das wäre ihm wohl als Schwäche ausgelegt worden und hätte einen Triumph für die Organisationen der Farbigen bedeutet. So war es nun King, der dank eines wohlausgeklügelten Planes zu ihm kam.

Das FBI überwachte den Pastor schon seit Jahren, und zwar seitdem er als Mitglied der „National Association for the Advancement of Coloured People", der mächtigsten Bürgerrechtsorganisation des Landes, im Jahre 1955 in Montgomery im Staate Georgia zum ersten Male das Aufsehen der Öffentlichkeit erregt hatte.

Damals hatte King gegen die Verhaftung einer schwarzen

KAP. I / DER GRÖSSTE LÜGNER, DEN ICH KENNE

Arbeiterin protestiert, die sich geweigert hatte, in einem Autobus ihren Platz einem Weißen zu überlassen. Er organisierte einen Boykott der städtischen Autobusse durch die Farbigen, der 382 Tage dauerte. Von da an war King, der ein Doktorat der Theologie besaß und in Harvard und in Pennsylvania unterrichtet hatte, trotz oder eigentlich wegen mehrerer Aufenthalte im Gefängnis eine Art von Nationalheld und der Bannerträger im Kampf gegen die Rassendiskriminierung. Allein im Jahre 1957 hatte er mehr als 1,2 Millionen Kilometer zurückgelegt und 258 Reden gehalten. Er publizierte Bücher und im Jahre 1959 besuchte er Indien, wo ihn die Lehre Gandhis vom Verzicht auf die Gewalt tief beeindruckte. In die Vereinigten Staaten zurückgekehrt, verkündete er die Taktik der Massendemonstrationen und der Anti-Rassentrennungs-Märsche, an denen eine immer größere Anzahl von Intellektuellen und Studenten aus den Reihen der weißen Bevölkerung teilnahm.

Als Demokraten und Katholiken waren John und Robert Kennedy sehr darauf bedacht, die Unterstützung der schwarzen Bevölkerungsschichten für die Wahlen zu gewinnen. Sie bekundeten eine gewisse Sympathie für Martin Luther King, und das beunruhigte Hoover, der mit den Brüdern Kennedy im offenen Konflikt stand, nachdem sie im Gefolge der Präsidentenwahlen des Jahres 1960 an die Macht gekommen waren.

Die beiden Brüder ihrerseits brachten Hoover keine große Sympathie entgegen. Robert Kennedy, der Justizminister, machte kein Hehl aus seiner Absicht, den FBI-Chef bei erster Gelegenheit zu beseitigen. Was Hoover, der als eingefleischter Antikommunist die Gefahren der sowjetischen Spionage in Amerika überaus ernst nahm, am meisten beunruhigte, waren die engen Beziehungen, die zwischen dem Pastor und den „Roten" zu bestehen schienen. Am Beginn seiner Laufbahn hatte Martin Luther King an Demonstrationen linksgerichteter Organisationen teilgenommen, und auf Hoovers Schreibtisch häuften sich die Berichte über Kontakte des Pastors mit den Führern der illegalen Kommunistischen Partei der Vereinigten Staaten.

Er informierte Robert Kennedy, der als Justizminister sein unmittelbarer Vorgesetzter war, und dieser machte daraufhin Martin Luther King in aller Freundschaft entsprechende Vorhalte. Aber trotz formeller Versprechungen tat King nichts, um seine Beziehungen zum kommunistischen Untergrund abzubrechen; er wechselte lediglich seine Kontaktmänner.

Hoover schickte daraufhin ständig neue Berichte an Robert Kennedy. Das war zur Zeit des mißglückten Landungsversuches in der Schweinebucht von Kuba, der kubanischen Anschläge in den USA und der Konfrontation zwischen Nikita Chruschtschow und John Kennedy im Gefolge der Installierung sowjetischer Raketen auf Kuba.

Nun war auch Robert Kennedy ernstlich beunruhigt und schlug, obwohl er das später leugnete, Hoover vor, Martin Luther Kings Telephongespräche abhören zu lassen. Das ließ sich der FBI-Chef nicht zweimal sagen. Es erwies sich aber als eher schwierig, die Gespräche des Pastors, der von einer Stadt zur anderen reiste, zu überwachen. Das FBI hatte allerdings schon schwierigere Probleme gelöst. Am 7. Oktober 1963 teilte Hoover auf eine Anfrage des Justizministers mit, daß elektronische Abhöranlagen Tag und Nacht die zwei von King am häufigsten benutzten Leitungen überwachten, nämlich die seiner Büros in Atlanta und New York. Am 10. Oktober bekräftigte Robert Kennedy Hoovers Maßnahme, indem er sie gegenzeichnete.

In kurzer Zeit stellte das FBI dank dieser Abhöranlagen fest, daß der Pastor sehr wohl noch immer mit den wichtigsten Mitgliedern des kommunistischen Untergrunds in Verbindung war. Neuerlich vor den Justizminister zitiert, versprach King abermals, seine verdächtigen Kontakte abzubrechen, und tat wiederum nichts desgleichen. Er benutzte lediglich in Hinkunft verläßliche Mittelsmänner und vermied es, zu telephonieren.

KAP. I / DER GRÖSSTE LÜGNER, DEN ICH KENNE

Es war jedoch zu spät für ihn. Die Abhöranlagen hatten Hoover auch Informationen anderer Art vermittelt, die in seinen Augen äußerst wichtig waren und die seine puritanische Mentalität schwer erschütterten. Auf seinen Reisen unterhielt King Beziehungen zu einer großen Anzahl junger Mädchen, Beziehungen, die oft sehr nahe an der Grenze der Verführung Minderjähriger lagen. Das wäre bereits für einen einfachen Staatsbürger peinlich genug gewesen; für den Vorkämpfer der Bürgerrechtsbewegung, einen Pastor und vielfachen Familienvater, der gerne öffentlich sein Familienleben als Beispiel pries, kamen diese Informationen im Besitz des FBI einer Katastrophe gleich.

Das war der eigentliche Hintergrund des Zornesausbruches, mit dem Hoover im Verlauf des Pressegespräches die Journalistinnen überrascht hatte. Seine Beschuldigungen waren als Provokation gedacht gewesen, und Martin Luther King ließ sich prompt provozieren.

Ende 1964 erschien er, begleitet von seinen Beratern, den Pastoren Young und Fontroy, im Hauptquartier des FBI. Es war ein großes Ereignis. Das Fernsehen war erschienen und filmte den Friedensnobelpreisträger, der, bevor er das dunkel getäfelte Arbeitszimmer des FBI-Chefs betrat, erklärte: „Ich bin gekommen, um Mr. Hoover darzulegen, daß es keine Mißverständnisse mehr zwischen dem FBI und den Farbigen, die im Süden für die Bürgerrechte kämpfen, geben soll, sondern eine Zusammenarbeit, die zum Ziele haben muß, die Rechte aller Staatsbürger ohne Unterschied zu schützen."

Die Unterredung dauerte siebzig Minuten und fand hinter verschlossenen Türen statt. Der einzige Zeuge war Hoovers unmittelbarer Mitarbeiter Deke de Loach. „Es hat ein sehr reges Gespräch zwischen den beiden Männern gegeben", berichtete de Loach nachher. „Dann waren alle Gegensätze bereinigt."

Martin Luther King, der erwartet hatte, wegen seiner Kontakte mit den Kommunisten befragt zu werden, war statt dessen mit dem Dossier über seine amourösen Eskapaden konfrontiert worden, das ihm Hoover voll Entrüstung vorgelegt hatte. King war daraufhin aus der Fassung geraten. In welchem Sinne die beiden Männer schließlich auseinandergingen, weiß niemand. Fest steht, daß Martin Luther King, als er sich nach der Unterredung von Fernsehreportern umringt sah, eine sehr gemäßigte Erklärung abgab: „Als überzeugter Verfechter der Gewaltlosigkeit muß ich mit allen Mitteln den Kontakt zu den Leuten aufrechterhalten, die sich bemühen, den Menschen zu helfen, die leiden, weil ihnen die elementaren Bürgerrechte vorenthalten werden. Deshalb bin ich glücklich über diese Unterredung mit Mr. Hoover. Ich glaube aufrichtig, daß wir die Mißverständnisse der Vergangenheit vergessen können und daß wir zusammen weiterhin die Aufgabe erfüllen werden, die der Präsident, der Kongreß und der Oberste Gerichtshof der USA als die wichtigste betrachten: Freiheit und Gerechtigkeit für alle Bürger dieses Landes zu garantieren." Im übrigen führte Martin Luther King seinen Kampf für die Bürgerrechte weiter, doch was das FBI betraf, so verhielt er sich fortan schweigsam.

Bei den radikalen Führern der Farbigen galt der Pastor daraufhin bald als Verräter. In einem Gespräch mit dem Journalisten Jack MacLean sagte später einmal Cassius Clay alias Muhammed Ali, der sich nicht nur als Boxer, sondern auch als einer der Sprecher der „Black Power" kein Blatt vor den Mund nahm: „Er hat euch gefallen, der Pastor? Das war doch ein Windbeutel, ein Nichtsnutz. Solchen Typen verdanken die Neger ihre Unterdrückung in Amerika, solchen alten Onkel Toms. Seine militanten Aktionen waren nichts wert. Überall schleppte er sein Weib und seine Brut mit. Immer betete und predigte er, wir wären auch Menschen genau wie die Weißen ..."

Der King- und Kennedy-Verein hat beiden Rassen mehr

KAP. I / DER GRÖSSTE LÜGNER, DEN ICH KENNE

Böses zugefügt als alle Gemeinheiten, die wir seit mehreren Jahrhunderten haben einstecken müssen. Denn die Schwarzen haben daran geglaubt, dank diesem Waschlappen von einem King! Wenn es nur Typen wie den Pastor gegeben hätte, wäre in zwanzig Jahren das ganze schwarze Amerika zu ‚Niggern' degradiert worden, und unsere Kinder könnten in den Gettos verkommen, ohne jemals am politischen, wirtschaftlichen oder gesellschaftlichen Leben des Landes teilhaben zu können."

Am 9. Februar 1965 wurde King noch einmal im Weißen Haus von Präsident Johnson und Vizepräsident Humphrey empfangen. Aber niemals wieder griff er das FBI und seinen gefährlichen Chef an, und außerdem hatte er sich von den Kommunisten distanziert.

Am 4. August 1968 hielt sich Martin Luther King in Memphis, im Staate Tennessee auf, wo er im Motel „Lorraine" abgestiegen war. Er war in die Stadt gekommen, um einen seit zwei Monaten andauernden Streik städtischer Arbeiter zu unterstützen. King stand am offenen Fenster seines Motel-Zimmers und unterhielt sich mit Freunden, als auf einmal ein dumpfer Knall zu hören war. Der Pastor brach zusammen, fiel mit dem Gesicht auf den Boden und blieb in einer riesigen Blutlache liegen. Eine Kugel aus einem großkalibrigen Gewehr hatte ihn in den Kopf getroffen.

Das FBI war rasch zur Stelle und ging mit aller Energie daran, den Mörder zu ermitteln und zu fassen. Eine Menschenjagd, die Millionen Dollar kostete, begann. Deke de Loach, der einzige Mann, der bei der Unterredung zwischen Hoover und King im Jahre 1964 anwesend war, leitete sie.

Der Schuß war aus dem Fenster einer billigen Familienpension abgefeuert worden, die sich gegenüber dem Hotel befand. Im dazugehörenden Zimmer fand man ein Gewehr mit Zielfernrohr und den Toilettenkoffer des Mörders. Die Waffe war in Birmingham gekauft worden. Sonst gab es keine Spuren außer einem Viertel von einem Fingerabdruck auf dem Lauf des Gewehrs und einem weiteren teilweisen Fingerabdruck auf einer Rasierklinge, die in dem Toilettenkoffer gefunden wurde. Der Mörder war in einem weißen Mustang, Modell 1966, geflohen. Ein mysteriöser Hinweis, der über die Wellenlänge des Polizeifunks ging und dessen Herkunft nie festgestellt wurde, lenkte die Verfolger in die falsche Richtung. Sechs Tage lang versuchten die Polizisten, den Mörder zu identifizieren, von dem man nur wußte, daß er ein etwa 25- bis 40jähriger Mann war, von dem lediglich eine sehr vage Personenbeschreibung vorlag.

Der Erkennungsdienst des FBI führte die Untersuchung schließlich aus der Sackgasse. Aus der Fingerabdruckkartei waren 25.000 Abdrücke, die in Frage kamen, ausgesucht worden, und darauf gelang es den Experten, innerhalb von 15 Stunden die Abdrücke zu finden, die den Fragmenten auf dem Gewehr und dem Rasierapparat entsprachen. Sie gehörten James Earl Ray, der am 23. April 1967 aus der Strafanstalt in Missouri, wo er eine Strafe wegen eines Raubüberfalls verbüßte, entsprungen war. Die weitere Spur führte nach Atlanta, wo man den weißen Mustang fand; der Aschenbecher des Wagens war voller Zigarettenstummel, obwohl Ray kein Raucher war. Ray selbst war verschwunden. Das FBI verfolgte seine Spur nach Kanada, doch war er inzwischen schon nach Europa gelangt. Zwei Agenten des FBI folgten ihm nach Portugal; Ray war aber bereits in England eingetroffen, von wo er sich nach Afrika einschiffen wollte. Ein Geheimnis war, woher der entsprungene Häftling das Geld hatte, das er mit vollen Händen ausgab.

In London wurde Ray auf Ersuchen des FBI von Scotland Yard angehalten. Der Verdächtige war aber mit den englischen Gesetzen, die ihm erlaubten, die Abnahme von Fingerabdrük-

KAP. I / DER GRÖSSTE LÜGNER, DEN ICH KENNE

ken zu verweigern, und die Polizei zwangen, ihn nach kurzer Zeit auf freien Fuß zu setzen, offensichtlich wohlvertraut. Die englischen Beamten informierten ihre amerikanischen Kollegen, die ihrerseits einen Vorschlag zur weiteren Vorgangsweise machten. Ray wurde einige Stunden lang ohne Unterbrechung, aber auch ohne Erfolg verhört. Schließlich erklärte man ihm mit den gebührenden Entschuldigungen, daß er nunmehr freigelassen werde. Zugleich brachte man Ray, der den ganzen Tag weder gegessen noch getrunken hatte, Brötchen und ein Glas Bier. Durstig und in der freudigen Gewißheit seiner wiedergewonnenen Freiheit, konnte er, während das Protokoll des Verhöres getippt wurde, dem kühlen Glas Bier nicht widerstehen. Kaum aber hatte er einen Schluck gemacht, nahm man ihm das Glas, auf dem deutliche Fingerabdrücke zu finden waren, aus der Hand.

Damit war Ray in die Falle gegangen. In die USA ausgeliefert, wurde er nach Memphis gebracht, wo er sich vor dem Untersuchungsrichter für schuldig bekannte, aber erklärte, nur ein gedungener Mörder zu sein. Ein gewisser Raoul habe ihn geheuert und ihm das nötige Geld für die Tat und die Flucht gegeben. Weitere Aussagen zu machen, weigerte er sich. Er gab dem Untersuchungsrichter so spärliche Auskünfte, daß man sich fragte, ob er nicht einfach die Rolle des Lockvogels spielte, um die Aufmerksamkeit von dem wahren Mörder abzulenken. Allerdings befragte man ihn seltsamerweise auch so wenig wie möglich.

Der Prozeß, der zweimal vertagt werden mußte, da Ray seine Anwälte wechselte, brachte auch keine Klarheit. Rechtsanwalt Foreman, den Ray schließlich gewählt hatte, schien eine seltsame Auffassung von seiner Aufgabe als Verteidiger zu haben. Weit davon entfernt, die Rolle seines Klienten zu unterspielen, indem er die These einer weitläufigen Konspiration vertrat, in der sein Klient nur eine untergeordnete Rolle als Vollstrecker gespielt habe, belastete er Ray, bevor noch der Prozeß begonnen hatte, in einem Fernsehinterview schwer. Er erklärte sich von der Schuld seines Mandanten überzeugt und behauptete, dieser habe, von primitivem Rassenhaß getrieben, allein gehandelt. Danach war der Prozeß eigentlich nur mehr eine Formalität. Das Urteil, das auf 99 Jahre Gefängnis lautete, war ein Kompromiß zwischen Anklage und Verteidigung. Jene hatte darauf verzichtet, die Todesstrafe zu fordern, unter der Bedingung, daß diese auf Berufung verzichte.

Der Skandal war groß. Die amerikanische Presse war empört und beschuldigte Richter Battle, er habe auf höheren Befehl den Fall vertuschen wollen. Tatsächlich ist keines der Geheimnisse um den Tod Martin Luther Kings jemals gelüftet worden. Man hat nicht einmal den Schleier über die Beweggründe seines Mörders, über die allfällige wahre Identität des angeblichen Raoul und noch weniger über die Anstifter des Mordanschlages heben können. Allein die gigantischen Summen, über die James Earl Ray verfügte, genügten, um die lächerliche These seines Anwaltes von der Alleintäterschaft zu erschüttern.

Aber das FBI, das so eifrig bei der Verfolgung des Mörders gewesen war, schien nun auf einmal untätig und geradezu apathisch. Trotz der Proteste, die sich auf Hoovers Schreibtisch häuften, erbrachte das FBI keine Antwort auf die vielen Fragen, die bis heute offengeblieben sind.

Im August 1969 widerrief Ray die Zusagen, die Rechtsanwalt Foreman gemacht hatte, und verlangte am 15. März 1970 die Wiederaufnahme seines Prozesses. Wenige Tage danach, am 31. März, fand man Richter Battle tot in seinem Arbeitszimmer auf. Diagnose: Herzschlag. Am 26. Mai wurde Rays Antrag vom Obersten Gerichtshof abgelehnt. Der Prozeß wurde nie mehr aufgenommen.

War er ein Mörder im Solde weißer Rassenfanatiker gewesen, die den unaufhaltsamen Aufstieg des gefährlichen „Schwarzen"

KAP. I / DER GRÖSSTE LÜGNER, DEN ICH KENNE

verhindern wollten? War er das Opfer ausländischer Geheimdienste, die hofften, daß der Tod Kings eine Welle von Rassenunruhen in den Vereinigten Staaten auslösen würde? War er am Ende nichts anderes als der weiße Vollstrecker, den schwarze extremistische Organisationen gedungen hatten, für die Martin Luther King nichts anderes war als ein von Hoover umgedrehter Verräter?

Ganz und gar unwahrscheinlich ist es jedenfalls, daß Hoover nicht alles unternommen hat, um den Tod des Pastors restlos aufzuklären, und ebenso unwahrscheinlich ist es, daß er dabei keinen Erfolg gehabt haben sollte. Er selbst und Deke de Loach kannten sicherlich die ganze Wahrheit über die Hintergründe und die Verantwortlichen des Attentats.

Offen bleibt nur, warum sie schwiegen. Die Gründe lassen sich vermuten. Verbreitung der Wahrheit hätte nichts an dem tragischen Schicksal des Negerführers und seiner Familie geändert. Aber indem man die wahren Schuldigen, wer immer sie auch waren, der Öffentlichkeit preisgegeben hätte, wären wahrscheinlich politische und rassische Unruhen mit unvorhersehbaren Folgen entfesselt worden. Hoover hatte zuviel politischen Instinkt und war viel zu sehr um die Aufrechterhaltung der öffentlichen Ordnung besorgt, als daß er dieses Risiko eingegangen wäre, um so mehr, als die Möglichkeit bestand, daß dabei sein persönliches Image und der Ruf des FBI gelitten hätten.

Alle diese Überlegungen führen aber weit weg von dem väterlichen und vertrauenswürdigen Image des Polizisten ohne Furcht und Tadel, der einzig und allein damit beschäftigt ist, das Verbrechen zu bekämpfen. Im Lichte des Falles Martin Luther King — und es hat in der Geschichte des FBI manchen ähnlichen Fall gegeben — erscheint ein neuer Hoover, ein gefährlicher, unerbittlicher und listenreicher Mann hinter der Maske des sympathischen und etwas rauhen Pfadfinders, des harten, aber reinen Helden aus dem Kriminalroman. Dieser

Hoover ist ein Drahtzieher hinter den Kulissen, ein Manipulator von Akten und Dossiers, ein Mann, der mit Ehre und Ruf prominenter Bürger spielt, gestützt auf ein unschätzbares Druckmittel in seiner Hand: vertrauliche Berichte, die in einem halben Jahrhundert besessener Arbeit als diktatorischer Alleinherrscher über den mächtigsten Polizeiapparat der Welt in seine Hände gelangt sind.

Die Präsidenten kamen und gingen — er sah acht an sich vorbeiziehen —, aber Hoover blieb. Ob sie Demokraten oder Republikaner waren, ob sie ihn schätzten oder haßten, sie mußten ihn schalten und walten lassen. Seine Macht war unerschütterlich. Er war eine Institution, eine Säule des Staates, die niemand erschüttern konnte. Im Gegenteil: Er brachte seine Gegner zu Fall, wenn sie unvorsichtig oder töricht genug waren, den Versuch zu machen, ihn zu stürzen. Er trotzte dem Kongreß, den Justizministern, die seine Chefs waren, den Untersuchungsausschüssen, der Presse und damit einem beachtlichen Teil der öffentlichen Meinung Amerikas. Er tadelte, verdammte, erteilte Zensuren für staatsbürgerliche Tugenden, und obwohl er stets beteuerte, ein Bürger wie jeder andere zu sein, war er, besonders während der letzten 25 Jahre seines Lebens, einer der mächtigsten geheimen Herrscher der USA.

Wie aber hatte er diese unbezwingbare und sagenhafte Macht erlangt?

II

MUTTERSÖHNCHEN UND MUSTERSCHÜLER

Die harte, unerbittliche, fast unmenschlich erscheinende Persönlichkeit Hoovers und seine sehr persönlichen Auffassungen von den Aufgaben eines Polizeichefs trugen ihm während seiner Laufbahn viel unversöhnlichen Haß und fast ständige Angriffe ein. Das hinderte ihn jedoch nicht daran, seiner Arbeit mit unermüdlicher Zähigkeit und unbezähmbarem Pflichtgefühl nachzugehen. Er hatte etwas von einer Bulldogge an sich, auch rein äußerlich in Ansehen und Gestalt.

Zeit seines Lebens blieb er den Gewohnheiten seiner Jugend treu. Er stand früh auf und sah nach seinen Blumen. Dann verschlang er rasch sein Frühstück, das aus Orangensaft, gebratenem Speck, von dem er einen Großteil an seinen Hund verfütterte, und aus einer Tasse schwarzem Kaffee bestand. Sein Chauffeur, der zugleich sein Leibwächter war, brachte ihn um Punkt 9 Uhr ins Büro. Wenn das Wetter schön war, pflegte er oft seinen gepanzerten, wegen seines Gewichtes mit einem Lastwagenmotor ausgerüsteten Cadillac zu verlassen, um ein wenig zu Fuß zu gehen. Der FBI-Chef hatte vier dieser Fahrzeuge, eines mehr als der Präsident der Vereinigten Staaten.

Alles in allem war Hoover der Prototyp jenes amerikanischen Kleinbürgers, den so viele Europäer nicht mögen: Chauvinist, Patriot, Fremdenhasser, mit einem gewissen Einschlag von Rassenhaß und streng konservativ. Natürlich wählte er die Republikanische Partei und blieb sein ganzes Leben lang unerschütterlich von der Überlegenheit des „American Way of Life" und der gottgegebenen Mission der Vereinigten Staaten als Vorkämpfer des Rechts und der Freiheit in der Welt überzeugt. Diese Ideale, die er in dem gleichen Maße, in dem er ihnen anhing, auch selbst verkörperte, haben zu seiner Popularität in breiten Schichten der amerikanischen Bevölkerung mindestens ebensoviel beigetragen wie seine Leistungen an der Spitze des FBI. In dem gleichen Maße, in dem die alten Werte dahinschwanden, waren es aber dann auch diese Ideale, die ihm anfänglich die ironische Geringschätzung und später die konzentrierten Angriffe der intellektuellen Kreise des Landes einbrachten.

John Edgar Hoover wurde am 1. Januar 1895 geboren. Seine Familie stammte aus der Schweiz und hatte sich um 1800 in der amerikanischen Hauptstadt niedergelassen. Damals bestand Washington noch hauptsächlich aus engen Gassen und Häusern, die erst im Bau waren. Sein Großvater und sein Vater waren kleine Beamte in der staatlichen Vermessungsanstalt gewesen. Das Haus der Familie lag im Südosten der Stadt, 413 Seward Square, und spiegelte die finanzielle Lage der Hoovers wider.

Es war ein zweistöckiges gemauertes Gebäude, bequem und solide, die Fenster waren mit geblümten Vorhängen geschmückt. Das Haus befand sich in der Nähe des Kapitols, an dessen Bau einer der Onkel John Edgars als Maurer mitgearbeitet hatte. Die Hoovers führten ein anständiges Leben, ruhig und sauber, unter dem beherrschenden Einfluß der Mutter Edgars, Annie M. Scheitlin-Hoover. Sie war eine sehr fromme Frau, und ihre Tugendhaftigkeit war weithin bekannt. Man sagte, sie sei geradezu ein Hausdrachen gewesen und habe Haushalt und Familie drakonisch regiert. Andererseits strahlte sie aber doch auch große Güte aus, die später die Kollegen ihres Sohnes im FBI veranlaßte, sie vertrauensvoll Mama Hoover zu nennen.

KAP. II / MUTTERSÖHNCHEN UND MUSTERSCHÜLER

Es war in erster Linie sie, die das Leben ihres Sohnes nachhaltig beeinflußte. Zu seinem Vater, einem kleinen Bediensteten in der Druckerei der Vermessungsanstalt, hatte John Edgar keine sehr herzlichen Beziehungen. Mama Hoover vergötterte den Knaben, obwohl sie noch einen älteren Sohn, Dickerson, hatte. Sie machte Edgar zum Mittelpunkt eines Kultes, in dessen Dienst sich auch Dickerson stellen mußte. Stundenlang hatte der ältere Bruder das Baby bei Wind und Wetter und ohne Rücksicht auf seine eigenen Freizeitinteressen spazierenzuführen. Noch Jahre später sagte Dickerson Hoover in einem Interview mit der „Washington Post", er habe Edgar in seinem alten Kinderwagen Tausende von Kilometer rund um den Capitol Hill geschleppt.

Wie seine Mutter war John Edgar streng religiös und ehrlich fromm. Sehr bald geriet er unter den Einfluß des Reverend Campbell McLeod, des Pastors der Presbyterianischen Kirche, die seine Familie besuchte, und ohne Übertreibung kann man behaupten, daß Hoover in seiner Jugendzeit in Washington ein wahrer Betbruder war. Als Belohnung für seinen Eifer beim Sonntagsgottesdienst erhielt er eine Bibel, die ihn bis zu seinem Tode begleitete, und zeit seines Lebens hat er wohl nie einen sonntäglichen Meßgang versäumt.

Über John Edgar Hoovers Volksschulzeit weiß man eigentlich wenig. Vermuten läßt sich, daß er stets dem Rat des Reverend McLeod folgte, und erhalten blieb der Spitzname, den er sich in dieser Zeit erwarb: der „schnelle Hoover", wie ihn seine alten Freunde bis zu seinem Tode nannten. Obwohl er kurze, wenn auch stämmige Beine hatte, besiegte er jederzeit alle seine Freunde im Wettlauf. Gerne erzählte Hoover die Geschichte, wie er sich mit zwölf Jahren sein erstes Geld verdiente:

„Damals gab es in den Geschäften keine Laufburschen, aber ich hatte bemerkt, daß ein kleiner Junge, der sich vor der Tür eines Ladens aufhielt, immer eine vollbepackte Kundin fand, die gegen ein reichliches Trinkgeld seine Hilfe in Anspruch nahm. Meine erste Arbeit dieser Art: zwei Körbe aus einem Geschäft in eine etwa zweieinhalb Kilometer entfernte Wohnung zu bringen. Mein Lohn: zehn Cents. Bald hatte ich eines bemerkt: Je schneller ich den Dienst erledigte, desto mehr Geld konnte ich verdienen. So lief ich, wann immer ich aus der Schule kam, den ganzen Tag hin und her. An Sonnabenden von 7 Uhr morgens bis 7 Uhr abends. Manchmal verdiente ich bis zu zwei Dollar am Tag. Das war damals viel Geld."

Der eiserne Wille, alles was er machte, stets noch besser zu machen, war sein hervorstechendster Charakterzug. Der „schnelle Hoover" gab unter allen Umständen und jederzeit sein Bestes, um das Ziel zu erreichen, das er sich jeweils gesetzt hatte. Diesem Wesenszug entsprechend, verlief auch seine Gymnasialzeit im Zeichen außergewöhnlicher Leistungen und großer Erfolge.

Als er im Jahre 1909 die Volksschule verließ, um das Gymnasium zu besuchen, wollte er Pastor werden. Auf Anraten des stets präsenten Reverend McLeod und seiner Mutter ging er nicht wie die Mehrzahl seiner Freunde in das benachbarte Gymnasium, sondern in die fünf Kilometer entfernte Central High School. So mußte der junge Edgar täglich zehn Kilometer zurücklegen; eine Anstrengung, die er aber nicht scheute. Sein Erfolgswille und seine Zähigkeit veranlaßten ihn, möglichst viel zu studieren, um sich größere Zukunftschancen zu erschließen, und diese Charakterstärke, die ihn nie verließ, hat zeit seines Lebens vielen Mitmenschen, auch wenn sie ihm nicht gewogen waren, Bewunderung abverlangt.

Obwohl der Lehrplan nur zwei Jahre Mathematikunterricht vorsah, belegte er ihn für vier Jahre. Wenn ihn ein Fach besonders interessierte, besuchte er an ein und demselben Tag mehrere Unterrichtsstunden in verschiedenen Klassen, obwohl er wußte, daß ihm dies keine zusätzlichen guten Noten einbrachte.

KAP. II / MUTTERSÖHNCHEN UND MUSTERSCHÜLER

Latein war nur ein Wahlfach, was ihn aber nicht hinderte, diesen Gegenstand zu belegen. Physik war der schwerste Gegenstand; er widmete sich ihm mit Erfolg. Musik vernachlässigte er dagegen, obwohl sein Lehrer in diesem Fach einer seiner Onkel war — Haltead Pierce Hoover. Das war charakteristisch für ihn: Er wollte seine Erfolge selbst erarbeiten, ohne Protektion, ohne Kompromisse; jede Beschäftigung, die er als unnütz betrachtete, schaltete er aus.

Seine Erfolge in den theoretischen Fächern vermochten seinen unbändigen Ehrgeiz nicht zu befriedigen. Also beschloß er, sich auch im Sport zu versuchen. Aus dem Football-Team der Schule hatte man ihn ausgeschlossen, weil er zu schmächtig war. Das entmutigte ihn nicht, und er begann Rennen zu laufen, doch er war nun im Vergleich mit seinen Altersgenossen zu klein an Wuchs, um Höchstleistungen erzielen zu können. Also wechselte er zu anderen Gebieten und versuchte sich sowohl in einem Rednerkurs als auch in der vormilitärischen Ausbildung. Sein Ehrgeiz, ein brillanter Kadett zu sein, fand in der Schulzeitschrift vom Februar des Jahres 1911 seinen Niederschlag. Man konnte dort folgendes lesen:

„Ein Passant fragt einen Schüler der Central High School: ‚Was ist denn das für ein Lärm? Ist das ein brüllender Löwe oder ein nahendes Gewitter?' Der Schüler antwortet: ‚Aber nein, das ist nur Hoover, der mit dem Trupp B exerziert.' "

Sein Sinn fürs Befehlen brachte ihm bald eine Beförderung ein. Im Oktober 1912 bestand er mit Erfolg die Offiziersprüfung und wurde zum Hauptmann des Trupps B des Schulbataillons bestellt. Sechs Monate brauchte er, um den Trupp nach seinen Vorstellungen auszubilden. Am 4. März 1913, am Tage von Woodrow Wilsons Angelobung, marschierte er an der Spitze seines Trupps auf der Pennsylvania Avenue an dem neuen Präsidenten der Vereinigten Staaten vorbei. Einige Tage danach konnte man in der Schulzeitung „Brecky" lesen:

„Armee und Marine, die stets streng urteilen, haben den Trupp B für seine gute Haltung sehr gelobt. Einige Offiziere gingen sogar so weit, zu erklären, daß es der Trupp B in militärischer Perfektion mit den Kadetten von West Point, die ebenfalls an der Parade teilnahmen, aufnehmen könne."

Hoover nahm in der nächsten Ausgabe der Schulzeitung zu dieser ehrenden Mitteilung Stellung und verwendete dabei Begriffe und Formulierungen, die er Jahre danach, als er längst an der Spitze des FBI stand, noch immer gebrauchen sollte und die für sein Wesen ebenso charakteristisch waren wie für seinen Erfolg:

„Wir hoffen fest, daß diese Erneuerung bleibende Folgen haben wird. Jede Woche wird eine Übung der Kadetten abgehalten, und diese Übungen beginnen oft am Nachmittag, um beim Morgengrauen zu enden. Jetzt, da wir über das Programm im klaren sind, muß rastlos gearbeitet werden. Beharrlichkeit, kämpferischer Geist und gute Organisation, das sind die drei wesentlichen Forderungen."

Aber die schöne Schulzeit ging zu Ende. Hoover verließ die Central High School, um eine Universität zu besuchen. Zum Abschied wandte er sich an seine Kameraden vom Trupp B mit einer überschwenglichen Ansprache:

„Ich möchte diese Gelegenheit wahrnehmen, um den Männern des Trupps B meine Dankbarkeit und meine Bewunderung auszudrücken. Dieser Trupp ist allgemein als der beste der sechs Eskadrons bekannt, den man finden kann. Es gibt keine größere Genugtuung, als das Leben eines Trupps zu teilen, der aus Offizieren und Soldaten besteht, deren Treue und Anhänglichkeit man fühlt. Es war für mich der traurigste Augenblick des Jahres, als mir bewußt wurde, daß ich mich von einer Gemeinschaft von Männern trennen müsse, die einen Teil meines Lebens ausmachte. Schließlich möchte ich allen Mitgliedern des Trupps B des Jahrganges 1912/1913 sagen, daß sie mich als

1 John Edgar Hoover 1924, zu der Zeit, als er die Leitung des FBI übernahm

2 Ludwig Martens, ein russischer Spion, mit dessen Entlarvung Hoover im Jahre 1919 die Aufmerksamkeit der Öffentlichkeit erregte

3 Kein Kriminalfall hatte solch weltweites Aufsehen erregt wie das Kidnapping des Lindbergh-Babys. Bruno Hauptmann wurde durch minutiöse Kleinarbeit des FBI, bei der das Holz einer Leiter eine wesentliche Rolle spielte, der Tat überführt

KAP. II / MUTTERSÖHNCHEN UND MUSTERSCHÜLER

ihren Freund und Schutzherrn betrachten können, wo immer ich sein sollte."

Unübertrefflich war auch Hoovers Rednergabe. Während seiner Schulzeit in der Central High School in Washington gewann er sämtliche dreizehn Redewettbewerbe. In seiner letzten Debatte hatte er den Grundsatz zu vertreten, daß „das System der direkten Vorwahlen für die Kandidatur des Präsidenten, das in Wisconsin angewendet wird, das System der Nominierung auf den Conventions ersetzen solle". Die entgegengesetzte These wurde vom besten Diskutierer des Baltimore College vertreten, doch als die Debatte geschlossen wurde, erklärten die Juroren einstimmig Hoover zum Sieger. Sie begründeten ihre Entscheidung mit der Feststellung: „Durch seine ruhigen und unwiderlegbaren Darlegungen hat John Edgar Hoover nach und nach jedes Argument seines Gegenredners zunichte gemacht."

Seine Erfolge machten Hoover zu einem leidenschaftlichen Debattierer. „Die lebendige Debatte lehrt uns, unsere Aggressionen zu zähmen und uns vor Sarkasmus zu hüten; sie gibt uns Kaltblütigkeit und erlaubt uns, unsere Ideen zu kontrollieren, sie unterstreicht für den Redner die Wichtigkeit der intellektuellen Ehrlichkeit", erklärte er.

In den letzten Jahren seines Lebens wurde diese Leidenschaft des Argumentierens so stark, daß er oft mehrere Stunden am Tage damit verbrachte, Antworten auf die ständig steigende Zahl immer heftigerer Angriffe, denen er ausgesetzt war, zu verfassen. Dabei wäre es freilich meist besser gewesen, wenn er geschwiegen hätte.

Am Ende des Schuljahres 1913, bevor Hoover die Central High School verließ, veröffentlichte das Jahrbuch der Schule sein Bild mit folgender treffender Charakteristik:

„Der schnelle Hoover ist ein Mann von unbezwingbarem Mut und ausgeprägtestem Ehrgefühl. Er ist der beste Hauptmann des besten Trupps, den es jemals an der Central High School gegeben hat... Der schnelle Hoover ist außerdem ein glänzender Redner und hat die Absicht, an der Universität Jura zu studieren, wobei er zweifellos so viel Erfolg haben wird wie in der Schule."

Tatsächlich schien sich dem jungen John Edgar Hoover eine glänzende Aussicht voller Versprechungen zu eröffnen, die lediglich durch die finanzielle Situation seiner Familie ein wenig getrübt war. Wie fünfzehn Jahre zuvor sein Bruder Dikkerson, erhielt er ein Stipendium für die Universität von Virginia, die für ihre juristische Fakultät berühmt war. Aber so wie sein Bruder nahm er es nicht in Anspruch, da ihm seine Eltern eröffnet hatten, daß sie nicht die notwendigen Mittel besäßen, um ihm den Besuch einer Universität außerhalb Washingtons zu ermöglichen.

Damit war er an einem Wendepunkt seines Lebens angelangt. Mit der Annahme des Stipendiums wäre er auch der strengen Aufsicht seiner Mutter entflohen. Und da das Stipendium ausdrücklich nur für den Besuch der Universität von Virginia und keiner anderen Hochschule bestimmt war, blieb ihm nur eine Lösung: Selbstfinanzierung seines Studiums durch Arbeit. Er inskribierte an der George-Washington-Universität, die damals noch kein besonders großes Ansehen genoß, aber den Vorteil hatte, daß sie in der Hauptstadt gelegen war, noch dazu in der Nähe des elterlichen Hauses.

Hoover bekam einen Posten als Sekretär in der Kongreßbibliothek mit 30 Dollar Entlohnung im Monat und besuchte am Abend die juristischen Vorlesungen. Unter der Fuchtel – dieser Ausdruck ist kaum zu kraß – des Reverend McLeod führte er ein fast mönchisches Dasein ohne nennenswerten gesellschaftlichen Umgang. Von Zeit zu Zeit ging er mit einem jungen Mädchen aus, aber jedesmal kam bald der Augenblick, in dem ihn seine Mutter oder der Pastor zwangen, diese Bezie-

KAP. II / MUTTERSÖHNCHEN UND MUSTERSCHÜLER

hung im Namen ihrer strengen Moralbegriffe abzubrechen. Aus dieser Zeit behielt er für den Rest seines Lebens eine gewisse Zurückhaltung gegenüber Frauen, eine Schüchternheit, die sich fast zu krankhafter Furcht steigern konnte. Er blieb mit einem Wort ein eingefleischter Junggeselle und erklärte einmal mit einem seltenen Anflug von Ironie: „Tatsächlich hat es nur eine Frau in meinem Leben gegeben — meine Mutter."

Immerhin gelang es ihm mit der ihm eigenen Zähigkeit, der Mutter die Erlaubnis abzuringen, dem Studentenklub Alpha-Beta beitreten zu dürfen: Bald darauf war er nicht nur der Präsident, sondern auch die treibende Kraft des Klubs. „Er interessierte sich nicht für unbeschwerte Vergnügungen wie Kartenspiel und Trinken", erinnerte sich später eines der Klubmitglieder. Trotzdem blieb er Präsident, und dafür gab es zwei Gründe: seine Fähigkeit, sich Freunde zu erwerben, und seine moralische Festigkeit, die nicht geheuchelt war und die selbst von den ausgelassensten Studienkollegen respektiert wurde.

Seiner bisherigen Erfolgslaufbahn entsprechend, promovierte John Edgar Hoover im Jahre 1916 mit Auszeichnung. Nun war er Doktor der Rechte, aber er dachte nicht einen Augenblick daran, eine Anwaltspraxis zu eröffnen. Aus einer Beamtenfamilie stammend, schien es ihm folgerichtig zu sein, ebenfalls in den Staatsdienst zu treten. So wurde er am 26. Juli 1917 in das Justizministerium aufgenommen, wo er im Büro des stellvertretenden Staatsanwalts Francis P. Garvan arbeitete.

Das war ein bescheidener Anfang, wenn man bedenkt, daß seine Mutter Annie Hoover die Cousine des Richters William Hitz war, der seinerseits mit Harold Burton, dem Präsidenten des Obersten Gerichtshofes, verwandt war. Aber es entsprach Hoovers Charakter, auf seinem Wege nach oben niemanden um Hilfe zu bitten. Er wollte seinen Erfolg nur sich selbst verdanken und sich damit auch jede Freiheit wahren.

In einer Artikelserie über Hoover hat der Journalist Jack

Alexander in dem Magazin „The New Yorker" die Tätigkeit des jungen Juristen im Justizministerium folgendermaßen charakterisiert: „Vom Tage seines Eintrittes in das Ministerium an unterschied sich Hoover in einigen Einzelheiten von den übrigen jungen Beamten. Er zog sich besser an als die meisten von ihnen, und sogar mit einer Spur von dandyhafter Eleganz. Er hatte eine unglaubliche Fähigkeit, Detailfragen zu lösen, und erledigte selbst die kleinsten Aufgaben mit Präzision und Eifer. Er suchte stets nach neuen Arbeiten und war geradezu entzückt, wenn er Überstunden machen mußte. Im Umgang mit Vorgesetzten erwies er sich als ein junger Mann, dessen Beförderung geradezu selbstverständlich erschien. Seine Chefs bemerkten das auch, und das war der Grund, warum er während des Ersten Weltkrieges auf seinem Posten blieb, statt wie alle anderen zur Armee eingezogen zu werden."

Diese Beurteilung bestätigt, daß Arbeit und Fleiß die immerwährenden Grundlagen von Hoovers Erfolgen waren. Dazu kam, daß er in Washington, gleichsam im Schatten der Regierungsinstitutionen, aufgewachsen war und somit Chancen und Tücken des Staatsdienstes besser kannte als ein biederer Anwalt aus der Provinz oder ein grasgrüner Absolvent von Harvard, der eben erst in die Hauptstadt gekommen war. Vor allem hatte er einen besessenen Willen zum Erfolg und wußte wie alle ehrgeizigen Menschen instinktiv, daß es oft notwendig ist, die Hand des Schicksals ein wenig zu lenken, damit es an der richtigen Tür klopft.

Gerade als John Edgar Hoover in den Staatsdienst trat, wurde Washington, das bis dahin ein eher stiller Regierungssitz gewesen war, zu einer der belebtesten Städte der Vereinigten Staaten. Wirtschaftsführer, angesehene Anwälte, betriebsame Politiker und viele prominente Persönlichkeiten kamen nun in die Hauptstadt, die eine große Baustelle geworden war. Dieser plötzliche Aufschwung war eine Folge des Krieges in Europa,

KAP. II / MUTTERSÖHNCHEN UND MUSTERSCHÜLER

der Amerika zum großen Arsenal der Alliierten gemacht hatte. Für die USA begann eine Periode des nie dagewesenen Wohlstandes, und die Hauptstadt des Landes profitierte davon in erster Linie. Zugleich mit diesem gigantischen wirtschaftlichen Wachstum wurden die Vereinigten Staaten aber auch von politischen Strömungen gegensätzlicher Natur erfaßt. Amerika gab am 6. April 1917 seine Splendid isolation auf und trat an der Seite der Alliierten in den Krieg ein. Innerhalb des Landes begannen sich daraufhin die Gegensätze zu regen. Pazifisten, Kommunisten und Anarchisten schürten die unterschiedlichen Meinungen der verschiedenen Bevölkerungsgruppen, kritisierten die Außenpolitik Präsident Wilsons und sagten dem amerikanischen Kapitalismus und dessen Institutionen den Kampf an.

Dieses Klima war wie geschaffen dafür, daß sich in ihm ein Mann wie Hoover, nach streng religiösen Grundsätzen erzogen, von der Tugend des Patriotismus überzeugt und entschlossen, sie auch zu verteidigen, dank seiner Intelligenz und seines Organisationstalentes, aber auch dank seiner Kenntnisse in allen Zweigen der Verwaltung, emporarbeiten konnte. Er wurde Chef der Ausländer-Abteilung eines kleinen Polizeibüros, das einige Jahre vorher geschaffen worden war und direkt dem Justizministerium unterstand. Es nannte sich Bureau of Investigation, B. I., und war der Vorläufer des berühmten FBI, des Federal Bureau of Investigation.

III

DAS FBI ENTSTEHT

Das B. I. wurde am 26. Juli 1908 auf Veranlassung von Präsident Theodore Roosevelt gegen den Willen des Kongresses gegründet. Im Jahre 1935 wurde es in Federal Bureau of Investigation, FBI, umbenannt; aus Gründen der Einheitlichkeit wird es in diesem Buche durchgehend FBI genannt.

Als ehemaliger Gouverneur von New York, dem auch die Polizei unterstanden war, hatte Roosevelt erkannt, daß das Justizministerium die Einhaltung von Bundesgesetzen nicht überwachen konnte, wenn ihm zu diesem Zweck nicht ein entsprechender Polizeiapparat zur Verfügung stand. Deshalb hatte sich Theodore Roosevelt über den Willen des Kongresses hinweggesetzt und Justizminister Charles Bonaparte beauftragt, ein entsprechendes, dem Justizministerium unmittelbar unterstehendes Polizeibüro zu schaffen.

So wurde im Widerstreit zwischen Präsident und Kongreß die Keimzelle des mächtigsten Polizeiapparates der westlichen Welt geschaffen. Die Abgeordneten, die sich von Roosevelt übergangen fühlten, taten alles, um die Vollmachten des FBI und seines Chefs auf ein Minimum zu reduzieren. Er durfte z. B. seine Agenten nicht von einer Stadt in die andere schicken. Gelang es ihm ausnahmsweise, stießen sie oft auf den Widerstand lokaler Politiker, die sich der Aufklärung von Verbrechen widersetzten, wenn es ihren und ihrer Freunde Interessen widersprach. Da der Kongreß über das Budget des FBI zu entscheiden hatte, konnte er dessen Mittel so sehr beschneiden, daß die Aufnahme neuer Mitarbeiter auf größte Schwierigkeiten stieß.

Als im Sommer 1914 der Krieg in Europa ausbrach, hatte das FBI nur 300 Beamte. Ihre Hauptaufgaben waren: Überwachung der Einhaltung der Neutralitätsdekrete und des Antitrustgesetzes, Bekämpfung des Menschenhandels, des Alkoholschmuggels, größerer Wirtschaftsvergehen und der Spionagetätigkeit. Mit der Spionageabwehr beschäftigten sich allerdings noch vier weitere Organisationen: der Secret Service, dem außer dem Schutz des Präsidenten auch die Bekämpfung der Falschmünzerei oblag, der Nachrichtendienst des Außenministeriums, der Abwehrdienst des Verteidigungsministeriums, der bei Kriegsausbruch allerdings nur aus zwei Offizieren und zwei Sekretärinnen bestand, und der Abwehrdienst der Marine. Jede dieser fünf Organisationen arbeitete für sich, ohne Koordination und mit entsprechend geringer Effizienz. Außerdem hatten sie alle ihre Aufgaben mit völlig unzulänglichen personellen und finanziellen Mitteln zu erfüllen.

Die Vereinigten Staaten wollten zwar gegenüber dem Konflikt in Europa absolute Neutralität bewahren, aber das hinderte deutsche Agenten nicht, auf amerikanischem Territorium tätig zu werden. Im Morgengrauen des 30. Juli 1915 wurden Manhattan und Jersey City von einer schrecklichen Explosion erschüttert: Auf der Black Tom Insel im Hafen von New York waren Tausende Tonnen von Dynamit in die Luft gegangen. Deutsche Agenten hatten einen Anschlag auf einen der bedeutendsten Lagerplätze für Güter, die nach Europa gingen, verübt. Das Ergebnis übertraf alle Erwartungen der Saboteure; die Black Tom Insel konnte jahrelang nicht benützt werden. Das Unvermögen des FBI und der vier anderen Abwehrorganisationen ermutigte weitere Sabotageakte. Mysteriöse Explosionen zerstörten chemische Werke und Munitionsfabriken. Amerikanische

KAP. III / DAS FBI ENTSTEHT

Schiffe, die Waffen und Lebensmittel nach England, Frankreich oder Rußland brachten, fingen auf hoher See Feuer und sanken. Im Jahre 1917 wurde eine Munitionsfabrik in Kingsland, Jersey City, in die Luft gesprengt; der Schaden betrug ungefähr 17 Millionen Dollar. Einige Monate später flog die Brücke in Vanceboro im Staate Maine, die Kanada mit den USA verband, in die Luft. Der Sabotageakt war das Werk eines ehemaligen deutschen Soldaten, der in Amerika lebte. Dieser Mann namens Werner Horn hatte sich, nachdem er die Explosion ausgelöst hatte, eine kleine Fahne mit den deutschen Farben an den Ärmel geheftet. Als er einige Stunden später verhaftet wurde, erklärte er, die Fahne an seinem Ärmel komme einer Uniform gleich, und deshalb sei er als Kriegsgefangener zu behandeln. Er kam vor Gericht, wurde aber, in Ermangelung eines Bundesgesetzes gegen Sabotage, nicht als Saboteur, sondern wegen Sprengstofftransportes in einem öffentlichen Verkehrsmittel verurteilt. Die Ausforschung seiner Hintermänner gelang keinem der fünf Abwehrdienste der Vereinigten Staaten.

Die deutschen Agenten konnten also fast ungestört operieren, obwohl zumindest der Abwehrdienst der Britischen Admiralität eingehend informiert war. So hatte die Admiralität eine Botschaft des deutschen Hauptquartiers an den Botschafter in Washington, von Bernstorff, abgefangen, in der es hieß:

„Für den Militärattaché bestimmt: Die Personen, die sich in den Vereinigten Staaten für Sabotage zur Verfügung stellen, können folgendermaßen identifiziert werden"... Es folgten drei Namen... „In den USA ist Sabotage gegen die Rüstungsindustrie gerichtet, Eisenbahnlinien und Dämme müssen verschont bleiben. Die Botschaft darf unter keinen Umständen kompromittiert werden, auch die deutsch-irischen Beziehungen nicht."

Besonders raffiniert ging der Agent Dr. Albert vor, dem es

gelang, eine Rüstungsfirma, die Bridgeport Incorporated, zu gründen. Mit Hilfe dieses Manövers vermochte er die Lieferung von Kriegsmaterial zu behindern. Unter anderem erwirkte er von der amerikanischen Regierung einen Auftrag für Sprengstoff über 1,1 Millionen Dollar und einen weiteren Auftrag für 146 Schiffsgeschütze, der sich auf 1,3 Millionen Dollar belief — natürlich mit der Absicht, die Erfüllung dieser Aufträge so lange wie möglich zu verzögern.

Die Hintergründe der Sabotagetätigkeit wurden erst nach der Kriegserklärung der USA an Deutschland am 6. April 1917 aufgeklärt. So war es einem amerikanischen Geheimdienstagenten gelungen, eine Aktentasche Dr. Alberts zu beschlagnahmen. Die darin enthaltenen Dokumente belegten das Ausmaß der Spionage und Sabotage in den Vereinigten Staaten. In der Öffentlichkeit erhob sich ein Sturm der Entrüstung gegen Deutschland, und Präsident Wilson benützte die Stimmung, um das FBI mit der Überwachung von Einwanderern aus Ländern, mit denen sich die USA im Kriegszustand befanden, zu beauftragen.

Der Personalstand des FBI wurde daraufhin innerhalb weniger Monate von 300 auf 400 Beamte erhöht, aber das war noch immer viel zuwenig für eine Polizeibehörde, die neben der Routinearbeit der Verbrechensbekämpfung mehr als eine Million Ausländer überwachen, die Häfen und Rüstungsanlagen schützen sowie Spione, Saboteure und Deserteure verfolgen sollte.

Ermutigt durch die Propagandisten der eben gegründeten Antikriegsliga, trieben sich Tausende von Deserteuren und Kriegsdienstverweigerern im Lande herum. Die Aufgaben des FBI schienen unlösbar. Da erhielt der Chef des FBI, Bruce Bielaski, das Schreiben eines gewissen A. M. Briggs, der Chef einer Werbeagentur in Chicago war und die Gründung einer Vereinigung von Patrioten vorschlug, die in Zusammenarbeit mit dem FBI als Freiwillige in ihrer Freizeit Aufgaben der inneren

KAP. III / DAS FBI ENTSTEHT

Landesverteidigung übernehmen sollten. Beachtlich auch der von Briggs gemachte Hinweis, daß sich eine derartige Vereinigung selbst finanzieren werde.

Bielaski und der Justizminister fanden die Idee ausgezeichnet und beauftragten Briggs, sie ohne Verzögerung in die Tat umzusetzen. So entstand die „Liga für den Schutz Amerikas" mit dem Gründungssitz in Chicago. Sie zählte bald 250.000 Mitglieder in allen Staaten Amerikas. Wie dies bei derartigen Neugründungen oft der Fall ist, waren die Übergriffe zahlreicher als die Verdienste. Das ging so weit, daß Justizminister Gregory und sogar Präsident Wilson persönlich, um die Auflösung der Liga zu verhindern, energisch gegen einige ihrer Mitglieder, die ihre Tätigkeit zur persönlichen Bereicherung oder zur Austragung privater Fehden mißbraucht hatten, vorgehen mußten.

Justizminister Gregory bestellte als seinen persönlichen Mitarbeiter für die Behandlung der Probleme, die sich aus dem Kriegseintritt der USA ergaben, John Lord O'Brian aus dem Justizministerium, und zu dessen Mitarbeitern gehörte wiederum der 22jährige John Edgar Hoover, der auf diese Weise in das FBI kam. O'Brian vertraute Hoover die Leitung der Abteilung für Ausländerüberwachung an. In dieser Eigenschaft spielte er eine wichtige Rolle in dem Feldzug, den die Regierung gegen eine soeben gegründete Organisation teils pazifistischer, teils marxistischer Natur führte: die Internationale der Werktätigen. Sie war im Gefolge der Ereignisse in Rußland, der Abdankung des Zaren, der Revolution und des Zusammenbruches der durch Meuterei und Aufruhr erschütterten russischen Armee entstanden.

In Amerika war die Arbeiterschaft im Jahre 1917 von einer tiefen Unruhe erfüllt. Ein Großteil der Beschäftigten in der Industrie waren Einwanderer, die erst vor kurzem ins Land gekommen waren. Sie kannten die Sprache nicht, fanden sich mit Gesetzen und Vorschriften nicht zurecht und lebten in wahren Gettos. Jede größere Stadt Amerikas hatte ihre jüdischen, italienischen, irischen oder polnischen Viertel. Die alteingesessenen Amerikaner angelsächsischer, skandinavischer oder auch deutscher Herkunft standen diesen Leuten, die aus Ost- und Mitteleuropa kamen, mit Verachtung und Mißtrauen gegenüber, und das bekamen die Neuankömmlinge von dem Tage an zu spüren, an dem sie auf Ellis Island zum ersten Male mit den Einwanderungsbehörden zu tun hatten.

Die Masse dieser neuen Einwanderer schien daher für die Verbreitung der marxistischen Ideologie besonders anfällig zu sein, und in diesem Sinne wandte die Internationale der amerikanischen Industriearbeiterschaft ihr besondere Aufmerksamkeit zu. Amerika war damals nach England die zweitgrößte Industrienation der Welt. Hätte daher nach der Machtergreifung in Rußland der Kommunismus auch in den Vereinigten Staaten gesiegt, wäre der Gedanke der Weltrevolution weitgehend verwirklicht gewesen. Deshalb versuchte die bolschewistische Führung noch vor der Oktoberrevolution, durch Infiltrierung der Gewerkschaften Einfluß auf die amerikanische Arbeiterschaft zu gewinnen.

Die Errichtung eines Büros der Internationale in New York diente diesem Ziele. Die amerikanischen Behörden vermuteten mit Recht, daß dieses Büro und die von ihm geleitete Organisation mit Geldern finanziert wurden, die aus dem Ausland kamen. Justizminister Gregory und seine Mitarbeiter, darunter Edgar Hoover, begannen mit der Überwachung der Aktivitäten des Büros.

Am 5. September 1917 wurde es besetzt, Dokumente, Briefe und Propagandamaterial verfielen der Beschlagnahme, und der Führer der Internationale in den USA, W. D. Haywood, und mehrere seiner Mitarbeiter wurden verhaftet und angeklagt. Ein Bundesgericht, das in Illinois tagte, stellte im Verlauf des Pro-

KAP. III / DAS FBI ENTSTEHT

zesses fest, daß die Internationale ihren Kampf „nicht mit politischer Propaganda, sondern mit Mitteln der Gewalt und dem Ziele führe, die gesamte Regierungsautorität in den Vereinigten Staaten zu zerstören". Haywood und 98 Mitangeklagte erhielten schwere Kerkerstrafen.

Bald darauf war Hoover an einer großen, von Gregory angeordneten Razzia gegen Deserteure beteiligt, die sich über das gesamte Gebiet der Vereinigten Staaten erstreckte. 40.000 Personen wurden angehalten, 15.000 verurteilt; fast ausschließlich Kommunisten oder deren Sympathisanten.

Im Gegensatz zu seinen Kollegen, die ihre Arbeit routinemäßig versahen, versuchte Edgar Hoover, die Beweggründe der amerikanischen Kommunisten zu erforschen und herauszubekommen, was Menschen dazu bringen konnte, sich gegen jene Ideale zu erheben, die ihm heilig und ewig erschienen: Ehrfurcht vor Gott und den Vereinigten Staaten.

Stundenlang unterhielt er sich in seinem Büro mit den Leuten, die eben verhaftet worden waren, um jener unheilvollen Saat auf die Spur zu kommen, die Bürger der Vereinigten Staaten dazu veranlassen konnte, sich gegen ihren eigenen Staat zu wenden und mit Gewalt jene Art von Frieden herbeizuführen, der ihnen vorschwebte.

Wie so viele vor und nach ihm, erhielt Hoover auf alle diese Fragen keine Antworten, die ihn befriedigten. Um so empörter war er und betrachtete in Hinkunft den Kommunismus als den ärgsten Feind der Vereinigten Staaten. In den Jahren, in denen er an der Spitze des FBI stand, verfolgte er ihn mit derartiger Unerbittlichkeit, daß er schließlich von Freunden und Feinden gleichermaßen mit dem Namen belegt wurde: „Der Wachhund Amerikas".

Das Kriegsende brachte ihm seine erste bedeutende Beförderung. Seinen Vorgesetzten waren seine Intelligenz und sein Arbeitseifer nicht verborgen geblieben, und so ernannten sie ihn im Alter von 24 Jahren zum Chef des Ermittlungsdienstes. Seine Aufgabe war es in erster Linie, Komplotte der Kommunisten und Anarchisten aufzuspüren. Das gesamte Material, das dem FBI in diesem Zusammenhang erarbeitet wurde, ging in Hinkunft durch seine Hände.

Die kommunistische Nachkriegsoffensive in den Vereinigten Staaten begann in den späten Abendstunden des 2. Juni 1919 in Washington. Es war eine stille und schwüle Nacht. Der neue Justizminister A. Mitchell Palmer und seine Frau saßen in der ebenerdig gelegenen Bibliothek ihres Wohnhauses im Nordwesten der Stadt beim offenen Fenster, ehe sie sich gegen 11.15 Uhr in ihr im ersten Stock befindliches Schlafzimmer zurückzogen.

Weniger als eine halbe Stunde später wurde das Ehepaar durch ein Geräusch geweckt; es klang, als habe man einen schweren Gegenstand gegen die Eingangstür geworfen. Bevor sie noch etwas unternehmen konnten, wurde das Gebäude durch eine heftige Explosion erschüttert. Die Bibliothek, in der sie eben noch gesessen hatten, wurde völlig zerstört, die Regale zertrümmert, die Bilder von der Wand geschleudert. In einem Umkreis von 200 Metern wurden mehrere Häuser beschädigt; wie durch ein Wunder gab es keine Verletzten. Vor der Eingangstür des schwer beschädigten Hauses wurden aber die Leichen zweier Männer gefunden, der Terroristen, die Opfer ihres eigenen Bombenanschlages geworden waren.

In der gleichen Nacht erschütterten acht weitere Explosionen die Wohnviertel von Philadelphia, New York, Boston, Cleveland, Newtonville und Patterson. In jedem Fall wurde am Ort der Zerstörungen ein Zettel mit folgender Mitteilung gefunden:

„Höret wohl! Die Behörden aller Art machen kein Hehl aus ihrer Absicht, das Übergreifen der Weltrevolution auf die Vereinigten Staaten zu verhindern. Diesen Behörden wird hiemit der Kampf, den sie provoziert haben, angesagt. Die Stunde ist

KAP. III / DAS FBI ENTSTEHT

gekommen, die keinen weiteren Aufschub der Lösung der sozialen Frage erlaubt. Der Klassenkampf hat begonnen. Er kann nicht anders enden als mit dem totalen Sieg des internationalen Proletariates..."

Daraufhin erhob sich in der Presse ein Sturm von nie zuvor erlebter Heftigkeit gegen die neuen Feinde der Vereinigten Staaten. Die „World" in New York schrieb in fassungslosem Entsetzen: „Man kann also in den USA offen und zynisch den Meuchelmord verkünden", die „New York Times" meinte, „man müsse die Helfershelfer der Bolschewiken unter den neun Millionen Neueinwanderern suchen", und die „Evening News" in Buffalo erklärten: „Es ist hoch an der Zeit, diesen Fremdlingen die amerikanische Lebensart beizubringen."

Das war das Klima, in dem John Edgar Hoover von Justizminister Palmer zum Chef des Ermittlungsdienstes des FBI mit dem Auftrag bestellt worden war, subversive Tätigkeiten in den Vereinigten Staaten auszuforschen und Vorschläge zu ihrer Bekämpfung zu machen.

Für Hoover stellte sich die äußerste Linke Amerikas als eine Gruppierung von Anarchisten einerseits und Kommunisten bzw. Angehörigen der Internationale andererseits dar. Ziel der Anarchisten war die vollständige Zerstörung der staatlichen Einrichtungen, in denen sie ein Mittel der Unterdrückung der menschlichen Freiheit erblickten. Aber die Anarchisten hatten nur wenige Anhänger, erhielten keine nennenswerte Unterstützung aus dem Ausland und stellten dementsprechend kaum eine ernsthafte Gefahr für die Vereinigten Staaten dar. Auch Hoover wandte ihnen keine allzu große Aufmerksamkeit zu und konzentrierte sich in erster Linie auf den Kampf gegen die Kommunisten und ihre Hintermänner.

Er war überzeugt, gegen eine weltweite Verschwörung zu kämpfen, deren Sitz sich in Moskau befand und deren Ziel es war, die nichtkommunistischen Regierungen in der ganzen

Welt, also auch die Regierung der Vereinigten Staaten, mit Gewalt zu Fall zu bringen. Hoover hatte die marxistischen Theoretiker gelesen, hatte die Werke von Marx, Engels, Trotzki, Lenin und vielen anderen studiert, und nach dieser Lektüre bestand für ihn kein Zweifel daran, daß die Welt kommunistisch gemacht werden sollte, und zwar nicht mit friedlichen Mitteln, sondern durch Gewalt und Subversion. Die am 1. September 1919 erfolgte Gründung der Kommunistischen Partei Amerikas war für ihn lediglich ein Teilstück dieser weltweiten Konspiration.

Don Whitehead, einer seiner Apologeten, der ihn gut kannte, hat mit Recht geschrieben: „In der Gedankenwelt John Edgar Hoovers war eine Vorstellung fest verankert: In dem gleichen Maße, in dem man die Lehren und Ziele der Kommunistischen Partei wörtlich nahm, hörte sie auf, eine politische Partei wie jede andere zu sein. Für ihn war der Kommunismus keine politische Theorie, sondern eine Bewegung von unermeßlicher Bedeutung, deren Kräfte und Ziele nur wenige Menschen in ihrer vollen Bedeutung erkannten. Es war eine Verschwörung gegen die Geschichte, dazu bestimmt, die Religionen, Staaten und Institutionen der jüdisch-christlichen, der buddhistischen, der mohammedanischen und jeder anderen Glaubenswelt zu zerstören."

Mit einem Wort: Für Hoover, aufgewachsen unter dem Einfluß eines Pastors, des Reverend McLeod, und einer ebenso frommen wie strengen Mutter, war der Kommunismus der leibhafte Antichrist. Damit erhielt seine Arbeit im FBI für ihn einen neuen, zusätzlichen und vor allem höheren Sinn; er war nicht nur der Wachhund, sondern vor allem auch der Schutzengel Amerikas.

Einen Monat, nachdem Hoover mit der Ausforschung der Aktivitäten der äußersten Linken begonnen hatte, hielt die Kommunistische Partei Amerikas ihre ersten Zusammenkünfte

4/5 Schützenhelfer und Freunde: Präsident Herbert Hoover und Justizminister Harlan Fiske-Stone oben; unten Clyde Tolson, Hoovers engster Mitarbeiter, Freund und Testamentsvollstrecker

6/7 Das letzte Photo von „Pretty Boy" Floyd, zusammen mit seinem Sohn und seiner Frau. Unten, zwischen diesen beiden Autos liegen zwei der vier Polizisten, die Floyd bei dem Versuch, den Bankräuber Frank Nash zu befreien, niederschoß. Das Ereignis ging als Massaker von Kansas-City in die Kriminalgeschichte ein

KAP. III / DAS FBI ENTSTEHT

ab. Eine Person erweckte rasch seine besondere Aufmerksamkeit: Ludwig Martens, der im März 1919, wenige Wochen nach der Tagung der III. Internationale der Werktätigen, in New York angekommen war. Offiziell galt er als Handelsvertreter der Sowjetunion, obwohl die Vereinigten Staaten damals noch keine diplomatischen Beziehungen mit diesem Staat unterhielten. Gerüchte wollten wissen, er verfüge über die Summe von 200 Millionen Dollar, die verwendet werden sollte, die Wiederaufnahme des Handelsverkehrs zwischen den beiden Ländern herbeizuführen.

Martens etablierte sich in einem Büro am Broadway, das von einem gewissen Santerri Nuorteva geleitet wurde, der als der Repräsentant der bolschewistischen Propaganda in den Vereinigten Staaten galt. Die Tageszeitung der Vereinigung russischer Bolschewisten in den Vereinigten Staaten kommentierte die Ankunft von Martens mit den Worten: „Die große Bedeutung der Entsendung eines sowjetischen Repräsentanten in unser Land liegt darin, daß sie dem amerikanischen Proletariat neue Aussichten und Möglichkeiten und vor allem die Chance der revolutionären Aktivität in direktem Kontakt und enger Zusammenarbeit mit dem russischen Proletariat und der sowjetischen Regierung eröffnet." Das war deutlich genug.

Hoover ließ Martens sofort überwachen und stellte bald fest, daß eine mindestens ebenso wichtige Persönlichkeit sein angeblicher Sekretär Nuorteva war, der daraufhin ebenfalls beschattet wurde. Alle Kontakte der beiden Männer wurden sorgfältig festgehalten, wobei sich bald herausstellte, daß sie sich besonders häufig mit Matrosen schwedischer Schiffe, die in New York anlegten, trafen.

Am 22. Juli 1920 schlug Hoover zu. Er ließ einen schwedischen Seemann verhaften, der wiederholt in Gesellschaft von Nuorteva gesehen worden war. Es war ein guter Fang. Man fand bei dem Matrosen mehrere Briefe, die für amerikanische Bürger

49

bestimmt waren, kommunistische Propagandaschriften und ein an Martens adressiertes Paket, das 231 Diamanten im Werte von 50.000 Dollar enthielt. Eine Hausdurchsuchung bei Martens förderte Unterlagen zutage, aus denen hervorging, daß diese Diamanten zur Finanzierung der kommunistischen Aktivitäten in den Vereinigten Staaten dienen sollten.

Damit war Martens an und für sich überführt. Dennoch erklärte er sich bereit, vor dem Komitee Lusk, einem Vorläufer des von Senator McCarthy geleiteten Komitees zur Bekämpfung antiamerikanischer Umtriebe, zu erscheinen. Martens gab freimütig zu, der Kommunistischen Partei der Sowjetunion anzugehören und die Verbreitung der Revolution als seine Lebensaufgabe zu betrachten.

Trotz dieser Eingeständnisse konnte man ihm zunächst nichts anhaben, weil es kein amerikanisches Gesetz zu geben schien, das seine Umtriebe unter Strafe stellte. Dementsprechend setzte er seine Tätigkeit unter Beachtung gewisser Vorsichtsmaßnahmen fort.

Justizminister Palmer behalf sich schließlich, indem er die Bestimmung eines Gesetzes vom 16. Oktober 1918 heranzog, die besagte: „Jeder Fremde, von dem nach seiner Einreise in die Vereinigten Staaten festgestellt wird, daß er bereits zur Zeit seiner Einwanderung Mitglied einer ausländischen Organisation war, die sich den gewaltsamen Sturz der amerikanischen Regierung zum Ziel gesetzt hat, oder später Mitglied einer solchen Organisation wurde, wird unter Aufsicht gestellt und des Landes verwiesen."

Gestützt auf diese Bestimmung ging Palmer zunächst gegen die Russische Arbeitervereinigung vor, eine Organisation, die vor allem aus Einwanderern bestand, die nach dem obligaten Aufenthalt von fünf Jahren von der Möglichkeit des Ansuchens um Erlangung der amerikanischen Staatsbürgerschaft nicht Gebrauch gemacht hatten. Auf Ersuchen von Palmer erklärte

KAP. III / DAS FBI ENTSTEHT

der Arbeitsminister, daß die Ausweisung dieser Personen erwünscht sei, da ihre Vereinigung den gewaltsamen Sturz der amerikanischen Regierung propagiere. Das FBI nahm daraufhin 250 Funktionäre der Russischen Arbeitervereinigung im ganzen Lande fest. Diese Verhaftungswelle war die erste in einer Reihe ähnlicher Unternehmungen, die von der Öffentlichkeit „Palmers Jagd auf Rote" genannt wurden. Hoover nahm daran teil, aber trotz seines unversöhnlichen Kommunistenhasses verhielt er sich anständig und menschlich. Emma Goldman, die sich als eine der prominentesten Kommunistinnen unter den Festgenommenen befand, bescheinigte ihm: „Wenigstens Hoover hat sich korrekt benommen." Die 250 Verhafteten wurden vor Gericht gestellt und ausgewiesen. Ein Schiff der amerikanischen Marine, die „Budfort", brachte sie am 21. Dezember 1919 nach Rußland; die amerikanische Presse schrieb, die „Arche der Sowjets" sei unterwegs.

Martens war der Verhaftungswelle entgangen. Da er als Repräsentant der sowjetischen Regierung galt, glaubte man, das Gesetz vom 16. Oktober 1918 auf ihn nicht anwenden zu können. Hoover war anderer Ansicht und ließ nicht locker. Nach der Abreise der „Arche der Sowjets" drängte er den Justizminister täglich, ein Memorandum zu unterschreiben, das er über die Aktivitäten von Martens verfaßt hatte. In dieser Denkschrift, der ersten, die je ein Beamter des FBI über die Tätigkeit der Kommunisten in Amerika vorgelegt hatte, vertrat er seine These, daß der Kommunismus eine weltweite Verschwörung zum Sturze nichtkommunistischer Regierungen sei, und zog daraus die Schlußfolgerung: „Ludwig Christian Alexander Karl Martens ist Mitglied der Kommunistischen Partei Rußlands, und da diese Partei für den gewaltsamen Sturz der Regierung der Vereinigten Staaten eintritt, ist Martens als eine jener Personen zu betrachten, deren Landesverweisung auf Grund des Gesetzes vom 16. Oktober 1918 zu erfolgen hat."

Palmer schloß sich nach einigem Zögern der Argumentation Hoovers an; Martens wurde verhaftet, verurteilt und ausgewiesen. Durch diesen Erfolg ermutigt, legte Hoover zwei weitere Denkschriften vor, die sich auf die gleiche Argumentation stützten. Eine war gegen die Kommunistische Partei Amerikas gerichtet, die andere gegen eine verwandte Organisation, die sogenannte Kommunistische Arbeiterpartei. Daraufhin erhielt das FBI den von Frank Burke, einem der Stellvertreter Palmers, gezeichneten Auftrag, in den Abendstunden des 2. Januar 1920 schlagartig gegen die kommunistischen Organisationen in den Vereinigten Staaten vorzugehen. Zugleich wurden allen an dem Unternehmen beteiligten Beamten die Denkschriften Hoovers mit dem Auftrag zugeleitet, ihm alle Ergebnisse der Aktion zur Auswertung vorzulegen.

Zur vorgesehenen Stunde waren Beamte des FBI, mit 3000 Haftbefehlen versehen, in 33 Städten unterwegs. 2500 Personen wurden festgenommen und nach Abschluß des Verfahrens 446 ausgewiesen. Diesmal erhoben sich im ganzen Land Proteste gegen Palmers „Jagd auf Rote" und die Übergriffe, die dabei vorgekommen waren. Hoover machte das nichts aus; er genoß seinen Sieg. Die Kommunistische Partei Amerikas war in den Untergrund getrieben worden. Innerhalb weniger Monate sank die Zahl ihrer Mitglieder von 60.000 auf 10.000.

Mit diesem Erfolg gab sich Hoover aber nicht zufrieden. Er strebte im Kampf gegen den Kommunismus den vollkommenen und endgültigen Sieg an. Mit minutiöser Pedanterie sammelte er jedes, auch das kleinste Detail über die kommunistischen Aktivitäten. Es war eine Mühe, die sich lohnte. So erfuhr er, daß am 11. August 1922 in der Nähe von Bridgman im Staate Michigan ein geheimer Kongreß der Kommunistischen Partei stattfinden sollte und beauftragte drei Beamte des lokalen FBI-Büros mit dessen Überwachung.

Die Beamten verbargen sich im Unterholz, das die verlassene

KAP. III / DAS FBI ENTSTEHT

Farm umgab, in der sich die Teilnehmer an dem Kongreß, insgesamt 300 an der Zahl, zusammengefunden hatten. Sie erkannten unter den Ankömmlingen drei Abgesandte des Kremls, deren Eintreffen in den Vereinigten Staaten durch Informanten bereits gemeldet worden war. Unglücklicherweise wurden aber bald darauf die drei FBI-Beamten entdeckt, worauf die Versammlungsteilnehmer flüchteten, ohne sich um die lauten Rufe „Halt! Polizei!" zu kümmern. Bei der Durchsuchung des Geländes fand man zunächst lediglich einige Kleidungsstücke, unwichtige Briefschaften und einen Sack Kartoffeln. Im Inneren des Farmgebäudes stießen die Beamten aber auf zwei Bücher mit dem vollständigen Mitgliederverzeichnis der Kommunistischen Partei Amerikas.

Dieser Fund war für Hoover von unschätzbarem Wert. Gestützt auf dieses „Who is who" des amerikanischen Kommunismus setzte er einen Unterwanderungsprozeß in Gang, der so weit ging, daß einer seiner engsten Mitarbeiter einmal zugab, unter jeweils drei Mitgliedern der Kommunistischen Partei Amerikas befinde sich mindestens ein Agent des FBI.

Aber in der Zwischenzeit war Warren G. Harding zum Präsidenten der Vereinigten Staaten gewählt worden, und mit ihm zog am 4. März 1921 die Korruption in das Weiße Haus ein.

IV

KAMPF GEGEN DIE KOMMUNISTEN

Warren G. Harding, Senator aus Ohio, brachte für die Präsidentschaft „nichts mit als seine Bedeutungslosigkeit", schreibt André Maurois in seiner Geschichte der Vereinigten Staaten. Sein Prinzip war, sowenig wie möglich zu regieren, was erwartungsgemäß der Korruption Tür und Tor öffnete. Das Big Business machte sich nun überall breit. Oberster Repräsentant der neuen Richtung war der Finanzminister Mellon, ein bekannter Multimillionär, der fest gewillt war, die wirtschaftliche Expansion und damit auch die Interessen der Wirtschaft durch Nachsicht bei Anwendung des aus dem Jahre 1890 stammenden Anti-Trustgesetzes, des sogenannten Sherman-Gesetzes, zu fördern.

Mellon, der bis zum Jahre 1932 Finanzminister blieb, brauchte sich dabei selbst nicht zu exponieren, denn Harding hatte einen gemeinsamen und verständnisvollen Freund, Harry Daugherty, einen etwas anrüchigen Politiker, zum Justizminister bestellt. Daugherty seinerseits ernannte einen alten Freund, William J. Burns, einen ehemaligen Privatdetektiv und Streikbruchorganisator, zum Chef des FBI. Die Justiz der Vereinigten Staaten war also in „guten Händen". Hoover, der unbeirrt seinen Kampf gegen den Kommunismus fortsetzte, wurde am 22. August 1921 zum Sonderberater des Justizministers und einem der stellvertretenden Direktoren des FBI bestellt.

Die Archivmaterialien des FBI aus dieser Zeit enthalten viele

Belege für die politischen Einflußnahmen unter der Präsidentschaft Hardings, u. a. eine an Burns adressierte Denkschrift eines Senators über das zweifelhafte Verhalten einiger Beamter des FBI-Büros in Chicago. Besonders bedenklich war, daß Burns am 29. Oktober 1921 einen gewissen Gaston Bullock Means, der bereits in der Öffentlichkeit von sich reden gemacht hatte, als Beamten in das FBI aufnahm. Means erklärte nach seiner Ankunft in Washington jedermann, er genieße das besondere Vertrauen von Burns, dessen enger Freund er sei. Viele Leute zeigten sich davon beeindruckt; Hoover nicht. In seiner geradezu krankhaften Art, selbst die geringsten Details zu registrieren, hatte er bald herausgebracht, daß Means, geboren im Jahre 1879 in Concord in North Carolina, im Jahre 1916 ein deutscher Agent mit dem Auftrag gewesen war, den Schiffsverkehr zwischen den Vereinigten Staaten und Großbritannien zu sabotieren. Im Jahre 1917 war er außerdem unter Mordverdacht gestanden, nachdem eine reiche Witwe namens A. King in seiner Gegenwart mit einer Revolverkugel im Kopf tot aufgefunden worden war.

Im Besitz dieser Unterlagen ging Hoover zum Angriff über. Er beschwerte sich bei Burns über die Aufnahme eines derartigen Menschen in eine polizeiliche Dienststelle, die bis dahin über jeden Verdacht erhaben gewesen war. Burns nahm aber Means in Schutz und sollte dies auch in Zukunft tun. Hoover nahm das scheinbar zur Kenntnis, richtete aber, in sein Bürozimmer zurückgekehrt, an Burns ein Schreiben, in dem er ersuchte, anzuordnen, daß Means nie wieder einen Schritt in das FBI-Büro setze.

Das geschah auch, aber Means fand dafür Unterschlupf im Büro eines gewissen Jess Smith, eines intimen Freundes des Justizministers. Daugherty hatte Smith in das Ministerium geholt und ihm ein Büro eingerichtet, ohne seine Funktionen und seinen Aufgabenbereich zu definieren. In diesem Büro erledigte

KAP. IV / KAMPF GEGEN DIE KOMMUNISTEN

Smith eine umfangreiche, halb private, halb offizielle Korrespondenz und beauftragte Means, der ihn bewunderte, was auf Gegenseitigkeit beruhte, im Namen von Daugherty mit geheimen Recherchen aller Art. Somit schien in der Welt der Korruption wieder alles in Ordnung zu sein, doch sämtliche Beteiligte hatten nicht mit der Hartnäckigkeit Hoovers gerechnet. Da er auf dem Dienstwege nichts ausgerichtet hatte, schlug er einen bewährten Umweg ein und spielte der Presse das in seinem Besitz befindliche Material über die zweifelhafte Vergangenheit von Means zu. Eine entsprechende Kampagne im ganzen Lande folgte, auf die Daugherty und Burns bezeichnend reagierten: Means wurde zwar am 9. Februar 1922 als Beamter des FBI entlassen, setzte aber seine Tätigkeit ohne Einschränkungen als Informant des Büros fort. Hoover nahm diesen Mißerfolg gelassen hin; er konnte warten. Dies um so mehr, als er voll und ganz mit einem anderen Problem beschäftigt war, mit dem Auftauchen einer Geheimorganisation, die angesichts der Unruhen im Gefolge der Streiks der Transportarbeiter den verschreckten Bürgern der Vereinigten Staaten in einem Manifest folgende Versprechungen machte:

„Schutz der Schwachen, Unschuldigen und Armen vor den Schmähungen, Machenschaften und Angriffen der Gesetzesbrecher, Gewalttäter und Rohlinge; Hilfe für die Angegriffenen und Opfer, die Unterdrückten und Unglücklichen..."

Die Organisation, die sich zu diesen Zielen bekannte, trug einen merkwürdigen Namen: Ku-Klux-Klan.

Der Klan war nach dem Sezessionskrieg in der Stadt Pulaski im Staate Tennessee entstanden und bald wieder verschwunden. Im Jahre 1915 hatte ihn in Atlanta im Staate Georgia William S. Simmons, ein pensionierter Oberst, zu neuem Leben erweckt. Er war eine rassistische, antikatholische, antisemitische Organisation, die zunächst nur dahinvegetierte, bis sich Simmons im Jahre 1920 mit Edward Young Clarke, dem Gründer einer anderen Geheimorganisation, der „Stimme des Südens", verbündete. Clarke wurde Chef des Ku-Klux-Klan mit dem Titel „Imperial Kleagle", Simmons begnügte sich mit der Funktion des „Imperial Wizard", des kaiserlichen Zauberers. Viele führende Funktionäre des Klans nahmen damals, dem Beispiel ihres obersten Chefs folgend, Tiernamen an, denen sie ein Kl für Klan voranstellten. Clarke war also eigentlich der kaiserliche Adler, ein „Imperial Eagle" mit vorangestelltem Kl, und viele Klan-Mitglieder nannten sich nach seinem Vorbild Kleagle.

Mit blitzartiger Geschwindigkeit breitete sich nun der Klan über ganz Amerika aus, und kaum eine Nacht verging, in der nicht irgendwo zwischen Neuengland und Kalifornien die Feuerkreuze der Kleagles brannten. Erwachsene Männer, die überwiegend den besseren Gesellschaftsschichten angehörten, versammelten sich nach Einbruch der Dunkelheit in weißen, wallenden Gewändern, das Gesicht mit einer spitzen Kapuze verhüllt, um über die Aktivitäten des Klans zu beraten und neue Mitglieder aufzunehmen. Der politische Einfluß, den sie ausübten, war groß. In manchen Städten hatten Kandidaten bei Wahlen keine Chance, wenn sie nicht vom Klan unterstützt wurden. Darüber hinaus terrorisierten die Männer in den weißen Kapuzen ganze Landstriche und schreckten auch vor Mord nicht zurück.

Das FBI hatte diese Entwicklung längst mit Sorge verfolgt, als sich im September 1922 Paul Wooton, der Washingtoner Korrespondent der „Times-Picayune", einer in New Orleans erscheinenden Tageszeitung, bei Hoover melden ließ, um ihm einen Bericht zu erstatten, der den stellvertretenden FBI-Direktor zu der ungläubigen Frage veranlaßte: „Wollen Sie allen Ernstes behaupten, daß der Gouverneur von Louisiana aus Angst vor dem Ku-Klux-Klan nicht mit mir zu telephonieren wagt?"
— „So ist es", antwortete Wooton. „Deshalb hat er mich ja gerufen und mich gebeten, mit Ihnen zu sprechen." Damit

KAP. IV / KAMPF GEGEN DIE KOMMUNISTEN

überreichte er Hoover ein Schreiben von Gouverneur John Parker und fügte hinzu: „Ich bringe Ihnen diesen Brief persönlich, weil der Gouverneur der Post mißtraut. Seine Korrespondenz und sein Telephon werden vom Klan überwacht. Sie müssen ihm zu Hilfe kommen."

Der Brief, den Wooton überbracht hatte, war an Justizminister Daugherty gerichtet und erbat die Unterstützung des FBI bei der Bekämpfung des Terrorregimes, das der Ku-Klux-Klan in Louisiana errichtet hatte. Daugherty stellte sich aber diesem Ansuchen gegenüber taub, worauf Hoover dem Justizminister des Staates Louisiana, A. V. Coco, in einer Unterredung empfahl, Gouverneur Parker möge sich direkt an Präsident Harding wenden. Tatsächlich erhielt Harding am 2. X. 1922 ein Schreiben Parkers, in dem es hieß: „Die Tätigkeit des sogenannten Ku-Klux-Klan hat zu einer Reihe von Gesetzesübertretungen geführt; mehrere Personen wurden entführt und mißhandelt, zwei Menschen ohne jeden Grund offensichtlich getötet... Soeben erfahre ich, daß in der Gegend von Moonhouse sechs Bürger unter Todesandrohung gezwungen wurden, ihre Häuser zu verlassen. Die Bekämpfung dieser Zustände übersteigt die Kräfte des Gouverneurs... Einige Friedensrichter und Polizeibeamte sind bekanntermaßen Mitglieder des Ku-Klux-Klan."

Parker verlangte vom Präsidenten, er möge zur Wiederherstellung der staatlichen Autorität den Justizminister anweisen, gemäß Absatz 4 Artikel 4 der Verfassung der Vereinigten Staaten vorzugehen, wonach jeder Staat bei der Aufrechterhaltung der öffentlichen Ordnung mit der Unterstützung der Bundesbehörden rechnen könne. Daugherty sah sich nun gezwungen, Beamte des FBI zur Unterstützung von Gouverneur Parker nach Louisiana zu entsenden. Sie gingen umsichtig ans Werk und konnten u. a. bald den Fall der beiden verschwundenen und offensichtlich getöteten Personen klären.

Watt Daniels und T. F. Richards, zwei Einwohner von Baton Rouge, waren an einem Sonntagabend nach der Rückkehr von einem Picknick von maskierten Angehörigen des Ku-Klux-Klan entführt worden und nie wieder zurückgekehrt. Das FBI konnte feststellen, daß man sie verdächtigt hatte, den Wagen von Dr. B. M. McKoin, einem ehemaligen Bürgermeister der Stadt und lokalen Anführer des Klans, beschossen zu haben. Sie waren schon einmal von Angehörigen des Klans festgenommen und dieser Tat beschuldigt worden, hatten aber ein einwandfreies Alibi erbringen können. Nach ihrer Freilassung hatten sie aber unvorsichtigerweise erzählt, daß sie einige der Entführer erkannt hätten, worauf sie neuerlich festgenommen, entführt und offensichtlich beseitigt worden waren.

Nach einem langen Telephongespräch mit Hoover begannen die Beamten mit Hilfe von Tauchern den Fourche-See abzusuchen, an dessen Ufern in der Nacht der Entführung, laut Zeugenaussagen, Fackelschein zu sehen gewesen war. Am 22. Oktober 1922 hatte die Suche Erfolg. Zwei verstümmelte Leichen, deren Köpfe abgetrennt waren, wurden an Land gezogen. Man hatte Daniels und Richards vermutlich mit Wagenrädern alle Knochen im Leibe gebrochen, und diese grausame Folterung war offensichtlich unter Anleitung eines geübten Chirurgen erfolgt. Dr. McKoin und der stellvertretende Stadt-Sheriff wurden daraufhin des Mordes angeklagt, aber freigesprochen. „Alle Mitglieder der Jury waren Mitglieder des Klans", schrieb die „Times-Picayune" in ihrem Prozeßkommentar.

Der Ku-Klux-Klan herrschte unbehelligt weiter; in den Jahren 1923/24 zählte er bereits eine Million Mitglieder in insgesamt 46 Staaten der USA. Er war nun so mächtig, daß er auch das Tageslicht nicht mehr scheute. 50.000 Klan-Mitglieder in ihren weißen Mänteln und Kapuzen marschierten in einer mächtigen Demonstration in Washington über die Pennsylvania Avenue.

KAP. IV / KAMPF GEGEN DIE KOMMUNISTEN

Hoover und seine Männer mußten sich darauf beschränken, die Tätigkeit des Klans zu überwachen und auf die beste Gelegenheit zum Eingreifen zu warten. Sie kam. Obwohl zu den hohen Zielen des Klans die Verteidigung der Reinheit der Frau zählte, entdeckten Beamte des FBI, daß der „Imperial Kleagle" Clarke in einen Mädchenhandel zwischen Louisiana und Mexiko verstrickt war. Er wurde verhaftet, in Houston, Texas, vor Gericht gestellt und am 10. März 1924 zu einer Geldstrafe von 5000 Dollar verurteilt. Dieser Prozeß und die daraus resultierende Pressekampagne waren Schläge, von denen sich der Ku-Klux-Klan nie wieder erholen sollte. Das FBI hatte einen beachtlichen Sieg errungen.

Aber zur gleichen Zeit, in der seine Beamten mit Erfolg für Recht, Sauberkeit und Ordnung im öffentlichen Leben kämpften, gingen der Chef des FBI, Burns, und sein Komplice Jess Smith daran, jene Repräsentanten des öffentlichen Lebens zu bespitzeln, die einen der größten Korruptionsfälle der Ära Harding, den sogenannten Teapot-Dome-Skandal, aufdecken wollten.

Bald nach seinem Amtsantritt hatte Harding den Innenminister Albert Fall mit der Verwaltung der Ölreserven der amerikanischen Marine betraut. Es handelte sich um Ölfelder in Kalifornien und Wyoming, wobei letztere nach einem dortigen Landstrich die Felder des „Teapot Dome" genannt wurden. Albert Fall übertrug nun gegen Bezahlung einer gewissen Summe an den Staat die Ausbeutung dieser Felder einer privaten Finanzgruppe unter der Leitung von Harry F. Sinclair und Edward L. Doheny. Der Innenminister begründete diese Vorgangsweise damit, daß die Felder des Teapot Dome eigentlich zum Einzugsgebiet nahe gelegener privater Bohrgebiete gehörten und daß die getroffene Vereinbarung im übrigen durchaus im öffentlichen Interesse liege.

Bald darauf stellten die Nachbarn Falls in seinem Heimatstaat

New Mexico fest, daß der Innenminister großzügige Investitionen auf seinen Besitzungen vornahm. Eine daraufhin eingeleitete Untersuchung ergab, daß Sinclair und Doheny Minister Fall 135.000 Dollar vorgestreckt hatten, um, wie sie sagten, „einem alten Freund zu helfen". Der Kongreß setzte seine Untersuchung fort und stellte fest, daß auch Justizminister Daugherty und Jesse Smith in die Affäre verwickelt waren. Smith beging daraufhin am 30. Mai 1923 Selbstmord; seine Hinterlassenschaft wurde auf 500 Millionen Dollar geschätzt!

Als die öffentliche Empörung über diesen Skandal an ihrem Höhepunkt angelangt war, starb plötzlich völlig unerwartet Präsident Harding am 2. August 1923. Sein Nachfolger Calvin Coolidge sah sich mit der Forderung des Kongresses nach Entlassung Daughertys konfrontiert. Der Justizminister verteidigte sich mit allen Mitteln; zu Fall brachte ihn nicht zuletzt Gaston Means, der erklärte, von Daugherty den Auftrag erhalten zu haben, die Mitglieder des Untersuchungsausschusses des Kongresses zu bespitzeln. Das gab den Ausschlag. Am 28. März 1924 demissionierte Daugherty. Die Korruption der Ära Harding gehörte der Vergangenheit an.

V

KORRUPTION UND KU-KLUX-KLAN

In seinem Arbeitszimmer, dessen Fenster den Blick auf den Rasen vor dem Weißen Haus freigaben, saß Präsident Coolidge einem Gesprächspartner von Gewicht und Ansehen gegenüber: Harlan Fiske Stone, Senator von New Hampshire, Anwalt in New York, ehemaliger Dekan der Juristischen Fakultät der Columbia Universität. Die Konversation war schwierig, die Atmosphäre spannungsgeladen, das Problem, um das es ging, bedeutend. Der Präsident suchte einen Justizminister, einen neuen Chef jenes Ressorts, das in der jüngsten Vergangenheit so sehr in Verruf geraten war, daß man es spöttisch das „Ministerium der Untugenden" nannte. Coolidge war sich im klaren darüber, daß der künftige Minister ein Mann sein mußte, der über jeden Verdacht erhaben war, wenn das Vertrauen der Bevölkerung in die Rechtsstaatlichkeit wiederhergestellt werden sollte. Stone war ein solcher Mann, aber er drängte sich nicht auf, er zögerte, denn er wußte nur allzu gut, wie schwierig die Aufgabe war, die ihm angeboten wurde, und deshalb verlangte er ein Maximum an Voraussetzungen für ihre Erfüllung.

Der Präsident sagte ihm seine volle persönliche Unterstützung zu. Nach einem langen Blick aus seinen grauen Augen sprach Stone schließlich die Worte, auf die Coolidge seit Beginn der dreistündigen Unterredung gewartet hatte: „Mr. President, ich nehme an." Damit hatte Amerika endlich wieder einen Justizminister von makelloser Sauberkeit und außergewöhnlicher Zivilcourage. Seine Ernennung wurde allgemein begrüßt und fand die einhellige Zustimmung des Kongresses.

Nach seiner Amtsübernahme widmete sich Stone zunächst einer gründlichen Bestandsaufnahme. Er wollte die Beamten des Ministeriums an der Arbeit sehen, bevor er mit der großen Säuberung begann und die richtigen Männer an die richtigen Plätze setzte. Auf diese Weise behielt Burns, der Direktor des FBI, sein Amt noch einen Monat und sieben Tage, ehe Stone seine Demission verlangte. Nun sah sich der Justizminister aber vor die viel schwierigere Aufgabe gestellt, als Nachfolger jene außergewöhnliche Persönlichkeit zu finden, die Intelligenz und Integrität gleichermaßen besaß. In einer Kabinettssitzung diskutierte er dieses Problem mit einem seiner Kollegen, dem Handelsminister Herbert Hoover, der trotz der Namensgleichheit kein Verwandter von John Edgar Hoover war. Nicht einmal 24 Stunden später machte Hoover dem Justizminister Mitteilung von einem Gespräch, das er mit seinem Kabinettschef Larry Richey gehabt hatte: „Ich habe gleich nach unserer Unterredung mit Richey gesprochen, der mich nur erstaunt angeblickt und gesagt hat: ‚Der Justizminister kann sich das Suchen doch ersparen. In seinem eigenen Amt sitzt ja ein brillanter und bewährter junger Jurist: John Edgar Hoover.'" — „Das ist eine gute Idee", antwortete Stone. „Ich werde sehen, was ich machen kann."

John Edgar Hoover wurde daraufhin am 10. Mai 1924 zu Stone gerufen und zeigte sich von der Persönlichkeit seines Chefs auf den ersten Blick beeindruckt: 1,90 groß, 90 kg schwer, wahrhaft massig wie ein Stein, was der Name Stone ja bedeutete. Der Minister bot seinem Mitarbeiter einen Sitz an, betrachtete ihn lange, als wolle er ihm auf den Grund der Seele blicken, und sagte dann unvermittelt: „Junger Mann, ich möchte, daß Sie die Funktion eines Leiters des Bureau of Investigation übernehmen."

KAP. V / KORRUPTION UND KU-KLUX-KLAN

Hoover, der diesen Worten mit Freude entnahm, daß ihn der neue Justizminister nicht mit den Verfehlungen und Übergriffen in Zusammenhang brachte, die von der Führung des Büros in den letzten Jahren begangen worden waren, antwortete: „Ich danke Ihnen, Herr Minister, aber bevor ich annehme, fühle ich mich verpflichtet, einige Bedingungen zu stellen!"

„Welche?" fragte Stone mit unbewegtem Gesicht.

„Vor allem erscheint es mir unerläßlich, daß das Büro ohne jede politische Pression arbeiten kann und daß es kein Unterschlupf für politische Protektionskinder ist. Die Beamten — das muß ich ferner verlangen — dürfen nur auf Grund ihrer Fähigkeiten bestellt werden. Schließlich, und das ist meine dritte Bedingung, möchte ich nur dem Justizminister und niemandem anderen verantwortlich sein."

Nun glitt ein Lächeln über Stones Züge, er beugte sich vor und sagte: „Wenn ich nicht gehofft hätte, daß Sie diese Bedingungen stellen, hätte ich Sie nicht für das Amt in Aussicht genommen."

So wurde John Edgar Hoover an die Spitze des FBI berufen. Drei Tage nach seinem Amtsantritt setzte er eine von Stone gutgeheißene Mitteilung in Umlauf, die lautete:

„1) Das FBI ist ein Ermittlungsbüro. Seine Tätigkeit beschränkt sich strikt darauf, die Verletzung von Bundesgesetzen zu verhindern.

2) Es ermittelt ausschließlich auf Geheiß des Justizministeriums.

3) Der Personalstand des Büros hält sich in jenen Grenzen, die durch die Erfüllung seiner Aufgaben gesetzt sind.

4) Unfähige und unwürdige Mitarbeiter werden ohne Aufschub entlassen.

5) Sogenannte ‚beigeordnete Mitarbeiter', ‚Mitarbeiter ehrenhalber' und ähnliche Personen werden ebenfalls ehebaldigst entlassen.

6) In Hinkunft wird kein Beamter ohne Genehmigung des Justizministers eingestellt. In Frage kommen nur verläßliche, fähige Männer mit ausgezeichneten juristischen Kenntnissen."

In einer zweiten, persönlicher gehaltenen Mitteilung, die allen Mitarbeitern zuging, hieß es unmißverständlich:

„In Hinkunft wird sich das Büro nicht nur der Gerechtigkeit, sondern vor allem auch der Gerechtigkeitsliebe widmen. Es verlangt von seinen Mitarbeitern größte Opfer. Es macht aus ihnen keine reichen Männer, aber Männer."

Hoovers Enthusiasmus, seine Absicht, eine Institution zu reinigen, die seit drei Jahren von Korruption und Skandalen umwittert war, wurde von der Öffentlichkeit zunächst belustigt aufgenommen. Die amerikanische Presse, in ihrer steten Suche nach prägnanten Pointen, schrieb: „Hoover, der Mann, der die Flüsse stromaufwärts fließen lassen möchte." Niemand glaubte an den Erfolg der Bemühungen, denen sich Stone und er nunmehr mit ganzer Kraft widmeten.

Auch viele Beamte des FBI nahmen Hoover zunächst nicht ernst und rechneten damit, daß nach dem Verflackern eines Strohfeuers im Büro bald wieder alles seinen gewohnten Gang gehen werde. Sie kannten allerdings Hoover zu wenig. Unbeeindruckt von Sarkasmen und Mahnungen zur Vorsicht vertraute er voll und ganz auf die Unterstützung von Justizminister Stone und Präsident Coolidge. Als eine seiner ersten Aufgaben betrachtete er es, das Büro von Gaston B. Means, dem Protegé von Burns, an den er sich nur allzu gut erinnerte, zu befreien. Mit Zustimmung von Stone entließ er ihn.

Eine Woche später legte er dem Minister folgenden Bericht vor: „Ich habe alle Abteilungsleiter und Bürochefs angewiesen, daß sie alle ihre Erhebungen strikt auf die Feststellung der Verletzung von Bundesgesetzen zu beschränken haben ...

Ich habe auch bereits mit der Überprüfung der Dienstbeschreibungen jedes einzelnen Beamten des Büros begonnen und

KAP. V / KORRUPTION UND KU-KLUX-KLAN

bin zu dem Schluß gekommen, einige von ihnen, deren Leistungen unbefriedigend sind, zur Entlassung vorzuschlagen. Ich werde Ihnen im Zuge der weiteren Überprüfungen jeweils laufend solche Vorschläge unterbreiten."

Abschließend hieß es in dem Bericht: „Die Beamten des Büros werden alle Anstrengungen unternehmen, um das in sie gesetzte Vertrauen zu rechtfertigen und buchstabengetreu die Anweisungen zu befolgen, die ich ihnen im Einvernehmen mit Ihnen gegeben habe."

Zugleich mit der Säuberung in den eigenen Reihen führte Hoover den Kampf gegen jene Parlamentarier und Politiker, die das FBI teils als ihr Werkzeug, teils als Asyl für ihre Protegés betrachteten. In Dutzenden von Anweisungen, mit denen er seine Mitarbeiter überschwemmte, wiederholte er unermüdlich stets die gleichen Grundsätze: Das Büro hat sich strikt an seine Kompetenzen zu halten. Es läßt sich von keinem Außenstehenden, ganz gleich aus welchem politischen oder sonstigen Milieu er kommt, für dessen Zwecke mißbrauchen. Jeder Beamte, der gegen diese Grundsätze verstößt, wird sofort entlassen.

Schließlich ging Hoover zugleich mit der Säuberung nach innen und außen daran, die Arbeit des Büros auf völlig neue Grundlagen zu stellen. Er bestand darauf, daß alle Berichte, die ihm von den lokalen FBI-Büros zugingen, vom jeweiligen Bürochef persönlich abgefaßt sein mußten. Zugleich gab er diesen Chefs die größten Vollmachten und ließ ihnen am 1. Juli 1924 folgende Weisung zugehen:

„Ich erblicke in Ihnen meine Vertreter. Ich rechne damit, daß Sie es als Ihre Pflicht und Aufgabe betrachten, unablässig darüber zu wachen, daß die Beamten und Bediensteten, die Ihnen unterstehen, ihre gesamte Zeit und Kraft dem öffentlichen Wohl widmen."

Ferner führte Hoover ein System der Inspektion aller Büros des FBI in den größeren Städten der Vereinigten Staaten ein.

Die Inspektoren, die aus dem Personalstand der Zentrale kamen, waren ununterbrochen von Stadt zu Stadt unterwegs, um Tätigkeit, Erfolge, aber auch den Lebenswandel der Beamten innerhalb und außerhalb des Dienstes zu überprüfen.

Eine weitere wesentliche Neuerung, die Hoover einführte, war die Standardisierung der Arbeitsweise. Wo immer ein Beamter des FBI in Zukunft hinversetzt wurde — überall wurden die gleichen Untersuchungsmethoden und die gleichen Methoden der Auswertung ihrer Ergebnisse angewendet.

Seit der Verabschiedung des Prohibitionsgesetzes am 19. Oktober 1919 herrschte in Amerika Alkoholverbot. Dementsprechend untersagte Hoover seinen Beamten ausdrücklich den Genuß geistiger Getränke innerhalb und außerhalb des Dienstes; außerdem durften sie keine Schulden haben.

Bald sprach man in aller Öffentlichkeit über die „Tyrannei", die er ausübte, worauf Hoover im Mai 1925 folgende Mitteilung an sämtliche Mitarbeiter des FBI ergehen ließ:

„Ich halte es für notwendig, Ihre Aufmerksamkeit auf gewisse Vorfälle zu lenken, die sich in der Vergangenheit im Schoße des Büros ereignet haben und deren Wiederholung ich keinesfalls zulassen werde... Ich weiß viel zu gut, daß sich die Mitarbeiter des FBI noch vor einigen Jahren keines allzu guten Rufes erfreut haben... Ich bin fest davon überzeugt, daß die einzige Möglichkeit, die Achtung und das Vertrauen der Öffentlichkeit wiederzuerlangen, darin besteht, daß wir uns untadelig verhalten.

Ich bin entschlossen, jeden Beamten, der beim Alkoholgenuß betreten wird, sofort und ohne Zögern zu entlassen, ganz gleich wieviel und aus welchem Grunde er getrunken hat. Ich weiß sehr wohl, daß das eine sehr unnachgiebige Auffassung ist und daß es Leute gibt, die mich bereits als einen Fanatiker bezeichnen, aber es ist meine innerste Überzeugung, daß jeder, der in das Büro eintritt, sich von diesem Tage an im öffentlichen wie

KAP. V / KORRUPTION UND KU-KLUX-KLAN

im privaten Leben so zu verhalten hat, daß er nicht den geringsten Anlaß zur Kritik gibt. Ich persönlich trinke auch keinen Tropfen Alkohol und verlange daher von meinen Mitarbeitern nur das, was ich ebenfalls zu tun bereit bin.

Angesichts der vielen Angriffe, denen das Büro in den letzten Jahren ausgesetzt war, kann es sich das Risiko eines öffentlichen Skandals nicht leisten. Ich möchte nicht, daß man über das Büro in den gleichen Ausdrücken spricht, die ich oft über andere Dienststellen der Regierung gehört habe...

Mein Ziel ist es, die Mitarbeiter des Büros vor jeder Kritik, die von außen kommt, zu bewahren und zu verhindern, daß sein Ansehen durch vereinzelte Verfehlungen geschmälert wird, die von Beamten begangen wurden, die über ihren persönlichen Wünschen und Neigungen vergessen, daß sie in jedem Augenblick und bei jeder Gelegenheit Ehre und Bestand des Büros, dem sie dienen, zu gewährleisten haben."

Diese eiserne Disziplin, gepaart mit höchsten moralischen Anforderungen, trugen Hoover und seinen Beamten Spitznamen wie „Predigerpolizei" und „Pfadfinderpolizisten" ein. Aber das war noch immer besser, als hätte man sie „Winkeldetektive" oder „Korruptionisten" genannt.

Nach und nach formte Hoover das FBI, zu dessen Chef mit dem Titel Direktor er am 10. Dezember 1924 offiziell ernannt worden war, nach seinen Idealen, und bald wurden diese Ideale auf ihre erste Probe gestellt.

Im Mai 1925 ließ der Vorsitzende des Obersten Gerichtshofes von Alabama den Chef des in der Hauptstadt des Staates, Montgomery, untergebrachten FBI-Büros zu sich kommen und verlangte von ihm einen Bericht über den Lebenswandel des Sohnes eines Senators, der sein politischer Gegner war. In der Vergangenheit hatten derartige Erhebungen einen wesentlichen Bestandteil der Tätigkeit des FBI ausgemacht. Nun aber erklärte der Bürochef dem verdutzten Richter: „Kommt nicht in Frage.

Für eine derartige Untersuchung brauche ich einen schriftlichen Auftrag von Mr. Hoover in Washington."

Hoover erhielt daraufhin einen Brief des Richters und einen Bericht seines Bürochefs in Montgomery. Den Brief ließ er unbeantwortet. Den Erhalt des Berichtes bestätigte er mit folgendem Schreiben: „Sie haben sich richtig verhalten. Das Büro ist nicht zur Begleichung politischer Rechnungen da."

Diese unbeugsame Haltung Hoovers führte zu einer Reihe von Zwischenfällen, die unter anderen Umständen schwerwiegende Konsequenzen für ihn haben hätten können.

So rief er eines Tages einen Beamten zu sich, der in einem lokalen Büro des FBI an der Ostküste arbeitete und sich nebenbei als prominenter Wahlhelfer für einen dortigen Senator betätigte. Hoover stellte ihn deshalb zur Rede und teilte ihm seine Versetzung nach Los Angeles, an die Westküste, mit.

Am nächsten Tag war der Senator bei Hoover und bestürmte ihn: „Sie müssen mir helfen. Die Wahlen stehen vor der Tür, und ich brauche diesen Mann."

„Tut mir leid", erwiderte Hoover, „aber ich glaube, es ist besser für diesen Beamten, wenn er nicht weiterhin an Ihrer Seite politisch tätig ist. Er wird es nicht zu bereuen haben." Sein Ton war bestimmt und ließ keinen Widerspruch zu. Der Senator hatte dies erkannt und verabschiedete sich mit den Worten: „Ich sehe, daß es keinen Sinn hat, mit Ihnen zu reden. Ich werde mich an Minister Stone wenden."

Eine Viertelstunde später wurde Hoover in Stones Büro gerufen, der ihn fragte: „Was hat sich zugetragen?"

Hoover gab eine kurze Schilderung seines Gesprächs mit dem Senator, worauf der Minister sagte: „Ich möchte nicht, daß Sie in ein falsches Licht geraten. Mir ist unverständlich, warum Sie den Senator nicht sofort verabschiedet haben. Sie hätten sich gar nicht auf eine Auseinandersetzung mit ihm einlassen sollen."

Als Hoover das Arbeitszimmer seines Chefs verließ, war er

KAP. V / KORRUPTION UND KU-KLUX-KLAN

ein wenig von Zweifeln geplagt. Der Minister hatte sich sehr zurückhaltend gezeigt und Formulierungen gebraucht, die mehrdeutig waren. Hoover gestand später, daß er dachte: „Jetzt wirft er mich womöglich hinaus." Nichts dergleichen geschah. Der Senator beschwerte sich noch einige Male, aber ohne Erfolg. Damit war die Angelegenheit erledigt.

Im Jahre 1927, drei Jahre, nachdem er an die Spitze des FBI getreten war, betrachtete Hoover sein Haus als bestellt. Nun erwartete ihn die nächste Aufgabe: Er wollte einen Polizeiapparat schaffen, der in der Lage war, jede wie immer geartete Aufgabe, die ihm der Justizminister übertrug, zu erfüllen.

Über Mangel an Arbeit würde sich ein derartiger Apparat angesichts der Korruption im Gefolge der Prohibition und des ständig steigenden Gangsterunwesens nicht zu beklagen haben.

VI

DIE PERFEKTE POLIZEI

Ein mittelgroßer Mann, der so schwer gebaut ist, daß er klein wirkt, mit einem Bulldoggengesicht, denn seine Nase ist seit einem Baseballspiel in seiner Kindheit gebrochen, verläßt jeden Morgen seine Wohnung in einem gepanzerten Cadillac. Nach etwa fünfhundert Metern hält der Wagen. Aus einem einstöckigen Haus kommt ein Mann und steigt in das Fahrzeug ein: John Edgar Hoover, Chef des FBI, fährt in Begleitung von Clyde S. Tolson in sein Amt.

Gleich Hoover ist Tolson Junggeselle. Er ist am 2. April 1928 in das FBI eingetreten und hat seine Fähigkeiten so rasch unter Beweis gestellt, daß er vier Monate später bereits zum Sekretär Hoovers bestellt und in dieser Eigenschaft bald eine Art von Generalstabschef des Direktors wurde. Damit war sein Aufstieg unaufhaltsam. Im Jahre 1931 wurde er persönlicher Beauftragter Hoovers und im Jahre 1947 stellvertretender Direktor.

Zwischen den beiden Männern war sofort eine Freundschaft entstanden, die sie in den Jahren, die folgten, nie verleugneten. Kenner des FBI gingen so weit, zu behaupten, daß sie manchmal im gleichen Augenblick die gleichen Gedanken hatten. Tolson war der starke Mann des Teams, das Hoover in seinem Haus aufgebaut hatte, um aus dem FBI einen vorbildlichen Apparat zur Bekämpfung des Verbrechens zu machen.

Nummer 2 unter den Männern, die in der Presse die Neun Anonymen genannt wurden, war Louis B. Nichols, ein Riese von einem Mann. Hoover schätzte ihn sehr und wurde der Taufpate seines ersten Kindes. Nichols war für das Archiv und die Nachrichtenverbindungen verantwortlich, außerdem vertrat er das FBI bei offiziellen Anlässen, wenn Hoovers persönliche Anwesenheit nicht erforderlich war. So wie die Nummer 3 des Teams, Leland V. Boardman, trug er den Titel Assistant Director.

Unterhalb dieser drei Männer gab es im Hauptquartier des FBI noch sechs Vizedirektoren, die für den Erkennungsdienst, für Ausbildung und Inspektion, Verwaltung und innere Sicherheit sowie für das im Jahre 1932 geschaffene Laboratorium verantwortlich waren.

Hoover hatte alle seine Mitarbeiter nach Kriterien, die seinem eigenen Wesen entsprachen, persönlich ausgesucht: Unerbittliche Strenge gegen sich selbst und gegen Untergebene, Arbeitslust, denn oft arbeiteten sie 12 bis 15 Stunden am Tag, Intelligenz, Entschlußfreudigkeit und Verantwortungsbewußtsein sowie gründliche juristische Vorbildung.

Alle hielten es für selbstverständlich, daß sie in der Anonymität arbeiteten. Obwohl sie in der Privatwirtschaft die höchsten Posten und Gehälter erreicht hätten, wesentlich mehr als sie je beim FBI verdienen konnten, blieben sie bis zur Pensionierung auf ihren Posten, die ihnen mehr Arbeit als Ruhm einbrachten. Tolson hat dies einmal mit den Worten zu erklären versucht: „Ich glaube, die meisten von uns sind so wie ich. Die Arbeit für das FBI bringt mehr ein als einen Lohnstreifen."

Jeden Vormittag um 10 Uhr versammelte Hoover mit jenem freundlichen Lächeln, von dem seine Kritiker behaupteten, es sei das Kennzeichen eines Menschenmanipulierers, die Neun Anonymen in seinem Arbeitszimmer. In den 48 Jahren, in denen er an der Spitze des FBI stand, änderte er nie etwas an Beginn und Ablauf der Besprechung, die von allen im FBI die „Konferenz der Patrone" genannt wurde. In diesem Kreis wur-

KAP. VI / DIE PERFEKTE POLIZEI

den alle wichtigen Entscheidungen getroffen. Hier arbeitete der Direktor vor allem in den Jahren zwischen 1926 und 1934 mit mönchischer Geduld an seiner Schöpfung. Mit diesen neun Männern, von denen er sagte, daß „ihr Mut und ihre Hingabe unbezahlbar seien", besprach Hoover täglich alle Einzelheiten jenes Polizeiapparates, den er schaffen wollte.

Jeder mußte auf seinem Posten darüber wachen, daß auch nicht der geringste Fehler geschah, und das galt auch für Tippfehler in Briefen und Berichten. Kritiker meinten, daß vier Jahre für den Aufbau eines Polizeidienstes die reinste Zeit- und Energieverschwendung seien. Hoover betrachtete jedoch minutiöse Detailarbeit als die Grundlage des Erfolges, und Tolson, der wie immer die Meinung seines Chefs teilte, schrieb darüber:

„Präzision ist die oberste Tugend jedes Ermittlungsdienstes. Wie viele Verbrecher sind verurteilt und wie viele Unschuldige gerettet worden, weil jemand sich die Mühe genommen hat, ein scheinbar unwichtiges Detail wichtig zu nehmen."

Die Beamten wurden nun in zunehmendem Maße mit einer Sorgfalt ausgesucht, die bisweilen krankhafte Züge anzunehmen schien. Der Kandidat mußte sich zunächst einer eingehenden medizinischen Untersuchung unterwerfen und zahlreiche Eignungstests bestehen, ehe er von den Experten des FBI einer detaillierten Überprüfung seines Privatlebens, seiner Familie, seines Bekanntenkreises und vieler anderer Details unterzogen wurde. Die Erforschung der Vergangenheit ging zurück bis zu den Großeltern. Das kleinste Vergehen im Leben eines Vorfahren genügte, um den Anwärter zu eliminieren.

Erst nachdem das Ergebnis all dieser Nachforschungen Hoover vorgelegt und von ihm gutgeheißen worden war, konnte der Kandidat damit rechnen, als Anwärter aufgenommen zu werden. Es folgte eine sechswöchige Ausbildung, in deren Verlauf er mit allen Arbeitstechniken des Büros vertraut gemacht wurde. Dieser Kurs wurde in der FBI-Zentrale absolviert.

Heute dauert diese Ausbildung achtzehn Wochen und findet in der Akademie in Quantico, Virginia, statt. Aber im Prinzip sind die Ausbildungsmethoden genauso unverändert geblieben, wie die Vorschriften, denen die Beamten unterworfen sind.

Nach Abschluß der Ausbildung wurde der Anwärter einem erfahrenen Beamten zugeteilt, der ihn drei Monate lang bei seiner Arbeit betreute, bis er auf seinen eigenen Füßen stehen konnte. Aber auch nach Abschluß dieser Bewährungszeit hatte er sich während seiner gesamten beruflichen Tätigkeit ständig weiterzubilden. Ein Beamter stand immer unter Aufsicht und Anleitung, sein ganzes Leben gehörte gleichsam dem FBI. Sein Dienstvertrag sah vor, daß er täglich acht Stunden bezahlte und zwei Stunden unbezahlte Arbeit zu leisten hatte, das waren also mindestens sechzig Stunden in der Woche. Erst wenn er diese Quote überschritten hatte, was häufig der Fall war, erhielt er Überstunden bezahlt.

Wohl behandelte jeder Beamte Dutzende von Einzelfällen, aber in der Regel wurde im Büro Teamarbeit geleistet. Gegenwärtig fallen im FBI etwa 300.000 bis 400.000 Fälle im Jahr an!

Sobald der Beamte in den Morgenstunden das Büro betrat, mußte er die Uhrzeit in ein Register eintragen und seine Unterschrift danebensetzen. Am Abend beim Verlassen des Büros mußte er die gleiche Vorgangsweise einhalten. Damit war eine strenge Kontrolle und außerdem eine Grundlage für die Berechnung der Überstunden gegeben. Dieses System wird noch heute, nicht nur in der Zentrale, sondern in jedem FBI-Büro zwischen New York und Hawaii angewendet.

War der Beamte unterwegs, mußte er sich nach jeweils drei Stunden telephonisch in der Zentrale melden und nach allfälligen Abänderungen seines Auftrages oder neuen Informationen erkundigen. Außerdem hatte er seinen Standort und sein nächstes Ziel bekanntzugeben. Alle Mitteilungen wurden in der Nachrichtenzentrale in ein Register eingetragen, so daß die

KAP. VI / DIE PERFEKTE POLIZEI

Führung des FBI jederzeit einen vollständigen Überblick über den Einsatz sämtlicher Beamter hatte. Außerdem wurde das Register monatlich routinemäßig überprüft. Jeder FBI-Agent hatte ferner in Abständen von etwa sechs Wochen einen detaillierten Bericht über seine Ermittlungen vorzulegen. Ein Verstoß gegen diese Vorschrift hatte eine Verwarnung zur Folge. Mehrere Verwarnungen führten zur Versetzung oder Gehaltskürzung. Am Tag vor der Abfassung seines Berichtes hatte der Beamte dem Chef der Schreibstube mitzuteilen, wann er mit dem Diktat beginnen und wie lange er dazu brauchen werde. Von Zeit zu Zeit pflegten die Mitarbeiter Hoovers — in den ersten Jahren machte er das noch selbst — die Schreibkräfte zu fragen, ob dieser oder jener Beamte seinen Bericht gut vorbereitet gehabt, ob er zu schnell oder zu langsam diktiert habe und ob man an der Abfassung der Berichte irgend etwas verbessern könne. Die Reinschrift mußte vom lokalen Bürochef oder vom Abteilungsleiter gelesen und abgezeichnet werden, bevor sie der Zentrale vorgelegt wurde.

Bis zum Jahre 1934 hat Hoover täglich zwei bis drei Stunden mit der Lektüre der Berichte zugebracht. Allerdings hatte das FBI damals nur 600 Beamte und nicht 6700 wie heute. Noch eine andere Verfügung zur Aufrechterhaltung der Disziplin hatte Hoover getroffen. Die Dienstfahrzeuge durften auch tatsächlich nur für dienstliche Zwecke verwendet werden. Auch wenn die Erledigung eines Auftrages bis in die späten Nachtstunden gedauert hatte, durfte der Beamte nicht mit dem Auto des FBI nach Hause fahren, sondern mußte es in der Garage abliefern.

Als Ausgleich für alle diese Härten wurden die Gehälter erhöht. Bis zu seinem Tode im Jahre 1972 behielt sich Hoover allerdings die Regelung der Bezüge persönlich vor. Er und niemand anderer bestimmte, ob sie erhöht oder — was heute fast unvorstellbar erscheint — gegebenenfalls auch gesenkt wurden.

Harvey Foster, damals Chef des FBI-Büros in Philadelphia, heute Vizepräsident der Luftfahrtgesellschaft American Airlines, ließ eines Tages durch Versehen einen Gesetzesbrecher, den er verhaften hätte sollen, entkommen. Hoover reduzierte daraufhin sein Gehalt auf die Hälfte und sorgte dafür, daß diese Bestrafung dem gesamten Büro bekanntgegeben wurde. Als sich Foster nach drei Monaten durch ausgezeichnete Leistungen rehabilitiert hatte, machte Hoover die Gehaltskürzung rückgängig, doch in aller Heimlichkeit und ohne jede Verlautbarung.

Dieser Puritanismus, gepaart mit eiserner Disziplin, mit einem Wort das „Patriarchat Hoover", das schwer auf dem FBI lastete, gab immer wieder Anlaß zu Kritiken. Hoover antwortete darauf stets, er bediene sich „modernerer und aufgeschlossenerer Methoden als jede andere staatliche Dienststelle". Darüber konnte man streiten. Richtig ist z. B., daß er als erster im amerikanischen Staatsdienst Prämien einführte, um seine Mitarbeiter zu außergewöhnlichen Leistungen anzuspornen. Heute wird dieses System überall im Regierungsapparat angewendet, um gute Vorschläge oder besondere Leistungen zu belohnen.

Hoover versuchte manchmal, seine Härte durch Humor zu mildern, wobei er nicht immer guten Geschmack bewies. Einer seiner engsten Mitarbeiter, Deke de Loach, der heute in führender Stellung bei Pepsi Cola tätig ist, erhielt einmal durch mehrere Wochen hindurch in sein Haus Photos nackter Damen mit eindeutigen Widmungen zugesandt: „Liebling, wann werde ich Dich wiedersehen? Jenny." — Oder: „Du fehlst mir. Dein für immer. Marilyn." De Loachs Frau hatte die unangenehme Eigenschaft, die Post ihres Mannes zu öffnen, und machte ihm Vorwürfe wegen der Nacktphotos. Seine Behauptung, die Bilder schicke Hoover, dessen Schrift er erkannt hatte, wies sie als absurd zurück und verlangte die Scheidung. De Loach lud schließlich seinen Chef zum Abendessen ein und bat ihn, die Angelegenheit aufzuklären, die nicht nur seine Ehe, sondern

KAP. VI / DIE PERFEKTE POLIZEI

auch seinen Beruf gefährdete, denn eine Scheidung hätte seine sofortige Entlassung aus dem FBI mit sich gebracht.

Ein anderes Mal ließ Hoover ein Fahndungsblatt mit Bild und Personenbeschreibung von Louis B. Nichols, einem der Neun Anonymen, drucken und an sämtliche Dienststellen des FBI versenden. Dann schickte er Nichols auf eine Inspektionsreise, die ihm bereits am ersten Tag etwa 20 Verhaftungen einbrachte. Da sich Hoover am Telephon verleugnen ließ, legte Nichols den Rest der Dienstreise in Begleitung eines ihm ergebenen FBI-Beamten zurück, der bei jedem weiteren Verhaftungsversuch seine wahre Identität bezeugen mußte.

Hoover, der selbst Junggeselle war, betrachtete das FBI als eine große Familie, deren Mitglieder zusammenhalten mußten und in der neben der notwendigen Strenge auch die erforderliche Güte herrschen sollte. Dafür gab es viele Beispiele.

So wurde eines Tages in der „Konferenz der Patrone" erwähnt, daß ein Beamter des FBI vor einigen Wochen schwer an Kinderlähmung erkrankt und sehr beunruhigt sei. „Warum?" fragte Hoover. „Weil er fürchtet, seinen Posten zu verlieren", antwortete man ihm. Hoover unterbrach daraufhin die Besprechung, ließ sich an das Krankenbett des Beamten führen und sagte ihm: „Es wird immer einen Platz für Sie bei uns geben. Machen Sie sich um Ihre Arbeit keine Sorgen. Jetzt haben Sie nur eine Aufgabe: gesund zu werden."

Die Heilung ging aber sehr langsam vor sich, und die Fortzahlung der Bezüge mußte nach Ablauf der für Krankenurlaub vorgesehenen Zeit auf Grund der gesetzlichen Bestimmungen eingestellt werden. Die Beamten der Zentrale errechneten daraufhin, daß jeder von ihnen von seinem Gehalt monatlich 60 Cent abzweigen mußte, um ihrem Kollegen den Gegenwert seines Bezuges sichern zu können. Sie machten Hoover, der sofort zustimmte, einen entsprechenden Vorschlag. Zwei Tage später ließ er in allen Büros Sammelbüchsen aufstellen, niemand wußte, wieviel der einzelne gab, aber der Lebensunterhalt des rekonvaleszenten Beamten war gesichert.

Im Jahre 1953 schuf Hoover einen Unterstützungsfonds der Bediensteten des FBI, der sich einmal im Jahr an die Öffentlichkeit wendet. Der Erfolg ist jedesmal außerordentlich; bei einer der letzten Sammlungen gingen Spenden in der Höhe von 98.315 Dollar ein.

Die Agenten des FBI hatten von Anfang an nicht den normalen Beamtenstatus. Sie konnten bereits im Alter von 50 Jahren in den Ruhestand treten, vorausgesetzt, daß sie zwanzig Dienstjahre aufzuweisen hatten. Ansonsten genossen sie aber alle Vorteile des Staatsdienstes, und Hoover sorgte überdies, daß sie sich eines optimalen Schutzes erfreuten. Außer der üblichen Beamtenversicherung konnten seine Mitarbeiter gegen die geringe Jahresprämie von 15 Dollar eine Lebensversicherung über 100.000 Dollar abschließen.

Dieser Geist der gegenseitigen Hilfe, der bis auf den heutigen Tag eine der Stärken des FBI geblieben ist, entstand in jener Zeit, in der Hoover daranging, das „Büro" nach seinen Vorstellungen zu gestalten. Am Beginn der dreißiger Jahre war es soweit: Der Polizeiapparat, den die Vereinigten Staaten zur Bekämpfung des Verbrechens dringend brauchten, war voll einsatzbereit, obwohl das FBI damals nur über 266 Beamte und etwa 60 Hilfskräfte verfügte.

VII

DER FALL LINDBERGH

Am 3. März 1932 wurde Amerika und darüber hinaus die ganze Welt wie von einem Donnerschlag gerührt: In der vorangegangenen Nacht war das Baby des berühmten Piloten Charles Lindbergh, des ersten Mannes, der den Atlantik im Flugzeug überquert hatte, entführt worden. Der Ort der Tat: Ein einsames Haus in Hopewell, New Jersey, etwa 60 km von New York entfernt, in dem das Ehepaar Lindbergh lebte.

Der 2. März war für sie noch ein friedlicher Tag wie jeder andere gewesen. Um 19.30 Uhr hatte das Kindermädchen den 21 Monate alten Charles-Augustus in seiner Wiege in dem im ersten Stock gelegenen Kinderzimmer zur Ruhe gelegt. Die Eltern, Charles und Anne Lindbergh, sagten ihm noch gute Nacht, ehe sie sich im Wohnzimmer, das zu ebener Erde lag, zum Abendessen niedersetzten.

Das Wetter war schlecht. Heftiger Regen prasselte auf das Haus nieder und übertönte viele Geräusche. Bevor sich die junge Kinderschwester um 23 Uhr zur Ruhe begab, hielt sie wie üblich im Kinderzimmer Nachschau. Sie beugte sich über die Wiege: Sie war leer! Ein markerschütternder Schrei durchgellte das Haus und schreckte Charles Lindbergh auf, der sich in Gesellschaft seiner Frau noch im Wohnzimmer befand, wo er an einem Aufsatz über den transatlantischen Luftverkehr arbeitete. Im Nu waren die Eltern im Kinderzimmer.

Es hatte aufgehört zu regnen, ein leichter Wind bewegte den

Vorhang vor dem Fenster, das offenstand. Lindbergh zog ihn beiseite, beugte sich ins Freie und sah eine an die Hauswand gestützte Leiter aus Holz. Voller Verzweiflung kletterte er an ihr hinunter und begann, die Gegend mit Hilfe einer Taschenlampe, nach der er rasch gegriffen hatte, abzusuchen. Aber er fand keine Spur des verschwundenen Kindes; nichts war zu hören als das Rauschen der Bäume, die das Haus umstanden. Lindbergh mußte sich mit der bitteren Tatsache abfinden, daß das Baby entführt worden war.

Nun war sein erster Gedanke, die Sicherheitsbehörden zu verständigen. Aber die lokale Polizei konnte nur magere Ergebnisse sicherstellen. Im Kinderzimmer entdeckte man einige Schlammspuren, die der Eindringling zurückgelassen hatte. In der Wiege fanden die Polizisten einen Zettel, den die Eltern und das Kindermädchen in ihrer Aufregung übersehen hatten. Schrift, Orthographie und Grammatik waren unbeholfen, aber der Inhalt unmißverständlich. Er lautete:

„Sehr geehrter Herr,
bereiten Sie 50.000 Dollar in Scheinen von 20 Dollar, 15.000 Dollar in Scheinen von 10 Dollar und 10.000 Dollar in Scheinen von 5 Dollar vor. In 2 oder 4 Tagen werde ich sagen, wo das Geld hinzubringen ist. Verständigen Sie nicht die Polizei noch sonst jemanden. Das Baby wird gut betreut werden. Antworten Sie nicht auf Mitteilungen, die nicht als Kennzeichen drei Löcher haben."

Der Zettel wurde von Spezialisten des FBI, die inzwischen im Auftrage von Hoover den Fall übernommen hatten, sorgfältig analysiert. Sie kamen zu dem Schluß, daß der Verfasser deutscher Abstammung zu sein schien: Er hatte statt „good" das Wort „gut" gebraucht, und die Orthographie dreier weiterer Worte sowie die Satzstellung ließen den gleichen Schluß zu.

KAP. VII / DER FALL LINDBERGH

Der Verfasser war aber sehr vorsichtig gewesen, denn der Zettel wies keinerlei Fingerabdrücke auf. Um so zahlreicher fanden sie sich paradoxerweise auf der Leiter, die unter dem Fenster des Kinderzimmers zurückgeblieben war. Aber diese Abdrücke schienen nicht unter den 160.000 Fingerabdrücken auf, die damals in der FBI-Zentrale registriert waren; heute sind es übrigens bereits 180 Millionen.

Die Leiter erweckte noch in anderer Hinsicht die Aufmerksamkeit der Beamten. Sie konnte in drei Teile zerlegt und dementsprechend leicht transportiert werden. Es handelte sich nicht um ein Fertigfabrikat, sondern um ein Einzelstück, das von einem geübten Schreiner oder Tischler eigens für den Zweck angefertigt worden war. Die sechste Sprosse von unten war gebrochen. Spuren im feuchten Erdreich wiesen darauf hin, daß der Entführer gestürzt war.

Aber alle diese Feststellungen führten zu keinem konkreten Ergebnis und auf keine verfolgbare Spur. Hoover setzte daraufhin das größte Polizeiaufgebot ein, das es bis dahin gegeben hatte. Praktisch mobilisierte er alle 568 Beamten des FBI, die ihm zur Verfügung standen. Charles Lindbergh erklärte sich noch am 3. März über die Presse bereit, das Lösegeld zu bezahlen. Am 5. März setzte er sich mit zwei Persönlichkeiten der Unterwelt namens Spitale und Blitz in der Hoffnung in Verbindung, sie könnten Kontakt mit dem Entführer aufnehmen und die Übergabe des Lösegeldes beschleunigen. Gleichzeitig bat er Hoover, alle Nachforschungen der Polizei einzustellen. Hoover gab diesem Wunsche statt und befolgte damit zum ersten Male das Prinzip, das in ähnlich gelagerten Fällen auch in Zukunft galt: Keine unmittelbare Einmischung, bis das Opfer der Familie zurückgegeben worden ist.

Nun begann ein qualvolles Warten im Hause des Ehepaares Lindbergh. Am 8. März erhielten sie per Post folgende Mitteilung:

„Herr Charles Lindbergh,
Ihr Baby ist in Sicherheit, aber es hat keine Medikamente. Es ißt Schweinefleisch und Bohnen so wie wir auch. Befolgen Sie unsere Anweisungen und halten Sie vor allem hunderttausend Dollar sofort bereit. Das ist, was wir wollen.

Ihr B. H."

Die geforderte Summe war also auf 100.000 Dollar erhöht worden. Die Welt, durch Rundfunk und Presse auf dem laufenden gehalten, verfolgte in atemloser Spannung den Ablauf des Dramas in allen Einzelheiten. Am 10. März erhielt der siebzigjährige Professor John Condon in Bronx, eine in kirchlichen Kreisen angesehene Persönlichkeit, überraschend einen Brief des Kidnappers:

„Sehr geehrter Herr Professor,
wenn Sie im Falle Lindbergh als Unterhändler tätig sein wollen, dann machen Sie folgendes: Geben Sie Herrn Lindbergh den beiliegenden Brief, der alles erklärt. Und reden Sie mit niemandem."

Condon, der damit zum Unterhändler gemacht worden war, suchte noch am gleichen Tag Lindbergh auf. Hoover war bei der Unterredung anwesend, mischte sich aber in keiner Weise ein. Er beschränkte sich auf die Rolle des Zuhörers, der alles sorgfältig registrierte, was zur späteren Aufklärung des Falles beitragen konnte.

Am 9. April gab Lindbergh schließlich vor der Presse bekannt, daß das Lösegeld übergeben worden, das Kind aber nicht zurückgekehrt sei. „Wir sind betrogen worden", erklärte er. Die Übergabe des Geldes hatte am 2. April im Friedhof von Woodlaw in der Nähe des Bronx-Parks und des Wohnortes von Professor Condon stattgefunden.

Condon hatte dort um 11 Uhr nachts einen Mann getroffen,

KAP. VII / DER FALL LINDBERGH

der seinen Hut tief ins Gesicht gezogen hatte und sich mit dem angekündigten Namen zu erkennen gab: „Ich bin John. Haben Sie die 100.000 Dollar?"

Nun entspann sich ein makabrer Dialog über den Lohn des Verbrechens. Condon sagte:

„Ich habe nur 75.000 Dollar."

„Ich will 100.000."

„Herr Lindbergh konnte diese Summe nicht so schnell aufbringen."

„Gut, das macht nichts, geben Sie mir die 75.000. Das Kind wird morgen zurückgegeben."

Aber nichts dergleichen geschah. Einer der Beamten des FBI hatte aus echtem Mitgefühl für Anne Lindbergh den Banknoten einen Zettel beigegeben, auf dem stand:

„Die Mutter des Kindes ist schwer erkrankt. Sie ruft nach ihrem Kind. Haben Sie Mitleid und helfen Sie uns, es ihr so schnell wie möglich zurückzugeben. Sagen Sie uns am Telephon, wo wir es holen können."

Hinzugefügt war die Telephonnummer eines Mr. Davidson, eines guten Freundes der Familie Lindbergh. Aber die Beamten des FBI warteten an seinem Telephon vergeblich auf einen Anruf.

Je mehr Zeit verstrich, desto hoffnungsloser wurde Lindbergh. Er teilte über die Presse mit, daß er den Betrag von 30.000 Dollar für jeden Hinweis, der zur Aufdeckung des Verbrechens und zur Ergreifung des Täters führen könne, aussetze. Außerdem war er nun einverstanden damit, daß Hoover seine Beamten rückhaltlos einsetzte. Sofort wurden den Geldinstituten und Geschäften in ganz Amerika die Nummern der Banknoten des Lösegeldes bekanntgegeben.

Vor allem aber traf nun eine Flut von meist recht unglaubwürdigen Hinweisen aus der Bevölkerung ein. Einige Informanten behaupteten, den kleinen Charles-Augustus in Schweden gesehen zu haben, andere in Deutschland. Die Wahrheit war viel tragischer.

Am 12. Mai hielt der Chauffeur William Allen, ein Farbiger, seinen Lastwagen auf einer Straße in der Nähe von Hopewell an, um in einem nahe gelegenen Wäldchen seine Notdurft zu verrichten. Nach wenigen Schritten prallte er zurück: Am Fuße eines Baumes lag die verweste Leiche eines Kleinkindes, halb von Erde bedeckt und von Tieren angenagt. Es waren die sterblichen Überreste des Sohnes von Charles und Anne Lindbergh.

Das Drama hatte als Tragödie geendet, das FBI trat trotz zahlreicher Hinweise noch immer auf der Stelle, der Täter war weiterhin unentdeckt. Das Ehepaar Lindbergh war von Schmerz gebrochen und zog sich völlig zurück. Im Juni 1933 übereignete es das Anwesen in Hopewell dem Staat New Jersey und übersiedelte nach Inglewood.

Hoover war nahe daran aufzugeben, aber er arbeitete verbissen weiter. Etwa ein Dutzend Beamte führten die Ermittlungen, wenn auch ohne Erfolg, fort. Plötzlich wendete sich das Blatt. Am 15. September 1934, etwa zweieinhalb Jahre nach der Tat, tankte ein Automobilist bei einer Benzinstation in Harlem, New York, und bezahlte mit einer Zehndollarnote.

Zwei Monate zuvor waren die Vereinigten Staaten vom Goldstandard abgegangen, woraufhin alle Zehn- und Zwanzigdollarnoten mit dem Aufdruck „Zahlbar in Gold" aus dem Verkehr gezogen worden waren. Höchstens einige hundert waren noch in Umlauf, und der Tankstellenbesitzer sagte zu seinem Kunden: „Sie wissen ja, daß Ihr Geld eigentlich nichts mehr wert ist." Worauf dieser seinen Wagen startete und im Wegfahren rief: „Was heißt, nichts mehr wert!?! Davon habe ich noch einen Haufen zu Hause!"

Durch dieses sonderbare Verhalten seines Kunden aufmerksam gemacht, holte der Tankstellenbesitzer die Liste der Banknoten hervor, die das FBI zwei Jahre zuvor in Millionen von

KAP. VII / DER FALL LINDBERGH

Exemplaren in ganz Amerika ausgegeben hatte. Tatsächlich schien die Nummer des Zehndollarscheines in dem Verzeichnis auf. Nun rief der Mann das FBI von New York an und teilte den Vorfall samt dem Kennzeichen des Wagens mit, das er notiert hatte. Die Beamten eruierten, daß das Fahrzeug einem Mann namens Bruno Richard Hauptman gehörte, der in der 22. Straße in Bronx, New York, lebte.

Hoover, der zu diesem Zeitpunkt noch immer nicht wußte, wie viele Personen an der Entführung beteiligt waren, ließ Hauptman unter Beobachtung stellen. Er wurde Tag und Nacht beschattet, und trotz aller Vorsichtsmaßnahmen schien er die Überwachung entdeckt zu haben. Jedenfalls unternahm er einen offensichtlichen Fluchtversuch, wurde aber schon nach kurzer Zeit festgenommen. Die Beamten des FBI fanden bei ihm mehrere Zehndollarnoten, die aus dem Lösegeld stammten. Eine Hausdurchsuchung brachte dagegen lediglich einen Revolver, aber kein verdächtiges Material an den Tag.

Hauptman wohnte mit seiner Frau und einem achtzehn Monate alten Kind in einem kleinen, weiß gestrichenen Haus, das von einem geschmackvoll gepflegten Garten umgeben war. Es war einstöckig und hatte nur vier Räume; ein Schuppen verband es mit einer kleinen Garage. Hauptman, ein großer, sportlicher Mann, war gebürtiger Deutscher. Er war 1890 in Chemnitz zur Welt gekommen, hatte während des Krieges in der deutschen Armee gedient und war zweimal ausgezeichnet worden. Danach hatte er ein weniger vorbildliches Leben geführt. Er war dreifach vorbestraft, darunter einmal zu vier Jahren Gefängnis wegen Diebstahls. Nach der Entlassung war er nach Amerika ausgewandert und hatte sich seinen Lebensunterhalt in New York als Tischler verdient. 1932, im Jahre der Entführung, war er bei der National Lumber Company beschäftigt gewesen. Bald danach hatte er jedoch seinen Arbeitsplatz verloren, ohne daß sich deshalb seine Lebensführung verschlechtert hätte.

Beim Verhör erklärte er diesen verdächtigen Umstand damit, daß er, den Ratschlägen eines guten Freundes folgend, an der Börse gespielt und gewonnen habe. Das war eine Behauptung, die schwer zu widerlegen war. Die Beamten nahmen sie auch nicht allzu ernst und konzentrierten ihre Aufmerksamkeit auf die außergewöhnlichen Vorsichtsmaßnahmen, die Hauptman ergriffen hatte, um ein Betreten seines Hauses zu verhindern. Er hatte ein perfektes Alarmsystem installiert. Warum? Hatte er etwas zu verbergen?

„Ja", antwortete er ohne zu zögern. „Ich bewahre 15.000 Dollar auf, die mir mein Freund Isidor Fisch anvertraut hat."

„Wo?" fragten die Beamten des FBI.

„In meiner Garage", lautete seine Antwort.

Tatsächlich fanden die Beamten dort unter einem Stapel alter Zeitungen das Geld. Aber nicht 15.000, sondern nur 13.750 Dollar. Wiederum hatte Hauptman eine Erklärung parat: „Mein Freund ist gestorben. Nachdem ich das erfuhr, habe ich geglaubt, das Recht zu haben, das Geld auszugeben."

Die Nachforschungen ergaben, daß Fisch tatsächlich einige Monate zuvor in Deutschland gestorben war. Unheilbar an Krebs erkrankt, hatte er den Wunsch geäußert, noch einmal seine Heimat zu sehen.

Hoover war sich im klaren darüber, daß alle diese Indizien nicht ausreichten, um mit Aussicht auf Erfolg die Anklage gegen Hauptman zu erheben. Also rief er die Experten des im September 1932 gegründeten Laboratoriums des FBI zu Hilfe. Der Holzspezialist Koehler nahm sich der Leiter an, die unter dem Fenster des Kinderzimmers gefunden worden war. Zunächst mußte unter insgesamt 40.000 Fabriken, die in Frage kamen, jene gefunden werden, aus der das Holz stammte, das zur Herstellung der Leiter gedient hatte. Eine genaue Analyse der Beschaffenheit des Holzes engte die Zahl auf etwa 2000 Fabriken ein. Es wurde ferner festgestellt, daß das Holz mit

KAP. VII / DER FALL LINDBERGH

einer elektrisch betriebenen Hobelmaschine mit acht Messern bearbeitet worden war, und eine solche Maschine gab es nur in sieben Fabriken. Weitere Untersuchungen ergaben schließlich ohne jeden Zweifel, daß das Holz für die Leiter in den Werkstätten der National Lumber Company zurechtgeschnitten worden war, in jenem Unternehmen also, in dem Hauptman im Jahre 1932 gearbeitet hatte.

Das Netz zog sich zusammen. Die Nägel, mit denen die Leiter zusammengefügt worden war, hatten die gleiche Länge, den gleichen Durchmesser und die gleichen Rillen wie Nägel, die in Hauptmans Werkzeugkasten gefunden wurden. Mehr noch: Drei Tage nach der Entführung hatte man im tiefen Erdreich unterhalb der Leiter einen Meißel gefunden. Ein Meißel des gleichen Fabrikates fehlte aus Hauptmans Werkzeugkasten.

Hoover ließ nun eine neuerliche gründliche Durchsuchung des Hauses vornehmen. Seine Beamten klopften alle Wände ab und entdeckten oberhalb eines Wandschrankes im Kinderzimmer hinter einer Holzleiste ein Versteck. Es war ein kleines Meisterwerk, aber Hauptman war ja auch ein ausgezeichneter Tischler. In dem Versteck fand sich der Rest des Lösegeldes und eingekerbt in das Holz die Nummern der Banknoten und die Telephonnummer Professor Condons, die nicht im Telephonbuch stand und die auch niemals öffentlich bekanntgegeben worden war.

Die Beamten des FBI verhörten nun Hauptman pausenlos, um ein Geständnis von ihm zu erlangen, aber er schob unentwegt alle Schuld auf seinen Freund Fisch. Trotz der Beteuerung seiner eigenen Unschuld wurde er am 2. Januar 1935 in Flemington vor Gericht gestellt und zum Tode verurteilt. Am 16. Juni 1936 starb er auf dem elektrischen Stuhl.

Das Laboratorium des FBI hatte seinen ersten Erfolg erzielt, die Technik im Dienste der Justiz ihre Bewährungsprobe bestanden.

VIII

DIE WISSENSCHAFT VOM VERBRECHEN

In den vierzig Jahren, die seit dem Fall Lindbergh verstrichen sind, hat das FBI die wissenschaftlichen Methoden, die es im Kampf gegen das Verbrechen anwendet, ständig verfeinert und dementsprechend auch verbessert. Chemie, Physik, Metallurgie, Elektronik und heute auch die Atomwissenschaft spielen bei der Aufklärung von Straftaten eine Rolle, von der man zur Zeit, als Bruno Hauptman, der Entführer und Mörder des Lindbergh-Babys, verurteilt und hingerichtet wurde, noch nicht einmal zu träumen wagte.

Ein Stückchen Erde an der Fußsohle eines Verdächtigen, nicht größer als ein Stecknadelkopf, kann ausreichen, um einen Mörder, Spion oder Saboteur zu überführen. Es gibt Tausende von Fällen, in denen mikroskopisch kleine Staubteilchen, die von den Experten in den Kleidern eines Festgenommenen entdeckt wurden, ausreichten, um seine Anwesenheit am jeweiligen Tatort beweisen zu können.

Dazu genügt ein verhältnismäßig einfaches Verfahren: Erdfragmente vom Schuh oder der Kleidung des Verdächtigen und ein gleich großes Fragment vom Tatort werden in zwei parallel geschaltete Heizkammern gegeben. In dem gleichen Maße, in dem die Temperatur steigt, werden diese Erdpartikel Veränderungen unterworfen, die auf elektronischem Wege registriert und graphisch dargestellt werden können. Zeigt ein Vergleich der beiden Graphiken, daß die beiden Proben zur gleichen Zeit bei gleicher Temperatur die gleichen Veränderungen aufzuweisen haben, so ist der unwiderlegliche Beweis dafür erbracht, daß sie auch vom gleichen Ort stammen.

Derartige Analysen gehören längst zur Routine des FBI-Laboratoriums. Es hat aber auch Untersuchungen durchzuführen, die viel schwieriger sind und eine mühsame Detailarbeit erfordern.

Bekannt wurde in den fünfziger Jahren der Fall eines Testpiloten der amerikanischen Marine, der bei einem Erprobungsflug die Kontrolle über einen Überschallbomber verlor. Im Kontrollturm hörte man noch seine Stimme, die rief: „Ich muß aussteigen", dann wurde ein ungeheurer Lärm vernehmbar, der alle weiteren Worte übertönte, worauf Schweigen folgte.

Die Trümmer der Maschine und der Leichnam des Piloten wurden aufgefunden. Aber niemand hatte seine allerletzten Worte verstanden, die im Lärm der Absturzgeräusche untergegangen waren. Die Kenntnis dieser Worte war aber von entscheidender Bedeutung für die Aufdeckung der Absturzursache und damit für die Weiterentwicklung der Maschine, die sich im Versuchsstadium befand.

Die Techniker der Marineluftwaffe übergaben deshalb das Tonband, das im Kontrollturm mitgelaufen war, dem FBI mit dem Ersuchen, alles zu unternehmen, um die letzte Botschaft des Piloten zu ermitteln. Über die Untersuchungen, die daraufhin einsetzten, hat einer der Experten des FBI folgenden Bericht gegeben:

„Wir haben zunächst festgestellt, daß die Stimme des Piloten von sehr starkem Absturzlärm übertönt war. Dann haben wir in einer Reihe von Versuchen alle Frequenzen oberhalb und unterhalb der menschlichen Stimmfrequenz isoliert und damit die Stimme selbst etwas deutlicher gemacht.

Das war ein erster Fortschritt, aber verständlich waren die Worte noch immer nicht. Wir haben deshalb weitere Versuche unternommen. Es ist allgemein bekannt, daß auf einer Schall-

KAP. VIII / DIE WISSENSCHAFT VOM VERBRECHEN

platte oder einem Band, das mit zu geringer Geschwindigkeit läuft, die Töne tiefer, bei zu großer Geschwindigkeit dagegen höher klingen. Unser Problem war es nun, das Band so langsam wie möglich laufen zu lassen, ohne daß dabei die Tonhöhe verändert wurde. Wir schalteten ein Gerät ein, das es uns ermöglichte, die unveränderte Stimme des Piloten ganz langsam, Wort für Wort, Silbe für Silbe, Ton für Ton, abhören zu können. Als es soweit war, versammelten sich alle Techniker um das Gerät, und jetzt endlich, nach langen, mühsamen Versuchen, konnten wir die Worte entschlüsseln: ‚Ich kann nicht springen...' "

Das Ergebnis wurde den Marinetechnikern übermittelt, die daraus den Schluß zogen, daß die Abwurfvorrichtung des Kabinendaches oder der Schleudersitz der Maschine der Verbesserung bedurften. In eingehenden Versuchen wurde schließlich der Fehler entdeckt und die Entwicklung der Maschine fortgesetzt, ohne das Leben weiterer Piloten zu gefährden.

In letzter Zeit bedient sich das FBI bei seiner Arbeit auch der Erkenntnisse der Atomwissenschaft. Der Vorsitzende der Atomenergiekommission Lewis L. Strauss hatte im Jahre 1954 in einem Vortrag vor der Nationalakademie des FBI erstmalig in sehr vorsichtigen und allgemein gehaltenen Worten auf diese Möglichkeit hingewiesen, als er erklärte: „Es gibt radioaktive Isotopen und subatomare Partikel, die vor verhältnismäßig kurzer Zeit auch der Wissenschaft nicht bekannt waren und deren Anwendung die Arbeit des FBI wesentlich erleichtern könnte."

Das Laboratorium des FBI war während des Zweiten Weltkrieges mit der Prüfung von Kriegsmaterial, wie z. B. Unterseeboot-Abwehrnetzen und Geschütztürmen von Panzern, beschäftigt gewesen, wobei es darum gegangen war, allfällige Defekte, die auf Sabotage zurückzuführen waren, zu entdecken. Bei diesen Untersuchungen bediente man sich der Gammastrahlung des Radiums, die das Aufspüren verborgener Materialfehler ermöglichte. Nunmehr wurden für die gleichen Zwekke radioaktive Isotopen herangezogen. Darüber hinaus ermöglichten es die Isotopen, Gegenstände und Stoffe aller Art, also etwa ein Geldstück oder eine Flüssigkeit, die überwacht werden sollten, unsichtbar so zu kennzeichnen, daß sie jederzeit identifiziert werden konnten.

Allmählich wuchs das FBI zu einem wahren Staat im Staate heran. Es verfügte über ein eigenes Telephon- und Bildfunknetz, das sich über das ganze Land erstreckte und die Leistungsfähigkeit des Büros und die Einsatzmöglichkeiten seiner Beamten wesentlich verbesserte. Dieses Netz war zum Großteil von den hauseigenen Beamten in perfekter Anpassung an die Bedürfnisse des FBI errichtet worden. Telephonlinien, Fernschreiber und Funk verbanden die 52 Büros in den einzelnen Staaten untereinander und mit der Zentrale in Washington. Jedes Lokalbüro war eine kleine Kommandozentrale, von der die Anweisungen an die mit Funkgeräten ausgestatteten Fahrzeuge der Beamten ergingen. Aber auch ein Beamter, der sich zu Fuß fortbewegte oder ein öffentliches Verkehrsmittel benützte, trug stets ein kleines verborgenes Funkgerät bei sich.

Diese vorbildlichen Nachrichtenmittel halfen Zeit und Personal zu sparen. Hielt sich früher ein Verdächtiger in einem großen Gebäude mit einer Vielzahl von Ausgängen auf, brauchte man mehrere Beamte, um ihn zu beschatten. Dank der kleinen Funksprechgeräte konnten nun einige wenige Agenten, die untereinander in ständiger Verbindung blieben, die gleiche Aufgabe erfüllen.

Hoover hatte das Nachrichtennetz des FBI auf Grund der Erfahrungen aufgebaut, die man in England während der großen Luftschlacht des Jahres 1940 gemacht hatte. Damals hatte die Zerstörung von Nachrichtenverbindungen durch die deutschen Luftangriffe eine schwere Behinderung dargestellt. Da Hoover befürchtete, daß die Vereinigten Staaten im Kriegsfall

KAP. VIII / DIE WISSENSCHAFT VOM VERBRECHEN

in eine ähnliche Situation geraten könnten, begann er mit dem Aufbau seiner eigenen Nachrichtenverbindungen, die u. a. alle wichtigen militärischen Anlagen, wie Flugplätze, Vorratslager usw., umfaßten und so angelegt waren, daß sie auch unter den widrigsten Bedingungen nie zur Gänze ausfallen konnten. Im Ernstfall hat sich dann dieses System bewährt: Als die Japaner am 7. Dezember 1941 Pearl Harbor aus der Luft angriffen, waren die Nachrichtenverbindungen des FBI das einzige Kommunikationsmittel, das intakt blieb.

Alle wissenschaftlichen Mittel und Methoden, die das FBI im Kampf gegen das Verbrechen einsetzte, dienten letztlich dem Ziel, dem einzelnen Beamten an Ort und Stelle die Arbeit zu erleichtern. Dafür, daß die Experten die Bedingungen, unter denen draußen, an der Front des Kampfes gegen das Verbrechen, gearbeitet wurde, auch gründlich kannten, war gesorgt. Alle Mitarbeiter des Laboratoriums, Chemiker, Physiker, Ärzte, Biologen, Waffenspezialisten, Fachleute für Fingerabdrücke, Graphologen, Giftexperten und Psychologen hatten zunächst einmal die FBI-Akademie zu absolvieren und standen dann ein Jahr als Beamte im Einsatz. Sie waren daher mit der täglichen Arbeit des FBI wohlvertraut und kannten die Probleme ihrer Kollegen aus eigener Erfahrung. Ein kleines Beispiel dieser Zusammenarbeit: Die Beamten des FBI hatten immer wieder festgestellt, daß sie oft einen Täter ohne Blutvergießen fassen konnten, wenn es gelang, ihm mit lauter Stimme klarzumachen, daß er umstellt und jeder Widerstand zwecklos sei. Um sich verständlich zu machen, mußten sie sich allerdings meist dem Versteck so sehr nähern, daß sie dem Täter ein leichtes Ziel boten und niedergeschossen wurden. Sie besprachen dieses Problem mit ihren Kollegen im Laboratorium, die daraufhin innerhalb kurzer Zeit einen tragbaren, batteriebetriebenen Lautsprecher mit Megaphon entwickelten. Heute stehen solche Geräte bei Polizeieinheiten in aller Welt im Einsatz.

Hoover hatte schon sehr früh die Bedeutung der Wissenschaft für die Bekämpfung des Verbrechens erkannt. Bereits im Jahre 1922, als er noch Mitarbeiter des damaligen Bürochefs Burns war, hatte er in einem Rundschreiben sämtliche FBI-Büros gefragt, ob sie über graphologische Experten verfügten. Nur die Büros in New York und Baltimore meldeten je einen Namen. Hoover mußte sich bis zum Jahre 1929 gedulden, bis er seine Vorstellungen von der Zusammenarbeit zwischen Wissenschaft und Justiz verwirklichen konnte.

Er begann mit dem Aufbau einer wissenschaftlichen Bibliothek, in der systematisch Bücher, Zeitschriften und Artikel gesammelt wurden, die kriminologische Probleme behandelten.

Durch Zufall wurde ihm Hilfe bei seinen Bestrebungen zuteil. Am 14. Februar 1929 war Chicago Schauplatz einer blutigen Gangsterfehde. Gefolgsleute Al Capones mähten in einer Garage sieben Angehörige einer rivalisierenden Bande, darunter den berüchtigten Gangster Moran, genannt „die Wanze", mit Maschinenpistolen nieder. Bei der Verhandlung über diese Bluttat, die als das „Massaker vom St. Valentinstag" in die Kriminalgeschichte eingegangen ist, fragten einige Geschworene, warum der Untersuchungsrichter auf der Aufbewahrung der Projektile und Geschoßhülsen bestanden habe, die am Tatort gefunden wurden. Man belehrte sie, daß jeder ballistische Experte mit ihrer Hilfe die Waffen, aus denen die Schüsse abgegeben wurden, bestimmen könne, fügte allerdings hinzu, daß die Polizei von Chicago über kein Laboratorium verfüge, in dem derartige Untersuchungen vorgenommen werden konnten.

Nun befanden sich aber unter den Geschworenen zwei wohlhabende und großzügige Geschäftsleute: Der Teppichfabrikant Walter E. Olson und Burt A. Massee, der in führender Stellung in einer Seifenfabrik tätig war. Die beiden beschlossen, der Universität Chicago ein Laboratorium zu stiften, das der Polizei der Stadt bei der Lösung kriminalistischer Probleme helfen sollte.

KAP. VIII / DIE WISSENSCHAFT VOM VERBRECHEN

Annähernd zur gleichen Zeit schickte Hoover einen seiner Beamten auf eine Rundreise zu sämtlichen amerikanischen Universitäten, um festzustellen, welche Arbeiten auf dem Gebiete der Kriminologie dort geleistet wurden. Ein anderer Beamter wurde zu den verschiedenen privaten Laboratorien geschickt, die oft im Zuge von Gerichtsverhandlungen zur Klärung kriminalistischer Probleme herangezogen wurden. Auf Grund der Berichte, die diese beiden Beamten nach ihren Reisen vorlegten, rief Hoover mit Wirkung vom 24. November 1932 das Laboratorium des FBI ins Leben. Es verfügte zunächst nur über ein Mikroskop, ein Ultraviolett-Gerät, ein Gerät zur Untersuchung von Gewehr- und Pistolenläufen und einige andere bescheidene Einrichtungen. Das hat sich seither gewaltig geändert.

Der Wert der Geräte des gegenwärtigen Laboratoriums, das in verschiedene Abteilungen gegliedert ist, wird auf etwa 25 Millionen Dollar geschätzt. In der physikalischen und der chemischen Abteilung gibt es eigene Spezialgruppen für die Untersuchung von Feuerwaffen, Blutproben, Giften, Haaren, Textilien mit allen notwendigen metallurgischen, petrographischen und spektrophotometrischen Einrichtungen.

Die Dokumentenabteilung befaßt sich mit Schriftproben aller Art, falschen Schecks und Banknoten, Brief- und Dokumentenfälschungen, Geheimtinten und ähnlichen Problemen.

Die Abteilung für Elektronik ist vor allem mit der ständigen Verbesserung der Nachrichtengeräte des FBI beschäftigt.

Im Laufe der Jahre hat sich das Laboratorium als immer unerläßlicher für die Arbeit des FBI erwiesen. Ohne seine Tätigkeit wäre es in vielen Fällen nicht möglich gewesen, die Beweise für die Aufklärung eines Falles und die Überführung des Täters zu liefern. Unerläßlicher Bestandteil des Laboratoriums ist ein Archiv von schier unglaublicher Fülle, das u. a. folgendes Material enthält: Muster der in den Vereinigten Staaten erzeugten und gehandelten Textilien, die Kennmarken sämtlicher

Wäschereien, Färbereien und Reinigungsanstalten, eine Sammlung sämtlicher Feuerwaffen der Welt samt Munition, Fotos von gefälschten Schecks, Schriftbilder sämtlicher Schreibmaschinenmarken, Haare sämtlicher Tiere, Abdrücke von Schuhsohlen aus Gummi und von Autoreifen, Muster der Farben bzw. Lacke von Autos und nicht weniger als 42.000 verschiedene Papierproben.

Allein dem menschlichen Haar haben die Experten des FBI-Laboratoriums lange und umfassende Studien gewidmet. Nicht nur im Kriminalroman, sondern auch in der harten Wirklichkeit des Polizeieinsatzes kann ein einziges, am Tatort aufgefundenes Haar zur Aufklärung des Verbrechens beitragen. Die Fachleute des FBI sind heute jederzeit in der Lage, auf Grund eines solchen Haares Alter, Geschlecht und Hautfarbe der Person, von der es stammt, zu bestimmen. Sie können ferner feststellen, ob es abgefallen ist oder ausgerissen wurde, ob es gefärbt oder gebleicht, naturbelassen oder dauergewellt ist. Falls es kein Kopfhaar ist, kann jederzeit festgestellt werden, von welchem Teil des Körpers es stammt.

Trotz all dieser Kenntnisse geht die Arbeit immer weiter, was ein Experte des FBI einmal so formulierte: „Es gibt immer wieder neue und interessante Probleme. Das ist wahrscheinlich auch der Grund, warum ich hier arbeite. In diesem Beruf weiß man nie, was morgen kommt."

Über seinen Bemühungen, aus dem FBI dank hervorragender Ausbildung und wissenschaftlicher Leistungen eine Elitetruppe zu machen, verlor Hoover aber nicht die Tatsache aus den Augen, daß seine Leute in etwa 90 Prozent der Fälle nicht allein arbeiteten, sondern auf die Unterstützung der jeweiligen lokalen Polizei angewiesen waren.

Anfänglich waren die Beziehungen zwischen den „College boys" des FBI und den „Cops", wie die Amerikaner die Polizisten in der Umgangssprache nennen, eher gespannt. Daran war

KAP. VIII / DIE WISSENSCHAFT VOM VERBRECHEN

nicht zuletzt schuld, daß die Polizisten in den größeren und kleineren Städten, im Gegensatz zu den Beamten des FBI, nach wie vor von Politikern bzw. politischen Gremien ernannt und von ihnen abhängig waren. Das öffnete Einflußnahmen aller Art Tür und Tor und trug nicht dazu bei, das fachliche Niveau der Polizei zu heben. So ist es verständlich, daß das FBI bei seinen Ermittlungen anfänglich immer wieder auf den Widerstand lokaler Polizeibehörden stieß, die sich unter dem Vorwand, ihre Kompetenzen dürften nicht verletzt werden, gegen die Gefahr einer Aufdeckung anrüchiger Zustände in ihrem Bereich zur Wehr setzten. Kräftige Unterstützung fanden sie dabei bei den Politikern, die ihre Beschwerden im Kongreß und im Weißen Haus vorbrachten. Es war das Verdienst von Justizminister Cummings und Präsident Roosevelt, die von den Zuständen bei den lokalen Polizei- und Justizbehörden schockiert waren, Hoover gegen alle diese Angriffe, Beschwerden und Kritiken verteidigt zu haben, selbst wenn sie, wie dies einmal der Fall war, aus dem Kabinett des Finanzministers Morgenthau kamen.

Auf der anderen Seite war Hoover mit allen Mitteln bemüht, eine bessere Zusammenarbeit zwischen FBI und lokaler Polizei herbeizuführen. 1935, ein Jahr nach der Gründung der FBI-Akademie, rief er eine Nationalakademie des FBI ins Leben, die allen Polizeibeamten des Landes, die sich mit den modernsten Methoden ihres Berufes vertraut machen wollten, offenstand. Das hatte zur Folge, daß allmählich im ganzen Land eine Polizei entstand, die ein hohes Ausbildungsniveau hatte und zur Zusammenarbeit gewillt war.

Am Beginn der dreißiger Jahre konnte freilich von solch einer vertrauensvollen Zusammenarbeit noch keine Rede sein. Der Partikularismus, das Mißtrauen, die mangelnde Bereitschaft lokaler Polizeibehörden zur Kooperation begünstigten eine Welle des Verbrechens, die im Gefolge der großen Depression nach dem New Yorker Börsenkrach vom schwarzen Donnerstag des Jahres 1929 entstanden war und die für die nächsten fünf bis sechs Jahre das Land in Blut und Schrecken tauchte: Die Zeit der Gangsterfehden hatte begonnen.

Am 7. Juni 1933, um 7.15 Uhr früh, verließen sechs Polizisten, darunter zwei Beamte des FBI, den Bahnhof von Kansas City. Sie eskortierten den drei Jahre zuvor entsprungenen und wieder festgenommenen Bankräuber Frank Nash. Ihr Ziel war das nahegelegene Stadtgefängnis. Auf dem Platz vor dem Bahnhof erwartete sie bereits ein Polizeifahrzeug. Auf den hinteren Sitzen nahmen die beiden FBI-Beamten, die Nash in ihre Mitte genommen hatten, Platz. So nahe vor dem Bestimmungsort des Häftlingstransportes mochte ihre Aufmerksamkeit ein wenig nachgelassen haben. Jedenfalls schenkten sie einer großen schwarzen Limousine, die unweit des Polizeifahrzeuges geparkt war, keine besondere Beachtung. Die drei Insassen des Wagens waren langjährige Komplicen von Nash, die gekommen waren, um ihn zu befreien: Miller, Richetti und „Pretty Boy" Floyd.

Trotz seines harmlosen Aussehens war Floyd, der „Junge mit dem hübschen Gesicht", ein Killer, der schon sieben Morde verübt hatte. Er hatte Züge überfallen, Banken ausgeplündert und war zweimal aus Gefängnissen entsprungen. Nun griffen Miller und Richetti auf seinen Befehl nach den Waffen. Wenige Meter von ihnen entfernt hatte eben der letzte Polizist in dem Fahrzeug Platz genommen, als das Gemetzel losbrach. „Pretty Boy" Floyd stand mitten auf der Straße, die Maschinenpistole in die rechte Hüfte gestützt, und gab eine Serie von Feuerstößen ab. Miller und Richetti knieten hinter den Kotflügeln ihres Wagens und feuerten aus je zwei schweren Pistolen. Die überraschten Polizeibeamten, die unbewaffnet waren, brachen in diesem Kugelregen zusammen, ehe sie auch nur an eine Abwehrreaktion denken konnten. Aber auch Nash starb, nachdem ihn nicht weniger als elf Projektile aus den Waffen der Komplicen, die ihn befreien wollten, getroffen hatten.

KAP. VIII / DIE WISSENSCHAFT VOM VERBRECHEN

Die drei Killer flüchteten. Zurück blieben drei Tote und vier Schwerverletzte. Das erste Auftreten der Gang hatte mit einem Blutbad geendet. Ganz Amerika war über die Ermordung unbewaffneter Polizisten, die sich nicht wehren konnten, empört. Hoover nützte diese in der Öffentlichkeit herrschende Stimmung, um vom Kongreß die Genehmigung zu verlangen, die Beamten des FBI zu bewaffnen. Nach anfänglichem Weigern wurde Ende 1933 die Bewilligung hiezu erteilt. Das bedeutete, daß die Killer von Kansas City in Hinkunft mit Gegnern zu rechnen hatten, die über die modernsten Waffen verfügten. Hoover setzte seine besten Beamten auf ihre Fährte. Aber „Pretty Boy" Floyd und seine Komplicen waren zäh. Monate hindurch hielten sie sich in unauffindbaren Verstecken verborgen. Schließlich fand man im Februar 1934 in einer abgelegenen Gegend die von zahlreichen Kugeln durchsiebte Leiche Millers. Viele Anzeichen ließen darauf schließen, daß er von „Pretty Boy" Floyd liquidiert worden war.

Für Hoover gab es eine einzige Erklärung dieses Verbrechens: Innerhalb der Gang waren offensichtlich Zwistigkeiten ausgebrochen. Das war ein gutes Zeichen, und tatsächlich begann sich nun das Netz der Verfolger um die beiden Überlebenden zusammenzuziehen. Am 21. Oktober 1934 wird Richetti auf Grund einer anonymen Anzeige verhaftet und im darauffolgenden Prozeß zum Tode in der Gaskammer verurteilt. Noch am Tage seiner Verhaftung hatte er den Aufenthaltsort von „Pretty Boy" Floyd verraten, und bereits am 22. Oktober wurde der Gangster auf einer einsamen Farm, etwa 60 Kilometer außerhalb Kansas Citys, auf der er sich seit einigen Tagen verborgen hatte, umstellt. Er war entschlossen, sein Leben teuer zu verkaufen, vermochte aber dem konzentrierten Ansturm der Beamten des FBI nicht lange standzuhalten. Zehn Minuten nach Beginn des Feuergefechtes war er tot und das Blutbad von Kansas City gerächt. Die Öffentlichkeit feierte die Beamten des FBI als

Nationalhelden, und John Edgar Hoover wurde zum „Mr. FBI".

Seine Anstrengungen hatten sich gelohnt; der Polizeiapparat zur Bekämpfung des Verbrechens, mit dessen systematischem Aufbau er neun Jahre zuvor begonnen hatte, war nunmehr voll und ganz einsatzfähig. Mehr denn je hatte sich das FBI aber jetzt nicht nur mit der Verfolgung von schießwütigen Gangstern, sondern auch mit der Bekämpfung jener Verbrechenswelle zu befassen, die im Gefolge der Entführung des Lindbergh-Babys entstanden war: Die Kidnapper terrorisierten das Land.

Entführung war damals noch kein Verbrechen, das durch ein Bundesgesetz unter Strafe gestellt war. Dennoch begann Hoover gegen die Entführer vorzugehen, und die Erfolge, die er dabei erzielte, beschleunigten ohne Zweifel die Verabschiedung eines Gesetzes, das drastische Strafen für dieses Verbrechen vorsah, durch den Kongreß. Bereits 1932, unmittelbar nach der Entführung des kleinen Charles-Augustus Lindbergh, hatte der Justizminister öffentlich bekanntgegeben, man möge sich in jedem Falle einer Entführung sofort an John Edgar Hoover in Washington persönlich wenden. Zu diesem Zwecke wurde ein eigener Telephonanschluß unter der Nummer NA-8-71-17 geschaffen. Hoover selbst hatte in der Presse, im Radio und in Kino-Wochenschauen die Öffentlichkeit wiederholt aufgefordert, sich in jedem Falle, Tag und Nacht, sofort dieser Nummer zu bedienen.

Als daher in der Nacht des 22. Juli 1933 Charles F. Urschel, ein wohlhabender Besitzer von Erdölquellen in Oklahoma, entführt wurde, wandte sich seine Frau sofort an das FBI. Ihr Anruf wurde in die Privatwohnung von Hoover, der sich eben zur Ruhe begeben hatte, durchgeschaltet. Frau Urschel berichtete, daß sie mit ihrem Mann und dem befreundeten Ehepaar Jarret auf der Veranda ihres Wohnhauses Bridge gespielt habe, als zwei Männer mit Pistole und Maschinenpistole erschienen seien. Der Mann mit der Maschinenpistole fragte: „Wer ist

KAP. VIII / DIE WISSENSCHAFT VOM VERBRECHEN

Urschel?" Als niemand antwortete, erklärte er: „Dann kommen beide mit." Urschel und Jarret wurden mit vorgehaltener Pistole durch den Vorgarten geführt und in einen Chevrolet gestoßen, der in der Nacht verschwand.

Hoover, der aufmerksam zugehört und sich einige Notizen gemacht hatte, versicherte Frau Urschel, daß sich das FBI sofort auf die Fährte der Entführer setzen werde. Eine Minute später telephonierte er bereits mit dem Chef des FBI-Büros in Oklahoma City und gab ihm folgende Aufträge: „Arbeiten Sie mit den lokalen Polizeibehörden zusammen. Unternehmen Sie nichts, was das Leben der Entführten gefährden könnte. Handeln Sie überlegt und bleiben Sie im Hintergrund, damit die Täter nicht den Kopf verlieren und einen Mord begehen."

Als der Bürochef um zwei Uhr früh im Hause des Ehepaares Urschel eintraf, fand er dort zu seiner Überraschung Walter Jarret vor. Die Entführer hatten ihn nach wenigen Kilometern freigelassen, und er war bereits eine Stunde zuvor zurückgekehrt. Er konnte aber keine zweckdienlichen Angaben machen, und so begann ein langes Warten. Frau Urschel war bereit, jedes Lösegeld zu bezahlen, sobald es verlangt wurde.

Die Kidnapper schwiegen aber vier Tage lang. Erst am 26. Juli brachte ein Bote von Western-Union, einer privaten Post- und Telegraphengesellschaft, einem Freund Urschels namens M. J. G. Catlett, der in Tulsa lebte, ein Päckchen, das vier Briefe enthielt. Im ersten Brief, den Urschel geschrieben hatte, wurde Catlett gebeten, als Unterhändler zu fungieren. Der zweite Brief, ebenfalls von Urschel, war an seine Frau gerichtet. Der dritte Brief, den die Entführer geschrieben hatten, war an einen anderen Freund Urschels, und zwar an M. E. E. Kirkpatrick in Oklahoma City gerichtet. Er lautete:

„Der Brief von Charles Urschel und seine beigelegten Ausweise beweisen Ihnen, daß Sie es mit den Entführern zu tun haben. Trachten Sie nach Erhalt dieses Briefes, die Summe von zweihunderttausend Dollar (200.000) in gebrauchten Noten von je zwanzig Dollar (20) aufzutreiben. Es ist zwecklos, die Nummern der Banknoten zu notieren, die Scheine zu präparieren oder zu versuchen, uns auf andere Art eine Falle zu stellen. Halten Sie sich vor Augen, daß Charles Urschel gefangen bleibt, bis wir das Lösegeld kontrolliert und umgewechselt haben. Mit anderen Worten: Er ist unsere Geisel zur Erlangung des Geldes, und beim geringsten Versuch eines Betruges hat er die Konsequenzen zu tragen.

Wenn Sie das Vorstehende sorgfältig gelesen und studiert haben und bereit sind, zu vermitteln, begeben Sie sich zur Zeitung ‚Daily Oklahoman' und geben Sie ein Inserat in der Rubrik ‚Anwesen und Farmen zu verkaufen' auf. Sprechen Sie aber mit niemandem darüber, denn das ist unser erster und zugleich letzter Versuch, mit Ihnen in Verbindung zu treten, nachdem man die Aufträge, die wir Jarret gegeben haben, nicht befolgt und die Polizei verständigt hat. Wir haben weder die Zeit noch die Geduld, mit Ihnen eine Korrespondenz zu eröffnen.

Geben Sie eine Woche lang folgendes Inserat im ‚Daily Oklahoman' auf: ‚Zu verkaufen. Besitz von 65 ha, Haus mit 5 Räumen, guter Zustand, tiefer Brunnen. Ferner Kühe, Geräte, Traktor, Mais, Futter. 3750 Dollar bar, Kreditmöglichkeit. Postfach 807.'

Sie werden weitere Nachrichten erhalten, sobald dieses Inserat erschienen ist."

Bereits am nächsten Tag wurde die Anzeige im „Daily Oklahoman" veröffentlicht. Zwei Tage darauf, am 29. Juli, enthielt das Postfach 807 einen eingeschriebenen Luftpostbrief. Er enthielt die Bedingungen und Modalitäten der Übergabe des Lösegeldes und schloß mit einer neuen Drohung:

„Denken Sie daran, daß Sie beim geringsten Täuschungsversuch nur mehr die sterblichen Überreste von Urschel finden werden und daß anstelle der Wiedersehensfreude ein doppelter

KAP. VIII / DIE WISSENSCHAFT VOM VERBRECHEN

Schmerz stehen würde, denn wir beschatten bereits eine andere Person, die der Familie Urschel teuer ist. Sie würde ebenfalls die Konsequenzen zu tragen haben."
Kirkpatrick befolgte alle in dem Brief enthaltenen Anweisungen. Er verstaute das Lösegeld in zwei Lederkoffern und fuhr mit dem Zug nach Kansas City. Unterwegs hielt er vergeblich nach dem Lichtsignal Ausschau, bei dessen Auftauchen er die beiden Koffer aus dem Zug werfen sollte. In Kansas City angekommen, begab er sich, wie es die Entführer schriftlich angeordnet hatten, in das Hotel Muehlebach und wartete auf weitere Instruktionen. Sie kamen in den Morgenstunden des 30. Juli in Form des folgenden Telegramms:
„Wegen Zwischenfalles verhindert, am vereinbarten Ort zu sein. Rufe gegen 18 Uhr an. C. H. Moore."
Tatsächlich läutete um 17.30 Uhr das Telefon in Kirkpatricks Hotelzimmer, und eine Stimme sagte: „Hier Moore. Nehmen Sie ein Taxi, fahren Sie zum Hotel La Salle und gehen Sie langsam die Stufen zur Eingangstür hinauf."
Ohne eine Antwort abzuwarten, hängte der Anrufer auf.
Kirkpatrick fuhr zum Hotel La Salle und hatte kaum das Taxi verlassen, als ein Mann erschien und sagte: „Ich nehme diese beiden Koffer, mein Herr." Bevor Kirkpatrick noch reagieren konnte, war der Unbekannte mit dem Lösegeld verschwunden. Am nächsten Tag um Mitternacht war Carl Urschel wieder zu Hause.
Das FBI, das sich bis dahin auf Befehl von Hoover nicht eingemischt hatte, trat nun in Aktion. Einer der engsten Mitarbeiter des FBI-Direktors, Harold Nathan, flog nach Oklahoma City und führte ein langes Gespräch mit Carl Urschel, der trotz der achttägigen Gefangenschaft in erstaunlich guter Verfassung war.
Urschel berichtete zunächst, daß er am Beginn der Fahrt die Lichter des Elektrizitätswerkes von Harrah, etwa 30 Kilometer

von Oklahoma City entfernt, gesehen habe. Dann hätten ihm die Entführer die Augen mit Watte bedeckt und mit Verbandstoff verbunden. Einige Stunden später vernahm Urschel, der nun ganz auf sein Gehör angewiesen war, das Öffnen einer Tür, und der Wagen fuhr in eine Garage oder Scheune. Geräusche ließen darauf schließen, daß die Entführer das Kennzeichen des Chevrolets auf einen anderen, offensichtlich siebensitzigen Wagen, also einen Buick oder Cadillac montierten.

Drei Stunden später hielten sie bei einer Tankstelle, wo einer der Entführer gesprächsweise fragte: „Wie steht die Ernte?" Eine weibliche Stimme, vermutlich die Frau des Tankstellenbesitzers, antwortete: „Alles verbrannt! Wir haben nur ein wenig Hirse eingebracht." Bald nach der Tankstelle bog der Wagen auf eine Schotterstraße ein und fuhr eine Anhöhe empor, die so steil war, daß die Entführer den Wagen das letzte Stück des Weges, der offensichtlich in einen Farmhof mündete, schieben mußten. Urschel wurde in ein Zimmer eingeschlossen. Er konnte nur feststellen, daß es einen Holzfußboden hatte, und hörte noch das Muhen von Kühen und das Gackern von Hühnern, ehe man ihm die Ohren mit Watte verstopfte.

Am nächsten Tag nahm man ihm die Watte wieder heraus, und er konnte nun an den Stimmen erkennen, daß er zwei neue Bewacher hatte: Offensichtlich einen älteren Mann und einen jüngeren Burschen. Er verfolgte die Gespräche der beiden aufmerksam und stellte fest, daß der eine seit 25 Jahren Einbrecher war und die Brüder Barrow kannte, notorische Gangster, von denen er allerdings sagte, sie seien lediglich für Überfälle auf Tankstellen gut. Urschel vermerkte auch, daß man ihm Trinkwasser gab, das einen mineralischen Beigeschmack hatte und offensichtlich aus einem Brunnen kam, dessen Pumpe beim Gebrauch quietschte. Auf Fragen nach Uhrzeit und Datum gaben seine Bewacher Antwort. Auf diese Weise konnte er feststellen, daß täglich um etwa 9.45 Uhr und um etwa 17.45 Uhr

KAP. VIII / DIE WISSENSCHAFT VOM VERBRECHEN

ein Flugzeug das Haus überflog. Am Sonntag, den 30. Juli, regnete es in Strömen, und er hörte kein Flugzeug. Das war ein wichtiges Detail.

Nathan erstattete Hoover in Washington Bericht, der seinerseits den Auftrag gab, die Flugpläne aller Luftverkehrsgesellschaften im Umkreis von 1000 Kilometern von Oklahoma City zu studieren. Gleichzeitig begann eine Prüfung der Aufzeichnungen des Wetterbüros der Vereinigten Staaten in Dallas.

Bald stellten sich die erhofften Ergebnisse ein. Eine Linienmaschine der American Airways, die täglich um 9.15 Uhr in Fort Worth und um 15.30 Uhr in Amarillo startete, befand sich jeweils zwischen 9.40 und 9.45 Uhr bzw. 17.40 und 17.45 Uhr über Paradise City; alle drei Städte lagen in Texas. Aus dem Logbuch der Maschine ging hervor, daß sie am 30. Juli mit Verspätung gestartet und wegen einer Schlechtwetterfront über Paradise City nach Norden ausgewichen war.

Die Nachforschungen in den Aufzeichnungen des Wetterbüros ergaben, daß in der Gegend von Paradise City große Trockenheit herrschte, die Maisernte verbrannt und am 30. Juli der einzige Regen gefallen war. Das deckte sich mit den Erinnerungen von Urschel, einschließlich des Gespräches, das er bei der Tankstelle mitangehört hatte.

Wie die Heuschrecken fielen die Beamten des FBI daraufhin in der Gegend von Paradise City ein. In Gesprächen mit den örtlichen Polizeibehörden erhärtete sich bald der Verdacht, daß die Entführung das Werk von George Kelly, genannt „Machine Gun" Kelly, sein könnte, den das FBI wegen anderer Verbrechen seit langem suchte.

Kelly hatte als Alkoholschmuggler in Memphis, Tennessee, begonnen und mit der Maschinenpistole in der Hand so viele Gewalttaten begangen, daß er in Verbrecherkreisen weithin bekannt war. Vor einigen Jahren hatte er eine junge Frau, Kathryn, geheiratet, die vermutlich seine Komplicin war.

Aus den Archiven des FBI ging hervor, daß Kathryns Mutter, Ora L. Shannon, mit ihrem zweiten Mann, Robert Shannon, auf einer Farm in der Nähe von Paradise City lebte. Auch Kathryns Schwager, Armon Shannon, besaß in der Nähe ein kleines Anwesen.

Am 12. August um 5 Uhr früh drangen vier Beamte des FBI und neun Ortspolizisten, geführt von Harold Nathan und begleitet von Charles Urschel, in die Farm von Robert Shannon ein, der im Bett überrascht wurde und keinen Widerstand leistete. In der Scheune stöberten die Beamten einen schlafenden Mann auf. Er hieß Harvey J. Bailey und war aus dem Gefängnis von Kansas City entsprungen, wo er eine Haftstrafe von 50 Jahren wegen eines bewaffneten Banküberfalles verbüßen sollte. Die Farm war der Platz, an dem Charles Urschel festgehalten worden war. Die Polizisten fuhren dann auch noch zu dem Anwesen von Armon Shannon, den sie ebenfalls verhafteten. Er gestand, daß „Machine Gun" Kelly, dessen Frau Kathryn und ein Mann namens Robert Bates am 23. Juli mit einem Mann mit verbundenen Augen bei ihm vorbeigekommen seien. Er gab zu, daß es Charles Urschel gewesen sei.

Bates wurde am gleichen Tag zufällig in Denver wegen eines Verkehrsvergehens verhaftet. Man fand bei ihm 600 Dollar aus dem Lösegeld, dessen Nummern man selbstverständlich festgehalten hatte.

Nur das Ehepaar Kelly war noch auf freiem Fuß. Die beiden waren, nachdem sie Urschel freigelassen hatten, nach Norden geflohen, hatten Oklahoma durchquert und Chicago passiert, bis sie Minneapolis erreichten, wo ihnen Hehler gegen ein hohes Agio einen Teil des Lösegeldes abnahmen. Dann fuhren sie nach Cleveland, wo sie sich neu einkleideten und einen luxuriösen Wagen kauften, ehe sie wieder nach Chicago und von dort nach Des Moines fuhren.

In dieser Stadt entnahmen sie am 13. August den Zeitungen,

KAP. VIII / DIE WISSENSCHAFT VOM VERBRECHEN

daß die Farm entdeckt und deren Bewohner verhaftet worden waren. „Machine Gun" Kelly hat später gestanden, daß seine Frau daraufhin einen Wutanfall erlitt. „Sie brüllte und tobte mit solcher Hysterie", berichtete Hoover, „daß der Mann, der als einer der härtesten Gangster Amerikas galt, bereit war, alle ihre Wünsche zu erfüllen." Sie brachte ihn dazu, daß er bereit war, sich im Austausch gegen ihre Eltern der Polizei zu stellen. Daraufhin fuhr sie nach Fort Worth, um mit ihrem Rechtsanwalt zu sprechen, der seinerseits die Verbindung mit der Polizei aufnehmen sollte. „Machine Gun" Kelly fuhr dagegen in die Umgebung von Oklahoma City, um, falls die Polizei dem Austausch zustimmte, sofort zur Verfügung zu stehen. Die Sicherheitsbehörden lehnten den Austausch jedoch ab.

Nun bekam es Kathryn Kelly mit der Angst zu tun. Sie vertauschte ihr luxuriöses Fahrzeug gegen einen alten Wagen, zog schäbige Kleider an und verbarg ihr Haar unter einer roten Perücke. Dann begann sie auf eigene Faust und nach einem vorbedachten Plan zu handeln.

Auf einem Feldweg in Texas begegnete sie einem Ehepaar mit einer zwölfjährigen Tochter. Sie lud die Familie zum Einsteigen ein und fuhr mit ihr in ein nahe gelegenes Ferienlager. Dort bezahlte sie ihren Gästen ein Mittagessen und mietete einen Bungalow für die Übernachtung. Am nächsten Tag kaufte sie der Frau und dem Kind Kleider und behauptete, das Mädchen gefalle ihr so gut, weil es sehr ihrer eigenen Tochter ähnle. Dann begann sie den Eltern ihre Lebensgeschichte zu erzählen und meinte schließlich: „Wenn Sie wollen, können Sie sich ein bißchen Geld verdienen. Kann ich Ihnen vertrauen?" Nachdem die beiden bejaht hatten, fuhr sie fort: „Ich bin 1600 Kilometer gefahren, um meinen Anwalt zu sehen, aber er hat sein Wort nicht gehalten. Wissen Sie, wer ich bin?" fragte sie, nicht ohne einen gewissen Stolz in der Stimme. „Ich bin Kathryn Kelly! Sie werden meinen Namen in allen Zeitungen gelesen haben. Das

FBI hat meine arme alte Mutter verhaftet. Ich bitte Sie", sagte sie zu dem Mann, „fahren Sie zu meinem Anwalt und fragen Sie ihn, warum er es nicht zustande gebracht hat, daß mein Mann George gegen meine Eltern ausgetauscht wird."

Der Mann war einverstanden. Er fuhr zu dem Rechtsanwalt und kam mit der Nachricht zurück, daß die Behörden jeden Austausch ablehnten und die Schuldigen so lange verfolgen würden, bis sie in ihren Händen seien.

Daraufhin änderte Kathryn Kelly jäh ihre Taktik. Nun dachte sie nicht mehr an die Befreiung ihrer Eltern, sondern nur mehr an die Möglichkeit, ihre eigene Haut zu retten. Sie ließ die Augen nicht von dem Mädchen und sagte schließlich: „Ich möchte Ihre Tochter gerne auf eine kleine Reise nehmen, dreihundert bis vierhundert Kilometer, nicht mehr." Die Eltern stimmten zu — Kathryn hatte ihnen 300 Dollar gegeben.

Mit dem Mädchen ging sie auf die Suche nach „Machine Gun" Kelly, der sich inzwischen Haare und Brauen blond hatte färben lassen. Nachdem sie ihn gefunden hatte, fuhren sie zu dritt nach Chicago, wo sie sich in einem letztklassigen Hotel einquartierten. „Niemand wird eine rothaarige Frau und einen blonden Mann mit einem zwölfjährigen Mädchen für Kidnapper halten", erklärte Kathryn mit seltsamer Logik. George war anderer Meinung und sagte noch in der ersten Nacht: „Verschwinden wir von hier. In einem Hotelzimmer wird man uns bald finden. Vielleicht sind sie uns schon auf der Spur." Daraufhin begann Kathryn wieder zu toben: „Also das ist der furchtbare ‚Machine Gun' Kelly. Gut, verschwinde, du furchtsamer kleiner Schweinehund. Ich werde die Sache in die Hand nehmen, wenn du das Herz in der Hose hast." Tatsächlich führte sie ihren Mann zu einem Kino, kaufte ihm eine Karte und ging dann mit dem Kind auf Wohnungssuche.

Noch während sich die Kellys in Chicago aufhielten, wurden Kathryns Eltern mit ihren Komplicen vor Gericht gestellt, das

KAP. VIII / DIE WISSENSCHAFT VOM VERBRECHEN

die beiden alten Leute zu lebenslangem Kerker verurteilte. Zur gleichen Zeit verabschiedete der Kongreß ein Bundesgesetz, das Entführung unter Strafe stellte.

Kathryn hatte noch einmal verzweifelte Anstrengungen gemacht, um die Verurteilung ihrer Eltern zu verhindern. Sie hatte „Machine Gun" Kelly gezwungen, seine Fingerabdrücke unter Drohbriefe zu setzen, die sie an Richter und Zeugen des Prozesses gegen ihre Eltern, aber auch an Hoover schickte. Zur gleichen Zeit schrieb sie larmoyante Briefe an die Familie Urschel, in der sie alle Schuld auf ihren Mann, dieses schmutzige Subjekt, abschob.

Nachdem alles nichts genutzt hatte, verließ das Paar Chicago. In seiner Begleitung befand sich noch immer das Kind, das als Tarnung dienen sollte. Das war aber längst nicht mehr der Fall. Das FBI hatte herausbekommen, daß es einen Mittelsmann zwischen Kathryn Kelly und ihrem Anwalt gegeben hatte. Er wurde gesucht, verhaftet und legte ein umfassendes Geständnis ab. Nun konzentrierte sich das FBI auf die Suche nach dem Kind. Kathryn Kelly half ihm dabei. Sie schickte den Eltern ein Telegramm, daß sie das Kind am Bahnhof ihrer Heimatstadt abholen könnten. Die Beamten des FBI nahmen das Mädchen in Empfang und erfuhren von ihm, daß es in Memphis, Tennessee, in den Zug gesetzt worden sei. Damit wußte das FBI, wo es die Kellys zu suchen hatte. In den frühen Morgenstunden des 26. September 1933 umstellten die Beamten das Versteck und riefen: „FBI! Hände hoch! Herauskommen!" „Machine Gun" Kelly ergab sich sofort und rief: „Nicht schießen, G-men, nicht schießen!" Seine Frau warf ihm einen Blick voll Verachtung zu und sagte nur: „Armer Teufel, du bist eine Schande für meine Familie."

G-men, government men, Männer der Regierung, hatte „Machine Gun" Kelly die Beamten des FBI genannt, und dieser Name blieb ihnen nun. „Machine Gun" Kelly dagegen verlor

111

den seinen. Er und seine Frau erhielten lebenslange Kerkerstrafen. Am Tage der Urteilsverkündung riefen die Zeitungsverkäufer: „Extraausgabe! Alles über den Prozeß gegen ‚Popgun' Kelly, gegen den ‚Spielzeugpistolen' Kelly..."

IX

DER STAATSFEIND NR. 1

In den Jahren 1933/34 erstand der amerikanischen Unterwelt ein neuer Held: John Herbert Dillinger. Millionen seiner Landsleute, die arbeitslos waren, kaum zu essen hatten und sich mit Recht als unschuldige Opfer einer Wirtschaftskrise fühlten, deren Ursachen sie nicht verstanden, bewunderten ihn. Für sie war dieser gnadenlose Killer eine Art von Robin Hood und Jesse James; sie erblickten in ihm den Mann, der die Leiden rächte, die ihnen die kapitalistische Gesellschaft auferlegt hatte.

Aber der Mythos, der Dillinger umgab, erfaßte schließlich alle Gesellschaftsschichten. Die Journalisten offerierten ihren sensationslüsternen Lesern täglich neue blutrünstige Details aus dem Leben Dillingers, ohne ihre Sympathie für ihn zu verbergen. Junge Mädchen schlossen ihn in ihre Gebete ein, und in reifen Frauen erweckte er mütterliche Gefühle.

John Dillinger war im Jahre 1903 in Indianapolis im Staate Indiana als Kind einer aus England stammenden Mutter und eines aus dem Elsaß kommenden Vaters auf die Welt gekommen. Seine Familie war gut situiert, und entgegen vielen zeitgenössischen Darstellungen hat John Dillinger eine sorgenlose Kindheit verbracht. Sein Vater war ein gläubiger Christ von rigorosen moralischen Grundsätzen, der seinen Sohn streng erzog und ihn zum regelmäßigen Besuch der Kirche anhielt.

Trotz — oder, wie manche meinten, wegen — dieser Erziehung wurde John in seiner Jugend Chef einer Lausbubenbande, die sich „Dirty Dozen", das „Schmutzige Dutzend" nannte und zwar keine Verbrechen, aber böse Streiche verübte.

Mit dem Gefängnis kam John Dillinger erst während seines Militärdienstes bei der Marine in Berührung. Er war im Jahre 1923 eingerückt und wurde bald darauf wegen unerlaubter Entfernung zu sechs Tagen Arrest verurteilt. Im darauffolgenden Monat desertierte er von seinem Schiff, der „Utah", die im Hafen von Boston vor Anker lag, und kehrte nie mehr zurück.

Er fand Unterschlupf auf einer Farm in Mooresville, Indiana, die sein Vater kurz zuvor gekauft hatte, und es schien, als finde er am Landleben und an der Farmarbeit Gefallen. Ein Jahr später heiratete er Beryl Ethel Hovius, ein Mädchen aus einem benachbarten Dorf, und damit trat eine Wende in seinem Leben ein. Seine Frau, die sich nach Abwechslung sehnte, bedrängte ihn, die Farm zu verlassen und in die Stadt zu ziehen, wo er vergeblich eine Beschäftigung als Mechaniker suchte.

Da machte ihm eines Tages sein Freund Singleton einen Vorschlag, wie man schnell zu Geld kommen könne. Dillinger ließ sich überreden, und am 6. September 1924 überfielen die beiden einen Kaufmannsladen in Mooresville. Der Überfall scheiterte, und beide wurden verhaftet. Singleton schob alle Schuld auf seinen Komplicen und erhielt zwei Jahre Gefängnis. John Dillinger, den sein Vater einst gelehrt hatte, nie zu lügen, legte ein volles Geständnis ab und wurde zu einer Rahmenstrafe von zehn bis zwanzig Jahren verurteilt. Seine Frau ließ sich daraufhin von ihm scheiden; seine Mutter starb, während er im Gefängnis saß. Als er neun Jahre später, am 22. Mai 1933, vorzeitig aus dem Staatsgefängnis von Michigan City entlassen wurde, war er ein Außenseiter der Gesellschaft, der entschlossen war, ihr alles, was sie ihm angetan hatte, heimzuzahlen. Aus einem Gelegenheitsverbrecher war im Gefängnis, der Hochschule des Verbrechens, ein hartgesottener Krimineller geworden.

KAP. IX / DER STAATSFEIND NR. 1

Sofort überfiel er eine Bank in Bluffton, Ohio, als „Fingerübung", wie er später sagte. Im September 1933 war er aber schon wieder verhaftet. Man lieferte ihn in das Polizeigefängnis von Lima, Ohio, ein, wo er bleiben sollte, bis er vor Gericht gestellt wurde.

Die Polizisten fanden bei ihm eine Skizze, die wie ein Fluchtplan aussah. Dillinger zeigte sich überrascht und behauptete, die Zeichnung nie vorher gesehen zu haben. Vier Tage später entflohen acht Gangster mit Hilfe von Gewehren, Maschinenpistolen und Pistolen, die man in ihre Zellen geschmuggelt hatte, auf Grund eines solchen Fluchtplanes aus dem Staatsgefängnis von Michigan City.

Am 22. Oktober um 18 Uhr erschienen drei von ihnen mit einem weiteren Gangster im Polizeigefängnis von Lima und erklärten dem Sheriff, sie seien vom Direktor des Gefängnisses von Michigan City geschickt worden, um John Dillinger abzuholen, da gegen ihn eine Untersuchung wegen der Verbrechen laufe, die er seit seiner Entlassung am 22. Mai begangen habe. „Zeigen Sie mir Ihre Papiere", sagte der Sheriff. „Das sind unsere Papiere", antwortete einer der Gangster, zog eine Pistole und schoß dem Sheriff eine Kugel durch den Kopf. Dann nahmen die Eindringlinge die Gefängnisschlüssel an sich, befreiten Dillinger und sperrten die Frau des Sheriffs und seinen Stellvertreter in eine Zelle.

Die vier Gangster hatten ein Verbrechen begangen, das nicht unter die Gerichtsbarkeit des Bundes fiel. Trotzdem wandte sich die lokale Polizei an das FBI mit dem Ersuchen, ihr bei der Identifizierung der Täter zu helfen. Es waren, wie sich herausstellte: Harry Pierpont, der später als der Mörder des Sheriffs überführt wurde, Russel Clark, Charles Makley und Harry Copeland. Im Archiv des FBI trugen die Blätter mit ihren Fingerabdrücken rote Etiketten, was bedeutete, daß es sich um gesuchte Gemeinverbrecher handelte.

Vorläufig waren sie noch auf freiem Fuß und gefährlicher denn je. Mit John Dillinger an der Spitze überfielen sie einige Banken und plünderten Waffenlager der Polizei in Auburn und Peru, Indiana. Am 15. Dezember erschoß John Hamilton, ein polizeibekannter Ausbrecher, den Dillinger zu seinem Stellvertreter gemacht hatte, bei einem Überfall auf die First National City Bank in Chicago den Polizisten Patrick O'Malley. Die Bande zog weiter nach Florida und von dort nach Westen. Am 23. Januar 1934 brach in einem Hotel in Tucson, Arizona, in dem sich die Bande eingemietet hatte, ein Brand aus. Feuerwehr und Polizei eilten auf den Brandplatz, einige Bandenmitglieder wurden erkannt und Dillinger, Clark, Makley und Pierpont verhaftet.

Dillinger wurde in das Gefängnis von Crown Point, Indiana, gebracht, wo er einem Prozeß wegen des Polizistenmordes bei dem Banküberfall in Chicago entgegensah. Obwohl die Behörden voll Stolz erklärten, das Gefängnis sei ausbruchsicher — „Von hier ist noch keiner entkommen!" —, gelang es Dillinger am 3. März 1934 mit Hilfe einer Holzpistole, die er sich mit einer Rasierklinge geschnitzt hatte, einen Wärter zum Öffnen der Zellentüre zu zwingen.

Er entfloh, beging aber dabei einen großen Fehler, denn er stahl das Auto des Sheriffs und fuhr damit von Indiana nach Illinois, wo ihn in Chicago seine Freundin Evelyn Fréchette erwartete. Damit hatte er aber gegen ein Bundesgesetz, gegen den „National Motor Vehicle Theft Act", verstoßen, der das Verbringen von gestohlenen Fahrzeugen aus einem Bundesstaat in den anderen unter Strafe stellte. Damit konnte das FBI endlich an der Seite der lokalen Polizeibehörden in die Jagd nach dem Mann eingreifen, der inzwischen der „Staatsfeind Nr. 1" genannt wurde.

In Chicago traf Dillinger außer seiner Geliebten auch seinen Komplicen John Hamilton, der zu Tode verwundet daniederlag.

KAP. IX / DER STAATSFEIND NR. 1

Dillinger unternahm alles, um ihm zu helfen; dann bemühte er sich, seine dezimierte Bande zu sammeln, und zog mit ihr nach Saint Paul. Seine Gefolgsleute waren nunmehr Homer Van Metten, Eddie Green, Tommy Carroll und ein Mann, der bald an der Seite Dillingers in die Kriminalgeschichte der Vereinigten Staaten eingehen sollte: Lester Gillis, genannt „Baby Face" Nelson.

Mit ihnen überfiel er die Security National Bank in Sioux Falls, South Dakota, wobei er 49.500 Dollar erbeutete, und die First National Bank in Mason City, Iowa, wo die Beute 52.000 Dollar betrug. Alles ging gut, Dillinger war zufrieden und schrieb seiner Schwester: „Das alles macht mir riesigen Spaß." Seiner Macht bewußt und von Stolz geschwellt fügte er hinzu: „Der Erfolg meiner Überfälle ist mir zehn Jahre meines Lebens wert."

Hoover mußte sich darauf beschränken, den Mittelwesten mit einem Netz von FBI-Beamten zu überziehen, die Tag und Nacht damit beschäftigt waren, Landstreicher, Hehler, Besitzer von Nachtlokalen und zweifelhaften Hotels, Falschspieler, Prostituierte, Zimmervermieter und andere mögliche Auskunftspersonen zu befragen.

Am 30. März 1934 erfuhr ein Beamter vom Verwalter der Wohnanlage „Lincoln Court Apartments" in Saint Paul, daß sich ein seltsames Paar namens Hellman eingemietet habe. Die beiden lebten völlig zurückgezogen und verwehrten jedermann, auch dem Hausmeister, den Zutritt zu den zwei Zimmern, die sie bewohnten. Sofort begannen die G-men das Haus zu überwachen. In den frühen Morgenstunden des darauffolgenden Tages klopfte einer von ihnen an die Wohnungstür. Evelyn Fréchette öffnete und schlug die Türe sofort wieder zu. Als die Verstärkung der Polizei eintraf, entspann sich ein Feuergefecht. Dillinger, dessen Fingerabdrücke später in der Wohnung gefunden wurden, überschüttete das Stiegenhaus aus der halbgeöffneten Wohnungstür mit einem Kugelhagel aus seiner Maschinenpistole. Die Beamten erwiderten das Feuer, aber schließlich gelang es dem Gangsterpaar, durch eine Hintertür zu entfliehen. Dillinger, der von einer Kugel unterhalb des Knies getroffen worden war, versteckte sich bei seinem Komplicen Eddie Green in Saint Paul.

Hoover ließ die „Lincoln Court Apartments" weiterhin überwachen. Außerdem beschatteten zwei Beamte ein Haus, von dem man wußte, daß sich in ihm Eddie Green aufgehalten hatte. Sie brauchten nicht lange auf der Lauer zu liegen. Am 2. April erschienen zwei Frauen, um Kleider zu holen, die einem Mann namens Stephens gehören sollten. Nun wurde auch die Wohnung der beiden Frauen überwacht. Tatsächlich tauchte der angebliche Stephens, der niemand anderer war als Green, bereits nach wenigen Stunden auf. Bevor er zu seiner Waffe greifen konnte, brach er im Feuer der FBI-Beamten zusammen. Acht Tage später starb er im Krankenhaus.

Nun ließen die G-men nicht locker. Sie warnten alle Kriminellen im mittleren Westen mit strengen Drohungen davor, Dillinger oder einem Mitglied der Bande Unterstützung oder Unterschlupf zu gewähren. Das führte dazu, daß die Unterwelt allmählich in den Gangstern eine Gefahr erblickte. Evelyn Fréchette wurde schließlich in Chicago, wo sie eine Freundin besuchen wollte, verhaftet und wegen Hehlerei zu zwei Jahren Gefängnis verurteilt. Nun begann sich auch das Netz um Dillinger zusammenzuziehen. Gemeinsam mit Van Metten überfiel er eine Polizeistation in Warsaw, Indiana, dann tauchte er gemeinsam mit „Baby Face" Nelson in einer Ferienkolonie, der „Little Bohemia Lodge", unter. Dieser Aufenthaltsort wurde dem FBI verraten. Als die G-men die beiden verhaften wollten, wurden sie mit einem Kugelregen empfangen. „Baby Face" Nelson tötete einen Beamten, nahm drei Geiseln und flüchtete mit Dillinger und drei weiteren Mitgliedern der Bande.

KAP. IX / DER STAATSFEIND NR. 1

Als Hoover in Washington die Nachricht von der mißglückten Razzia erhielt, hatte er einen jener Ausbrüche eiskalter Wut, für die er bekannt war. Er ließ sich Samuel P. Cowley, einen seiner besten Beamten, kommen und gab ihm folgenden Auftrag: „Heften Sie sich an die Fersen von Dillinger. Verfolgen Sie ihn Tag und Nacht. Verhaften Sie alle, die je mit der Bande zu tun hatten. Und geben Sie acht auf sich, Cowley: Er darf nicht noch jemanden umbringen!" So entstand die „Dillinger-Brigade", der schließlich Erfolg beschieden war.

Am Nachmittag des 21. Juli 1934 nahm die Besitzerin eines Bordells in Gary, Indiana, Verbindung mit der Brigade auf und erklärte, sie könne vielleicht Angaben über Dillinger machen. Sie nannte sich Anna Sage, hieß aber in Wirklichkeit Anna Cumpanas und war eine gebürtige Rumänin, die 1914 in die Vereinigten Staaten gekommen war. Weil sie sich mit Prostitution beschäftigte, sollte sie nunmehr von den Einwanderungsbehörden ausgewiesen werden, doch sie wollte in Amerika bleiben. Deshalb hatte sie sich in der Hoffnung, im Austausch gegen Informationen, die zur Verhaftung Dillingers führten, eine formelle Aufenthaltserlaubnis zu erhalten, an das FBI gewendet.

Noch am gleichen Abend traf der Chef des FBI-Büros von Chicago, John Purvis, in Begleitung von Samuel Cowley mit Anna Sage-Cumpanas zusammen. Als Treffpunkt diente ein altes Auto, das vor dem „Children's Memorial Hospital", 707, West Fullerton Street, parkte. Anna Sage-Cumpanas bestieg um 21.30 Uhr das Fahrzeug, das dann in Richtung des FBI-Büros fortfuhr. Die Frau verlangte, daß das FBI ihre Ausweisung verhindere. Purvis und Cowley verhielten sich reserviert. Sie versprachen ihr zwar eine Prämie von 5000 Dollar für den Fall, daß ihre Hinweise zur Verhaftung Dillingers führten, machten darüber hinaus aber keine Zusagen. Sie erklärten lediglich, daß Hoover beim Arbeitsministerium für sie intervenieren werde.

Anna gab sich damit zufrieden und erzählte, daß sie im Bordell von ihrer Freundin Polly Hamilton besucht worden sei, die von einem Mann begleitet gewesen war, den sie auf Grund der vielen Photos, die in den Zeitungen erschienen waren, für Dillinger hielt. Sie teilte dann noch mit, daß sie beschlossen hätten, am 22. Juli zu dritt ein Kino zu besuchen. „Wahrscheinlich gehen wir in das ‚Mabro', aber ich weiß es noch nicht genau. Ich rufe Sie an, sobald ich es weiß. Ich werde ein rotes Kleid tragen, so werden Sie mich leichter erkennen können."

Am 22. Juli um 19 Uhr waren Cowley, Purvis und sämtliche FBI-Beamte des Büros von Chicago um das Telephon versammelt. Schließlich kam der Anruf: „Wir gehen in das ‚Mabro' oder in das ‚Biograph'."

Cowley teilte daraufhin seine Männer auf die beiden Kinos auf. Um 20.30 Uhr tauchten Anna Sage, die wie vereinbart ein rotes Kleid trug, Polly Hamilton und John Dillinger vor dem „Biograph Theater" auf, wo man „Manhattan Melodrama" spielte, mit Clark Gable in der Hauptrolle, der Dillingers Lieblingsschauspieler war und dem er ein wenig ähnlich sah.

Cowley rief Hoover an, der voll Spannung in Washington wartete, und fragte: „Sollen wir ihn im Kino fassen oder warten, bis er herauskommt?" „Warten Sie bis nachher", sagte Hoover. „Wenn es im Kino zu einer Schießerei kommt, könnte es zu viele Opfer geben. Aber denken Sie daran, Cowley: Diesmal müssen wir ihn haben."

Darüber war sich Cowley im klaren, und in diesem Sinne sprach er auch mit seinen Männern: Das Ansehen des FBI stand auf dem Spiel. Um 22.30 Uhr verließ Dillinger das Kino mit Anna Sage zu seiner Linken und Polly Hamilton zu seiner Rechten. Purvis stand unter einem Geschäftsportal, und als Dillinger an ihm vorbeiging, zündete er sich eine Zigarre an. Daraufhin umringten fünf G-men Dillinger, der den Eindruck erweckte, er greife nach einer Pistole und versuche in eine

KAP. IX / DER STAATSFEIND NR. 1

dunkle Seitengasse zu fliehen. Fünf Pistolen feuerten zur gleichen Zeit, und dann fiel der Staatsfeind Nr.1 mit dem Gesicht voran tot auf das Pflaster.

Verblieben noch die Mitglieder seiner Bande. Hamilton wurde einige Tage später ebenfalls erschossen. Van Metten fiel in einem Feuergefecht mit zwei Polizisten. Makley wurde auf einem Fluchtversuch erschossen. Auch Caroll fiel unter den Kugeln der G-men. „Baby Face" Nelson trat die Nachfolge Dillingers als Staatsfeind Nr.1 an. Er wurde diesem Titel gerecht. Am 27. November 1934 lieferte er den G-men ein fürchterliches Feuergefecht und tötete zwei von ihnen, ehe er selbst tödlich verletzt zusammenbrach. Einer der beiden Beamten des FBI, die er niedergestreckt hatte, war Samuel Cowley. Es hatte den Anschein, als ob alle Menschen, die so oder so mit Dillinger zusammengekommen waren, vom Schicksal gezeichnet wären. Anna Sage erhielt zwar ihre Prämie von 5000 Dollar, aber ihr Wunsch, in Amerika bleiben zu dürfen, ging nicht in Erfüllung; sie wurde ausgewiesen. John Purvis, der Mann, der mit dem Anzünden seiner Zigarre das Signal gegeben hatte, das Dillingers Ende bedeutete, beging im Jahre 1960, kurz nachdem er in den Ruhestand getreten war, Selbstmord. Hoover mußte im Gefolge des Todes von Dillinger in der Öffentlichkeit einen der ungerechtfertigsten Angriffe seines Lebens einstecken. Man warf ihm vor, er habe einen unbewaffneten Mann erschießen lassen, denn ein Angehöriger der Polizei von Chicago hatte versichert, Dillinger habe an dem fraglichen Abend gar keine Waffe bei sich getragen.

Aber diese Angriffe verstummten bald, und auch der Gangsterkrieg, der nicht zuletzt durch die Aufhebung der Prohibition am 5. Dezember 1933 aufgeflammt war, ebbte allmählich ab. Hoover und seine G-men waren aus diesem Krieg als Sieger hervorgegangen.

X

DIE G-MÄNNER

Im Januar 1934 wurde Edward Bremer, ein wohlhabender Bankier aus Minnesota, entführt. Als er ein paar Tage später, nach Bezahlung eines Lösegeldes, freigelassen wurde, fragte er an der Schwelle seines Hauses, zu dem man ihn zurückgebracht hatte, seine Entführer: „Wieviel habt ihr für mich bekommen?"

„Zwanzigtausend Dollar", antwortete einer der Gangster lachend und freute sich schon darauf, welches Gesicht Bremer machen würde, wenn er erfuhr, daß das Lösegeld in Wahrheit das Zehnfache dieser Summe ausgemacht hatte. Der Mann hätte nicht so gelacht, wenn er gewußt hätte, daß er und seine Komplizen auf einem leeren Benzinkanister, in dem sie das Lösegeld versteckt hatten, ihre Fingerabdrücke zurückgelassen hatten.

So wie Charles Urschel einige Monate zuvor, wurde Edward Bremer von Hoover einvernommen. Der Bankier gab dabei Informationen, die es dem FBI ermöglichten, bereits 48 Stunden später das Versteck, in dem er gefangengehalten worden war, zu finden. Es befand sich in der Nähe einer katholischen Kirche, von denen es nicht viele in der Gegend gab. Bremer hatte während seiner Gefangenschaft zu seinem Erstaunen jeden Abend das Glockengeläute des Angelus gehört. Es war für das FBI nicht schwer, die Kirche ausfindig zu machen und dann den nahe gelegenen Schuppen zu finden, in dem der Bankier als Gefangener untergebracht gewesen war. Die FBI-Männer identifizierten die Unterkunft an Hand eines Bettes, das knarrte, und eines Ziehbrunnens, der quietschte, wenn daraus Wasser geschöpft wurde. Auch erkannten sie das Muster der Tapete wieder, das sich Bremer während seiner Haft sorgfältig eingeprägt hatte. Hoovers Männer hatten noch andere Beweisstücke in dem Versteck entdeckt, darunter den Benzinkanister mit den Fingerabdrücken, die im Archiv des FBI aufschienen. Die Entführer waren alte Bekannte. Es handelte sich um die Bandenchefin Ma Baker, eine hartgesottene Verbrecherin, und um Alvin Karpavics, genannt Karpis. Auf dem Photo, das man Bremer vorlegte, erkannte er in Karpis den Mann, mit dem er die wenigen Worte bei seiner Freilassung gewechselt hatte.

Die Informationen, die sich nun auf Hoovers Schreibtisch häuften, vermittelten ein ebenso genaues wie bemerkenswertes Bild der Bande. Alvin Karpis, geboren im Jahre 1907 in Montreal, war ein eiskalter, egozentrischer Mensch, der im Alter von 16 Jahren unter dem Einfluß von „Baby Face" Nelson in das Verbrechermilieu geraten war. Für seine Teilnahme an zwei Entführungen war er vorbestraft; ferner stand er unter Mordverdacht, und außerdem wurden ihm etwa fünfzehn Banküberfälle angelastet. Während seines letzten Gefängnisaufenthaltes hatte er die drei Söhne der Ma Baker kennengelernt. Einer von ihnen, der 1930 zugleich mit ihm freigelassene Eddie, hatte ihn bei Ma Baker eingeführt, die zu dieser Zeit eine richtiggehende Verbrecherschule in der Nähe von Joplin, Missouri, führte. Sie war eine herrschsüchtige Mutter, die ihre drei Söhne und deren Frauen tyrannisierte und sie zu perfekten Gangstern erzog. Bankraub und Entführungen waren ihre Spezialität. Ma Baker organisierte die Anschläge, studierte die Fluchtmöglichkeiten, sorgte für Verstecke und Hehler und im Notfall stellte sie Kautionen und geschickte Rechtsanwälte für die Bande.

Ma Baker und Alvin Karpis wurden sofort enge Freunde und Komplizen. Beide haßten das Gesetz und kannten nur ein Ziel: Sich dessen, was sie haben wollten, mit allen Mitteln zu be-

KAP. X / DIE G-MÄNNER

mächtigen. So raubten sie zahlreiche Banken aus, wobei Alvin Karpis als eine Art Vizedirektor unter dem unbestrittenen Chef Ma Baker fungierte. Er wurde stets von seiner Geliebten, Dolores Delaney, begleitet, und mit ihr floh er auch, als er aus der Presse erfuhr, daß er und Ma Baker als die Entführer des Bankiers Bremer identifiziert worden waren.

Innerhalb weniger Wochen gelang es den Männern des FBI, jene Mitglieder der Bande aufzuspüren, die mit dem Ausgeben des Lösegeldes beauftragt waren. Karpis bekam es nun mit der Angst zu tun, und Dolores, seine Geliebte, mußte als Krankenschwester tätig werden, als er, nach dem Besuch bei einem Chirurgen mit verbundenem Gesicht und am Ende seiner Kräfte, wieder bei ihr erschien. Lange Narben an beiden Schläfen zeugten von dem Versuch, sein Aussehen zu verändern. Außerdem hatte er sich, wenn auch ohne den angestrebten Erfolg, die Fingerspitzen feilen lassen, um seine Fingerabdrücke zu verändern. Mit verbundenen Händen konnte er nichts angreifen, nicht allein essen und sich auch nicht selbst anziehen. Dolores mußte ihn nicht nur betreuen, sondern auch die Verbindung mit den anderen Mitgliedern der Bande, die in alle Winde zerstreut waren, aufrechterhalten und eine Wohnung mieten, als Karpis es für geraten hielt, das Quartier zu wechseln. Dolores war 18 Jahre alt und schwanger; wie eine Verbrecherin wirkte sie nicht.

Im September 1934 begaben sich einige Mitglieder der Bande nach Cleveland, doch das FBI war ihnen auf der Spur, und drei junge Frauen, die zum Kreis der Entführer gehörten, wurden in einem Hotel der Stadt wegen nächtlicher Ruhestörung verhaftet. Karpis beschloß daraufhin, ins Ausland zu fliehen. Ma Baker hielt sich in Florida auf, er aber begab sich nach Habana, wohin bereits einige Bandenmitglieder mit dem Rest des Lösegeldes geflogen waren.

Mit Dolores Delaney ließ sich Karpis in einer Villa am Meeresstrand nieder und konnte in Ruhe seiner Lieblingsbeschäftigung, dem Angeln, nachgehen. Zwei Wochen später traf Ma Baker in Habana ein und brachte eine Ausstattung für das Baby mit, das Dolores erwartete. Die alte Banditin war gewillt, ihre letzten Tage in Habana zu verbringen, aber ihr Sohn Eddie hielt sich noch in Florida auf, und um ihn zu sehen, kehrte sie dorthin zurück. Aber auch dem Paar, das zurückblieb, war keine Ruhe vergönnt. Karpis fuhr eines Tages nach Habana, um Geld zu holen, und kam verstört zurück. „Wir müssen die Koffer packen", rief er Dolores zu. „Das FBI ist in der Stadt."

Tatsächlich waren ihnen einige Beamte nicht ohne Schwierigkeiten, aber mit Erfolg ins Ausland nachgereist. Dolores entkam ihnen mit einem Flugzeug; Karpis gelangte in einem Fischerboot an die Küste Floridas. Sie trafen sich in Miami, mieteten ein Haus in einem versteckten Viertel der Stadt, und Karpis verbrachte seine Tage wieder mit Angeln. Dieser Sport war für ihn eine Leidenschaft, fast wie das Spiel. Mitglieder der Bande, die ihn besuchen kamen, mußten ihn auf seinen Angelpartien begleiten. Es vergingen Wochen, bis eines Abends Dolores zum Flußufer gerannt kam, wo er gerade nach Grünlingen fischte, und ihm blaß vor Angst zurief: „Du mußt untertauchen. Ma Baker hat sich mit den FBI-Männern herumgeschossen, heute morgen in Oklahoma. Sie ist tot... Freddie auch... Bald sind wir dran!"

In Panikstimmung verschwanden die restlichen Mitglieder der Bande aus Miami. Dolores fuhr am 16. Januar 1935, begleitet von einer Freundin, mit der Bahn nach Atlantic City, wo sie Karpis in einem Hotel erwartete. Sie hatten kaum Zeit, Atem zu holen, da kurz darauf das FBI das Gebäude umlagerte. Karpis und einer seiner Komplizen eröffneten das Feuer, und es gelang ihnen zu entkommen. Dolores, am Bein getroffen, wurde verhaftet. Im Verhör gab sie bereitwillig Auskunft über ihren Geliebten und erwähnte auch seine Angelleidenschaft.

KAP. X / DIE G-MÄNNER

Karpis und sein Komplize entkamen aus dem Hotel, indem sie einen Arzt als Geisel nahmen und ihn zwangen, sie nach Ohio zu fahren. Dort trennten sie sich und Karpis tauchte in der Verbrecherwelt unter.

Hoover hatte bereits befohlen, alle Nachforschungen auf Ohio zu konzentrieren, nachdem in dem Unterschlupf, in dem Ma Baker getötet worden war, eine Liste mit den Namen von Personen in Toledo, Cleveland und anderen Orten dieses Staates gefunden worden war. Das waren sicher Komplizen, aber ein Einzelgänger wie Karpis war schwer zu stellen. Er hatte neue Beziehungen zu einem professionellen Kriminellen angeknüpft, in dessen Gesellschaft er sich nach Arkansas begab. Dort versteckte er sich in einer Hütte in der Nähe von Hot Springs, führte eine triste, einsame Existenz und steigerte sich immer mehr in einen pathologischen Haß gegen das FBI. Dazu trugen die vielen Zeitungsmeldungen über die Gangsterbanden bei, die nun von den G-Männern systematisch zur Strecke gebracht wurden.

Nach jedem Feuergefecht und jeder Verhaftung verfluchte Karpis in seinem Versteck die FBI-Männer, die „an seinem Verhängnis schuld waren". Er wußte, daß er bald an die Reihe kommen würde. Tatsächlich sammelte das FBI unermüdlich Spuren und konzentrierte seine Anstrengungen weiterhin auf Ohio. Hoover war überzeugt, daß Karpis früher oder später dorthin zurückkehren würde, denn er mußte eines Tages gezwungen sein, sein Versteck zu verlassen und Kontakt mit seinen früheren Komplizen aufzunehmen.

Im November 1935 war dies der Fall. Karpis erfuhr, daß die FBI-Männer auf seine Spur gekommen waren. Er hatte einen Zug in Garretsville, Ohio, überfallen und war anschließend in einem kleinen Flugzeug nach Hot Springs zurückgekehrt. Nun floh er wie ein Irrer quer durch Texas und Mississippi nach Florida, nur den einen wirren Gedanken im Kopf: „Die FBI-Männer müssen doch jemandem gehorchen. Dieser Jemand ist Hoover, also muß ich Hoover töten!" Er begann Briefe zu schreiben, in denen er die Beamten des FBI aufforderte, ihn zu verhaften, und drohte, daß er Hoover eigenhändig ermorden werde. Er berauschte sich eine Zeitlang an dem Gedanken dieses Mordes, ließ den Plan aber fallen, nachdem er durch Komplizen erfahren hatte, daß die Suchaktion nach ihm in Hot Springs ergebnislos verlaufen war. Beruhigt kehrte er in sein dortiges Versteck zurück. Die Jagd nach ihm war aber nicht zu Ende. Im Gegenteil: Nachdem Karpis in seinen Briefen die Absicht, den Direktor des FBI zu ermorden, bekanntgegeben hatte, war Hoover hartnäckiger denn je auf seiner Spur. Er wollte seinen präsumtiven Mörder persönlich verhaften, nicht zuletzt, weil ihn seine Kritiker in der Öffentlichkeit bisweilen beschuldigten, er sitze an seinem Schreibtisch und schmücke sich mit den Erfolgen seiner Untergebenen.

Hoover hatte Ohio mit Recht überwachen lassen. Nach vielen Befragungen gelang es seinen Beamten, den Besitzer des Flugzeuges ausfindig zu machen, das kurz nach dem Überfall auf den Zug in Garretsville gelandet war, drei Männer aufgenommen und einen davon in Oklahoma und zwei in Arkansas abgesetzt hatte. Auf dem Photo, das man ihm vorlegte, erkannte der Besitzer des Flugzeuges Karpis als einen der Fluggäste, die er befördert hatte. Aber noch einmal gelang dem Gangster, der gewarnt worden war, die Flucht. In seinem Versteck in Hot Springs, das ausgehoben wurde, fand man Angelkleidung und einen Katalog für Angelzeug. Das war nicht viel, aber es waren Indizien, daß er seinem Lieblingssport nach wie vor nachging.

Hoover überlegte. Es war Frühling: Wo konnte Karpis um diese Jahreszeit angeln? Nicht im Norden, wo die Saison vorüber war. Also im Süden, und so wies Hoover per Funk alle Beamten an: „Überwacht die Angelplätze im Süden! Durchsucht alle Urlaubercamps!"

8/9 „Machine Gun" Kelly: Oben einer seiner Drohbriefe mit Fingerabdrücken. Unten das Holzhaus, in dem er den Bankier Urschel gefangen hielt

10/11 *John Dillinger: Unten der von den Kugeln der G-Männer durchsiebte Leichnam in der Prosektur. Oben die Prostituierte Anna Sage, die Dillinger dem FBI ans Messer lieferte*

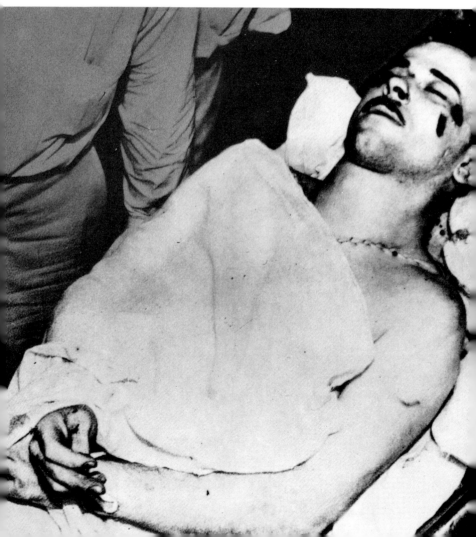

KAP. X / DIE G-MÄNNER

Die Jagd begann. Alle Straßen, die von Hot Springs nach Süden führten, wurden systematisch auf Spuren hin abgesucht. Der Erfolg stellte sich bald ein. Es wurde festgestellt, daß sich Karpis an der Straße nach Corpus Christi, Texas, in einem Camp für Sportfischer aufgehalten hatte. Die Spur führte weiter nach New Orleans, wo die FBI-Männer das Geschäft fanden, in dem er nach seiner Ankunft Angelzeug gekauft hatte. Sein Wagen wurde am Kai des Hafens gefunden; die Marke des Autos und seine Zulassungsnummer waren ausfindig gemacht worden.

Nun wurden alle verfügbaren Kräfte des FBI in New Orleans konzentriert, um das Gebäude ausfindig zu machen, in dem sich Karpis verborgen hielt. Am 30. April 1936 war es soweit.

In Begleitung von Tolson und Nichols stieg Hoover in New York in ein Flugzeug und begab sich nach New Orleans, ohne die dortige Polizei zu verständigen, in deren Reihen sich möglicherweise Komplizen von Karpis befanden. Immerhin hatte er sich vor einigen Monaten des Schutzes von Politikern gerühmt, denen er angeblich während des Wahlkampfes geholfen hatte.

In der Canal Street angelangt, in der sich das Versteck des Gangsters befand, warnte Hoover seine Leute: „Karpis ist zu allem entschlossen. Es steht euch frei, euch an dem Unternehmen nicht zu beteiligen. Ihr müßt auf jeden Fall kugelsichere Westen anziehen."

Daraufhin begannen sie das Gebäude zu umzingeln, in dem Karpis wohnte. Einige Beamte kletterten auf das Dach, andere auf die Feuerleiter, wieder andere bewachten den Hinterausgang. Hoover, sein Assistent Ed Connelly und zwei Beamte aus Oklahoma blieben am Haupteingang stehen. Auf ein verabredetes Zeichen sollten sich alle gleichzeitig auf den Verbrecher stürzen. Aber wie oft bei wohlvorbereiteten Unternehmen gab es unvorhergesehene Zwischenfälle, die nicht einzuplanen gewesen waren. Im gleichen Augenblick, in dem Karpis und sein Komplize Hunter das Gebäude durch den Haupteingang verließen und auf ein Auto zugingen, kam auf der anderen Straßenseite ein berittener Polizist auf einem Schimmel vorbei. Hoover mußte warten. „Wir durften nichts riskieren", erklärte er später. „Der nichtsahnende Polizist hätte nicht verstanden, warum Leute in Zivil auf andere Zivilisten schießen, und hätte geglaubt, in einen Bandenkrieg geraten zu sein."

Kaum war der Polizist verschwunden, als sich ein kleiner Junge auf einem Fahrrad zwischen die Gangster und die Beamten schob. Glücklicherweise hatten es Karpis und Hunter nicht eilig. Als der Weg endlich frei war, stürzte Hoover mit der Pistole in der Hand zur linken Türe des Autos, in dem die beiden Banditen gerade Platz nehmen wollten, und packte Karpis am Kragen, bevor dieser Zeit gehabt hatte, nach der Waffe zu greifen, die auf dem Rücksitz lag. Connelly, der an der anderen Tür stand, hatte Hunter gefaßt. „Laß deine Hände auf dem Lenkrad", befahl Hoover. Dann wandte er sich an seine Beamten und rief ihnen zu: „Gebt mir die Handschellen, Männer!" Alles brach in Gelächter aus, denn keiner hatte welche bei sich. Schließlich nahmen die beiden Beamten aus Oklahoma ihre Krawatten ab und fesselten damit die Verhafteten, bevor sie in Hoovers Auto gesetzt wurden.

„Wir fahren zum Posthotel", sagte Hoover zum Fahrer. „Wissen Sie, wie man hinkommt?" „Nein, Sir", lautete die Antwort. „Ich bin zum ersten Mal in meinem Leben in New Orleans."

„Mr. Hoover", sagte daraufhin Karpis, der bis jetzt kein Wort gesprochen hatte, „wenn es das neue Hotel Post ist, das Sie suchen, kann ich Sie hinführen. Ich hatte nämlich die Absicht, es auszurauben."

„Zur Ehre des FBI", erzählte Hoover später, „wollten wir zum alten Hotel Post und so konnten wir auf die Ratschläge von Karpis verzichten und fragten lieber Passanten."

Nachdem Hoover kurz im Posthotel Station gemacht hatte,

KAP. X / DIE G-MÄNNER

das der provisorische Sitz des FBI in New Orleans war, begaben sie sich zum Flugplatz, wo sie mit ihren Gefangenen in eine Sondermaschine der TWA stiegen, die sie nach St. Paul brachte.

Während des Fluges bemerkte Hoover, daß Karpis wie Espenlaub zitterte und blaß wurde. „Was ist, geht es Ihnen nicht gut?" fragte er, worauf Karpis gereizt aufschrie: „Nun machen Sie schon, genieren Sie sich nicht!" „Wovon sprechen Sie denn?" fragte Hoover, der nichts verstand. „Ich weiß, was ihr tun wollt", fuhr Karpis fort. „Nachdem ihr euch nicht getraut habt, mich auf der Straße umzulegen, werden Sie und Ihre Leute mich jetzt aus dem Fenster werfen und erklären, ich hätte mich umgebracht."

„Du verdammter Idiot", wies ihn Hoover zurecht, „solche Sachen machen wir nicht. Wir bringen dich nach St. Paul, wo du vor Gericht erscheinen wirst und wo man dich verurteilen wird. Niemand wird dir was antun, solange du in unseren Händen bleibst."

Karpis schien sich zum ersten Male seit seiner Verhaftung etwas zu entspannen. Hoover fragte ihn: „Wie hast du mich erkannt?" „Sie wissen, daß ich ein begeisterter Angler bin", antwortete Karpis. „Ich habe Ihr Bild in einer Fachzeitschrift gesehen. Sie hatten gerade einen Hai gefangen. Sie haben mehr Glück als ich. Drei Jahre habe ich mich vergeblich bemüht, einen zu erwischen."

„Wenn du deine Zeit lieber mit Angeln verbracht hättest, statt mit Bankraub und Entführungen, hättest du auch einen Hai gefangen", sagte ihm Hoover.

Bevor das Flugzeug in St. Paul landete, machte es eine Zwischenlandung in Kansas City, um aufzutanken. Hoover ließ Sandwiches, Bier und Zeitungen bringen, die auf der ersten Seite in Riesenlettern meldeten: „Karpis überfällt eine Bank in Michigan." Der Gangster lachte: „Da habe ich ein felsenfestes Alibi!"

Als er 1971, nach 35 Jahren Gefängnis in Alcatraz, freigelassen wurde, schrieb Karpis seine Memoiren und dementierte Hoovers persönliche Teilnahme an seiner Verhaftung entschieden. In einem Interview, das er den Autoren dieses Buches in Montreal gab, bestätigte er die Version der Ereignisse, die er in seinem Buch gegeben hatte:

„Ich wollte gerade in Begleitung eines Freundes in mein Auto steigen, als ich plötzlich von ungefähr acht ‚Typen' umringt wurde, die sich anscheinend uneinig waren. Der eine schrie: ‚Hände hoch!', der andere: ‚Rührt euch nicht!', der dritte: ‚Setzt euch auf den Kotflügel!' und ein vierter: ‚Geht auseinander!' Ein Kerl, der sein Gewehr in meinen Rücken gebohrt hatte, war so nervös, daß ich glaubte, er werde mich im nächsten Augenblick umlegen. Nachdem er mich identifiziert hatte, fuchtelte einer mit den Händen und rief: ‚Chef, jetzt können Sie kommen, wir halten ihn! Sie können näher kommen, er kann Ihnen nichts mehr tun!' Da sah ich einen Mann näher kommen. Ich habe ihn erkannt, es war Hoover, der einen Colt 45 in der Hand hielt."

Ob Karpis nun die Wahrheit sprach oder log — seine Verhaftung, über die alle Zeitungen ausführlich berichteten, brachte jedenfalls dem FBI und seinem Direktor viel Anerkennung ein.

Zur gleichen Zeit trieb eine andere Bande ihr Unwesen, deren Unschädlichmachung ebenfalls einen großen Erfolg der G-Männer darstellte. Bevor es soweit war, schrieben aber diese Gangster eines der blutigsten Kapitel in der amerikanischen Verbrecherchronik: die Geschichte von Bonnie und Clyde.

Clyde Barrow, Sohn eines Farmers, war ein primitiver Mensch, halb impotent, mit homosexuellen Neigungen, der im Verbrechen die Möglichkeit fand, sich selbst zu bestätigen. Bonnie Parker dagegen war eine Studentin, romantisch veranlagt und begabt, aber durch eine sehr frühe erste Ehe frustriert und seelisch angeschlagen. Mit Clyde, der von der Polizei gesucht

KAP. X / DIE G-MÄNNER

wurde und schon einige Gefängnisstrafen verbüßt hatte, verband sie Liebe auf den ersten Blick. Beide beschlossen, sich dem Verbrechen zu widmen, wie man sich einer Religion verschreibt. Sie gründeten einen „gang", dem auch Buck Barrow, Clydes Bruder und dessen Frau, eine Pastorentochter, angehörten. Später gesellte sich noch Roy Hamilton, ein Bankräuber, dazu.

Das Debut der Bande fand am 27. April 1932 in Hisselboro, Texas, statt, wo sie eine Musikalienhandlung überfielen. Im Jahr, das nun folgte, zogen sie durch mehrere Staaten. Sie stahlen Autos, die ihnen Wohnstatt und Waffenlager zugleich waren, und überfielen Banken, Tankstellen und Läden. Sie arbeiteten in einem atemberaubenden Tempo und verschmähten auch die kleinste Beute nicht. Ihr Metier war der Mord. Sie schossen wild um sich und töteten um des Tötens willen, auch wenn sie nicht bedroht waren, nur um ihre Maschinenpistolen knattern zu hören. Zwischendurch ließen sie sich voll Stolz photographieren. Bonnie schrieb Gedichte, und zwar nicht ohne Talent.

Dutzende von Leichen hatten die jungen Desperados auf ihrem Gewissen; mehrere Male wurden sie von der Polizei entdeckt und umstellt, aber jedesmal schossen sie sich den Fluchtweg frei. Das FBI organisierte schließlich eine gigantische Menschenjagd, die den Kreis um die Flüchtigen nach und nach schließen sollte, wozu angesichts der Mobilität der Bande ebensoviel Dynamik wie Flexibilität erforderlich war. Hoovers Taktik bestand darin, den Gangstern keine Ruhe zu gönnen und jede Information zu nützen, um die Verfolgung zu erneuern. Die Verbrecher wurden mehrfach gestellt, aber dank ihrer Kühnheit gelang es ihnen immer wieder, den Polizeikordon zu durchbrechen und zu entfliehen. Dabei floß viel Blut: So ließ sich der bereits verwundete Buck Barrow von den Kugeln der Polizisten durchlöchern, um mit seinem Körper die Flucht Bonnies, seines Bruders Clyde und eines Komplizen zu decken.

Bonnie und Clyde waren schließlich allein mit Ray Hamilton unterwegs, den sie mit Waffengewalt aus dem Gefängnis von Estham, Texas, befreit hatten, wo er nach einer ersten Verhaftung durch das FBI gelandet war. Mehr als tausend Polizisten und etwa hundert FBI-Beamte waren jetzt hinter ihnen her. Hamilton trennte sich von dem Paar, wurde neuerlich verhaftet, verurteilt und landete auf dem elektrischen Stuhl.

Bonnie und Clyde aber begingen einen schweren Fehler, als sie einen Sheriff als Geisel nahmen, der sie mit seinen Männern in der Nähe von Commerce, Texas, verfolgt hatte. Nachdem er befreit worden war, gab er den Beamten des FBI einen genauen Bericht über alle Gespräche des Paares, die er mitgehört hatte. Seine Informationen wurden mit größter Sorgfalt ausgewertet. Alle Personen, deren Namen erwähnt worden waren, wurden ausfindig gemacht, identifiziert und einer unaufhörlichen Überwachung unterzogen. Das galt auch für den Vater eines neuen Komplizen des Paares, einen gewissen Methvin. Man behielt ihn im Auge, und eines Tages erhielt er den Besuch seines Sohnes. Sofort erschien der FBI-Beamte Kindell in Begleitung von Frank Hammer, einem lokalen Detektiv, und einigen Polizisten und verhaftete den jungen Methvin. Nun war die Möglichkeit geboten, Bonnie und Clyde eine Falle zu stellen.

Am 23. Mai 1934 um drei Uhr früh erschienen fünf Polizisten unter Führung von Hammer, nachdem Kindell bereits mit einem anderen Auftrag unterwegs war, und versteckten sich in einem Graben in der Nähe der Farm des alten Methvin. Um seinen Sohn zu retten, hatte sich der Farmer bereit erklärt, als Lockvogel zu dienen. Die Beamten mußten lange warten. Endlich, um 8 Uhr früh, hielt ein Ford V 8 vor dem Farmhaus. Der Farmer war vorher instruiert worden, zu sagen, daß sein Sohn zwar nicht da, aber bereit sei, zu einem angegebenen Treffpunkt zu kommen. Als Bonnie und Clyde sahen, daß der junge Methvin nicht anwesend war, ahnten sie, in eine Falle geraten zu

KAP. X / DIE G-MÄNNER

sein. Es war aber zu spät. Hammer und die fünf Polizisten sprangen nun aus ihrem Hinterhalt. Clyde ergriff ein Gewehr, das neben ihm lag; Bonnie eröffnete das Feuer mit einer Pistole. Frank Hammer und seine Leute schossen ihrerseits, während sich der alte Methvin unter einem Lastwagen versteckte. Einige Sekunden lang hörte man nur die Abschüsse der Pistolen und Maschinenpistolen.

Die Schießerei endete erst, als die Magazine leer waren. Das Paar lag unbeweglich im Auto, von 217 Kugeln getroffen! Bonnie und Clyde, beide 24 Jahre alt, waren auf der Stelle getötet worden. Am Tage des Begräbnisses veröffentlichten die Zeitungen ein Gedicht von Bonnie, das sie den Zeitungen für den Fall ihres Ablebens geschickt hatte. Es war eine Art Folksong, eine Ballade, die unter dem Titel „Die Geschichte von Bonnie und Clyde" ganz Amerika zu Tränen rührte.

XI

VERBRECHEN MACHT SICH NICHT BEZAHLT

Das FBI vermochte den langen Kampf gegen die schießwütigen Banden nicht zuletzt deshalb erfolgreich zu Ende zu führen und damit große Popularität zu erlangen, weil es seinem Direktor gelang, zur gleichen Zeit einen zweiten Kampf an einer ganz anderen Front ebenso erfolgreich zu bestehen.

Seit er die Geschicke des Büros leitete und seit Justizminister Wickersham im Jahre 1931 dem FBI die Aufgabe anvertraut hatte, den größten Teil der Verbrechensbekämpfung auf gesamtstaatlicher Ebene zu übernehmen, war sich John Edgar Hoover darüber im klaren, daß seine schwierigsten und erbittertsten Gegner nicht nur die Verbrecher, sondern auch einige Mitglieder des Kongresses und hohe Staatsbeamte waren. Er war ständig damit beschäftigt, ihre Kritiken zu widerlegen, Angriffe abzuwehren und die Politiker davon zu überzeugen, daß das FBI Erfolge aufzuweisen hatte und Vertrauen verdiente.

Er bemühte sich darum, seit er sein Amt übernommen hatte. Alljährlich legte der Justizminister dem Kongreß einen Bericht über die Tätigkeit des FBI vor, der stets mit einer Fülle von Daten, Fakten und Zahlen die Leistungen des Büros belegte.

Hoover arbeitete persönlich an diesen Berichten, und zwar mit unbeschreiblicher Gründlichkeit und nach einem Schema, das ein halbes Jahrhundert lang unverändert blieb. Sie wurden von Jahr zu Jahr ausführlicher und waren damit ein Spiegelbild der ständig wachsenden Agenden des Büros.

Der erste Bericht lag am 15. Juni 1924 vor, knapp sechs Monate nachdem Hoover sein Amt angetreten hatte, und umfaßte nur 12 Seiten. Im darauffolgenden Jahr war er bereits doppelt so umfangreich. Fünf Jahre lang war der Chef des FBI hauptsächlich darauf bedacht, den Kongreß zu überzeugen, daß es notwendig sei, das Büro zu reorganisieren und daß das FBI eine vertrauenswürdige Organisation sei. Er verlangte auch hartnäckig eine Erweiterung seiner Befugnisse, aber nicht finanzieller, sondern rechtlicher Art, da er sämtliche Bundesgesetze als unzulänglich für eine erfolgreiche Bekämpfung des Verbrechens betrachtete.

Sehr geschickt von ihm war, daß er kein Geld forderte. Im Gegenteil. Er meldete von Jahr zu Jahr eine steigende Zahl erfolgreicher Aktionen bei gleichzeitiger wesentlicher Verringerung der Ausgaben. Allein von 1924 auf 1925 sparte er 338 000 Dollar ein. Die Zahl der Außenstellen wurde im gleichen Zeitraum von 53 auf 48 reduziert, im darauffolgenden Jahr waren es sogar nur noch 36. Das FBI sparte u. a. Geld, indem es Zeit sparte. Die Rationalisierung der Büroarbeit, die Standardisierung des Berichtswesens und die bessere Ausbildung der Beamten trugen ihre Früchte. Dabei hatte sich, wie Hoover betonte, allein die Zahl der Nachforschungen nach gestohlenen Autos im Zeichen der stürmischen Motorisierung in den zwanziger Jahren verdoppelt.

Ein anderes wesentliches Charakteristikum der jährlichen Berichte des FBI-Direktors war die äußerste, auf einige statistische Aufzählungen beschränkte Kürze der Ausführungen über die Tätigkeit des Büros im Zusammenhang mit dem sogenannten Mann-Gesetz gegen den Mädchenhandel. Hier kam der prüde Puritanismus Hoovers zum Ausdruck; seiner Entrüstung über alles, was mit Prostitution zu tun hatte, verlieh er nur im Gespräch Ausdruck.

Liebevoll und ausführlich verbreitete er sich dagegen über die

KAP. XI / VERBRECHEN MACHT SICH NICHT BEZAHLT

Tätigkeit des von ihm geschaffenen erkennungsdienstlichen Archives. Es hatte im Jahre 1921 bereits 835 000 Fingerabdrücke gespeichert gehabt, 1926 waren es 1 052 852 und 1928 schon 1 440 098. Als Hoover starb, waren es fast 200 Millionen Abdrücke.

Auch die Beschaffung anderer Ermittlungsunterlagen wiesen die Berichte aus. Seit 1925 besaß das FBI eine vollständige Sammlung der Kennzeichen, die von Wäschereien und Putzereien verwendet wurden. Im darauffolgenden Jahr wurde mit der Archivierung der Fingerabdrücke aller Personen begonnen, die eine Gefängnisstrafe von mehr als sechs Monaten verbüßt hatten.

Traditionellerweise enthielt Hoovers Bericht stets eine Statistik besonderer Art: Die Gesamtzahl der Gefängnisjahre und der Geldstrafen, die von den Gerichten als Ergebnis erfolgreicher Verbrechensaufklärung durch das FBI verhängt worden waren. So legte er im Jahre 1925 folgende Bilanz vor: 4494 Jahre Gefängnis und sechs Millionen Dollar Strafgelder, die der Staatskasse zuflossen. Gestützt auf diese Statistiken erklärte er Jahr für Jahr voll Stolz, daß das FBI dem Staate weniger koste, als es einbringe, und daß dies ansonsten nur für die Finanzämter und die Zollbehörden gelte.

John Edgar Hoover benützte seine Berichte aber auch, um seine persönlichen Fehden mit den örtlichen Polizeibehörden und den Beamten der Prohibitionsbehörde auszutragen, die er der Korruption bezichtigte. Das gleiche galt für die Organe des Strafvollzuges; er beschuldigte den größten Teil des Gefängnispersonals, Komplizen der Häftlinge zu sein, und betrachtete die Aufseher in den meisten staatlichen und örtlichen Gefängnissen als völlig unfähig. Ebenso abfällig dachte er über das System der Entlassung aus dem Gefängnis gegen Kaution oder auf Ehrenwort. Er kritisierte die haarsträubenden Mißbräuche, die dabei getrieben wurden, und machte dafür die Durchtriebenheit der

Anwälte, die Schwäche der Richter und die Indolenz der Begnadigungsinstanzen verantwortlich. So teilte er im Jahre 1925 mit großer Genugtuung mit, daß 48 Polizisten und 23 Beamte der Prohibitionsbehörde aus Cincinatti sowie der Staatsanwalt Frank Boykin auf Betreiben des FBI wegen Korruption verurteilt worden seien.

Hoovers Berichte erweckten zunehmendes Interesse, und bald konnte er mit der Unterstützung einer wachsenden Anzahl von Abgeordneten rechnen, die anfänglich sein kleines Büro mit Mißtrauen betrachtet hatten, weil sie befürchteten, daß seine Befugnisse und die von ihm auf Grund seiner Ermittlungen angelegten Akten einige von der Verfassung garantierte Freiheiten und Rechte verletzten. Seit etwa 1930 konnte Hoover, der anfänglich viel weniger bekannt war als sein Bruder, ein Bundesbeamter und anerkannter Fachmann für Seerechtsfragen, auf einige treue und rührige Freunde im Kongreß zählen. Er sollte sie auch bald dringend benötigen. Im Jahre 1932 wurde Franklin Delano Roosevelt Präsident der Vereinigten Staaten. Seine Wahl schien zunächst eine ernsthafte Gefahr für Hoover darzustellen. Sein Namensvetter Herbert Hoover, der Roosevelts Vorgänger war, glaubte richtig zu handeln, als er John Edgar seinem Nachfolger wärmstens empfahl. Er erzielte damit freilich zunächst das Gegenteil dessen, was er angestrebt hatte. Roosevelt war eine eigenwillige Persönlichkeit und auf die Vorrechte seines Amtes bedacht. Andererseits hatte ihm einer seiner Freunde, Henry McHowe, aber auch John Hattawa, Generalstaatsanwalt des District of Columbia, geraten, diesen kleinen Ehrgeizling, der Roosevelts Vorgänger, dem anderen Hoover, viel zu ergeben war, loszuwerden und ihn durch einen Demokraten zu ersetzen.

Das war ein Glück für Hoover und das FBI, denn Roosevelt nahm auch von Freunden keine Ratschläge an und ließ sich grundsätzlich nicht unter Druck setzen. Bevor er daher über

KAP. XI / VERBRECHEN MACHT SICH NICHT BEZAHLT

Hoovers weitere Verwendung entschied, beauftragte er einen seiner Berater, den Senator Moley, ihm einen objektiven Bericht über das FBI zu liefern. Dieser Bericht fiel nicht nur günstig, sondern sogar überaus lobend aus. Seine Schlußfolgerung war, daß es notwendig sei, das Büro mit Hoover an der Spitze beizubehalten. Darauf bestätigte Roosevelt John Edgar Hoover in seinem Amt.

Moley war in seiner Begeisterung sogar zu weit gegangen. Er sorgte sich um die Zukunft der 1200 Prohibitionsbeamten, die durch die Abschaffung des Alkoholverbotes arbeitslos werden würden, und riet, sie dem FBI anzugliedern, das damals nur 300 Beamte zählte. Mit einigen Ausnahmen waren die Beamten der Prohibitionsbehörde jedoch notorisch korrupt. Viele von ihnen unterhielten ausgezeichnete Beziehungen zu den Alkoholschmugglern und -brennern, die sie bekämpfen sollten. Hoover hielt sie für unverbesserlich; diese Leute in das FBI aufnehmen hätte bedeutet, das soeben von der Korruption gesäuberte Büro neuerlich zu verseuchen und seine G-Männer durch das Beisammensein mit Korruptionisten allen möglichen Versuchungen auszusetzen. Selbst wenn seine Männer ehrlich bleiben sollten, hätte es ihnen ihre zahlenmäßige Unterlegenheit nicht erlaubt, den guten Ruf des Büros, den er mit so viel Mühe aufgebaut hatte, zu erhalten. Hoover weigerte sich glatt, zuzustimmen.

Glücklicherweise war der neue Justizminister Cummings der gleichen Ansicht und vertrat sie auch gegenüber Roosevelt und Moley. Das gab den Ausschlag: FBI und Prohibitionsbehörde blieben zwei voneinander getrennte, autonome staatliche Stellen. Hoover wurde aber die Aufgabe übertragen, die Prohibitionsbehörde von Korruption zu säubern. Er wurde eine sehr radikale Reinigung: von 105 lokalen Büros wurden auf Hoovers Vorschlag 82 geschlossen.

Weniger als vier Monate nach diesen Auseinandersetzungen

mußte sich Hoover neuerlich gegen eine Initiative zur Wehr setzen, die ebenfalls den besten Absichten entsprungen war. Roy Copeland, Senator des Staates New York, der über die weit verbreitete Korruption der örtlichen Polizeibehörden empört war, schlug dem Kongreß vor, sie zu verstaatlichen, in einem überdimensionierten FBI zusammenzufassen und sodann je ein zentrales Büro in jedem Bundesstaat zu schaffen, das dem jeweiligen Gouverneur unterstellt sein sollte. Wieder wandte sich Hoover mit lebhaftem Widerspruch an Justizminister Cummings, dem es gelang, Copelands Plan im Keim zu ersticken. Seine Verwirklichung hätte wahrscheinlich das FBI an Gigantomanie zugrunde gehen lassen.

Was Hoover tatsächlich anstrebte, war die Zusammenfassung aller Nachrichtendienste, einschließlich jener der Armee und der Marine, in eine einzige große Polizeibehörde unter seiner Aufsicht. Aber die Inangriffnahme dieses Projektes schien ihm verfrüht. Er hatte vorläufig genug damit zu tun, sein FBI so zu erhalten wie es war. Im Jahre 1936 kam es im zuständigen Senatsunterausschuß zu einer Debatte über die Neufestsetzung seiner Bezüge. Dabei verlangte Senator Marion Zioncheik die Abschaffung des FBI und die Entlassung des „Diktators", der es führte, während Senator McKellan Hoover vorwarf, noch niemals selbst eine Verhaftung vorgenommen zu haben.

Einige Zeit danach war es der Direktor der Postbehörde, Farley, der zum Angriff ansetzte. Er war darüber verärgert, daß das FBI einige seiner Beamten nicht übernehmen wollte, weil sie als nicht genügend qualifiziert galten, und verlangte, daß Hoover durch Val O'Farrel, den Chef eines bekannten New Yorker Privatdetektivbüros, ersetzt werde. Wieder stellte sich Justizminister Cummings schützend vor den Chef des FBI. Er dementierte auf einer Pressekonferenz entschieden die Gerüchte, die in Washington über die bevorstehende Ablösung umgingen, und sprach Hoover öffentlich sein Vertrauen aus.

KAP. XI / VERBRECHEN MACHT SICH NICHT BEZAHLT

Hoover führte noch einen zweiten, viel wesentlicheren Kampf mit dem Kongreß, von dem er die gesetzlichen Mittel verlangte, die es dem FBI erlauben sollten, das Verbrechen erfolgreicher zu bekämpfen. Seine Beamten waren bei der Erfüllung ihrer Pflichten auf Schritt und Tritt durch den Mangel an entsprechenden bundesstaatlichen Gesetzen gehindert. Wenn ein Gangster vorsichtig genug war, nicht gegen die wenigen existenten Bundesgesetze zu verstoßen, konnte er seine kriminelle Tätigkeit praktisch ungestraft ausüben. Es gab keine ernsthafte Zusammenarbeit zwischen den lokalen Polizeibehörden im Lande, die meist auch noch korrupt waren, und das FBI selbst konnte nicht eingreifen. Verbrecher, die rechtzeitig von einem Bundesstaat in den anderen übersiedelten, hatten nichts zu befürchten.

Hoovers Ziel war die Verabschiedung von Bundesgesetzen, die alle bedeutenderen Verbrechen unter Strafe stellten und damit automatisch den Tätigkeitsbereich des FBI erweiterten. Ein erster Schritt in dieser Richtung wurde getan, als im Jahre 1932 das Federal Kidnapping Statute, allgemein das Lindbergh-Gesetz genannt, verabschiedet wurde, das Entführung zu einem Verbrechen auf Bundesebene machte. Ein zweiter wesentlicher Fortschritt wurde im Jahr 1934 erzielt, als der Kongreß neun Gesetze verabschiedete, für die sich Justizminister Cummings und Senator Moley eingesetzt hatten, und die im wesentlichen auf das Betreiben von John Edgar Hoover zurückgingen. Im einzelnen handelte es sich um folgende Gesetze:

Der Federal Robbery Act, der alle Banken und Finanzämter dem direkten Schutz des FBI unterstellte;

der Federal Extortion Act, der neben vielen anderen Bestimmungen die Klausel enthielt, daß die Benützung eines Telephons für ein Ferngespräch zwischen zwei Bundesstaaten zum Zwecke einer Lösegelderpressung als Verbrechen auf Bundesebene galt;

der National Stolen Property Act, der Diebstahl von Gegenständen aller Art aus Staatsbesitz unter Strafe stellte;

der Unlawful Flight to avoid Prosecution Act, der jede Benützung eines privaten oder öffentlichen Flugzeuges zu Fluchtzwecken als Verbrechen qualifizierte;

das Federal Anti-Racketing Law, das es dem FBI erlaubte, auf Grund einer Anzeige gegen kriminelle Vereinigungen von der Art der „Rackets" vorzugehen. Bis dahin konnte gegen diese Verbrecherorganisationen, die sich zusammengetan hatten, um einzelne Personen oder Berufsstände zu kontrollieren, zu erpressen und auszubeuten, nur vorgegangen werden, wenn es mit Hilfe von komplizierten juristischen Konstruktionen gelungen war, sie mit einem Trust gleichzustellen, auf den die Anti-Trustgesetze anwendbar waren;

der National Theft Motor Vehicles Act, auch Dyers Act genannt, der das Überqueren der Grenze zwischen zwei Bundesstaaten in einem gestohlenen Fahrzeug zu einem Verbrechen erklärte.

Schließlich wurde das bereits bestehende Gesetz gegen die Entführung verschärft. Bis dahin hatte der Tatbestand des Verlangens eines Lösegeldes gegeben sein müssen, um die Entführung eines Menschen zum Verbrechen auf Bundesebene zu machen. Nun genügte es bereits, daß ein Erwachsener gegen seinen Willen oder ein Minderjähriger mit seiner Zustimmung entführt worden war, um Anklage zu erheben.

Außerdem wurden zwei Bestimmungen in Kraft gesetzt, die für Hoover von besonderer Bedeutung waren, die er seit Jahren verlangt hatte und die einer entscheidenden Bestätigung der Macht des FBI gleichkamen. Von nun an brauchte ein FBI-Beamter nicht mehr wie früher die Erlaubnis eines Richters oder der lokalen Polizeibehörde, um eine Untersuchung durchzuführen oder jemanden zu verhaften. Außerdem wurde in

12 Das Laboratorium war Hoovers größter Stolz und wurde von ihm auch immer wieder zur Werbung für die Arbeit des FBI herangezogen. Hier zeigt er dem „Liebling der Nation", Shirley Temple, ein Spezialmikroskop

13/14 Oben: Das Auto, in dem „Baby Face" Nelson beim Kampf mit der Polizei den Tod fand. Unten: Ray Hamilton, der treueste Gefährte von Bonnie und Clyde nach seiner Verhaftung

KAP. XI / VERBRECHEN MACHT SICH NICHT BEZAHLT

Hinkunft die Ermordung eines G-Mannes, aus welchem Grunde auch immer, als Verbrechen auf Bundesebene gewertet.

Vor allem die erste Bestimmung war von wesentlicher Bedeutung. Bis dahin hatten die Beamten des FBI vor ihren Amtshandlungen an Ort und Stelle die mündliche oder schriftliche Zustimmung der lokalen Behörden einholen müssen. Unter dem Druck der Anwälte von Rechtsbrechern, aber manchmal auch auf Grund von politischen Einflüssen wagten es die Lokalbehörden oft nicht, diese Zustimmung zu erteilen oder verschoben sie solange, bis die Verbrecher Zeit hatten zu fliehen und in einer anderen Stadt unterzutauchen, wo das Spiel von neuem begann.

Der Kongreß hatte die Gesetze kaum verabschiedet, als sie bereits von Präsident Roosevelt im Juni 1934 gegengezeichnet wurden. John Dillinger war der erste, der sie zu spüren bekam, denn auf Grund des National Theft Motor Vehicle Act hatte das FBI die Möglichkeit, jene große Menschenjagd zu organisieren, die in einer heißen Julinacht des Jahres 1934 auf den Straßen von Chicago endete.

Obwohl er bereits kaltblütig vierzehn Personen erschossen hatte, war John Dillinger erst im März 1934 in das Crow-Point-Gefängnis gekommen, aus dem er in einem gestohlenen Auto entfloh. Im Nachbarstaat glaubte er sich in Sicherheit, doch das war ein Irrtum. Durch das Überschreiten der Grenze zwischen zwei Bundesstaaten in einem gestohlenen Auto hatte er ein bundesstaatlich zu ahndendes Verbrechen begangen und das versetzte Hoover in die Lage, seine G-Männer auf den Staatsfeind Nr. 1 loszulassen.

Die Erfolge auf legistischem Gebiet trugen jedoch anfänglich wenig dazu bei, die Beziehungen zwischen dem FBI und den lokalen Polizeibehörden zu verbessern. Die Polizei im ganzen Land hatte ihre eigenen Wirkungsbereiche immer als eine Domäne betrachtet, in der die „Hochschüler" aus Washington nichts zu suchen hatten. Die Ausweitung der Befugnisse des FBI war nicht geeignet, das an und für sich gespannte Verhältnis zu verbessern, um so mehr als Hoover und seine G-Männer von ihren neuen Befugnissen sofort intensiven Gebrauch machten. Nach und nach brachten sie nun die prominenten Gangster, die gehofft hatten, bis zum Ende ihrer Tage in Sicherheit zu sein, wenn sie von einem Staat in den anderen übersiedelten, hinter Schloß und Riegel. So wurden die verstreuten Überlebenden aus den wilden Zeiten der Bandenkriege, die nach dem Ende ihrer Führer versucht hatten, sich neuerlich zu organisieren, festgenommen.

John Edgar Hoover war gleichzeitig darum bemüht, die Halbwelt des Verbrechens auszurotten, jene Personen, die an der Peripherie der Kriminalität lebten und an ihr gut verdienten: Anwälte und korrupte Polizisten, Winkeladvokaten, verkommene Ärzte, die sich auf Gesichtsoperationen oder das — freilich vergebliche — Unkenntlichmachen der Fingerlinien spezialisiert hatten, Waffen-und Autolieferanten, Hehler und Geldwechsler, die den Verbrechern das Lösegeld oder die Raubsumme eintauschten und die oft phantastische Gewinne erzielten, indem sie ihren Kunden die Kautionen für die provisorische Entlassung aus der Haft vorschossen.

Bei dieser Säuberungskampagne stießen die Beamten des FBI immer wieder auf Korruption im lokalen Bereich, denn in den meisten Staaten und Städten wurden die Richter, die Staatsanwälte und oft auch die Polizeichefs auf Grund der jeweiligen politischen Mehrheitsverhältnisse gewählt, und viele von ihnen nützten ihre manchmal nur kurze Amtszeit, um sich ausgiebig zu bereichern.

Hoover nahm nun mit Freuden die Gelegenheit wahr, sich für alle Schwierigkeiten, die man seinen Beamten in den Weg gelegt hattee, zu rächen. Er machte sich ein Vergnügen daraus, Roosevelt und Cummings mit wenig erbaulichen Geschichten

KAP. XI / VERBRECHEN MACHT SICH NICHT BEZAHLT

über die deplorablen Zustände und Gebräuche der lokalen Polizeibehörden zu delektieren und ließ keine Gelegenheit vorübergehen, ohne zu betonen, das einzige Mittel um die allgemeine Korruption und ihre Nutznießer, die Gangster, zu bekämpfen, bestehe darin, die örtliche Polizei jedem politischen Einfluß zu entziehen. Die Polizisten im ganzen Lande müßten nichts als beamtete Fachleute sein mit einer besseren Ausbildung als bisher und einem fundierten kriminalistischen Wissen.

Er wurde beim Wort genommen. Roosevelt, der von der Korruption der regionalen und örtlichen Polizeibehörden angewidert war, hätte es gern gesehen, wenn das FBI eine echte gesamtstaatliche Polizei anstelle eines bloßen Ermittlungsbüros gewesen wäre. Für Hoover war das eine gefährliche Idee, die er in den dreißiger Jahren in Reden, Artikeln und Briefen, die er an Zeitungen schrieb, immer wieder bekämpfte. Sein Grundsatz lautete: „Die Aufgabe der Aufrechterhaltung der Ordnung in einer Demokratie beruht auf den lokalen Polizeibehörden, ohne die eine gesamtstaatliche Polizeibehörde nicht existieren und wirksam arbeiten kann."

In einem Brief, den er im Jahre 1936 an die Tageszeitung „Capital" in Topeka, Arkansas, richtete, führte er dazu im einzelnen aus: „Das FBI ist davon überzeugt, daß die Bekämpfung des Verbrechens nicht von einer gesamtstaatlichen Polizeibehörde allein erreicht werden kann, sondern nur durch die Zusammenarbeit und Solidarität aller Exekutivorgane. Das FBI glaubt an ein enges, gemeinsames Vorgehen, bei dem jede Behörde selbständig ihre eigene Aufgabe erfüllt, im Notfall aber bereit ist, sich an einer geschlossenen Aktion im Kampf gegen das Verbrechen in diesem Lande zu beteiligen." Er fuhr dann fort: „Ich möchte, daß unser Beruf großes Ansehen genießt und zu einer Laufbahn wird, zu der sich gute, ehrliche und anständige junge Leute unseres Landes hingezogen fühlen. Es soll ein Beruf sein, in dem sie ihr Lebensziel und die Erfüllung ihrer Wünsche erblicken, nicht aber eine Sinekure, die, wie es oft geschieht, von Politikern vergeben wird, die sich damit für die Unterstützung von Parteifreunden revanchieren."

Als Hoover diese Zeilen schrieb, hatte seine Hartnäckigkeit bereits Früchte getragen. Im Dezember 1934 wurde er zu Justizminister Cummings gerufen, der ihm den Wunsch des Präsidenten übermittelte, die lokale Polizei zu säubern und zu reformieren.

„Der Wert einer gründlichen Schulung ist bereits erwiesen", erklärte ihm Hoover. „Es genügt daran zu erinnern, wie sich unsere in der FBI-Akademie ausgebildeten Leute beim Massaker von Kansas City verhalten haben. Man müßte am derzeitigen Ausbildungsprogramm nur einige kleine Veränderungen vornehmen, und es wäre auch für die lokale Polizei geeignet."

Wie immer bei Hoover waren seine Ausführungen übersichtlich gegliedert und brillant formuliert. Er überzeugte Cummings, der seinerseits den Kongreß dazu brachte, die Schaffung einer solchen Schule zu beschließen. Am 29. Juli 1935 begann der erste Kurs, der 23 Polizeibeamte umfaßte und zwölf Wochen dauerte. Mit diesem Datum trat die Nationalakademie des FBI ins Leben. Heute ist sie in Quantico, Virginia, in einem ehemaligen Ausbildungslager der Marineinfanterie untergebracht.

Allein zwischen 1935 und 1956 wurden 3000 Beamte ausgebildet. Verglichen mit den 250 000 Polizisten, die es insgesamt in den USA gibt, scheint diese Zahl sehr niedrig zu sein. Jeder Absolvent hat aber das Recht, an seinem Dienstsitz eine Ausbildungsstätte zu eröffnen und Vorlesungen zu halten, um sein Wissen an die Kollegen weiterzugeben; ein System, das Hoover zugleich mit der Gründung der Nationalakademie ins Leben rief.

Der Besuch der Akademie erfolgt auf Vorschlag des jeweiligen Dienstvorgesetzten, wobei seit 1945 Bedingung ist,

KAP. XI / VERBRECHEN MACHT SICH NICHT BEZAHLT

daß er selbst die Akademie absolviert hat. Die Schüler müssen unter 50 Jahre alt und in bester körperlicher und geistiger Verfassung sein. Ihr Intelligenzquotient muß über dem Durchschnitt liegen, damit sie den Lehrstoff nicht nur aufnehmen, sondern auch weitergeben können. Ihr Privatleben muß analog zu den Ansprüchen, die an FBI-Beamte gestellt werden, über alle Zweifel erhaben sein. Eine äußerst gründliche Nachforschung nach ihrem Vorleben und nach ihren Vorfahren bis zu den Urgroßeltern wird durchgeführt, bevor sie zum Studium zugelassen werden. Bedingung ist ferner, daß sie mindestens zwei Jahre als Beamte bei einer städtischen oder regionalen Polizeibehörde oder im Staatsdienst tätig waren.

Die Akademie wird jährlich von etwa 80 Studenten besucht, die zwei Semester zu je zwölf Wochen absolvieren. Unterrichtszeit: von 9 Uhr früh bis 17 Uhr abends, an fünf Tagen der Woche. Die Abende werden mit der Niederschrift des Vorlesungsstoffes verbracht. Bedingungslose Hingabe an die Arbeit wird verlangt. Unter Androhung der sofortigen Entlassung ist es den Kursteilnehmern verboten, auch nur einen Tropfen Alkohol zu konsumieren.

Die Lehrer der Akademie sind erfahrene Beamte des FBI, die jeweils für die Vorlesungen herangezogen werden. Gewisse Spezialvorlesungen werden von Spitzenkräften des jeweiligen Fachgebietes, wie z. B. Juristen, Kriminologen, usw., gehalten.

Der Kurs umfaßt alle Sparten des polizeilichen Dienstes: Auswertung von Erhebungsunterlagen, Abnehmen von Fingerabdrücken am Tatort, Berechnen der Geschwindigkeit eines Autos auf Grund der Bremsspur, Techniken und Methoden der Nachrichtenbeschaffung, Selbstverteidigung und natürlich auch Schußwaffengebrauch.

Vom Absolventen der Akademie wird erwartet, daß er mit Maschinenpistole und Gewehr umzugehen vermag und ein ausgezeichneter Pistolenschütze ist. Er muß im Bruchteil einer

Sekunde seine Waffe zücken und eine bewegliche Zielscheibe in neun von zehn Fällen treffen. Dazu ist viel Übung erforderlich, und deshalb soll er im Durchschnitt zwei Stunden des Tages am Schießstand verbringen, womöglich auch, nachdem er an seinen Dienstort zurückgekehrt ist.

Die Nationalakademie des FBI hat seit den Tagen ihrer Gründung Weltruf. Polizeibeamte aus vielen Ländern drängen sich in Scharen zur Aufnahme, doch wird im Durchschnitt nur einer von sieben Bewerbern aufgenommen. Welche Bereicherung der beruflichen Erfahrungen die Akademie bringt, beweist der Brief eines Absolventen, der von Scotland Yard kam:

„Die intensive Ausbildung, die ich an der Akademie erfahren habe, gehört zu den erfreulichsten Erlebnissen im Laufe meiner vierzehnjährigen Dienstzeit als Polizeibeamter. Das Vorbild so begabter Kollegen, die ihr Leben zur Gänze und selbstlos dem Schutze ihrer Mitbürger widmen, war für mich eine Lehre, die mir ein Vortrag oder ein Lehrbuch niemals vermitteln hätte können."

Mehr als jede andere Initiative Hoovers wurde die Nationalakademie zu einem wirksamen Instrument der Zusammenarbeit zwischen FBI und lokalen Polizeibehörden im Kampf gegen jede Form des Verbrechens. Die Beamten lernten einander kennen und schätzen, und die Kontakte, die sie anknüpften, milderten die Spannungen, die früher bestanden hatten.

Hoover hat seine Auffassung von den Beziehungen zwischen FBI und lokaler Polizei einmal in wenigen Zeilen dargelegt: „Das FBI will nichts anderes, als mit den anderen Polizeibehörden besser zusammenarbeiten. Es gibt dabei nur eine Ausnahme: Wir wollen nicht zusammenarbeiten mit Polizeibeamten, die sich von korrupten Politikern bestechen lassen, mit Leuten, die nicht fähig sind, ein Geheimnis zu hüten, denen man nicht vertrauen kann und die so ungeschult sind, daß sie den Erfolg einer Aktion gefährden, wenn man sich mit ihnen einläßt."

KAP. XI / VERBRECHEN MACHT SICH NICHT BEZAHLT

Mit der Gefahr, daß die Polizei bestechlich sein oder unter politischem Druck stehen könnte, beschäftigte sich Hoover ständig und glaubte auch ein Mittel dagegen zu haben. Auf einer Pressekonferenz erklärte er, an die Adresse der Politiker gerichtet: „Man will, daß in der Polizei ehrliche, tüchtige und intelligente Menschen dienen sollen, die fähig sind, die Bevölkerung gegen die Verbrecher zu schützen und die Rechte des einzelnen Menschen zu garantieren. Dabei bietet man einem jungen Polizeibeamten zu Beginn seiner Laufbahn die lächerliche Summe von 1770 Dollar, während ein Botenjunge, der vom Staat angestellt wird, 2960 Dollar bekommt. In einer Großstadt an der Ostküste bezahlt man einem jungen Polizisten als Anfangsgehalt 3725 Dollar, während ein Straßenkehrer 3950 Dollar bekommt. Das ist widerlich!" Mit dieser drastischen Ausdrucksweise erwarb sich Hoover wenig Sympathie bei den lokalen Polizeichefs, von den Politikern ganz zu schweigen.

Es war ihnen aber unmöglich, das FBI frontal anzugreifen; dazu war es in der Öffentlichkeit längst viel zu populär. Also versuchten mehrere Politiker das Büro aus dem Hinterhalt zu treffen, indem sie dem FBI vorwarfen, Spitzel einzusetzen, um Verbrechen aufzuklären.

Hoover antwortete auf diese Angriffe mit der ihm eigenen Gradlinigkeit: „Der Einsatz von Polizeispitzeln in der Kriminalistik ist mit dem Einsatz von Spionen gleichzustellen, und in diesem Fall hat niemand etwas daran auszusetzen, weder vom moralischen noch vom sachlichen Standpunkt aus. Natürlich geht es nicht darum, die Polizeispitzel als Muster der Tugend darzustellen, aber kein verantwortungsbewußter Staatsbürger kann, ohne zu heucheln, leugnen, daß sie notwendig sind ... Dank der Spitzel gelingt es der Polizei, die Unterwelt und das Verbrechermilieu besser kennenzulernen und zu erfahren, welche Übeltaten vorbereitet werden ..."

Hoover fuhr fort: „Der Spitzel ist in den meisten Fällen ein erfahrener Mann, der überall herumgekommen ist... und dessen man sich bedient, um die Wahrheit zu erfahren."

Hinzugefügt muß werden, daß der Einsatz von Spitzeln vom amerikanischen Gesetz nicht verboten ist; das amerikanische Strafgesetzbuch von 1789 legitimierte sogar ausdrücklich die Verwendung von bezahlten Informanten. Andererseits ist es eines der Prinzipien des FBI, daß niemand nur auf Grund der Informationen eines Spitzels verfolgt werden darf. Ein Gerichtsverfahren kann nur aufgenommen werden, wenn formelle Beweise und unangefochtene Zeugenaussagen unterbreitet werden.

Vor den Kongreß zitiert, vertrat Hoover dieses Prinzip ausführlich und detailliert, und es gelang ihm schließlich, sich zu rechtfertigen. Aber sofort danach mußte er den nächsten Angriff abwehren. Er richtete sich gegen das Telephonabhören, ein Thema, das bereits damals aktuell war und mit dem er sich jahrelang immer wieder von neuem herumzuschlagen hatte.

Der Oberste Gerichtshof hatte im Jahre 1928 das Abhören von Telephongesprächen grundsätzlich als gesetzlich zugelassen. Hoover bediente sich dieser Methode jedoch erst 1932, um die Welle von Entführungen im Gefolge des Falles Lindbergh zu bekämpfen. Im Jahre 1934 wurde die Entscheidung des Obersten Gerichtshofes außer Kraft gesetzt, als der Kongreß ein Gesetz über Post-, Telegraphen- und Telephonverbindungen verabschiedete, wonach es grundsätzlich untersagt war, private Gespräche abzuhören und ihren Inhalt zu verbreiten.

Das FBI überwachte aber weiterhin die Telephonleitungen von Personen, die der Spionage verdächtig waren. In den Jahren 1936 bis 1938, als Europa am Rande des Krieges stand, war es naheliegend, Vorsichtsmaßnahmen zu treffen, um die bösen Überraschungen, die Amerika im Ersten Weltkrieg erlebt hatte, zu vermeiden. Viele Politiker weigerten sich jedoch, diese Notwendigkeit anzuerkennen, und verwiesen darauf, daß das Abhören von Gesprächen die von der Verfassung garantierten

KAP. XI / VERBRECHEN MACHT SICH NICHT BEZAHLT

Freiheiten und Rechte verletze. Hoover mußte immer wieder seine hervorragende Eloquenz einsetzen, um diesen Angriffen zu begegnen. Zu Hilfe kam ihm dabei, daß in den Vereinigten Staaten eine neue Form der Kriminalität entstand, der mit den herkömmlichen Methoden nicht beizukommen war. Die Verbrecher begannen sich zu organisieren wie ein Industrieunternehmen, ja fast wie eine Armee mit straffer militärischer Ordnung, und nur durch Spionage konnte man diesen kriminellen Streitkräften im Untergrund beikommen. Das Abhören von Telephongesprächen war für das FBI ein entscheidendes Mittel, um diesen neuen und mächtigen Feind, das organisierte Verbrechen, zu besiegen.

Als dann der Zweite Weltkrieg ausbrach, waren alle Probleme Hoovers auf diesem Gebiet mit einem Schlag gelöst. Es war unerläßlich, die deutschen, italienischen und japanischen Spione, die in den Vereinigten Staaten tätig waren, entsprechend zu überwachen. Später, als ganz Amerika vor der Roten Gefahr erzitterte, in den Jahren des Kalten Krieges, als die große Jagd auf die sowjetischen Spione begonnen hatte, konnte das FBI erst recht wieder ungestört Telephone abhören.

Die massive Kritik setzte erst wieder zur Zeit des Senators MacCarthy und danach ein, als die Kampagne für die Bürgerrechte der farbigen Bevölkerung im vollen Gange war, vom Watergate-Skandal ganz zu schweigen. Von alldem konnte im Jahre 1936 freilich noch keine Rede sein.

Hoover befand sich jedenfalls in den dreißiger Jahren in einem ständigen Kleinkrieg mit Politikern, die das Problem des Telephonabhörens benützten, um Arbeit und Existenz des FBI schlechthin in Frage zu stellen. Er hatte zwar starke Verbündete im Kongreß, wußte aber, daß selbst ein aufrechter Politiker wankelmütig werden kann, wenn er, wie dies in den USA in besonderem Maße der Fall ist, unter den Einfluß von Pressekampagnen und den Druck der Wähler gerät.

Er war deshalb in dieser Zeit unermüdlich damit beschäftigt, sein eigenes Image und das seines Büros in der öffentlichen Meinung, die so großen Einfluß auf die Abgeordneten hatte, zu pflegen. Er kümmerte sich um seine Publicity mit dem Geschick und der Hartnäckigkeit eines professionellen Public-Relation-Mannes, praktizierte den Persönlichkeitskult bis zum Exzeß und scheute in diesem Zusammenhang vor keinem Mittel zurück. Keine Gelegenheit, sich öffentlich zu zeigen, Reden zu halten und Erklärungen abzugeben, wurde versäumt. Für Journalisten und prominente Besucher war er jederzeit zu sprechen. Man hörte ihn im Radio, sah ihn in den Wochenschauen der Kinos, und sein Photo war in allen Zeitungen. Er schrieb Bücher, hielt Vorträge und erlaubte keinem seiner Mitarbeiter, als Gastgeber aufzutreten, wenn prominente Persönlichkeiten das FBI besuchten — kurz, er benutzte jede Gelegenheit, um sich selbst in Szene zu setzen. So empfing er Pfadfinder, Veteranen, Schönheitsköniginnen, Vereinspräsidentinnen, Indianerhäuptlinge, Eskimos und natürlich berühmte Männer und Frauen aller Art. Eine besondere Vorliebe hatte er für Filmstars. Wenn er Filmschauspieler durch die Räume und Einrichtungen des Büros führte, war stets ein Photograph dabei. Die Popularität des blitzschnell berühmt gewordenen Kinderstars Shirley Temple benützte er sehr geschickt für seinen Feldzug gegen das Kidnappen. Andere Filmstars brachte er dazu, sich ihre Fingerabdrücke abnehmen zu lassen, um damit bei ihren Mitbürgern für diese Vorsichtsmaßnahme gegen eine allfällige Entführung zu werben.

Er kannte die oft übertriebene Vorliebe der Durchschnittsamerikaner, insbesondere der amerikanischen Mütter, für ihre Kinder und stellte sie in den Dienst seiner Sympathiewerbung, indem er bei jeder Gelegenheit betonte, das FBI sei der sicherste Schutz gegen die Entführer und Verführer der Jugend.

Hoover regte auch mehrere Filme über das FBI an und war

KAP. XI / VERBRECHEN MACHT SICH NICHT BEZAHLT

Förderer und Hauptdarsteller einer berühmten Kurzfilmserie unter dem Titel „Crime does not pay" — „Verbrechen macht sich nicht bezahlt", in der die berühmtesten Fälle des FBI, teils sachgerecht, teils ausgeschmückt, dargestellt wurden. Der bekannte Reporter der Hearst-Presse, Walter Winchell, erwähnte ihn häufig in seinen Artikeln und in seinen Radiosendungen am Samstagabend. Böse Zungen behaupten, daß er dem Journalisten Informationen zukommen ließ und Gefälligkeiten erwies. Wie immer das auch gewesen sein mag, zwischen den beiden Männern entstand jedenfalls eine enge Freundschaft, die einige Jahre später mit dem Fall Buchalter eine drastische Bewährung und Bestätigung erfuhr.

Nach und nach identifizierte sich Hoover so stark mit dem FBI, daß sein Image und das des Büros zu einem einzigen Markenartikel wurde. In den Augen der meisten Amerikaner war das eine vom anderen nicht zu trennen, und das galt auch für seine Gegner, die in ihren Angriffen keinen Unterschied zwischen der Organisation und ihrem Chef machten. Differenziert wurde nicht: Hoover war das FBI, und wenn man der Direktor sagte, so meinte ganz Amerika nur einen Mann — Hoover. Es gab nur einen Direktor, so wie es auch nur ein Büro gab.

Hoover genoß diese vollkommene Identifikation des FBI mit seiner Person. Für die öffentliche Meinung verkörperte er — weit mehr als der jeweilige Justizminister — Ordnung, Recht und Gesetz. In der Vorstellung des braven Durchschnittsamerikaners war nur er imstande, Integrität und Effizienz dieses uneinnehmbaren Bollwerkes im Kampf gegen Verbrechen, Unordnung und Umsturz zu erhalten.

Diese Vorstellungen entsprachen weitgehend der Realität. Sehr bald nach Hoovers Tod geriet das FBI in zunehmende Schwierigkeiten, sein einst so strahlendes Image begann sich zu trüben, bis sein Niedergang schließlich im Watergate-Skandal offen zutage trat. Hoovers erster Nachfolger mußte in dieser

Situation zurücktreten. Köpfe hochgestellter Persönlichkeiten rollten, und der Justizminister mußte einen Bürochef, der nicht aus den Reihen des FBI kam, bestellen, um den einst so vorbildlichen Polizeiapparat aus den Schwierigkeiten herauszuführen. John Edgar Hoover dürfte sich im Grabe umgedreht haben.

Hätte er noch gelebt, wäre die Watergate-Affäre wahrscheinlich nie ausgebrochen oder zumindest auf die Dimensionen eines banalen Betriebsunfalles reduziert worden, was sie ursprünglich ja auch war, und Präsident Nixon hätte wahrscheinlich nicht zurücktreten müssen.

Er und Hoover waren sehr gute Freunde. Als Nixon noch ein junger Politiker war, hatten sie bereits miteinander gesellschaftlich verkehrt. Zunächst als Anwalt und später als Senator hatte Nixon an Untersuchungen über die Tätigkeit amerikanischer Kommunisten und sowjetischer Agenten teilgenommen. Hoover und seine Männer hatten ihm das benötigte Material geliefert, und der FBI-Chef und der republikanische Senator hatten sich damals in vollkommener Übereinstimmung ihrer Gedanken und Gefühle gefunden.

Doch zurück zur Mitte der dreißiger Jahre und zu Hoovers erfolgreichen Bemühungen, als Mr. FBI eine der bekanntesten und beliebtesten Persönlichkeiten des Landes zu werden. Nur bei den Verwaltungs- und Justizbehörden kannte man seine Mitarbeiter, obwohl viele seit Beginn mit ihm zusammenarbeiteten. Die Öffentlichkeit erfuhr nur in Ausnahmefällen die Namen der Beamten, die einen Fall erfolgreich gelöst hatten.

Das hatte mehrere Gründe. Zunächst beruhte die Tätigkeit des FBI auf Arbeitsteilung. Ein Beamter arbeitete nie allein an einem Fall, sondern immer in einem Team und unter ständiger Kontrolle von oben. Teamchefs trugen zwar die Verantwortung für die Koordination, arbeiteten aber nicht unmittelbar an der Aufklärung eines Falles, die außerdem oft durch Zusammenarbeit der über das ganze Land verstreuten Büros erfolgte.

KAP. XI / VERBRECHEN MACHT SICH NICHT BEZAHLT

Deke de Loach, bis 1970 einer der stellvertretenden Direktoren des FBI, hat dieses System der Arbeitsteilung einmal anschaulich geschildert: „Es kann vorkommen, daß ein Beamter in Kansas City ein wichtiges Indiz für die Lösung eines Falles in Omaha an der Hand hat, aber es ist dann ein Beamter in New York, der mit Hilfe dieses Beweisstückes den Fall erfolgreich löst, weil er auch andere Informationen aus St. Louis oder Los Angeles bekommen hat, die es ihm erlauben, alle Fakten richtig zu interpretieren."

Vor allem in schwierigen Fällen, die sich über das Niveau der Routinearbeit erhoben, wurde das gesamte FBI bis zu den höchsten Instanzen alarmiert und täglich über den Fortgang der Untersuchung informiert, bis der Fall gelöst war. Alle Büros, alle Archive und alle Laboratorien des großen Apparates wurden dann in Bewegung gesetzt und arbeiteten Tag und Nacht, bis ein vollständiges Dossier von erdrückender Beweislast den Schuldigen überführt und vor den Richter gebracht hatte. Im Gegensatz zur Arbeitsweise vieler Polizeibehörden in Europa führte dieses System des Teamworks dazu, daß sich nur selten ein Beamter der Aufklärung eines Falles rühmen konnte. Eine Ausnahme von der Anonymität machte Hoover allerdings: Ließ ein Angehöriger des FBI in Ausübung seines Dienstes das Leben, wurden seine Leistungen öffentlich gewürdigt.

Ansonsten aber fiel alles Hoovers Persönlichkeitskult zum Opfer. Niemand außer ihm im FBI durfte von seiner Wichtigkeit überzeugt sein; niemand durfte sein Spiel durchkreuzen und seine Imagepflege stören. Wer es wagte, dieses ungeschriebene, aber strenge Gesetz zu übertreten und aus der Anonymität auszubrechen, wurde sofort und barsch in seine Schranken gewiesen. Im FBI war kein Platz für Maigrets und Poirots, dort gab es nur einen Stardetektiv und das war John Edgar Hoover.

Persönliche Erfolge eines Beamten wurden dem Büro in seiner Gesamtheit und damit Hoover zugeschrieben, der ja in den

Augen der Öffentlichkeit das FBI verkörperte. Aber wenn er auf diese Weise auch alle Erfolge für sich in Anspruch nahm, so war es doch eine Selbstverständlichkeit für ihn, allen im Büro zu danken, die durch unermüdliche Arbeit und gefährlichen Einsatz zu seinem Ruhm beitrugen. Er hatte einen Spezialfonds geschaffen, aus dem er nach eigenem Ermessen Prämien austeilte. Ebenso nach eigenem Ermessen tadelte er auch oder verfügte eine Entlassung, wenn seine Unzufriedenheit erweckt worden war.

Die ständige Sorge um seine Image in der Öffentlichkeit brachte Hoover zweimal in seiner Karriere dazu, ein persönliches Risiko einzugehen, das in keinem Verhältnis zu seinen tatsächlichen Aufgaben stand. In beiden Fällen wußte er, daß dieses Risiko mit einem großen Prestigegewinn verbunden war und seine Kritiker für lange Zeit zum Schweigen bringen würde. Das war das einzige Motiv, das ihn dazu verleiten konnte, sein Leben aufs Spiel zu setzen. An seinem Mut und seiner Tapferkeit bestand kein Zweifel, aber er verachtete unüberlegte Kühnheit und unnütze Prahlerei. Er setzte aber sein Leben bewußt aufs Spiel, wenn es seinem Image diente. In beiden Fällen suchte er den Anlaß sorgfältig aus und schuf die Voraussetzungen dafür, daß er ein großes Schauspiel bot. Beide Male ging seine Rechnung auf und brachte ihm den Erfolg, den er sich erhofft hatte.

Das amerikanische Volk liebt den Mythos des Sheriffs, der allein auf sich gestellt dem Verbrecher gegenübertritt, der schließlich unterliegt. Seinem Publikum zuliebe spielte John Edgar Hoover zweimal diese Rolle des Sheriffs aus dem Western.

Das erste Mal im Jahre 1936, als er persönlich nach New Orleans flog, um Alvin Karpis zu verhaften, der damals Staatsfeind Nr. 1 war und ihn öffentlich herausgefordert hatte. Außerdem hatte ihn Senator McKellan vor dem Unterausschuß des Senates

KAP. XI / VERBRECHEN MACHT SICH NICHT BEZAHLT

beschuldigt, daß er sich selbst nie der geringsten Gefahr aussetze, sondern stets seine Beamten vorschicke, die ihren Kopf riskieren und sich an seiner Stelle umlegen lassen müßten.

Drei Jahre später waren es sein Freund Walter Winchell und dessen beliebte Radiosendung, die ihm dazu verhalfen, seinen Verhaftungscoup in New York zu wiederholen und damit einen neuen Triumph für das FBI zu erringen.

Im Jahre 1939 verfolgte das Büro bereits seit zwei Jahren einen der gefährlichsten Mörder in der Geschichte des Verbrechens in Amerika: Louis, genannt Lepke, Buchalter, Anführer eines der Verbrechersyndikate, der sich in der Situation eines gehetzten Raubtieres befand. Dank seiner einflußreichen Freunde und Komplizen, der großen Bosse der Mafia, war es ihm anfänglich nicht nur gelungen, allen seinen Verfolgern zu entkommen, sondern auch weiterhin seine Rackets in der Bäckerei-, Kleider- und Rauhwarenbranche zu betreiben. Atempausen in der Verfolgung nützte er, um alle präsumtiven Zeugen, die gegen ihn aussagen hätten können, umbringen zu lassen, so daß schließlich sogar seine Komplizen vor ihm zitterten. Sie fürchteten auch die wachsende Empörung der Öffentlichkeit über dieses Blutbad, die sich gegen die Mafia und ihre Verbrechersyndikate schlechthin richtete. Hoover sah gelassen zu, wie sich der Volkszorn immer mehr gegen Buchalter und seine Hintermänner wandte.

Seine Taktik lohnte sich, denn schließlich ließen die Mafia-Bosse Buchalter keine andere Wahl, als sich der Polizei zu stellen oder von ihnen liquidiert zu werden. In dieser Situation sah der Gangster keinen Ausweg mehr und war bereit aufzugeben. Mit guten Anwälten und etwas Glück hoffte er davonzukommen.

Der New Yorker Polizei mißtraute er allerdings. Er hatte hochgestellte Persönlichkeiten der Stadtverwaltung bestochen und fürchtete, sie würden, um inkriminierende Enthüllungen zu vereiteln, der Polizei insgeheim den Auftrag geben, ihn nicht lebend zu fangen. Er nahm daher durch Vermittlung von Walter Winchell, dessen Sendungen er regelmäßig hörte, Kontakt mit dem FBI auf. Unter der Bedingung, daß ihn Hoover persönlich verhafte, machte er das Angebot, sich zu stellen. Er verlangte, daß der Chef des FBI unbewaffnet zum Treffpunkt komme, den er durch Vermittlung von Walter Winchell selbst bestimmen wollte.

Meinte es dieser abgebrühte Verbrecher, der so viele Menschen kaltblütig niedermetzeln hatte lassen, wirklich ehrlich? War es nicht eine Falle? Handelte es sich nicht um einen Mörder, der vielleicht in verzweifelter Wut und von Rache getrieben, triumphierend enden wollte, indem er den ärgsten Feind der Verbrecher, den Mann, der seit zwanzig Jahren der Schrekken der Unterwelt war, niederschoß? Diese Frage hielt ganz Amerika, das von Walter Winchell über die Entwicklung informiert wurde, in Atem. Für Hoover war das Risiko groß, aber er konnte die Öffentlichkeit nicht enttäuschen und sich nicht lächerlich machen, indem er gegen Buchalters Bedingungen verstieß und mit einer Polizeieskorte am vereinbarten Treffpunkt erschien.

Also entschloß er sich für das Risiko. Am Sonntag, den 24. August 1939 gegen 22 Uhr führte ihn Walter Winchell im Auto nach Manhattan und ließ ihn an der Ecke der Fifth Avenue und der 28. Straße aussteigen. Es war drückend heiß und viele Spaziergänger waren unterwegs. Hoover war allein und ohne Waffe. Winchell blieb nicht weit von ihm im Auto sitzen, trotz der Hitze in kalten Schweiß gebadet. Einige Sekunden vergingen, langsam wie eine Ewigkeit.

Plötzlich tauchte ein Mann, der eine dunkle Brille trug, aus der Menge auf und näherte sich Hoover, der unbeweglich dastand. Der Mann nahm die Hände aus den Taschen, zog den Hut und sagte: „Mr. Hoover? Ich bin Lepke Buchalter. Es freut

15 „Dutch" Schultz (links im Bild), der von der „Murder Inc." liquidiert wurde

16 Die Festnahme von Alvin Karpis durch Hoover im Jahre 1936; Hoover im Bild vorne links

17–19 Die drei großen Bosse der Mafia in der Zeit von 1935 bis 1960: Links oben Vito Genovese, Beherrscher des Drogenhandels; unter ihm Lucky Luciano, oberster Chef des Verbrechersyndikats, und rechts oben Frank Costello, König der Spielhöllen

KAP. XI / VERBRECHEN MACHT SICH NICHT BEZAHLT

mich, Sie kennenzulernen!" Hoover hob kaum die Augenlieder: „O. K. Mann, laß uns gehen."

Zehn Sekunden später saßen sie im Auto Walter Winchells, der nicht sehr beruhigt war. Hoover hatte seinen Gefangenen nicht einmal durchsucht und ihm auch keine Handschellen angelegt. Drückendes Schweigen herrschte im Auto, das sich langsam in Bewegung setzte. Auf dem Polizeikommissariat am Bully Square, wo Hoover seinen Gefangenen ablieferte, wurde dann die formelle Verhaftung vorgenommen.

Buchalter endete zwei Jahre später auf dem elektrischen Stuhl. Sein Tod besiegelte das vorläufige Ende des Krieges, den John Edgar Hoover gegen die Verbrechersyndikate führte, eines Krieges, der zehn Jahre zuvor begonnen hatte.

XII

DIE „EHRENWERTE GESELLSCHAFT"

An einem Maimorgen des Jahres 1929 versetzte ein ungewöhnliches Ereignis das zu dieser Jahreszeit friedliche Seebad Atlantic City an der amerikanischen Ostküste in Unruhe. Vor dem „President", einem der luxuriösesten Strandhotels, hielten riesige, chromblitzende Cadillacs, denen ganze Ladungen von Geschäftsleuten entstiegen, deren Eleganz selbst für amerikanische Verhältnisse etwas zu auffallend war. Außerdem waren sie verstimmt. Zehn Minuten zuvor hatte sie das noch exklusivere Hotel „Breekers" abgewiesen, an dessen Eingang das Schild angebracht war: „Für Neger und Juden ist der Eintritt verboten."

Nun versammelten sich vor dem „President" etwa fünfzig, vulgär aussehende Herren mit Ringen an den Fingern und dikken Zigarren in der Hand, die einander mit lauter Herzlichkeit begrüßten und einander schulterklopfend versicherten, daß sie wunderbar aussähen. Umgeben waren sie von hübschen, vollbusigen und stark geschminkten Mädchen, die mit kreischenden Stimmen durcheinander redeten.

Atlantic City erlebte einen historischen Tag. Die Unterwelt Amerikas hatte sich versammelt, um einen ihrer ersten Kongresse des Verbrechens abzuhalten, dem am selben Ort ähnliche Zusammenkünfte in den Jahren 1931,1932 und 1934 folgen sollten.

Die Idee stammte von Johnny Torio, einer der außergewöhnlichsten Persönlichkeiten der Unterwelt, einem wahren Genie des Verbrechens. Nach Anfangserfolgen etwa um die Jahrhundertwende in Brooklyn war er nach Chicago übersiedelt, wo er ein Imperium des Lasters gegründet hatte: Alkoholschmuggel, illegale Kneipen, Spielhöllen, Bordellketten und Rackets, die wie Großunternehmen organisiert waren, unterstanden ihm. Als er spürte, daß ihm am Lake Michigan der Boden unter den Füßen zu heiß wurde, übertrug er die Leitung seiner Betriebe seinem Adjutanten Al Capone und zog sich nach New York zurück.

Während seines langen Aufenthaltes in Chicago hatte Torio einen Plan entwickelt, der ihm besonders am Herzen lag und der sein Lebensziel werden sollte: Statt ihre Kräfte in Bandenkriegen untereinander zu vergeuden, sollten sich die Gangster zusammenschließen, ihre Arbeitsgebiete untereinander aufteilen und sich zum Wohle aller gegenseitig helfen.

Seine Idee war zunächst als vernünftig, aber verfrüht betrachtet worden. Nach mehr oder minder langem Waffenstillstand brach der Gangsterkrieg immer wieder von neuem aus. Im Jahre 1926 forderte er 78, im Jahre 1928 76 Tote; nicht eingerechnet die Polizisten und unschuldigen Passanten, die den Schießereien auf offener Straße zum Opfer fielen. Auch Torio, der so gerne der Friedenstifter gewesen wäre, wurde eines Abends von einer Kugel am Hals getroffen. Er gab aber deshalb sein Lebenswerk, den organisatorischen Zusammenschluß des professionellen Verbrechens, nicht auf.

Illegale kriminelle Vereinigungen gab es in den Vereinigten Staaten bereits seit Beginn des vorangegangenen Jahrhunderts. Auf ihrem Zug nach Westen hatten die Chinesen, die in ganzen Schiffsladungen ankamen, um am Bau von Eisenbahnlinien oder in den Obstplantagen zu arbeiten, ihre Geheimbünde mitgebracht, die straff organisiert waren und wahre Großunternehmen der Erpressung darstellten. Von 1880 bis 1900 terrorisier-

KAP. XII / DIE „EHRENWERTE GESELLSCHAFT"

ten die „Hatchet Men", so genannt, weil sie ihre Opfer mit Beilen umzubringen pflegten, die Chinesenviertel von San Francisco und New York, während sie gleichzeitig in großem Stil Opiumhandel betrieben, so wie später während der Prohibition die Italiener und die Iren mit Alkohol handelten.

An der Ostküste Amerikas war es die Mafia, die mit den ersten Einwanderern aus Sizilien Fuß faßte. Für die armen, ausgebeuteten, verachteten Leute, die im Getto von Little Italy in New York zusammengepfercht lebten, war die Mafia die einzige vertraute und wirksame Form des Schutzes und der Hilfe, an die sie sich in der Not wirklich wenden konnten.

Die Stadtverwaltung kümmerte sich kaum um sie; vor ihr hatten sie Angst, von ihr fühlten sie sich verstoßen. Die eingesessene Bevölkerung mißtraute diesen schmutzigen Geschöpfen, die kaum Englisch sprachen und, jedesmal wenn sie den Mund aufmachten, nach ranzigem Öl und Knoblauch rochen. Die Einwanderer ihrerseits schlossen sich instinktiv zusammen, bildeten Clans und Gemeinden und versuchten, die alten vertrauten sozialen Strukturen zu erhalten. So wie zu Hause, in ihren Heimatdörfern, war es für sie eine Selbstverständlichkeit, der Mafia als Gegenleistung für den Schutz, den sie gewährte, Tribut zu zahlen. Die Chefs der Mafia waren die einzigen, die bereits besser Englisch sprachen, die einigermaßen die amerikanischen Gesetze kannten und Beziehungen hatten. Sie waren vermögend und einflußreich genug, um die Richter und die Polizei zu bestechen, die wie absolute Herrscher die riesigen, heruntergekommenen und staubigen Vorstädte regierten, in denen sich die bunte lärmende Menge der Einwanderer drängte.

Anfänglich unterschied sich die Mafia in Amerika, die dort auch die Schwarze Hand oder Cosa Nostra genannt wurde, nicht wesentlich von der traditionellen italienischen Mutterorganisation. Die alten Dons waren pittoreske, patriarchalische Gestalten mit großen Schnauzbärten, deren Ehrgeiz sich lediglich auf die väterlich strenge Herrschaft über ihre Viertel oder Straßen beschränkte. Man kam untereinander aus, verteidigte sich aber unerbittlich gegen rivalisierende Banden aus polnischen, irischen oder jüdischen Nachbarvierteln. So war die Tätigkeit der Mafia in Amerika am Beginn des 20. Jahrhunderts verhältnismäßig beschränkt und erstreckte sich mehr oder minder auf organisierten Diebstahl, vor allem in den Docks und Lagerhäusern, auf illegales Lotteriespiel und auf die Rackets zur Kontrolle von Geschäftsleuten.

Das änderte sich mit einem Schlage, als die Prohibition erlassen wurde und eine neue Generation von jungen Wölfen heranwuchs. Obwohl sie von ihnen ausgeprägten Individualismus, bigotte Frömmigkeit und andere Eigenschaften des italienischen Nationalcharakters geerbt hatten, unterschieden sich die Söhne der ersten Einwanderer, die in Amerika zur Welt gekommen oder in sehr jungen Jahren eingewandert waren, grundsätzlich von ihren Vätern. Im Gegensatz zu ihren Eltern sprachen sie tadellos Englisch, hatten amerikanische Schulen besucht und gelernt, sich in ihrer zweiten Heimat genau so gut zu bewegen wie die WASPs, die White Anglo Saxon Protestants. Sie hatten auch kein Heimweh nach Italien, das sie kaum kannten; ihre Heimat war Brooklyn, Queens, East Harlem oder die riesigen Industrievororte von Chicago, wo italienische Arbeitskräfte unter dem Druck der lokalen Mafia eingestellt wurden. Bereits lange vor dem ersten Weltkrieg hatte Chicago, weit eher noch als San Francisco oder New Orleans, den zweifelhaften Ruf erworben, die Hauptstadt des Lasters zu sein.

Die Chefs der jungen Generation hießen Joseph Dotto, der spätere Joe Adonis, Francisco Castiglia, später Frank Costello, Joseph Aiello, Francisco Uale, Charles Lukania, der spätere Lucky Luciano, und Vito Genovese, die eines Tages nacheinander die obersten Chefs der Mafia, die „Capo di tutti i capi", wurden. Dann gab es noch Alfonso Capone und seine vier Brü-

KAP. XII / DIE „EHRENWERTE GESELLSCHAFT"

der, ferner Willie Moretti, Albert und Tonio Anastasia und Tommy Lucchese.

Johnny Torio, der vom Zusammenschluß der Verbrecher träumte, war einige Jahre älter als sie und kannte alle. Als Chef des Five Pointers Gang hatte er in Brooklyn einen Sportklub betrieben, in dem junge Männer Billard spielten. Das war aber nur eine Tarnung gewesen; in Wirklichkeit lernten sie bei Torio die Grundbegriffe des Verbrecherhandwerkes, wobei sich unter den Lehrkräften auch die alten Dons Joe Masseria und Maranzano befanden. Die Schwarze Hand brauchte Leibwächter, muskulöse Geldeintreiber, kräftige Burschen, die ihre Mitbürger einzuschüchtern vermochten und auch als politische Schlepper dienten. Banden wurden gebildet und lösten sich wieder auf, bewaffnete Überfälle und Diebstähle führten in die besseren Wohnviertel auf der anderen Seite des East River.

Auch andere Minderheiten hatten ihre jugendlichen Verbrecherbanden. Die Iren hausten an der West Side, wo Jack Legs Diamond, Waxey Gordon und Big Bull Dwyer die führenden Gangleader waren. Die Juden waren in der Bronx und an der East Side organisiert. Ihre Anführer waren Benjamin Bugsy Siegel und sein Komplize Meyer Lansky, die künftigen Begründer eines Spielhöllenimperiums in Habana und Las Vegas, Arthur Flegenheimer, genannt Dutch Schultz, Louis Lepke Buchalter, Jakob Gurah Shapiro und Arnold Rothstein. Soweit das Who is who der damaligen Verbrecherszene.

Die tollen zwanziger Jahre und die Prohibition boten den jungen Haifischen mit den langen Zähnen, die bis dahin in den engen Gassen ihrer armseligen Viertel gehaust hatten, unerhörte Chancen. In weniger als zehn Jahren wurden sie wohlhabende Männer und beherrschten die Welt des Spiels, der Prostitution, des Alkoholschmuggels und der Unterschlagung. Damals entstanden die ersten Verbrechersyndikate, die wirklich diesen Namen verdienten. Zur Empörung der alten Paten durchbrachen die Alkoholschmuggler die starren Grenzen der alten Reviere und schufen Querverbindungen zwischen Italienern, Juden und Iren, die man bisher für unmöglich gehalten hatte. 140 Millionen Amerikaner hatten Durst; allein in New York gab es 33 000 und in Chicago 15 000 illegale Kneipen. Um die Gewinne, die in dieser Situation zu erzielen waren, aufzuteilen, verbündeten sich die Angehörigen verschiedener Minderheiten, ohne sich deshalb weniger zu hassen und zu verachten als bisher.

Vor allem im ersten Jahr der Prohibition war der Alkohol noch rar und wurde meist durch Plünderung der staatlichen Lagerhäuser gewonnen. Die Banden waren zunächst arm und hatten keine Fahrzeuge, aber die Möglichkeit zu verdienen bot sich für alle.

Der Südteil von Manhattan war ein Sammelplatz, an dem sich die jüdischen, irischen und italienischen Alkoholschmuggler von allen Teilen der Ostküste zusammenfanden und eine Tauschbörse errichteten. Sie trieben schwunghaften Handel, schoben einander Geschäfte zu und bildeten Konsortien, um die Ladungen aus Europa und Kanada günstig zu kaufen und wieder abzustoßen. Es war die große Zeit des „Rum Boulevards". Jede Nacht erschienen entlang der Atlantikküste, im Grenzgebiet, Dutzende von kleinen Frachtschiffen und lautlos dahingleitenden Segelbooten, die mit Alkohol beladen waren. Sie warteten auf Motorboote, die im Wettlauf mit Polizei- und Zollbooten die kostbare Ladung aufnahmen und in einsame Buchten brachten, wo Lastautos bereitstanden, deren Fahrer und Begleitpersonen schwer bewaffnet waren. Piratenüberfälle waren damals an der Tagesordnung.

Die Tauschbörse in Manhattan, an der auch Lucky Lucianos Aufstieg zum Mafia-Boß begonnen hatte, gründete einen Fonds, um Verluste zu decken, Richter und Polizisten zu bestechen, Beamte der Prohibitions- und Kommunalbehörden zu kaufen.

KAP. XII / DIE „EHRENWERTE GESELLSCHAFT"

Dieser Fonds überlebte die Zeit der Prohibition und wurde von Frank Costello verwaltet, der bestimmte, an wen im Bedarfsfall eine Ausschüttung erfolgte.

In Chicago war Torio der Boß. Die Hauptstadt von Illinois war der ideale Umschlagplatz für die riesigen Alkoholmengen, die in den Westen und Mittelwesten Amerikas gingen. Sie liegt am Ufer der Großen Seen, eines wahren Binnenmeeres, das die Grenze zwischen den Vereinigten Staaten und Kanada bildet, wo die Kneipen und Alkoholbrennereien wie Pilze aus der Erde schossen.

Ein Liter reinen Alkohols, der um drei Dollar in Kanada erstanden wurde, konnte am Rum Boulevard um dreißig Dollar an den Mann gebracht werden, worauf ihn die Großhändler destillierten, parfümierten und in Flaschen füllten. Außerdem erhöhten die Alkoholschmuggler ihre Gewinne, indem sie gleichzeitig auch Glücksspiel und Prostitution kontrollierten.

Die Organisationen Lucianos und Costellos in New York sowie Torios und Capones in Chicago funktionierten perfekt, solange nicht Machtrausch und Geldgier einiger Chefs und der Haß der Iren, Italiener und Juden untereinander die Oberhand gewannen und jahrelange Kämpfe zwischen den Banden auslösten. In Chicago erreichte dieser Bandenkrieg seinen Höhepunkt mit der Ermordung von dreien der sechs Brücer Genna, den Schöpfern der ersten Schnapsbrennereien, und mit der langwierigen, aber systematischen Vernichtung der O'Bannion-Weiß-Bande, deren Höhepunkt das berühmte Massaker vom St.-Valentins-Tag darstellte. Damals erschossen Killer Al Capones, als Polizisten verkleidet, in einer Garage sieben Männer der Bande Bugs Moranes, des Nachfolgers O'Bannions.

In New York führten die Italiener den Krieg von Castellammare, der bis nach 1931 andauerte. Es war ein Streit um die Vorherrschaft zwischen den alten Dons Masseria und Maranzano, der zur fast völligen Ausrottung der Mafia führte.

Diese großen Vernichtungskämpfe hatten zunächst nur ein greifbares Ergebnis: Sie verbreiteten Schrecken in der Öffentlichkeit und empörten die Bevölkerung. Außerdem trugen sie zweifellos zur Aufhebung der Prohibition bei. Eine noch gefährlichere Folge für die Banden, die einander umbrachten, statt sich zu verständigen, war schließlich, daß die idealen Voraussetzungen für das Eingreifen von John Edgar Hoover und seine College Boys geschaffen wurde. Aber die jungen Nachwuchstalente der Verbrecherwelt erkannten bald, daß es besser war, sich gegenseitig zu verständigen, als sich an den Kämpfen der alten Dons zu beteiligen.

Aus Italien zurückgekommen, wo er sich nach einem in Chicago auf ihn verübten Mordanschlag einige Zeit aufgehalten hatte, schuf Torio in New York mit Lucky Luciano und Bugsy Siegel die Gruppe der Sieben. Sie bestand zunächst aus den sieben wichtigsten Banden der Ostküste, denen sich später weitere 22 Gangs anschlossen. Im Jahre 1928 war die Siebenergruppe bereits die mächtigste Organisation für den Alkoholschmuggel an der Ostküste.

Zwei andere kleine Banden in New York hatten sich 1921 unter der Leitung von Joe Adonis, Albert Anastasia und Abe Reles zum Murder Ring vereinigt, dessen Spezialität Mord auf Bestellung war. Der Murder Ring hatte Teams von Gewalttätern zur Verfügung, die in allen Staaten der USA tätig waren und auf Morde, Sprengstoffanschläge und Erpressungen spezialisiert waren. Die besten Kunden waren Lucky Luciano und Lepke Buchalter, der damit begonnen hatte, mit seinen Rackets die Bäckereien, Mühlen und die Bekleidungsbranche zu kontrollieren. Buchalter und Luciano schlossen sich später dem Murder Ring an, der damit seinen ursprünglichen Charakter verlor und zur berüchtigten Murder Incorporated, kurz Murder Inc. genannt, wurde. Die Leitung verblieb aber bei Adonis, Anastasia und Reles.

KAP. XII / DIE „EHRENWERTE GESELLSCHAFT"

Murder Inc. bestand aus einer Armee von kaltblütigen Mördern, die meist durch Erpressung gedungen worden waren. Man brachte kleine Gauner dazu, Schulden zu machen, die sie nicht zurückzahlen konnten. Dann gab man ihnen eine Pistole oder einen Eispickel und sagte, sie könnten ihre Rechnungen begleichen, indem sie einen Unbekannten, den man ihnen zeigen würde, töteten. Im Weigerungsfall würden sie selbst getötet werden. Wer schlapp machte, zu viel redete oder sich betrank, wurde ebenfalls liquidiert. Aber viele dieser gescheiterten Existenzen fanden nach dem ersten Mord Gefallen an dieser Art von Arbeit, die mit geringem Risiko verbunden war und viel Geld einbrachte.

Murder Inc. war hierarchisch organisiert. An ihrer Basis standen die Punks, kleine Mörder ohne Bedeutung, die oft von Rivalen, die an ihren Platz drängten, liquidiert wurden. Über ihnen standen die Troops, die mit größeren Aufträgen betraut wurden.

Die Exekutionen wurden mit unglaublicher Grausamkeit durchgeführt, denn sie sollten ein Exempel statuieren und Schrecken verbreiten. Die Opfer wurden, die Füße in einen Zementblock eingegossen, lebend in den Hudson gestossen, in ihren Autos verbrannt oder mit Eispickeln niedergeschlagen. Vieler Leichen entledigte man sich, indem sie zusammen mit verschrotteten Autos plattgedrückt oder in Fabriken für Hundefutter verarbeitet wurden. Es kam auch vor, daß sie in einen Sarg mit doppelten Boden kamen und zusammen mit einer „legalen" Leiche beigesetzt wurden.

Joe Adonis war der oberste Chef der Murder Incorporated. Anastasia, der als Sprengstoffspezialist den Spitznamen Boum Boum trug und der sich persönlich mehr als vierzig Morde zuschulden kommen hatte lassen, war einer der Organisatoren. Ihm zur Seite stand Abe Reles, sechsmal wegen Mordes angeklagt und sechsmal wegen Mangels an Beweisen freigesprochen;

trotzdem hatte er im Durchschnitt von siebzig Tagen seines Lebens einen im Gefängnis verbracht. Der oberste Killer des Unternehmens, ein Experte in allen Arten des Mordes, war Arthur Strauss, der mit 31 Jahren auf dem elektrischen Stuhl endete.

Alle Verbrecherorganisationen operierten noch immer auf regionaler Basis und allein auf sich gestellt, als sie Torio nach Atlantic City einlud. Erst bei dieser Nationalversammlung der Verbrecherwelt vereinigten sie sich, schufen sich eine gemeinsame Organisation und unterwarfen sich verbindlichen Regeln. Nucky Johnson, Chef des Gebietes von Atlantic City, hatte die Gipfelkonferenz ausgezeichnet vorbereitet. Obwohl ihm die örtlichen Polizeibehörden nichts verbieten konnten, hatte er sich um eine ebenso plausible wie harmlose Tarnung bemüht: Lucianos Partner, Meyer Lansky, heiratete Maria Citron, eine junge Jüdin aus gutem und orthodoxem Hause.

Alles was zur Unterwelt gehörte, war zu dieser Nationalversammlung gekommen. Capone und Jack Greasy Thumb Guzick aus Chicago, Boo-Boo Hoff, Waxey Gordon und Nick Rosen aus Philadelphia, King Solomon aus Boston, Moe Dalitz, Lou Rothkopf und Leo Berkowitz aus Cleveland, die Vertreter Abe Bernsteins, des Chefs des Purple Gangs in Detroit, John Lazia vom Pendergast Gang in Kansas City, Willie Moretti und Longie Zwillman aus New Jersey und natürlich die New Yorker: Bugsy Siegel, Meyer Lansky, Frank Costello, Vito Genovese, Lepke Buchalter, Joe Adonis, Frank Erikson, Dutch Schultz, Joe Aiello sowie eine Delegation aus Brooklyn mit Albert Anastasia, Frankie Uale, Vince Mangano und Albert Scalise. Dazu viele Adjutanten und Leibwachen und die beiden Inspiratoren der Versammlung Johnny Torio und Lucky Luciano. Durch Abwesenheit glänzten aber die alten Dons Masseria und Maranzano.

Der Kongreß begann mit einer Reihe von Banketten und Empfängen, die durch schwere Speisen, leichte Mädchen und

KAP. XII / DIE „EHRENWERTE GESELLSCHAFT"

der Leitung der Geheimgesellschaft abgewechselt hatten, samt zahlreichen Leibwächtern und Gefolgsleuten, ihren Gegnern zum Opfer.

Der Sieger Maranzano wurde mit geradezu königlichen Ehren gekrönt. Mehr als 500 Gangster sizilianischer Abstammung aus allen Teilen der Vereinigten Staaten versammelten sich in der Bronx zu einem Monsterbankett aus Anlaß des A... des neuen Capo di tutti i capi. Am Ende des Fest... jeder Gast nach sizilianischem Brauch als Zeiche... werfung dem Don einen Umschlag, gefüllt mit F... scheinen, übergeben. Maranzano kassierte an de... diese Weise mehr als eine Million Dollar.

Ein halbes Jahr später lag er, von Kugeln dur... seinem Arbeitszimmer. In der gleichen Nacht ... frierte Botschaft per Telephon und Telegraph ... Landes, worauf vierzig der mächtigsten und ... Mitglieder der alten Mafia ermordet wurde... führerlos, und es war die Jugend, die nun di... nahm. Initiator dieser sizilianischen Vespe... Stellvertreter und Kronprinz, Lucky Luc... zuvor Masseria gedient und ihn verraten hat... Maranzano hatten seine Erfolge, die Fr... herausnahm, und seine unorthodoxen Bür... Mafia nicht behagt. Luciano fühlte sich b... es Zeit war zu handeln. Er organisierte da... stützung der „Jungtürken" Vito Genove... und Adonis, aber auch mit Hilfe von A... chersyndikates, die nicht Sizilianer war... Thron, die Zeit der alten Dons war end...

Der neue Chef praktizierte auch ein... tionellen Bankett in Chicago, mit der... gefeiert wurde, waren nicht nur die s... dern zum ersten Male in der G...

KAP. XII / DIE „EHRENWERTE GESELLSCHAFT"

viel Alkohol gekennzeichnet waren. Nucky Johnson hatte für alles gesorgt.

Die eigentlichen Sachprobleme wurden im Freien besprochen, wo man für Lauschern sicher war. Man versammelte sich auf der mit Brettern belegten Promenade oder direkt am Meer, umgeben von Leibwächtern, in kleinen Strandwagen, die zwei Personen Platz boten. Die Vollversammlungen wurden beim Wassertreten oder in einem abgelegenen Winkel abgehalten. Mit aufgekrempelten Hosen im Wasser planschend diskutierten die Könige des Verbrechens ihre Probleme. Keiner gab sich irgendwelchen Illusionen hin. Die Tage der Prohibition, die bereits von 80 Prozent der Bevölkerung abgelehnt wurde, waren gezählt. Man mußte sich umstellen und nunmehr den legalen Alkoholmarkt unter Kontrolle bringen und aufteilen. Die Schaffung einer Organisation, die sich über das ganze Land erstreckte, war unerläßlich. Eine hierarchische Pyramide mit einem Mann an der Spitze wie bei der Mafia kam nicht in Frage. Verbrechersyndikat oder Organisation hieß die neue Vereinigung, die ein umfangreiches Konsortium mit differenzierter Aufgabenteilung war. In Atlantic City wurden Bündnisse von Männern geschlossen, die sich ohne diese Nationalversammlung nicht getroffen hätten.

Al Capone und Moses Annenberg aus Chicago schlossen sich mit Frank Erikson und Moses Annenberg aus New York zusammen, um ein kontinentweites illegales Wettsystem aufzuziehen, verbunden mit einer Agentur für die Fälschung von Ergebnissen bei Pferde- und Hunderennen, einem eigenen Telephon- und Telegrammdienst, der besser funktionierte als die Nachrichtenverbindungen der Regierung, und einem Ausgleichfonds für Gewinnausschüttung und Verlustersatz. Frank Costello benützte die Beratung, um sein Monopol für Glücksspielautomaten auf Louisiana und Florida auszuweiten und die Errichtung eines luxuriösen Restaurants und Nachtlokals in New Orleans vorzubereiten.

173

Es wurde auch der Entwurf einer Aufteil[ung...]
Reviere vorbereitet, der auf zwei folgen[den...]
beraten und beschlossen wurde. Costello [setzte die Bildung]
eines Schiedsgerichtes durch, dem all[e...]
Gangs oder einzelnen Gangstern unterb[reitet...]
scheidungen respektiert werden mußte[n...]
Gerichtes erfolgte sofort und bewies, [daß das in]
Atlantic City geschaffene Syndikat [...]
bekannteste, berüchtigtste und gefü[rchtetste...]
sich dem Willen aller Versammelten [... als Sün-]
denbock stellen, um die öffentliche [Meinung zu beruhi-]
gen. Folgsam ließ er sich bald nach [... Philadel-]
phia wegen illegalen Waffenbesi[tzes verhaften und an-]
standslos zunächst für ein Jahr einsp[erren.]

Sechs Monate nach der Nation[alversammlung in Atlantic]
City stürzte der große New Yorke[r Börsenkrach die Vereinigten]
Staaten in wirtschaftliches Elen[d. Arbeitslosigkeit und Armut]
herrschten fortan im Lande. Im [... wurde]
auch der illegale Alkoholhande[l...]
hatte ihm Präsident Hoover ei[n...]
er Sonderbeamte der Finanzb[ehörden auf die]
Steuerhinterziehungen der Al[... angesetzt.]
Leute wie Al Capone, die ni[e eine Steuererklärung abgegeben]
hatten, war dies eine viel grö[ßere Gefahr als die gewöhnli-]
gen Fahndungen durch E[liot Ness und seine]
„Unbestechlichen" von der [...]
den Beamten Elmer Ireys fi[elen...]
den Steuerbehörden zum Opfer: die Brude[r ...,]
Guzik, Frank Nitti, Druggan und Frankie Lake.

Zur gleichen Zeit wurde die Mafia von einem Schlag getroffen, den sie sich selbst zufügte. Masseria und Maranzano kämpften jetzt blutig um die Vorherrschaft. Innerhalb von zwei Jahren fielen Joe Masseria, Tony Lombardo und Joe Aiello, die sich in

jüdische und irische Verbündete und sogar einige WASPS aus dem Verbrechersyndikat anwesend. Eine andere Neuerung war, daß Luciano auf Dollarkuverts verzichtete. Um seinen Willen zur Reform der veralteten Struktur sichtbar zu dokumentieren, änderte er auch den Namen der Organisation. Auf Vorschlag von Meyer Lansky wurde die Mafia in Sizilianische Vereinigung umbenannt.

Das war nicht alles. Luciano, der in jeder Hinsicht mit den Traditionen seiner Vorgänger brach, wohnte im Zentrum von Manhattan, in den Ritz Towers, einem der elegantesten Apartment-Häuser von New York. Er verkehrte in den teuersten Nachtklubs, den feinsten Restaurants und den größten Hotels, zog sich beim besten Schneider an und verkehrte mit bekannten Sportlern und berühmten Schauspielern. Er spielte Golf und seine Maitresse war die Orlowa, eine bekannte Broadwaytänzerin. An den künftigen Generalversammlungen des Verbrechersyndikates nahm Luciano mit dem Gewicht seiner neuen Stellung als Chef der Sizilianischen Vereinigung teil. Dagegen fehlte bei den Kongressen der Jahre 1931 und 1932 Al Capone, der 11 Jahre in Alcatraz absitzen mußte, wohin man ihn dank der Beamten Elmer Ireys wegen Steuerhinterziehung gebracht hatte.

Bei seiner nächsten Versammlung beschloß das Syndikat die Charta, die seine Organisation regelte. Die Leitung lag in den Händen eines geheimen Rates, dessen Mitglieder die Chefs aller mächtigen Gangs waren. Entscheidungen wurden mit Mehrheitsbeschluß getroffen. Der Rat war die Regierung der Verbrecherwelt, die zugleich gesetzgebend war und richterliche Gewalt ausübte. Alle Streitigkeiten zwischen Gangs und Gangstern waren ihm zu unterbreiten. Er richtete, ohne daß die Möglichkeit einer Berufung bestand; die Exekutionen wurden den Killern der Murder Inc. anvertraut. Neu war, daß niemand ohne Beschluß des Rates getötet werden durfte. Jeder Banden-

20/21 Polizei vor Behältern mit Leichenteilen von Opfern der „Murder Inc.", die auf einem Geheimgelände der Mafia deponiert werden sollten. Unten: der Leichnam Albert Anastasias, des Diktators der „Waterfront" und Chefs der „Murder Inc.", der im Friseursalon des Sheraton-Hotels New York erschossen wurde

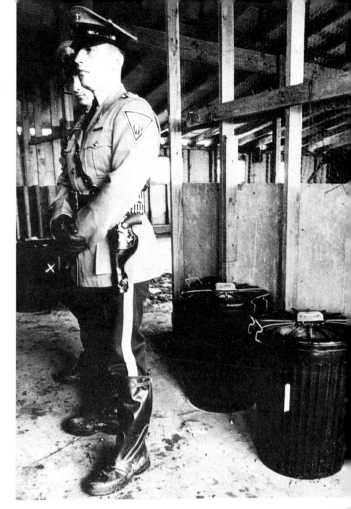

22 Dieser Steckbrief gegen Louis „Lepke" Buchalter wurde vom FBI in einer Million Exemplaren verbreitet

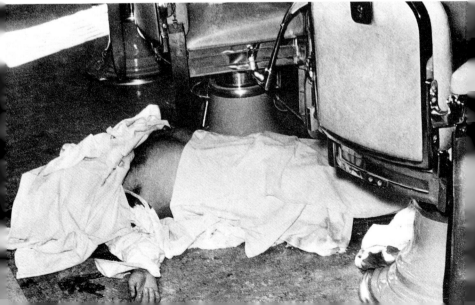

DETECTIVE DIVISION CIRCULAR NO. 1
AUGUST 8, 1939

POLICE DEPARTMENT
CITY OF NEW YORK

CLASSIFICATION

$25,000 REWARD
DEAD OR ALIVE

TWENTY-FIVE THOUSAND DOLLARS will be paid by the City of New York for Information leading to the capture of "LEPKE" BUCHALTER, aliases LOUIS BUCHALTER, LOUIS BUCKHOUSE, LOUIS KAWAR, LOUIS KAUVAR, LOUIS COHEN, LOUIS SAFFER, LOUIS BRODSKY.

WANTED FOR CONSPIRACY AND EXTORTION

The Person or Persons who give Information Leading to the Arrest of "LEPKE" will be fully protected, his or her identity will never be revealed. The information will be received in absolute confidence.

DESCRIPTION — Age, 42 years; white; Jewish; height, 5 feet, 5½ inches; weight, 170 pounds; build, medium; black hair; brown eyes; complexion dark; married, one son Harold, age about 18 years.

PECULARITIES — Eyes, piercing and shifting; nose, large, somewhat blunt at nostrils; ears, prominent and close to head; mouth, large, slight dimple left side; right-handed; suffering from kidney ailment.

Frequents baseball games.

Is wealthy; has connections with all important mobs in the United States. Involved in racketeering in Unions and Fur Industry, uses Strong-arm methods. Influential.

This Department holds indictment warrant charging Conspiracy and Extortion, issued by the Supreme Court, Extraordinary Special and Trial Terms, New York County.

Kindly search your Prison Records as this man may be serving a Prison sentence for some minor offense.

If located, arrest and hold as a fugitive and advise the THE DETECTIVE DIVISION, POLICE DEPARTMENT, NEW YORK CITY, by wire.

Information may be communicated in Person or by Telephone or Telegraph, Collect to the undersigned, or may be forwarded direct to the DETECTIVE DIVISION, POLICE DEPARTMENT, NEW YORK CITY.

KAP. XII / DIE „EHRENWERTE GESELLSCHAFT"

chef war alleiniger Herrscher in seinem Gebiet und über sein Racket. Im einzelnen teilte das Syndikat das Gebiet der USA unter den Mitgliedern des Rates wie folgt auf:

Lucky Luciano war Präsident und verwaltete den Rauschgifthandel und die Prostitution im ganzen Lande. Sein engster Mitarbeiter, insbesondere in der Rauschgiftbranche, war Vito Genovese.

Frank Costello waren die Glücksspielautomaten unterstellt; außerdem betreute er die Pferde- und Hunderennen, die illegalen Wetten und das Glücksspielmonopol in Florida.

Dandy Phil besaß das Monopol für alle Rackets in Louisiana.

Joe Adonis herrschte über die Hafenanlagen und Lagerhäuser von New York, die sogenannte Waterfront. Außerdem war er für die politischen Beziehungen des Syndikates verantwortlich und hatte die Oberleitung der Murder Inc.

Albert Anastasia beherrschte die Waterfront von Brooklyn und war für die bedeutenderen Exekutionen der Murder Inc. zuständig.

Bugsy Siegel und Meyer Lansky waren die Bosse der Westküste und der Kasinos von Habana.

Louis Lepke Buchalter war zuständig für die Rackets der Mühlen, Bäckereien, der Leder-, Pelz- und Kleiderbranche, des Transportwesens, der Kinobesitzer und einiger Gewerkschaften.

Dutch Schultz, der zum Syndikat eine gewisse Distanz wahrte, kümmerte sich um die alten Rackets von New York und New Jersey sowie um die gesamtstaatlichen Rackets der Fleischindustrie, der Nachtklubs und der Restaurants.

Der alte und weise Torio blieb oberster Ratgeber und behielt seine angestammten Rackets. Sein erster Rat war, daß alle Mitglieder des Syndikats sobald wie möglich ihre Verpflichtungen gegenüber den Steuerbehörden in Ordnung bringen sollten. Er selbst schien diesen Rat allerdings nicht befolgt zu haben, denn 1939 landete er wegen Steuerhinterziehung im Gefängnis.

Das Syndikat hatte auch seinen Präsidentschaftskandidaten für 1932. Ursprünglich war es Al Smith, ehemaliger Gouverneur des Staates New York und Katholik, den Kardinal Daugherty, der Primas der amerikanischen Katholiken, Lucky Luciano in einem Telephongespräch persönlich empfohlen hatte. Aber während des demokratischen Parteikongresses in Chicago kamen die Beobachter des Syndikates zu dem Schluß, daß Smith keine Chancen hatte, und beschlossen, Unterstützung, Beziehungen, Geldmittel und Erpressungsmethoden dem Kandidaten Franklin Delano Roosevelt zuzuwenden. Ihre Bedingung war, daß er im Falle seiner Wahl den Bundesrichter Seabury von seinem Vorhaben abbringen sollte, mit den Mißständen im Augiasstall der New Yorker Stadtverwaltung aufzuräumen. Der unbequeme Richter ging sogar gegen ehemalige Bürgermeister, darunter den berühmten Jimmy Walker, sowie gegen hohe Beamte, Polizeifunktionäre und Richter vor, die er der Annahme von Bestechungsgeldern beschuldigte.

Einer der Mitarbeiter Roosevelts soll dem Syndikat angeblich die gewünschte Zusage gemacht haben. Jedenfalls unterstützte es seinen Kandidaten mit großem personellen und finanziellen Aufwand.

Roosevelt wurde Präsident, doch nachdem er gewählt war, konnte von seinen angeblichen Versprechungen keine Rede sein. Seabury erhielt freie Hand und verdoppelte seine Anstrengungen. Jimmy Walker mußte nach Europa fliehen, seine Freunde und Klienten wurden der Justiz übergeben, und einer der prominentesten Politiker New Yorks landete in Sing-Sing.

Der neue Herr des Weißen Hauses blieb nicht auf halben Wege stehen. Diesmal war der Schlag so hart, daß die ganze Organisation bis auf den Grund erschüttert wurde. Anfang Dezember 1933 unterschrieb Roosevelt das Dekret, das die Prohibition aufhob.

Während diese Maßnahme für die Mehrzahl der kleinen

KAP. XII / DIE „EHRENWERTE GESELLSCHAFT"

Alkoholschmuggler eine Katastrophe war und sie zwang, sich wieder mit Entführungen und Banküberfällen zu beschäftigen, berührte sie die großen Bosse des Syndikates zunächst kaum. Im Gefolge des Kongresses von Atlantic City hatten sie sich bereits umgestellt und dem „legalen" Alkohol zugewandt. Frank Costello wurde zum Beispiel einer der größten Aktionäre einer schottischen Whiskyfirma. Einige Komplizen folgten seinem Beispiel und investierten ihre Ersparnisse in Brauereien und Restaurants. Andere widmeten sich scheinbar ehrbaren Unternehmen wie Wäschereien, Motels und Bestattungsinstituten, die den Vorteil hatten, nicht nur untadelig zu wirken, sondern auch von den Steuerbehörden schwer zu überprüfen waren.

Das Syndikat transferierte den Großteil seines Vermögens nach Habana auf Kuba, der paradiesischen Sonneninsel in unmittelbarer Nähe Floridas, wohin amerikanische Bürger gerne vor den puritanischen Vereinen und ihrer strengen amerikanischen Moral flüchteten. Das Syndikat hatte den kubanischen Diktator Batista, eine blutrünstige und geldgierige Marionette, gekauft, worauf die Spielhöllen wie Pilze aus der Erde schossen und einen Vorgeschmack auf das künftige Las Vegas gaben. Auch die Inseln von Nassau und die Bahamas wurden erobert; Bugsy Siegel und Meyer Lansky hatten diese neue, ertragreiche Provinz des Lasters in Beschlag genommen. Habana wurde bald eine einzige große Spielhölle, gekoppelt mit einem gigantischen Bordell. Außerdem war es ein idealer Umschlagplatz für die illegale Einfuhr von Rauschgift vor den Toren der Vereinigten Staaten, wobei Lucky Luciano und Genovese die Gastgeber Meyer Lanskys und Bugsy Siegels waren.

Die Zukunft schien sich also für das Verbrechersyndikat günstig zu entwickeln. Das Geld floß in Strömen in die Kassen, und die Organisation funktionierte mit der Präzision eines Uhrwerkes, bis sich Hoovers FBI wie ein eiserner Ring um das Verbrechersyndikat zu legen begann.

Während der Prohibition hatte sich das Büro aus einer Reihe von Gründen wenig mit dem Alkoholschmuggel und seinen Gangs beschäftigt. Zunächst war John Edgar Hoover damals noch damit beschäftigt, das FBI zu säubern, in den Griff zu bekommen und zu reorganisieren. Das Büro hatte damals nur sehr wenige Beamte, und die bestehenden Bundesgesetze boten ihm kaum Möglichkeit zum Einschreiten. Es war zwar eine Ermittlungsbehörde, doch Fahndungen nach Alkoholschmugglern an Ort und Stelle gehörten nicht zu seinen Aufgaben.

Alle Verletzungen der Prohibitionsgesetze wurden vielmehr von Sonderbeamten der Finanz- und Zollbehörden verfolgt, die schlecht bezahlt und oft korrupt waren. Viele hatten sich an die Gangs verkauft, und fast alle verabscheuten Hoovers Boys, die sie wegen ihrer hohen Gehälter beneideten. Die einzigen Erfolge erzielten Elliott Ness und seine „Unbestechlichen", die anfänglich durch private Initiative, und zwar durch das sogenannte Komitee der Sechs unterstützt wurden. Gegründet hatte dieses Komitee die Handelskammer von Chicago auf Wunsch von Bürgern, die der schlechte Ruf ihrer Stadt aufgeschreckt hatte.

Die Abstimmung über die neuen Bundeskriminalgesetze im Jahre 1933 war von Hoover sorgfältig vorbereitet worden. Sie traten gerade rechtzeitig in Kraft, um den Kampf gegen das organisierte Verbrechen, das auf dem Höhepunkt seiner Macht angelangt war, zu ermöglichen. Nie zuvor hatte irgendwo in der Welt eine so gefährliche und erfolgreiche Vereinigung von Verbrechern existiert. Die geschlossene Struktur der Organisation gewährte ihren Führern absoluten Schutz. Sie schienen unantastbar, unverletzbar und unangreifbar.

Hoover nahm die Herausforderung an und siegte. Innerhalb von rund sechs Jahren gelang es ihm, mit Hilfe der Justiz und der örtlichen Polizei alle Anführer des Verbrechersyndikates unschädlich zu machen.

KAP. XII / DIE „EHRENWERTE GESELLSCHAFT"

Ein stämmiger untersetzter Mann mit einem komischen kleinen Schnurrbart à la Hitler verhalf dem FBI in diesem Kampf gegen das organisierte Verbrechen zu großen Erfolgen. Er hieß Thomas Dewey, war von brennendem Ehrgeiz besessen und hatte sich geschworen, eines Tages Präsident der Vereinigten Staaten zu werden. Als Staatsanwalt ad interim des Staates New York hatte er seine Karriere damit begonnen, eine große Zahl von Alkoholschmugglern, darunter Waxey Gordon, König der Ostküste und Teilnehmer am Gipfeltreffen von Atlantic City, hinter Schloß und Riegel zu bringen, indem er sie der Steuerhinterziehung beschuldigte. Durch diese ersten Erfolge ermutigt, beschloß Dewey, nun auch die ganz großen Kriminellen zur Strecke zu bringen.

Sein erstes Opfer wurde Dutch Schultz, der den Fehler beging, sich zu weit in die Öffentlichkeit vorzuwagen. Er war Chef einer der größten Banden und kontrollierte zahlreiche Rackets, die sich über die Grenzen des Staates New York auf Nachbarstaaten, insbesonders auf New Jersey, erstreckten. Seine Spezialität war die Kontrolle der Lebensmittelindustrie, mit Ausnahme der Bäckereien, die zum Ressort von Louis Lepke Buchalter gehörten. Ein Restaurantbesitzer konnte den teuer zu bezahlenden Schutz, den Schultz anbot, unmöglich zurückweisen, widrigenfalls sein Lokal von Stinkbomben verseucht wurde, er kein Personal mehr fand, seine Fensterscheiben immer wieder aufs neue zertrümmert wurden und Schlägereien sein Mobiliar zerstörten und seine Gäste verscheuchten. Mit diesen Methoden gelang es Schultz, nach und nach alle Restaurants unter seine Kontrolle zu bringen.

Sein Wohlstand brachte ihm jedoch einen Rivalen in der Person von Mad Dog Coll ein, der seinem Namen „Toller Hund" alle Ehre machte. Ein Bandenkrieg brach aus, in dessen Verlauf man sich am hellichten Tag auf den Straßen von Manhattan abschlachtete. Schultz ging aus diesem Kampf als Sieger hervor, nachdem etwa die Hälfte der gegnerischen Bande liquidiert worden war. Coll fiel, von den Kugeln einer Maschinenpistole durchlöchert, in einer Telephonzelle, wohin man ihn mit einem falschen Anruf gelockt hatte.

Obwohl er mit grundsätzlicher Zustimmung des Verbrechersyndikates gehandelt hatte, waren Luciano, Lansky, Costello und sogar Buchalter, der gewiß nicht zimperlich war, mit dieser offenen Form des Bandenkrieges nicht einverstanden.

Thomas Dewey versuchte im Januar 1933 gegen Dutch Schultz eine Taktik, mit der er bereits Alkoholschmuggler erfolgreich bekämpft hatte. Er hatte die Brüder Capone, Jack Guzick und Frank Nitti der Steuerhinterziehung beschuldigt und vor ein New Yorker Geschworenengericht gebracht. Dutch Schultz war jedoch aus härterem Holz als diese Gangster. Er tauchte unter und verschwand. Da er bei den Polizeibehörden von New York und New Jersey viele Komplizen hatte, konnte er sich aber weiterhin frei bewegen und seinen Geschäften nachgehen. Eineinhalb Jahre lang hingen überall Fahndungsblätter mit seinem Bild, aber obwohl sie in 50 000 Exemplaren verbreitet waren, wurde er kein einziges Mal belästigt. Der Umstand, daß Dewey vorübergehend nicht als Staatsanwalt von New York tätig war, trug sicher zu dieser skandalösen Immunität bei. Roosevelts Einzug in das Weiße Haus, die Wahl Fiorello La Guardias zum Bürgermeister von New York und Deweys Rückkehr auf den Posten des Staatsanwaltes änderten aber die Situation. Alle drei wandten sich nun an das FBI um Unterstützung im Kampf gegen Dutch Schultz. Darauf hatte Hoover gewartet. Er setzte seine G-Männer auf die Spur des Gangsters, der daraufhin klein beigab und versuchte, einen Kompromiß auszuhandeln. Er war bereit, eine Strafe in der Höhe von 100 000 Dollar zu zahlen, wenn die weitere Fahndung eingestellt wurde. Finanzminister Morgenthau würdigte dieses Angebot keiner Antwort. Schultz war nun in äußerster Gefahr. Die

KAP. XII / DIE „EHRENWERTE GESELLSCHAFT"

G-Männer folgten ihm auf Schritt und Tritt und trugen mit gewohnter Akribie belastendes Material gegen ihn zusammen. Aber kurz vor seiner Verhaftung durch das FBI stellte er sich freiwillig der New Yorker Polizei, die seit Jahren mit seinen Komplizen durchsetzt war. Allerdings hatte Bürgermeister La Guardia in Fortsetzung der Bemühungen Seaburys begonnen, die Behörden der Stadt mit eiserner Hand zu säubern, und außerdem unterstützte er Dewey vorbehaltlos. Schultz wurde zwar gegen Kaution freigelassen, konnte aber nicht verhindern, daß er in Syracuse, einer kleinen Stadt im Staate New York, vor Gericht erscheinen mußte. Sein Prozeß war für April 1935 angesetzt.

Die Sache schien schlecht für ihn zu stehen. Das FBI hatte umfangreiches Beweismaterial über seine zahlreichen Rackets geliefert. Schultz seinerseits konnte auf die Hilfe des Syndikates rechnen. Die Organisation setzte alle Mittel ein: Drohungen, Versprechungen, Gunstbezeigungen, Bestechung der präsumtiven Geschworenen, Schenkungen an religiöse, sportliche und kulturelle Vereine und an Wohltätigkeitsorganisationen, großzügige Geschenke an Mitglieder der Stadtverwaltung und an Journalisten der Lokalblätter und freien Ausschank von Alkohol in allen Bars der Stadt. Das Ergebnis der weitläufigen Aktion: Schultz wurde freigesprochen. Das FBI ließ aber nicht locker, die nächsthöhere Instanz hob den Freispruch auf und der Prozeß wurde wiederholt; diesmal auf Betreiben Deweys in der kleinen Stadt Malone, nahe der kanadischen Grenze. Das hinderte das Syndikat nicht, wieder alle Mittel einzusetzen, und zur allgemeinen Überraschung wurde Schultz neuerlich freigesprochen. Er selbst hatte mit diesem Ergebnis nicht gerechnet. Um die großen Summen, die das Syndikat für ihn ausgegeben hatte, zurückerstatten zu können, hatte er vor dem Prozeß seine Rakkets gegen eine Leibrente an Luciano, Lansky und Costello abgetreten.

Sein unerwarteter Freispruch schuf eine völlig neue Situation. Geldgierig, gewalttätig und herrschsüchtig wie er war, wollte Schultz sofort wieder die uneingeschränkte Leitung seiner Rakkets übernehmen. Er hatte einen Vertrauensmann namens Weinberg, den auch das Syndikat in dieser Funktion bestätigt hatte und den er nun beschuldigte, die Interessen der Organisation allzu gut vertreten zu haben, während er vor Gericht gestanden hatte. Außerdem war ihm die Kontrolle seiner Buchführung unerwünscht. Er befreite sich also von Weinberg, indem er ihn, die Füße in einen Betonblock eingegossen, in den Hudson werfen ließ. Der geheime Rat des Syndikates war darüber um so aufgebrachter, als Schultz gleichzeitig Luciano, Lansky, Costello und Buchalter beschuldigte, sie hätten sich in sein Revier gedrängt, während er in ärgster Bedrängnis war.

Dewey und Hoover ließen dem Gangster ebenfalls keine Ruhe. Dewey, der nach kurzer Tätigkeit in einer privaten Anwaltskanzlei wieder Staatsanwalt des Staates New York geworden war, beauftragte das FBI, neues Beweismaterial gegen Schultz zu sammeln. Nach langen Nachforschungen gelang es den G-Männern, einen alten Fall ausfindig zu machen, der schwerwiegend genug war, um Schultz auf den elektrischen Stuhl zu bringen; es handelte sich um die Ermordung eines seiner Leibwächter. Dewey hatte ebenfalls belastendes Material an der Hand, und insgesamt war die Situation viel gefährlicher als die seinerzeitigen Beschuldigungen wegen Steuerhinterziehung und der Racket-Tätigkeit. Daraufhin verlangte der Gangster eine Ratsversammlung des Syndikates, vor der er erklärte: „Dewey wird zu gefährlich. Jetzt bin ich an der Reihe, aber er wird uns alle erwischen, einen nach dem anderen. Man muß ihn beseitigen. Das ist die einzige Möglichkeit, Ruhe zu schaffen."

Einige Mitglieder der Versammlung teilten seine Meinung, denn, dem Rate Hoovers folgend, der diese Taktik gerne anwandte, war Dewey dazu übergegangen, allen Verbündeten

KAP. XII / DIE „EHRENWERTE GESELLSCHAFT"

des Gangsters Schultz die Hölle heiß zu machen. Er ließ ihnen keine Ruhe, verfolgte sie mit Kontrollen, Überprüfungen und Razzien und wollte sie zwingen, ihre Komplizen preiszugeben, um sich selbst Ruhe zu verschaffen. Wenn daher auch manche Mitglieder des Syndikates daran dachten, Dewey zu beseitigen, so gab es doch auch andere, die vorsichtiger waren und zögerten. Mehrheitlich beschloß man daher, abzuwarten. Schultz gelang es lediglich durchzusetzen, daß ein Anschlag auf Dewey sorgfältig vorbereitet wurde, um ihn im Falle eines Liquidierungsbeschlusses sofort durchführen zu können. Wie üblich sollte die Murder Inc. die Exekution durchführen. Die Killer, die unter der Aufsicht von Anastasia standen, begannen das Verhalten ihres präsumtiven Opfers zu studieren, indem sie es keine Minute aus den Augen ließen. Einer von ihnen agierte sogar, einen Kinderwagen schiebend, als friedlicher Familienvater, um dem Staatsanwalt unbemerkt folgen zu können. Dewey, der ständig von G-Männern überwacht wurde, ging wenig aus. Gegen Mittag pflegte er jeweils sein Büro zu verlassen und in einem naheliegenden Drugstore zu essen. Anschließend begab er sich meist auf die Toilette im Untergeschoß, während seine Bewacher im Parterre warteten. Das war die beste Gelegenheit, ihn zu ermorden.

Anastasia bereitete das Unternehmen sorgfältig vor und rekrutierte zwei zuverlässige Killer. Sie sollten sich auf der Toilette verstecken, den Staatsanwalt erwarten, ihn mit schallgedämpften Pistolen, deren Detonation sich im Lärm des Drugstore verlieren würde, töten und sich dann entfernen, bevor die Leibwachen das ungewöhnlich lange Ausbleiben Deweys bemerkten. Nachdem Anastasia den Abschluß aller Vorbereitungen gemeldet hatte, trat der Rat neuerlich zusammen. Seine Mitglieder hatten allerdings bereits in der Zwischenzeit über den Fall weiterdiskutiert. Die Beseitigung Deweys schien ihnen eine Maßnahme zu sein, die mehr Schaden als Nutzen bringen mußte. Ein anderer Staatsanwalt würde an seine Stelle treten, das FBI seine Anstrengungen verdoppeln und die öffentliche Meinung voll und ganz hinter dem verstärkten Kampf gegen das Verbrechen stehen.

Hoover hatte seine Beamten bisher nur unmittelbar auf Schultz angesetzt und sich damit auf Deweys Amtsbereich beschränkt. Nun setzte er sie ohne Ausnahme auf die Spuren aller amerikanischen Bandenchefs, und mit einem Male war niemand mehr für die Liquidierung Deweys, die Schultz vorgeschlagen hatte. Lepke Buchalter schlug eine andere Lösung vor, die er drei Jahre später in eigener Sache praktizierte. „Laßt uns allen den Mund stopfen, die der Versuchung erliegen, vor Gericht auszuplaudern, was sie wissen. Wenn er keine Zeugen hat, wird Dewey nichts beweisen können. Er wird die Beschuldigungen gegen Schultz fallen lassen müssen."

Luciano widersetzte sich diesem Vorschlag. Er war ihm zu weitgehend, und niemand war länger gewillt, dem verrückten Schultz zu helfen. Als der Gangster spürte, daß er im Rat unterliegen würde, trat er, rasend vor Wut, die Flucht nach vorne an und rief seinen Kumpanen zu: „O.K. Ihr seid ja alle Feiglinge. Laßt alles stehen. Ich werde mein Problem schon selbst lösen. Ich werde mich um diesen Dewey kümmern."

Dann verließ er den Raum und schlug die Türe hinter sich zu. Das war sein Todesurteil gewesen. Nach diesem spektakulären Abgang beschloß der Rat einstimmig, den verrückten Dutch Schultz zu liquidieren, bevor er weiteres Unheil anrichten konnte. Anastasia mußte dazu seine Vorbereitungen für den Anschlag gegen Dewey nur unwesentlich ändern.

Am Abend des 23. Oktober 1935 nahm Schultz in Begleitung von zwei Leibwächtern in einem Hinterzimmer des Palace Chop House in Newark ein spätes Abendessen ein und begab sich dann auf die Toilette. In diesem Augenblick drangen drei Männer in das Restaurant ein und begaben sich zum Hinterzim-

KAP. XII / DIE „EHRENWERTE GESELLSCHAFT"

mer. Die Toiletten befanden sich in einem Verbindungsgang, den sie dabei passieren mußten. Im Vorbeigehen öffnete einer die Glastüre des Waschraumes und sah die Silhouette eines Mannes. Es war Schultz, aber der Killer erkannte ihn nicht. Er schoß ihn aber auf jeden Fall nieder, während seine beiden Kumpane das Hinterzimmer unter Feuer nahmen.

Schultz lag 24 Stunden in Agonie. Beamte des FBI bewachten ihn und versuchten, ihm ein letztes Geständnis zu entreißen. Er sagte aber nichts, nicht einmal im Delirium. Als guter Kaufmann hatte er jedoch unzählige Geschäftsbücher aufbewahrt, die nach Jahren geordnet waren und in denen er mit äußerster Genauigkeit alle Ausgaben und Einnahmen sowie mehr oder minder verschlüsselt die Namen seiner Geschäftspartner und die Art seiner Geschäfte verzeichnet hatte. Die Bücher wurden in seiner Wohnung in einem Versteck sichergestellt, das Schultz für unauffindbar gehalten hatte. Für das FBI waren sie ein Fund von unschätzbarem Wert. Die Entzifferung und die nachfolgenden Recherchen nahmen Monate in Anspruch. Hoover war nun in der Lage, Dewey das Material für eine große Razzia zu liefern. Vor allem konnten sich die beiden Männer dank der Arbeit der FBI-Experten nunmehr auf ihren bedeutendsten Gegner stürzen: Lucky Luciano.

Der Capo di tutti i capi der Mafia und mächtige Herrscher über das Verbrechersyndikat hielt sich für unantastbar. Er war es scheinbar auch. Gegen alle Unannehmlichkeiten durch die Steuerbehörden hatte er sich seit langem gesichert. Er besaß eine große Anzahl von absolut legalen Unternehmen mit untadeligen Buchführungen, deren Gewinne allein vollkommen genügten, seine luxuriöse Lebensweise zu rechtfertigen, die eines Millionärs würdig war. Außerdem konnte er sich auf die Dienste einer ganzen Armee der besten und gewiegtesten Anwälte und Rechtsexperten stützen, die ihm bedingungslos ergeben waren, da er sie hoch bezahlte.

In seiner Jugend war er in viele skandalöse Affären verwickelt gewesen, doch das war lange her. Die wirklich dunklen Punkte seiner Vergangenheit, die außerhalb des Verbrechermilieus kaum jemand kannte, waren die Rauschgiftdelikte. Das erste Mal war er im Jahre 1910 mit einer leichten Strafe davongekommen. Als er 1923 neuerlich ertappt worden war, hatte er sich aus der Affäre gezogen, indem er den Beamten des Rauschgiftbüros eine Büchse mit Heroin zum „Geschenk" gemacht hatte, damit sie ihn als Gegenleistung laufen ließen. Seitdem hatte er nur belanglose Strafen erhalten: Wegen Verkehrsvergehen oder unerlaubten Waffentragens. Er war aber ein gefährlicher Killer, der sich an der Ermordung von Masseria und Maranzano, seinen Vorgängern als Chefs der Mafia, persönlich beteiligt und vor seiner Machtübernahme die Ermordung der alten Kämpfer der Schwarzen Hand angeordnet hatte. Die Killer der Murder Inc. erhielten von ihm weiterhin Aufträge, deren Durchführung sein Adjutant Joe Adonis überwachte. Das alles hätten die hochgestellten Persönlichkeiten, die mit ihm verkehrten, beim Anblick des eleganten Dandys, der eine Vorliebe für dunkelblaue Anzüge hatte und sich täglich frisieren und maniküren ließ, nie vermutet. Neben seiner ständigen Geliebten, der berühmten Gay Orlowa vom Broadway, umgaben ihn viele andere schöne Frauen. Die Nachmittage verbrachte er meist beim Pferderennen oder bei Baseballspielen, die Nächte in Nachtklubs und Restaurants, die gerade in Mode waren, Golf spielte er in den exklusivsten Country Clubs, und mit Einladungen der besten New Yorker Gesellschaft wurde er geradezu überschüttet. Bürgermeister La Guardia hatte einmal versucht, ihn verhaften zu lassen, doch mußte er mangels an Beweisen mit Entschuldigungen freigelassen werden.

Lucky Luciano war vorsichtig und hielt sich seit langem jeder direkten Einmengung in illegale Affären fern. Er regierte sein Reich von seiner Dachgartenwohnung in den Ritz Towers mit

KAP. XII / DIE „EHRENWERTE GESELLSCHAFT"

Hilfe seiner Adjutanten Vito Genovese, Joe Adonis und Tommy Lucchese. Sein eigentliches Hauptquartier, zwei kleine unauffällige Büroräume am Broadway, besuchte er nur selten. Seine Vorsicht war so groß und seine Tarnung so geschickt, daß La Guardia und dessen Polizeichef Valentine nicht in der Lage waren, auch den kleinsten Nachweis einer Verbindung mit einem der zahlreichen Rackets der Stadt zu erbringen.

Luciano schien also unantastbar — doch nicht für Hoover. Auf Deweys Veranlassung hatten die FBI-Männer alle Papiere, die man in dem Versteck bei Dutch Schultz gefunden hatte, sorgfältig nach Verbindungen zu Luciano durchsucht, doch war ihre monatelange Arbeit ohne Erfolg geblieben.

Es war eine Frau, Eunice Carter, die sie schließlich auf die richtige Spur leiten sollte. Die Stellvertreterin des Bezirksstaatsanwaltes vom Broadway hatte immer wieder mit Fällen von Prostitution und Kuppelei zu tun. Sie hatte viele Mädchen zu verhören, und dabei fiel ihr auf, daß einige von ihnen mit geringen Varianten gleichlautende Angaben über die angeblichen Gründe, die sie dazu geführt hätten, Prostituierte zu werden, erzählten. Diese Geschichten waren ihnen offensichtlich von ein und demselben Ratgeber geliefert worden, der es nicht für nötig gehalten hatte, sorgfältig genug zu sein, für jedes Mädchen eine eigene Geschichte zu erfinden.

Gestützt auf diese an und für sich spärlichen Tatsachen, machten die Beamten des FBI eine erste Entdeckung: Alle Mädchen, deren gleichlautende Geschichten Mrs. Carter aufgefallen waren, wurden von einer Anwaltskanzlei vertreten, die bekanntermaßen im Solde der Unterwelt stand und die auch die Kautionen und Geldstrafen für die Prostituierten bezahlte. Die FBI-Männer stellten weiters fest, daß hinter der Kanzlei eine Kupplerorganisation stand, die von den Zuhältern Ralph Liguori und Benny Spiller geleitet wurde. Einer rekrutierte und überwachte die Prostituierten, der andere kümmerte sich um Kassa und

Buchführung. Sorgfältig gesammelte Indizen führten zu dem Schluß, daß die beiden nur Strohmänner wichtigerer Persönlichkeiten waren und daß eine Schlüsselfigur des Falles ein Mann Namens Little Bertillo war. Bald stellte sich heraus, daß das FBI einen Prostituiertenring aufgedeckt hatte, der sich über ganz Amerika erstreckte. Allein in Manhattan umfaßte er 200 Bordelle und 2 000 Prostituierte, die zu Spezialdiensten verwendet wurden. Bertillos jährliches Einkommen wurde auf 12 Millionen Dollar geschätzt.

Hoover war davon überzeugt, daß es in diesem Großunternehmen des Lasters noch höher gestellte Persönlichkeiten als diesen Bertillo geben mußte, der nicht den nötigen finanziellen Hintergrund für eine Organisation dieses Umfanges hatte. Die Beamten des FBI setzten deshalb ihre Vernehmungen, Nachforschungen und Untersuchungen fort und sammelten Indizien und Beweise, bis sie am 1. Februar 1936 mit Hilfe eines Spezialtrupps der New Yorker Polizei eine Monsterrazzia in den 200 Bordellen des Callgirlringes in Manhattan unternahmen. Hunderte von Mädchen, Vermieterinnen und Bordellchefinnen sowie die Zuhälter Liguori, Spiller und Bertillo wurden verhaftet. Alle Festgenommenen kamen in Einzelhaft, zum Teil an geheimgehaltenen Orten, und wurden tagelang verhört. Die Aussagen wurden nachgeprüft, verglichen und gegenübergestellt. Es war eine wahre Sisyphusarbeit, die aber ihre Früchte trug. Hinter der riesigen Organisation begann sich jetzt klar und deutlich die unheimliche Gestalt des unantastbaren Lucky Luciano abzuzeichnen.

Nun mußte er nur noch überführt werden. Nachdem man einigen Prostituierten versprochen hatte, daß man sie freilassen, unter den Schutz des FBI stellen und für ihre Zukunft sorgen werde, erklärten sie sich bereit, vor Gericht auszusagen. Sie erbrachten neue Indizien, nannten Zeugen und gaben die Namen von Kupplern preis, die bisher nicht verdächtigt wor-

KAP. XII / DIE „EHRENWERTE GESELLSCHAFT"

den waren. Luciano spürte, daß das Netz um ihn enger gezogen wurde, und verließ New York. Das FBI entdeckte ihn bald in Hot Springs, in Arkansas, einem Staat, den Gangster bevorzugten, weil dort das Gesetz traditionellerweise lax gehandhabt wurde. Außerdem war die Polizei von Hot Springs vom Chef abwärts bis zum letzten Beamten aus dem Fonds des Syndikates bestochen. So glaubte sich Luciano in Sicherheit.

Am 2. April 1936 erfuhr er aber, daß ihn Hoover als öffentlichen Feind Nr. 1 auf seine schwarze Liste gesetzt und auf Veranlassung Deweys seine sofortige Verhaftung verlangt hatte. Tatsächlich erhob Dewey gegen den Chef der Mafia sowie gegen Liguori, Spiller, Bertillo und neun weitere Verhaftete Anklage wegen Kuppelei.

Luciano berührte das zunächst nicht. Der Chef der Polizei von Hot Springs war sein Freund und stand in seiner Schuld. Als die G-Männer kamen, um ihn zu verhaften, ließ er sich von der lokalen Polizei formell festnehmen und gleichzeitig gegen eine Kaution von 5 000 Dollar freilassen. Dafür sorgte ein bestochener Richter, der seine Auslieferung an das FBI verweigerte. Hoover und Dewey gaben jedoch nicht auf. Sie setzten alle Machtmittel ein und drangen mit ihren Forderungen bis Washington durch. Schließlich mußte der Gouverneur von Arkansas die Polizeibehörden von Hot Springs dazu bewegen, Luciano wenigstens in das dortige Gefängnis zu überstellen, was sie ungern taten. Dieses Gefängnis war ein goldener Käfig, in dem er sich durchaus frei bewegte, seine Ajutanten und Partner aus dem Syndikat sowie eine Armee von Advokaten unter der Leitung von Moses Polakoff, des berühmtesten Anwaltes der amerikanischen Unterwelt, empfing. Sie klügelten wochenlang alle nur erdenklichen Winkelzüge und Verzögerungstaktiken aus, um die Auslieferung und Überstellung Lucianos nach New York zu verhindern. Als alle Mittel erschöpft waren, sprang die Polizei von Hot Springs in die Bresche und weigerte sich mit

Waffengewalt, den Gefangenen an die FBI-Männer auszuliefern. Der Gouverneur von Arkansas mußte schließlich die Nationalgarde mobilisieren, um Lucky Luciano endlich seinen eifrigen Bewachern zu entreißen und ihn aus dem Gefängnis von Little Rock, wohin man ihn im Zuge eines neuerlichen Verzögerungsversuches gebracht hatte, wegzubringen. Einer der Vertrauensmänner des Gangsters hatte dem Staatsanwalt von Arkansas 50 000 Dollar geboten, wenn er sich neuerlich einer Auslieferung widersetzen würde.

Hoover und Dewey hatten endlich alle Hindernisse überwunden. Am 13. Mai 1936 erschien Lucky Luciano zusammen mit zwölf Mitangeklagten vor dem Schwurgericht in Manhattan.

Noch hielt er sich für unangreifbar und scherzte mit Journalisten und Freunden, die als Zuschauer gekommen waren. Die Creme der Verbrecherwelt war erschienen, um dem großen Boß moralische Unterstützung zu gewähren. Lucianos Benehmen änderte sich jedoch bald, denn Dewey war ein gefährlicher Gegner. Er wußte, wie man Geschworene beeindruckte und inszenierte den Prozeß wie eine Show mit ständigen Steigerungen, immer härteren Verhören und einem Höhepunkt nach dem anderen. Das Gericht verfolgte den Prozeßverlauf mit wachsender Spannung und war schließlich bereit, jenen harten Urteilsspruch zu fällen, den Dewey brauchte, um ein Exempel zu statuieren. Nachdem er einleitend die Geschworenen durch eine schreckenerregende Beschreibung aller Untaten des Verbrechersyndikates, dessen Chef Luciano war, in die richtige Stimmung versetzt hatte, führte der Staatsanwalt 68 Zeugen vor, die von Beamten des FBI aus allen Teilen der Vereinigten Staaten herbeigeholt worden waren.

Eine Sensation jagte die andere. Aus dem Gefängnis von Sing-Sing, wo er eine lebenslängliche Strafe verbüßte, erschien Joe Bendix, ein Killer, dem man eine Verringerung seiner Strafe und materielle Vergünstigungen versprochen hatte. Er sagte aus,

KAP. XII / DIE „EHRENWERTE GESELLSCHAFT"

daß ihn Lucky Luciano persönlich als Kassier und Aufseher eines Bordells angeheuert hatte.

Die größte Schockwirkung rief jedoch die Aussage zweier ehemaliger Prostituierten hervor. Sie waren beklagenswert anzusehen, total heruntergekommen, die Gesichter von Alkohol und Rauschgift zerstört, und ihre jammervollen Gestalten kontrastierten so drastisch mit Lucky Lucianos Eleganz und Nonchalance, daß die Geschworenen einen vernichtenden Eindruck gewannen. Dies um so mehr als eine der beiden, Cockey Flo Brown, in gräßlichen Einzelheiten Lucianos brutale Methoden schilderte, mit denen er eines Tages persönlich die Disziplin in einem seiner Häuser wiederhergestellt hatte. Die andere Zeugin, Nancy Presser, erzählte, daß sie zunächst Geliebte einiger führender Männer des Syndikates gewesen sei, dann von Bertillo auf Befehl des Chefs in ein sogenanntes Schlachthaus gebracht worden sei, bis sie schließlich in einen Luxus Callgirlring eingegliedert wurde, dessen Leiter und bester Kunde Luciano war. Sie beschrieb mit allen Details seine Wohnung in den Ritz Towers, wohin er sie gegen das durchschnittliche Entgelt von 250 Dollar öfters hatte kommen lassen. Sie behauptete auch, dort Zeugin mehrerer geschäftlicher Besprechungen gewesen zu sein, über die sie den Geschworenen zahlreiche Einzelheiten erzählte. Von Lucianos Anwalt Polakoff ins Kreuzverhör genommen, konnte sie allerdings nicht einmal sagen, wo sich die Ritz Towers in Manhattan genau befanden. Andere Zeugen wiederum erklärten, daß sie von Dewey und dem FBI unter Druck gesetzt und eingeschüchtert worden sei. Das bedeutete aber wenig; der Eindruck, den sie auf die Geschworenen machte, war nach siebenstündigem Verhör genauso, wie es sich Dewey gewünscht hatte, und das Ergebnis war dementsprechend. Lucky Luciano traute seinen Ohren nicht, als er zur höchsten Strafe verurteilt wurde, die ein amerikanisches Gericht jemals wegen Kuppelei ausgesprochen hatte: 35 Jahre

Gefängnis, die er in der Bundesstrafanstalt von Dannemora abzusitzen hatte. Der Urteilsspruch wurde ein Jahr später, nachdem der Chef der Mafia vergeblich Berufung eingelegt hatte, von der obersten Instanz bestätigt.

Die Zeugen der Anklage wurden, wie man es ihnen versprochen hatte, reich bedacht und gingen nach Europa, von wo die meisten bei Ausbruch des Zweiten Weltkrieges in aller Stille nach Amerika zurückkehrten.

Luciano leitete das Syndikat, unbeschadet seiner Verurteilung, nunmehr von seiner Zelle in Dannemora aus. Er genoß bevorzugte Behandlung und die übrigen Sträflinge zollten ihm jenen Gehorsam, der einem Big Boß gebührt. Im Sprechzimmer der Anstalt, in dem Luciano seine Gäste empfing, verkehrten die Führer der Unterwelt, um seine Befehle entgegenzunehmen, ihn um Rat zu fragen, ihn zu bitten, Streitigkeiten zu schlichten, und sein Einverständnis einzuholen, wenn der Rat beschlossen hatte, durch die von Anastasia kontrollierte Murder Inc. eine Exekution vornehmen zu lassen. Joe Adonis hielt die Verbindung zwischen dem Capo di tutti i capi und der Mafia aufrecht, Meyer Lansky sorgte für die Kontakte zum Syndikat, Frank Costello vermittelte zwischen dem Big Boß und der Außenwelt, also Politikern, Anwälten, Journalisten und Beamten. Vito Genovese schließlich war Lucianos Kronprinz und Regent des Unterweltreiches, das vorübergehend seines Königs beraubt war.

Genovese erschloß diesem Reich neue Dimensionen, indem er den Handel und den Konsum von Rauschgift in den Vereinigten Staaten in einem Maße ausweitete, das jeder Beschreibung spottete. Er wurde so zu einem der Hauptschuldigen an der schrecklichen Situation, in der sich viele amerikanische Jugendliche heute befinden; er ist einer ihrer ärgsten Totengräber.

Seit dem Jahre 1936 stand Genovese nach Luciano an zweiter

KAP. XII / DIE „EHRENWERTE GESELLSCHAFT"

Stelle jener Liste öffentlicher Feinde der Vereinigten Staaten, deren Vernichtung sich Edgar Hoover und Thomas Dewey zum Ziel gesetzt hatten. Viermal wurde Genovese des Mordes bezichtigt; einmal weil er einen gewissen Petillo getötet hatte, dem er zuvor die Frau weggenommen hatte. Viermal mußte er mangels an Beweisen freigesprochen werden. Eine Bagatelle brachte ihn schließlich zu Fall. Beim Falschspiel hatte er einem Tölpel 60 000 Dollar abgenommen und ihm anschließend um 100 000 Dollar eine Maschine verkauft, mit der man angeblich Falschgeld erzeugen konnte. Genovese hatte sich bei diesen Machenschaften eines Kumpans namens Boccia bedient, der seinen Anteil an der Beute verlangte, das heißt ein Drittel der 160 000 Dollar, die man dem Einfaltspinsel herausgelockt hatte. Genovese war aber genauso geizig wie seinerzeit Dutch Schultz. Statt zu bezahlen, ließ er Boccia durch zwei Killer der Murder Inc. namens Gallo und Rupolo liquidieren. Nachher bot er Rupolo 175 Dollar für die Tötung von Gallo. Rupolo nahm an, doch mißglückte der Anschlag. Gallo zeigte ihn an, und er wurde zu 20 Jahren Gefängnis verurteilt.

Genovese wurde längst vom FBI überwacht, dem es gelang, den Fall Boccia-Gallo-Rupolo aufzudecken. Hoover setzte nun alles daran, um den ungeschickten Mörder Rupolo als Zeugen vor Gericht zu bringen. Gelang es, ihn gegen das Versprechen einer Herabsetzung der Strafe zur Aussage zu bewegen, mußte Genovese auf dem elektrischen Stuhl landen. Das wußte auch Lucianos Kronprinz, der sich daraufhin im Jahre 1938 mit 750 000 Dollar Reisegeld nach Italien absetzte. Bevor er abreiste, sorgte er dafür, daß der lästige Roupolo nicht plaudern konnte und ließ ihn durch das Syndikat im Gefängnis vergiften.

Obwohl Mussolini der sizilianischen Mafia das Leben schwer machte, bot ihm Genovese seine Dienste und Beziehungen an. So ließ er durch die Murder Inc. den oppositionellen Journalisten Carlo Tusca, der sich in New York in Sicherheit wähnte, ermorden. Nach dem Sturz Mussolinis und der Landung der Amerikaner in Italien im Jahre 1943 wurde Vito Genovese Dolmetscher bei der alliierten Militärregierung in Neapel, obwohl er in den Vereinigten Staaten noch immer wegen Mordes gesucht wurde. Mit seinem Vorgesetzten, einem amerikanischen Oberst, organisierte er den größten illegalen Handel des Zweiten Weltkrieges. Er reichte von Penicillin bis zu Lastwagen, die samt ihrer Ladung dutzendweise im Hafen von Neapel verschwanden, dessen unbestrittener Herrscher Genovese war. Als er am 27. August 1944 vom militärischen Sicherheitsdienst verhaftet wurde, gelang es ihm, seine Auslieferung in die Vereinigten Staaten monatelang zu umgehen. Als er 1945 schließlich nach New York abgeschoben wurde, kam er wegen der Affäre Boccia vor Gericht, wurde aber mangels an Beweisen freigesprochen. Er setzte seine Verbrecherkarriere fort, bis er schließlich neuerlich verhaftet und 1967 auch verurteilt wurde.

Lucky Luciano wurde im Jahre 1946 freigelassen; angeblich weil er 1943 durch Vermittlung von Genovese und mit Hilfe der dortigen Mafia die Landung der Amerikaner in Sizilien erleichtert hatte. Tatsache ist, daß der Vormarsch der amerikanischen Truppen schnell und ohne große Verluste vor sich ging, während die Landung der Briten beinahe gescheitert wäre.

Luciano hat aber stets geleugnet, mit der Invasion in Sizilien etwas zu tun gehabt zu haben und wenn überhaupt, hat er eine untergeordnete Rolle gespielt. Andere Gerüchte wollten wissen, er verdanke seine vorzeitige Entlassung Thomas Dewey, der sich damals auf seine Präsidentschaftskandidatur vorbereitete. Dewey habe ihm die Freiheit im Austausch für Informationen gegeben, die es dem ehrgeizigen Politiker ermöglichten, durch einige spektakuläre Prozesse wieder einmal die Aufmerksamkeit auf sich zu lenken.

Wie immer das auch gewesen sein mag — Lucky Luciano

KAP. XII / DIE „EHRENWERTE GESELLSCHAFT"

wurde nach seiner Entlassung aus dem Gefängnis aus den Vereinigten Staaten ausgewiesen. Seine Einschiffung nach Italien glich der Verabschiedung eines Staatsoberhauptes.

Er ließ sich zunächst in Palermo und dann in Neapel nieder, heiratete und führte dem Anschein nach die Existenz eines, allerdings sehr wohlhabenden, Kleinbürgers. In Wirklichkeit hörte er, trotz ständiger Überwachung durch die Behörden, nie auf, sein sagenhaftes Verbrecherimperium zu leiten, das den amerikanischen Markt mit Rauschgift aller Art, das er aus dem Fernen und Mittleren Osten importierte, überflutete. Im Jahre 1961 ereilte den Capo di tutti i capi am Flughafen von Fiumicino ein Herzanfall. Sein Begräbnis war eines Königs der Unterwelt würdig. Der gesamte Gotha des Verbrechens und zahlreiche Beamte des FBI und der Rauschgiftbehörde waren anwesend.

Am Ende der dreißiger Jahre aber, als Luciano noch in Dannemora und Genovese im italienischen Exil saß, war Hoover auf der Spur eines weiteren Staatsfeindes: Louis Lepke Buchalter, der blutigste Verbrecher, dem er im Laufe seiner Tätigkeit gegenübertreten sollte.

Louis Lepke Buchalter war eines der führenden Mitglieder des Syndikates und Teilhaber und bester Kunde der Murder Inc. Elfmal wegen Mordes angeklagt und ebenso oft nach Einstellung des Verfahrens freigelassen, herrschte er mit eiserner Faust über weite Bereiche des New Yorker Geschäftslebens, das er gnadenlos erpreßte und ausbeutete. Seine engsten Mitarbeiter waren Jacob Gurah Shapiro und Jacob Orgen, und ihr einziges Geschäftsprinzip lautete: Terror. Die jährlichen Einnahmen aus den Rackets, die sie betrieben, wurden auf 10 Millionen Dollar geschätzt. Ihre Tätigkeit erregte soviel öffentliches Ärgernis, daß Roosevelt persönlich im Jahre 1935 Hoover den Auftrag erteilte, diesen Zuständen endlich ein Ende zu bereiten.

Einmal mehr war der Chef des FBI aber mit der Tatsache

konfrontiert, daß die bestehenden Bundesgesetze ein Einschreiten nicht erlaubten. Man mußte zu einer spitzfindigen juristischen Konstruktion Zuflucht nehmen. Buchalters Rackets wurden einem Kartell gleichgestellt, gegen das auf Grund des Antitrustgesetzes vorgegangen werden konnte. Daraufhin lieferten die Experten des Büros bald die gewünschten Beweise.

Buchalter und sein Komplice Shapiro wurden wegen ihrer Rackettätigkeit zu je zwei Jahren Gefängnis verurteilt. Shapiro trat die Strafe an, wurde auf Grund zusätzlichen Beweismaterials neuerlich vor Gericht gestellt, abermals verurteilt und hatte eine wesentlich längere Strafe abzusitzen.

Lepke Buchalter war ein viel härterer Gegner. Er legte Berufung ein, wurde ohne Kaution freigelassen und tauchte unter. Ein Bundesgericht verwarf zwar die Berufung im Jahre 1937 und bestätigte das Urteil, doch als ihn Dewey daraufhin vorladen ließ, erschien Buchalter nicht.

Das FBI hatte inzwischen ein Dossier erarbeitet, aus dem hervorging, daß Buchalter in eine Rauschgiftaffäre in der Höhe von zehn Millionen Dollar verwickelt war. Hoover erklärte ihn daraufhin zum Öffentlichen Feind Nr.1 und zog eine große Show auf, indem er eine Million Fahndungsblätter mit dem Bild des Gangsters drucken ließ und eine Belohnung von 5 000 Dollar für Hinweise, die zu seiner Verhaftung führten, aussetzte. Außerdem wandte er eine von ihm bevorzugte Taktik an: Alle Bosse der Gangsterwelt wurden von den G-Männern wegen ihres Komplizen Buchalter drangsaliert. Selbst Meyer Lansky und Bugsy Siegel wurden in ihren Casinos in Habana von FBI-Beamten aufgesucht.

Lepke Buchalter war jedoch unauffindbar, obwohl er nicht sehr weit geflohen war. Er hielt sich in Brooklyn bei seinem alten Freund Albert Boum Boum Anastasia auf und führte von dort seine Geschäfte gewinnbringend weiter.

Das Netz seiner Komplizen erlaubte ihm, sich über sämtliche

KAP. XII / DIE „EHRENWERTE GESELLSCHAFT"

Polizeibeamte der Vereinigten Staaten lustig zu machen. Der Umstand, daß er im Untergrund leben mußte, machte ihn jedoch zunehmend reizbar, aggressiv und mißtrauisch. Seine Manie, überall Verrat zu wittern, grenzte an Paranoia. Er verdächtigte sowohl ergebene Gehilfen als auch gleichgestellte Komplizen, sie wollten sein Untertauchen nützen, um seine Rackets zu übernehmen, und stieß Drohungen gegen seine Syndikatspartner Adonis, Moretti, Zwillman, Lucchese und Costello, genannt Onkel Frank, aus. Der große Rat begann sich daraufhin für die Liquidationen zu interessieren, die Lepke mit Hilfe von Abe Reles, seiner rechten Hand, und der Murder Inc. vornahm. Um sich zu schützen, ließ er alle ermorden, die eventuell gegen ihn hätten aussagen können. In den Branchen, die er beherrschte, flossen Ströme von Blut.

Zwischen Buchalters Killern und dem FBI begann nun ein Wettlauf, um die Zeugen, die beseitigt werden sollten, zu schützen. Um ihn zu gewinnen, mobilisierte Hoover alle Kräfte, die ihm zur Verfügung standen. Er ging so weit, Beamte von anderen Fahndungen abzuziehen, um alle geeigneten Männer gegen Buchalter und seine Mordbrigade einsetzen zu können. Um ein Blutbad von unabsehbaren Ausmassen zu verhindern, mußte der irre Amokläufer unschädlich gemacht werden. In Zusammenarbeit mit Thomas Dewey, der ihm Carte blanche erteilte und der seinerseits die Möglichkeiten eines Staatsanwaltes und die fast unbegrenzten Vollmachten nützte, die ein amerikanisches Gericht gegebenenfalls besitzt, wurden die Untersuchungen vorangetrieben.

Die Chefs des Syndikates hatten nun keine Ruhe mehr. Sie wurden immer wieder dem Gericht vorgeführt und endlos verhört. Ihre Photos und Aussagen wurden von Presse, Rundfunk und den Wochenschauen weitergegeben. Das war jene Art der Publizität, die den großen Bossen der Organisation zutiefst verhaßt war. Die Fassade der Ehrbarkeit, die sie sich gegenüber

Behörden, Nachbarn und Mitbürgern mühsam aufgebaut hatten, wurde zerstört. Dank seiner Dossiers und den Ergebnissen des Telephonabhördienstes vermochte Hoover seine Beamten immer wieder auf neue Spuren bedeutender und weniger bedeutender Mitglieder des Syndikates in allen Teilen der Vereinigten Staaten zu setzen. Mit Hilfe der lokalen Polizeibehörden führte das FBI zahlreiche Razzien, Hausdurchsuchungen und Kontrollen durch. Man durchwühlte Bankkontos und Steuererklärungen aller Leute, die jemals auch nur das geringste mit Lepke Buchalter zu tun gehabt hatten. Adonis, Costello, Lansky, Anastasia und Lucchese wurden pausenlos verhört. Hoover verkündete, daß diese Untersuchungen ohne eine Minute Unterbrechung weitergehen würden, bis er Buchalter festgenommen habe. Gleichzeitig ließ er verlauten, daß der Verhaftung des Gangsters weitere Festnahmen folgen würden. Hoovers Feldzug führte schließlich dazu, daß einige Verfechter der Bürgerrechte behaupteten, der FBI-Direktor verletze mit seinen Fahndungen das Gesetz. Seine Antwort: „Ich verletze es weniger als die Gangster!"

Was er tat, führte ihn zum erwünschten Ziel. Die Chefs des Syndikates waren zwar Buchalters Komplizen, aber sie fühlten sich in ihrer Existenz bedroht. Ihre Geschäfte litten unter dem Druck, den das FBI ausübte, und die öffentliche Meinung war gegen sie aufgebracht und unterstützte Dewey und Hoover. Es mußte gehandelt werden, und Frank Costello berief den großen Rat zu einer Geheimsitzung in Buchalters Abwesenheit ein. Anwesend waren Joe Adonis, Meyer Lansky, Longie Zwillmann, Bugsy Siegel, Willie Moretti, Tommy Lucchese und Albert Anastasia. Die Versammlung verlief stürmisch, endete aber mit einem fast einstimmigen Beschluß: Entweder Buchalter stellte sich, worauf er mit der vollen Unterstützung des Syndikates rechnen konnte, oder man würde ihn liquidieren. Nur Anastasia, der Buchalter seit zwei Jahren beherbergte,

KAP. XII / DIE „EHRENWERTE GESELLSCHAFT"

stimmte gegen den Beschluß. Er haßte den hochnäsigen Meyer Lansky, der großes Geschick im Herbeiführen ihm genehmer Mehrheiten hatte, und weigerte sich glatt, den Beschluß des großen Rates zu befolgen.

Das hatte es in der Geschichte des Syndikates noch nicht gegeben. Aber gestützt auf die Macht der Hafenarbeitergewerkschaft, die hinter ihm stand, und der Murder Inc., die er leitete, war Boum Boum Anastasia unanfechtbar. Nur Lucky Luciano, der in seiner Gefängniszelle von Dannemora formell noch immer Präsident des Syndikates war, vermochte ihn zur Vernunft zu bringen. Er saß zwar schon seit drei Jahren hinter Gittern, aber seine Autorität war nach wie vor unbestritten. Costello suchte ihn auf und Luciano entschied: Das Wohl der Allgemeinheit geht über die Sicherheit des einzelnen; Lepke muß sich stellen. Er sollte aber nicht an Dewey ausgeliefert werden, der ihn auf Grund der lokalen Delikte, die er begangen hatte, für immer ins Gefängnis schicken konnte. Es wurde vielmehr entschieden, daß er sich Hoover stellen sollte, da er für seine Verstöße gegen Bundesgesetze viel geringere Strafen zu erwarten hatte. Allerdings sollte er sich vom FBI nur unter der Bedingung verhaften lassen, daß Hoover feierlich versprach, ihn nicht an Dewey auszuliefern. Ein derartiger Kuhhandel ist mit europäischen Rechtsbegriffen unvereinbar. In Amerika kommt es aber immer wieder vor, daß Verteidigung und Gericht vereinbaren, gewisse Anklagen im Austausch dafür fallen zu lassen, daß sich der Angeklagte in anderen Fällen schuldig bekennt.

Ein Unterhändler namens Wolensky wurde beauftragt, Buchalter und Anastasia den Beschluß Lucianos zu übermitteln und sie zur Aufgabe zu bewegen. Widerwillig stimmte Anastasia zu. Ein Mafia-Chef, gleich welchen Ranges, stellte die Ratschläge des Capo di tutti i capi nicht in Frage, auch wenn dieser im Gefängnis saß. Damit hatte Buchalter seinen letzten Verbündeten verloren. Nun blieb auch ihm keine Wahl.

Durch die Vermittlung von Walter Winchell kontaktierte Costello im Namen des Syndikates Hoover und schlug ihm das Geschäft vor, das zur dramatischen Verhaftung am 24. August 1939 führte. Lepke sollte nicht an Dewey ausgeliefert, sondern nur wegen seiner Verbrechen auf Bundesebene angeklagt werden. Außerdem sollte Hoover zum Zeichen des Einverständnisses mit dieser Bedingung die Festnahme persönlich und unbewaffnet vornehmen.

Hoover wurde später beschuldigt, er habe diese Bedingungen angenommen, um Dewey die Show zu stehlen und mit der Verhaftung Buchalters einen spektakulären Erfolg für das FBI zu erzielen. Das ist zwar möglich, aber Hoover dachte jedenfalls nicht daran, die Bedingungen einzuhalten. Auch das wurde als Bruch eines gegebenen Versprechens kritisiert. Für Hoovers strenge puritanische Moral stellten sich solche Gewissensfragen freilich nicht. Ein noch so feierliches Versprechen, das er einem Gangster gegeben hatte, verpflichtete zu nichts. Nach seinen Moralbegriffen konnte mit Kriminellen weder ein Kompromiß noch ein Pakt geschlossen werden. Im Gegenteil: Alle Tricks, selbst die niederträchtigsten, waren erlaubt. Fair play, Spielregeln oder einen Ehrenkodex konnte es zwischen Polizei und Gangstern nicht geben. Das bekamen Buchalter und der Unterhändler Wolensky zu spüren. Als sich herausstellte, daß Hoover nicht daran dachte, seine Zusagen zu halten, zog es Wolensky vor, zu verschwinden. Als er 1945 wieder auftauchte, wurde er auf Befehl Anastasias ermordet.

Buchalter aber hatte sich hereinlegen lassen. Am 24. August 1939, um 22 Uhr, holte ihn Anastasia aus seinem Versteck im Hause Nr. 101 in der Dritten Straße in Brooklyn ab und brachte ihn nach Manhattan, wo er ihn an der Ecke Fifth Avenue und 29. Straße aussteigen ließ. Kaum war Buchalter verhaftet, als ihm Hoover sagte, daß er nach seinem Prozeß an Dewey ausgeliefert werde. Der Gangster schäumte vor Wut, aber es war zu

KAP. XII / DIE „EHRENWERTE GESELLSCHAFT"

spät. Er saß in der Falle, und seine Situation war viel ernster, als er glaubte. Einen Monat nach seiner Verhaftung wurde er von einem Bundesgericht zu 14 Jahren Gefängnis wegen illegalen Drogenhandels verurteilt. Ein New Yorker Geschworenengericht verhängte eine weitere Strafe von 30 Jahren Gefängnis, die er in der Strafanstalt von Leavenworth abdienen mußte. Er hatte noch Glück im Unglück gehabt, weil viele Zeugen der Anklage, eingeschüchtert durch die Liqudierungen, die Buchalter durch die Murder Inc. vornehmen hatte lassen, nicht vor Gericht erschienen waren. Aber noch viel Ärgeres stand dem Gangster bevor.

Am Karfreitag, den 22. März 1940, erschien im Büro des Distriktstaatsanwaltes von Brooklyn eine junge Frau. Sie wurde vom stellvertretenden Staatsanwalt Burton Turkus empfangen. Die Besucherin war die Frau des Syndikatsangehörigen Abe Reles, genannt Kid Twist, der in einem New Yorker Gefängnis eine Strafe wegen Mordes absaß.

Frau Reles wurde in das Büro des Staatsanwaltes Bill O'Dwyer gebracht, wo sie unter Tränen erklärte: „Mein Mann hat mich geschickt, er will Sie sprechen! Ich bin schwanger, ihm droht der elektrische Stuhl. Weil er unser Kind sehen möchte, ist er bereit auszusagen!"

Das Erstaunen der beiden Staatsanwälte kannte keine Grenzen. Noch nie war ein Mitglied des Syndikates bereit gewesen, auszusagen.

Bereits um 19 Uhr war Turkus im Gefängnis, aus dem er mit einer schnell eingeholten Genehmigung des Obersten Gerichtshofes Abe Reles zu O'Dwyer brachte. Um 22 Uhr betrat der Gefangene das Büro des Staatsanwaltes. Er war unzählige Male wegen Mordes angeklagt gewesen und immer wieder mangels an Beweisen freigesprochen worden. Trotzdem war ihm das Gefängnis wohlvertraut; man sagte von ihm, daß er seit seinem 16. Geburtstag viermal pro Jahr hinter Gittern gesessen sei. Nun aber drohte ihm die Todesstrafe. Ein anderer Häftling namens Harry Rudolph hatte erklärt, gesehen zu haben, wie Red Alpert, ein kleiner Gauner, von Abe Reles unter Assistenz eines gewissen Bugsy Goldstein und eines anderen unbedeutenden Handlangers ermordet wurde. Reles, der wußte, daß er gesucht wurde, aber nicht ahnte, daß die Polizei im Besitze dieser wichtigen Zeugenaussagen war, hatte sich in der Meinung gestellt, die Polizei werde ihn schnell wieder freilassen müssen.

Er blieb jedoch zusammen mit seinen Mittätern in Haft. Während aber Reles und Goldstein standhaft leugneten, brach ihr Komplize zusammen und begann auszupacken, als man ihm sagte, daß Reles und Goldstein die ganze Schuld auf ihn abwälzen wollten. Er beschuldigte nun nicht nur die beiden anderen des Mordes an Red Alpert, sondern gab auch zu, ihnen bei anderen Mordexpeditionen als Fahrer gedient zu haben. Nun wurde auch noch Pretty Levine, ein anderer kleiner Gauner verhaftet, der ebenfalls auszupacken begann. Weil er eine Schuld an das Syndikat nicht hatte bezahlen können, war er gezwungen worden, an einer Reihe von Mordtaten unter der Leitung von Reles teilzunehmen.

Nun sah sich Reles in die Enge getrieben, denn alle diese Aussagen würden ihn auf den elektrischen Stuhl bringen. Er war aber nur der Vollstrecker der Befehle der großen Bosse des Syndikates gewesen, für die er nun büßen sollte. Das traf diesen harten Burschen und eiskalten Mörder deshalb so schwer, weil er abgöttisch an seiner Frau hing, die ein Kind von ihm erwartete. Nachdem er monatelang bei allen Verhören geschwiegen hatte, war er nun bereit, auszusagen, um sein Leben zu retten, zu seiner Frau zurückzukehren und sein Kind zu sehen. Reles war kein kleiner Gauner, sondern diskutierte mit O'Dwyer und Turkus gelassen wie mit seinesgleichen über die Bedingungen seiner Kapitulation. Zynisch erklärte er dem Staatsanwalt: „Wenn ich aussage, mache ich Sie so berühmt wie Dewey. Sie

KAP. XII / DIE „EHRENWERTE GESELLSCHAFT"

werden der bekannteste Mann im Lande sein. Also lassen Sie uns verhandeln. Ich verlange meine Freilassung und die nötigen Mittel, um mit meiner Frau ins Ausland zu gehen, sobald ich Ihnen alles gesagt habe."

Für einen unbekannten Staatsanwalt, der von einer politischen Karriere träumte, war das ein sehr verlockendes Angebot. Aber Reles verlangte zu viel. „Sie können auf Totschlag plädieren und ich verspreche Ihnen mildernde Umstände", sagte ihm O'Dwyer.

„Die Freiheit oder nichts", antwortete Reles entschlossen. Endlich wurden sie sich durch ein weiteres Zugeständnis des Staatsanwaltes einig. Reles würde für seine Aussagen die Vorteile des Status eines Zeugen genießen, d. h. sie konnten nicht gegen ihn verwendet werden.

Am Karsamstag um 4 Uhr früh wurde der Pakt geschlossen. Dann wurde ein Stenograph geholt, und Reles begann mit seinem schrecklichen Geständnis, dem O'Dwyer und Turkus, die kaum ihren Ohren trauten, erschüttert lauschten. Reles wurde zwölf Tage lang verhört, seine Aussagen füllten 25 Stenogrammhefte. Jeden Abend wurde er unter strenger Bewachung in einem Zimmer des Hotel Bossert in Brooklyn und dann, nachdem dieser Aufenthalt nicht mehr sicher schien, im sechsten Stock des Half Moon Hotels am Strand von Coney Island untergebracht.

Sein Geständnis schilderte die schrecklichste Serie von Morden, die wohl jemals ein Staatsanwalt angehört hatte. Bis dahin hatte niemand die Einzelheiten der Tätigkeit der Murder Inc. gekannt. Nun wurden zum ersten Male in der Geschichte der amerikanischen Justiz die Struktur, die Organisationsform und die Dimensionen dieses verbrecherischen Unternehmens ans Tageslicht gebracht. Sie waren so ungeheuerlich und erschreckend, daß Amerika den Atem anhielt. Reles machte genaue Angaben, er lieferte Einzelheiten wie Namen, Orte, Daten und

Umstände, die überzeugende Beweise darstellten. Murder Inc. arbeitete auf Befehl des Syndikates, aber auch im Auftrag jeder beliebigen Bande, die einen Unerwünschten beseitigen wollte. Reles nannte auch Zeugen. Seine Geständnisse führten zur Aufklärung von etwa 200 ungesühnten Morden.

Das FBI stellte durch seine Ermittlungen fest, daß Reles nicht übertrieben hatte. Seine Aussagen zeugten von einem phänomenalen Gedächtnis. Er erinnerte sich nicht nur an die Namen der Opfer und ihrer Mörder, sondern auch an die Summen, die für die Liquidationen bezahlt worden waren, an die falschen Alibis und vor allem an die Auftraggeber und ihre Hintermänner. Auf Grund seiner Hinweise konnte das FBI zahlreiche Verstecke ausfindig machen, in denen die Opfer verscharrt worden waren.

Von größter Tragweite waren die Aussagen über die Beziehungen zwischen dem Syndikat, seinem obersten Rat und der Murder Inc. Reles nannte die Namen von etwa fünfzehn professionellen Killern, darunter Pittsburg Phil Strauss, einem Spezialisten, der ungefähr 40 Morde auf Befehl ausgeführt hatte. Er lieferte ferner erdrückende Anschuldigungen gegen Lepke Buchalter, dessen Chauffeur und Leibwächter er gewesen war, sowie gegen Anastasia, den Organisator der Exekutionen, Adonis, den Manager der Mordorganisation, und gegen alle, die sich der Murder Inc. bedient und im Rat für die Liquidierungen gestimmt hatten: Luciano, Siegel, Lansky, Mangano und andere Bosse des Syndikates. Seine Aussagen hätten genügt, um die meisten von ihnen auf den elektrischen Stuhl zu bringen.

Abe Reles hatte sein Versprechen gehalten: Innerhalb weniger Tage hatte er Staatsanwalt O'Dwyer zum berühmtesten Mann der Vereinigten Staaten gemacht. Für das FBI hatten seine Enthüllungen eine Welle von Untersuchungen im ganzen Land zur Folge. Sechs Monate lang waren unzählige Beamte damit beschäftigt, O'Dwyer bei seinen Ermittlungen zu unterstützen.

KAP. XII / DIE „EHRENWERTE GESELLSCHAFT"

Das Beispiel, das Reles gegeben hatte, zog Weiterungen nach sich. Einige andere Mitglieder des Syndikates versuchten nun, ihre Situation ebenfalls durch freimütige Geständnisse zu verbessern. Vor allem ein gewisser Tannenbaum machte Angaben, die von größtem Wert waren.

Die Big Bosse waren nun von Panik erfaßt. Erstes Opfer der Enthüllungen wurde Lepke Buchalter. Tom Dewey holte ihn im Mai 1940 aus der Strafanstalt von Leavenworth und stellte ihn vor das Bundesgericht in Brooklyn, wo er des Mordes an Zeugen angeklagt wurde, deren Aussagen er gefürchtet hatte. Abe Reles konnte ihn im Verlaufe dieses Prozesses, der immer wieder unterbrochen und verschoben wurde, nicht mehr belasten. Am 6. November 1941, irgendwann zwischen 19 Uhr und 7.10 Uhr morgens, stürzte er auf unerklärliche Weise aus dem Fenster seines Zimmers im sechsten Stock des Half Moon Hotels in Coney Island und fiel auf eine 15 m tiefer gelegene Terrasse, wo er tot liegen blieb. Sechs der achtzehn Polizisten, die sich dreimal am Tag abwechselten, um seine Sicherheit zu garantieren, wachten im Nebenzimmer, und die Verbindungstür zwischen den Zimmern war offen gewesen. Am Vorabend hatte Abe Reles seine Frau empfangen und war fröhlich und entspannt gewesen. Das Untersuchungsergebnis stellte seinen Tod als mißglückten Fluchtversuch dar, der durch Unaufmerksamkeit der Bewacher, die entlassen wurden, ermöglicht worden sei.

Sein rätselhafter Tod rettete Buchalter aber nicht. Nach einem endlosen Verfahren wegen Mordes zum Tode verurteilt, wurde er am 4. März 1944 auf dem elektrischen Stuhl hingerichtet. Andere Killer der Murder Inc., wie Goldstein, Strauss und Abandonado, waren ihm vorausgegangen. Siegel entkam nach Kalifornien, wo er jedoch mehrere Male verhaftet wurde. Albert Anastasia verschwand an dem Tage, an dem Reles starb. Das FBI suchte ihn vergeblich wegen mehrfachen Mordes. Er tauchte erst im Jahre 1942, nach dem Eintritt Amerikas in den

Krieg, wieder auf. Zu diesem Zeitpunkt waren die Zeugen, die gegen ihn hätten aussagen können, bereits verschwunden. Er wurde eingezogen und diente bis 1945 als Sergeant bei einer Ausbildungseinheit in Hoboken, New York. Dann wurde er wieder Chef des Dockersyndikats, das während seiner Abwesenheit von seinem Bruder Tough Tony geführt worden war.

Anastasia war noch einmal davongekommen. Reles hatte erschreckende Einzelheiten über seine Tätigkeit als Chef der Murder Inc. und als Gewerkschaftsboß der Hafenarbeiter enthüllt. So hatte er die Stelle genannt, an der Anastasia die Leichen jener Gewerkschaftsmitglieder verscharren hatte lassen, die versucht hatten, sich ihm zu widersetzen. Dort fand das FBI u. a. die sterblichen Überreste Peter Pantos, eines jungen ehrlichen Gewerkschafters, der im Juli 1939 verschwunden war und der später als das Vorbild für den Film „On the Waterfront", mit Marlon Brando in der Hauptrolle, diente. Panto hatte versucht, seine Kollegen um sich zu scharen, um die eisernen Gesetze Anastasias zu brechen.

In den dreißiger Jahren wurden auf den Kais von New York und Brooklyn per Quadratmeter mehr Morde verübt als irgendwo sonst in der Welt. Täglich verschwanden gestohlene Waren im Werte von Millionen Dollar aus den Lagerhäusern, um von der Mafia am hellichten Tag in den Geschäften der 12. Avenue verkauft zu werden. Nur wer dem Syndikat angehörte, hatte Zutritt zum Hafen, und nur wer dem Syndikat Tribut leistete, durfte dort Geschäfte betreiben. Der amerikanische Gewerkschaftskongreß hatte vergeblich versucht, Anastasias sogenannte Gewerkschaft aus seinen Reihen auszuschließen und eine Gegengewerkschaft zu gründen. Vergeblich: Unter dem Druck Anastasias wagten es die Hafenarbeiter nicht, ihr beizutreten. Reeder, Frächter, Spediteure, Lagerhausbesitzer und wer sonst noch in den Häfen von New York und Brooklyn zu tun hatte, mußte Anastasia Tribut entrichten.

KAP. XII / DIE „EHRENWERTE GESELLSCHAFT"

Als Folge der Enthüllungen, die Reles und Tannenbaum gemacht hatten, sandte Hoover eine Sonderbrigade von 32 G-Männern nach New York und stellte sie einer Kommission der Staaten New York und New Jersey zur Verfügung, die gebildet worden war, um die Waterfront zu säubern. Es war jedoch sehr schwer, in die geschlossene Gesellschaft einzudringen, die Tony Anastasia nach der Flucht seines Bruders fest in die Hand genommen hatte und grausam beherrschte. Es gab zwar einige Widerspenstige, aber sie blieben nicht lange am Leben, sondern wurden liquidiert. Es war jedoch Krieg, und weil viele Hafenarbeiter zum Militärdienst eingezogen wurden, gab es eine starke Personalfluktuation. Das ermöglichtes es Hoovers Beamten, in die bisher so geschlossene Gesellschaft der Waterfront einzudringen und ihre ersten wirklichen Erfolge zu erzielen. Innerhalb kurzer Zeit gelang es ihnen, 670 Gefolgsleute Anastasias dingfest zu machen und damit die Kriminalität an der Waterfront einzudämmen. Allerdings wurde auch die Tätigkeit des FBI durch den Kriegszustand erschwert. Amerikanische Truppen kämpften an der Seite ihrer Alliierten in Europa und Übersee. Die amerikanische Regierung konnte es sich nicht leisten, durch wilde Streiks der Hafenarbeiter eine Verzögerung ihrer Versorgung mit Waffen, Munition, Geräten und Lebensmitteln zu riskieren. Selbst Roosevelt zog es vor, gegenüber den Geschehnissen an der Waterfront ein Auge zuzudrücken. Das Schicksal einzelner zählte wenig angesichts der allgemeinen Lage.

Überlegungen dieser Art erklärten auch das plötzliche Auftauchen Anastasias im Jahre 1942. Obwohl er noch immer wegen einer Serie von Morden verfolgt wurde, trug er nun die Uniform eines Sergeanten der amerikanischen Armee. Er und sein Bruder waren zynische Nutznießer der Zwangslage, in der sich die Regierung befand. Sie mußte von den Hafenarbeitern ein Maximum an Leistung verlangen. Es ist anzunehmen, daß die Brüder Anastasia den Behörden in Washington einen Kuhhandel vorgeschlagen haben: Man vergesse Alberts Fehltritte im Austausch gegen totalen patriotischen Kriegseinsatz an der Waterfront. Allem Anschein nach ist man auf diesen Vorschlag eingegangen. Eine andere Erklärung für das unbekümmerte Auftauchen Anastasias, der sogar eine Kriegsverdienstmedaille erhielt, gibt es nicht.

Selbst Hoover mußte zugeben, daß trotz beachtlicher Erfolge die vollständige Ausrottung des Verbrechens an der Waterfront nicht gelungen war. Dafür hatte er an einer anderen Front Erfolg. Bugsy Siegel, Freund von Stars und Produzenten in Hollywood, konnte trotz seiner guten Beziehungen zu hochgestellten Persönlichkeiten Kaliforniens auf Betreiben des lokalen FBI-Büros nicht in Ruhe leben und wurde mehrmals verhaftet. Auch der alte und weise Johnny Torio wurde wegen Steuerhinterziehung festgenommen.

Am Ende des Jahres 1941 konnte sich Hoover zufriedengeben. Er hatte den sechsjährigen Kampf gegen das organisierte Verbrechen im großen und ganzen erfolgreich zu Ende geführt.

Das Syndikat, die Mafia und die Murder Inc. waren entlarvt. Nur wenige ihrer großen Bosse waren dem FBI entkommen. Luciano, Shapiro, Siegel und Torio saßen im Gefängnis, Schultz und Reles waren tot. Auf Buchalter, Goldstein und Strauss wartete der elektrische Stuhl. Genovese war nach Italien geflüchtet, Adonis, Anastasia und Costello hatten es vorgezogen, unterzutauchen.

Das war eine beachtliche Bilanz. Für den FBI war dieser Krieg gerade zur rechten Zeit zu Ende gegangen. Abe Reles starb einen Monat vor Pearl Harbor. Nun begann für Hoover und seine Männer ein neuer und viel größerer Krieg.

XIII

AGENTEN DES DRITTEN REICHES

Im Jahre 1936 näherte sich die Welt dem Rande des Abgrundes. Hitler, der drei Jahre zuvor an die Macht gekommen war, rüstete auf. Die Japaner, in Korea und in der Mandschurei auf dem Vormarsch begriffen, bedrohten ganz Asien. Mussolini schuf sich ein Imperium, indem er Abessinien eroberte. In Spanien war der Bürgerkrieg ausgebrochen. Stalins Säuberungen fielen Millionen von Sowjetbürgern zum Opfer. In den Vereinigten Staaten gab es neun Millionen Arbeitslose, die eine leichte Beute der Radikalen von links und rechts zu werden drohten.

Präsident Roosevelt war sich dieser Gefahr bewußt. Deshalb rief er am 26. April 1936 Edgar Hoover zu einer Geheimbesprechung ins Weiße Haus.

„Ich habe Sie kommen lassen", begann Roosevelt ohne Umschweife, „weil ich Ihnen eine Aufgabe anzuvertrauen habe. Sie muß vertraulich bleiben. Ich habe zunehmende Sorge wegen der Tätigkeit der Kommunisten und der Faschisten in den Vereinigten Staaten. Ich möchte, daß Sie alles unternehmen, um festzustellen, welchen Einfluß die einen und die anderen auf Politik und Wirtschaft unseres Landes nehmen können."

„Herr Präsident", erwiderte Hoover, „es gibt keine Behörde, die derartige Nachforschungen anstellen kann. Mitgliedschaft bei der Kommunistischen Partei stellt keinen Verstoß gegen das Gesetz dar. Ich habe schon vor Jahren die größten Schwierigkeiten gehabt, als ich die Kommunisten bekämpfen wollte."

Nach kurzem Schweigen sagte Roosevelt: „Mein lieber Edgar, ich vertraue darauf, daß Sie wie immer einen Weg finden werden. Denken Sie nach und machen Sie mir dann Vorschläge." Ohne nachdenken zu müssen, meinte Hoover: „Vielleicht gibt es eine Möglichkeit, Herr Präsident. Das Gesetz sieht vor, daß das FBI auf Anordnung des Außenministers bestimmte Untersuchungen vornehmen kann. Der Außenminister müßte sich dazu mit dem Justizmininster in Verbindung setzen."

Roosevelt war sehr erstaunt zu erfahren, daß die Gesetze es ihm, dem Präsidenten der Vereinigten Staaten, nicht erlaubten, eine solche Untersuchung anzuordnen. „Kommen Sie morgen wieder", sagte er. „Wir werden mit Außenminister Cordell Hull darüber sprechen."

Am folgenden Tag um 13.15 Uhr fand sich Hoover neuerlich im Weißen Haus ein. In seiner Gegenwart setzte der Präsident Außenminister Cordell Hull in Kenntnis, daß die kommunistischen und faschistischen Aktivitäten in den USA eine Untersuchung des FBI erforderlich machten. „Hoover sagt, daß er sie durchführen kann", fügte der Präsident hinzu. „Damit sie aber der Gesetzeslage entspricht, muß der Antrag von Ihnen kommen."

Ohne sich eine Sekunde zu besinnen, stimmte Cordell Hull zu. Der Präsident lächelte zufrieden und begann ausführlich über die weltweiten Aktivitäten kommunistischer und faschistischer Verschwörer zu sprechen. Besonders scharf wandte er sich gegen die Tätigkeit eines Angehörigen der sowjetischen Botschaft in Washington namens Constantin Umanski. Mit seiner Überwachung sollten die Untersuchungen ihren Anfang nehmen. Nachdem ein formelles Übereinkommen zwischen Roosevelt, Hull und Hoover getroffen worden war, begannen sie am 1. September 1936. Am 5. September richtete Hoover an seine Beamten ein Schreiben mit dem Vermerk „Persönlich und vertraulich", in dem es hieß: „Das Büro hat durch Einsatz aller

KAP. XIII / AGENTEN DES DRITTEN REICHES

Erhebungsmöglichkeiten jedwedes Material über verdächtige subversive Aktivitäten von Kommunisten, Faschisten und anderen Elementen zu beschaffen, die gegen die Regierung der Vereinigten Staaten gerichtet sind oder illegale Zustände herbeiführen sollen."

Nach einem Gespräch mit Justizminister Cummings erließ Hoover folgenden ergänzenden Hinweis: „Der Justizminister hat heute im Verlauf einer Unterredung, die ich mit ihm hatte, den vom Präsidenten gewünschten Erhebungen zugestimmt. Sie haben unter größter Geheimhaltung zu erfolgen."

Am 14. September trafen Cummings und Hoover in Washington mit dem amerikanischen Botschafter in Paris, William Bullitt, zusammen, der ein profunder Kenner des internationalen Kommunismus war, nachdem er einige Zeit in Moskau gedient hatte. Bullitt war sehr kooperativ und wies insbesondere darauf hin, daß innerhalb der weltweiten kommunistischen Aktivitäten die Vereinigten Staaten besonders gefährdet seien. Er unterstrich ferner, daß Stalin nicht nur das Haupt der Sowjetunion, sondern auch der Internationale sei, die alle Staaten zu unterwandern suche und deren Befehle in den Vereinigten Staaten von Umanski ausgeführt würden. Er war, wie Roosevelt vermutet hatte, eine Persönlichkeit von größter Bedeutung.

Zur gleichen Zeit wandte sich Hoover den nazistischen Aktivitäten zu. Die Resultate ließen nicht lange auf sich warten. In den Jahren 1936 und 1937 deckte das FBI 70 Spionagefälle auf. Der bedeutendste Fang war Günther Gustav Rumrich, Deserteur der amerikanischen Armee, der 1936 in den deutschen Spionagedienst getreten war. Zur gleichen Zeit, in der die militärische Abwehr das FBI von seiner Desertion in Kenntnis setzte, erfuhr das Büro über den amerikanischen Militärattaché in London, daß ein deutscher Spion seinen Vorgesetzten in Berlin mitgeteilt habe, er sei im Begriff, sich der Verteidigungspläne für die amerikanische Ostküste zu bemächtigen.

Es war ein seltener Zufall. Hoover, der bereits 1917 und 1918 Erfahrung im Kampf gegen die Spionage gesammelt hatte, vertrat die Ansicht, daß zwischen den beiden Informationen ein Zusammenhang bestehe. Er ließ die Häfen, Flughäfen und Paßbüros überwachen. Bereits drei Tage späger ging Rumrich in die Falle. In aller Ruhe und unter seinem wahren Namen bewarb er sich bei der zuständigen Behörde um die Ausstellung eines Reisepasses. Bei ihm wurde ein mit Bleistift beschriebenes Blatt Papier gefunden, aus dem geschlossen werden konnte, daß er tatsächlich der Spion war, den die deutsche Abwehr mit der Ausspähung der Verteidigungsanlagen an der Ostküste betraut hatte.

Er wurde in Hoovers Büro gebracht, der ihn, wie er dies bei bedeutenden Fällen immer tat, persönlich verhörte. Dort legte der Amateurspion Rumrich, ohne zu zögern, ein umfassendes Geständnis ab. Er deckte das gesamte Spionagenetz, dem er angehörte, mit so detaillierten Angaben auf, daß das FBI seine Mitglieder unschwer eruieren konnte.

„Unsere Aufgabe", sagte Rumrich, „umfaßte die Ausspähung alle Verteidigungsmaßnahmen der Vereinigten Staaten; insbesondere sollten wir die Pläne des neuesten Flugzeugträgers, der ‚Enterprise', beschaffen."

Das FBI schien vor einem großen Fang zu stehen. Unglücklicherweise wurde eine Indiskretion begangen, die Presse bemächtigte sich der Angelegenheit und die Mehrzahl der insgesamt 18 Mitglieder des Agentenringes konnte fliehen. Nur vier wurden verhaftet und verurteilt.

Dieser Mißerfolg traf Hoover schwer. Er verwünschte die Presse, die er als ein Instrument betrachtete, das mehr oder minder vorsätzlich dem Feinde diente. Monate vergingen, in denen sich sein Zorn legte. Eines Tages erschien ein Journalist in der großen Eingangshalle des FBI-Gebäudes in Washington, die mit einer riesigen Landkarte geschmückt war, auf der ein großer

KAP. XIII / AGENTEN DES DRITTEN REICHES

roter Pfeil aus der Sowjetunion über Europa hinweg auf Amerika zielte. Der Besucher verlangte, direkt zu Hoover geführt zu werden. Der FBI-Direktor empfing ihn und bekam eine erstaunliche Mitteilung zu hören: „Gestern abend habe ich in einer Bar die Gespräche eines gewissen Farnsworth mitgehört. Sichtlich betrunken hat er erzählt, daß er ein japanischer Spion sei. Er hat so viele Details ausgeplaudert, daß er glaubwürdig erschien. Ich habe es für meine Pflicht gehalten, diese Information meinem Blatt zu verschweigen und sie Ihnen zu geben." Hoover bat den Besucher, einen Augenblick zu warten, kam mit einer Karteikarte zurück, studierte sie aufmerksam und sagte dann: „Das kann interessant werden. Bitte sprechen Sie mit niemandem über diese Angelegenheit und kommen Sie morgen wieder zu mir."

Ein John Semer Farnsworth war dem FBI und dem Abwehrdienst der Marine wohlbekannt. Er hatte die Marineakademie absolviert, war aber im Jahre 1927 wegen seines Lebenswandels verabschiedet worden. Seither führte er eine unstete Existenz am Rande der Gesellschaft.

Hoover ließ ihn verhaften, und Farnsworth gestand: „Ich habe von den Japanern 20 000 Dollar bekommen, um ihnen Nachrichten über unseren Code, unsere neuesten Kriegsschiffe und Marinemanöver zu liefern." Man hatte einen guten Fang gemacht, und Hoover war nun auf Journalisten wieder besser zu sprechen.

Im März 1937 veröffentlichte der Journalist Heywood Brown einen Artikel, der die politischen Kreise Amerikas in Aufruhr versetzte. Er beschäftigte sich mit der Tätigkeit deutsch-amerikanischer Bünde in den Vereinigten Staaten, die sich zu paramilitärischen Milizen zusammengeschlossen hatten. „Diese nazistischen Verbände", schrieb Heywood Brown, „stehen treu zu ihrer Heimat und Adolf Hitler."

Als Roosevelt diesen Artikel in der ihm vorgelegten Presseschau las, war er alarmiert. Er wandte sich sofort an den Kriegsminister Harry H. Woodring, der seinerseits das FBI beauftragte, zu erheben, ob die Informationen Browns richtig seien. „Ermitteln Sie vorsichtig", sagte er zu Hoover. „Selbst wenn die Aktivität dieser Gruppen gefährlich sein sollte, gibt es kein Bundesgesetz, um sie zu verbieten."

Hoover hatte Bedenken: „Wozu sollen wir ermitteln, wenn wir doch nicht einschreiten dürfen? Wenn die Erhebungen durch eine Indiskretion bekanntwerden, gibt es einen Skandal."

„Das macht nichts", erwiderte Woodring. „Ermitteln Sie nur. Ich möchte wissen, was los ist."

Am Beginn des Jahres legte Hoover dem Kriegsminister einen Bericht von 600 Seiten vor. Er enthielt alles über die diversen Verbände im ganzen Land, ihre Ausbildungsstätten und ihren Rückhalt in der Bevölkerung. Besonders verwiesen wurde auf die „Teutonia" in Washington, die unter der Führung eines gewissen Fritz Kuhn stand, Verbindung mit der deutschen Botschaft hatte und von ihr Aufträge erhielt.

„Gute Arbeit", meinte Woodring, „aber damit wollen wir es bewenden lassen. Mehr können wir derzeit nicht tun."

Die amerikanischen Gesetze erlaubten kein Einschreiten. Erst im November 1938 konstituierte sich das sogenannte Komitee Dies, dessen Aufgabe es sein sollte, im Auftrag des Außenministeriums und des Kriegsministeriums festzustellen, daß gewisse Mitglieder der Kommunistischen Partei und pro-nazistischer Bewegungen in Wirklichkeit Spione fremder Mächte seien, deren Tätigkeit in den Vereinigten Staaten gegen amerikanische Gesetze verstieß. Am 4. April 1939 ermächtigte ein Regierungsbeschluß das Komitee offiziell mit der Untersuchung der „kriminellen Tätigkeit von Faschisten und Kommunisten auf amerikanischem Boden."

Drei Monate Vorarbeit waren erforderlich, bis auf Betreiben Roosevelts die Erhebungen endlich begannen, aber auch dann

KAP. XIII / AGENTEN DES DRITTEN REICHES

gab es noch Schwierigkeiten. Man war sich nicht einig, welche Behörde für die Bekämpfung subversiver Tätigkeiten zuständig war. Roosevelt hatte Ende 1938 dem FBI eine Summe von 50 000 Dollar für Zwecke der Spionagebekämpfung zuweisen lassen; im darauffolgenden Jahr wurde der Betrag auf 300 000 Dollar erhöht. Nachdem das Komitee Dies endlich seine Arbeit aufgenommen hatte, nahm Hoover daher mit Recht an, daß er mit den Erhebungen beauftragt werden würde. Aber nun brach zwischen Kriegsministerium und Marineministerium einerseits und dem FBI andererseits ein Konflikt aus; die Militärs beschuldigten das Büro, sich in ihre Angelegenheiten zu mischen. Roosevelt unterstützte zwar Hoover, wollte aber die Generäle und Admiräle nicht verärgern und traf deshalb eine salomonische Entscheidung: Die Spionagebekämpfung sollte von den Nachrichtendiensten der Armee und der Marine gemeinsam mit dem FBI unter der Leitung eines Koordinationskomitees durchgeführt werden. Hoover war mit dieser Lösung nicht einverstanden. Roosevelt widerrief daher ein wenig später seine ursprüngliche Entscheidung und gab bekannt, daß keine andere Dienststelle als das FBI auf diesem Gebiet tätig zu sein habe und daß alle anderen Instanzen ihre Informationen an das Büro weiterzuleiten hätten. Hoover hatte sein Ziel erreicht: Nun lag die Bekämpfung subversiver Tätigkeiten auf amerikanischem Boden in seiner Hand.

Es war hoch an der Zeit. In Europa brach der Krieg aus, und das FBI wurde nun gebraucht, um die feindlichen Agenten im eigenen Lande unschädlich zu machen.

Wenige Monate, nachdem Roosevelt das Dies-Komitee ins Leben gerufen hatte, unterzeichneten Deutschland und die Sowjetunion einen Nichtangriffspakt auf zehn Jahre. Damit hatte Hitler freie Hand. Am 1. September 1939 trat die deutsche Wehrmacht zum Angriff gegen Polen an. Frankreich und

Großbritannien antworteten am 3. September mit der Kriegserklärung.

Am 6. September erließ Roosevelt neue Anweisungen, um die Kompetenzen des FBI im Kampf gegen die Spionage zu stärken; insbesondere im Fall einer Verletzung der Neutralität, zu der sich die Vereinigten Staaten bekennen wollten.

Damit waren zwar auf dem Gebiet der Gegenspionage im Inneren des Landes klare Verhältnisse geschaffen, doch im Bereich der Auslandsspionage ging es eher vage zu. Nach längeren Beratungen traf Roosevelt schließlich folgende Entscheidungen:

1. Der Nachrichtendienst der Marine sollte sich auf den Sektor des Pazifischen Ozeans beschränken.

2. Der Nachrichtendienst der Armee erstreckte sich auf Europa und die Zone des Panamakanals.

3. Das FBI sollte ein Gebiet übernehmen, das sich mit Ausnahme von Panama im wesentlichen auf Mexiko, Zentralamerika, die Karibischen Inseln und Südamerika ausdehnte.

Gleichzeitig bereitete sich das FBI auf die Bewältigung der Probleme vor, die im Falle eines Krieges auftauchen könnten. So wie Hoover erinnerte sich auch Roosevelt an die Fehler, die beim Ausbruch des Ersten Weltkrieges von der Regierung und vom Büro begangen worden waren.

Auf Antrag der Marine und der Armee wurde das FBI damit beauftragt, ungefähr 2300 wichtige Industrieunternehmen in allen Teilen des Landes zu überwachen. Die möglichen Sabotagemethoden wurden genau studiert und vorbeugende Maßnahmen ergriffen. So wurden u. a. allen Angestellten dieser Betriebe die Fingerabdrücke abgenommen.

Gegen Ende 1940 sandte Hoover einige seiner Beamten nach England, um die Tätigkeit der britischen Heimatschutzkräfte während der Schlacht um England zu studieren. Nach ihrer Rückkehr in die Vereinigten Staaten bereisten diese Beamten

KAP. XIII / AGENTEN DES DRITTEN REICHES

das ganze Land, um die örtlichen Polizeibehörden über das Verhalten bei feindlichen Luftangriffen zu informieren.

Auf Antrag des amerikanischen Außenamtes begann das FBI ferner, die konsularischen Vertretungen Deutschlands, Italiens, Japans und der Sowjetunion zu überwachen. Es gelang bald zu beweisen, daß diese Konsulate Propaganda- und Spionagezentren waren, worauf das Außenministerium ihre Schließung anordnete.

Bereits im Juli 1939 war es dem FBI fast durch einen Zufall gelungen, das deutsche Spionagenetz in den USA zu entlarven. Das amerikanische Konsulat in Köln hatte dem Außenministerium mitgeteilt, daß ein amerikanischer Staatsbürger deutscher Abstammung namens William Sebold im Konsulat erschienen sei, um eine Erneuerung seines Passes zu beantragen und bei dieser Gelegenheit erklärt hatte: „Um meine Familie in Deutschland zu schützen, muß ich mich in die Vereinigten Staaten begeben und dort Spionage betreiben." Sebold hatte den Konsulatsbeamten die Situation geschildert, in die er geraten war: Einige Tage zuvor, knapp einen Monat nach seinem Eintreffen in Deutschland, wo er in einer Fabrik arbeitete, die Turbinen für Westinghouse erzeugte, war die Gestapo an ihn herangetreten. Er war mit einem gewissen Gassner zusammengetroffen, der ihn einem strengen Verhör über die Flugzeugfabriken, in denen Sebold in den Vereinigten Staaten gearbeitet hatte, unterwarf. „Wir möchten, daß Sie im Falle Ihrer Rückkehr nach Amerika Spionage für uns betreiben", hatte Gassner schließlich gesagt.

Sebold hatte weder Ja noch Nein gesagt und sich Bedenkzeit auserbeten.

Als er in sein Hotel zurückkam, merkte er, daß sein Paß verschwunden war. Einige Tage später besuchte ihn Gassner in Begleitung eines Mannes, den er als Dr. Renker vorstellte, der aber in Wirklichkeit Nikolaus Ritter war, der in der deutschen

Abwehr die Arbeit der Spione im Ausland überwachte. Ohne Zeit zu verlieren legte Renker seine Karten auf den Tisch: „Wenn Sie nicht bereit sind, als deutscher Spion in die Vereinigten Staaten zu gehen, werden gewisse Verwandte von Ihnen Schwierigkeiten bekommen."

Da sein Großvater mütterlicherseits Jude war, tat Sebold so, als ob er annehme, benützte aber die Gelegenheit der Erneuerung seines Passes, den man ihm zurückgegeben hatte, um das amerikanische Konsulat zu warnen und vorzuschlagen, daß er die Rolle eines Doppelagenten übernehmen werde.

Hoover, der vom Außenministerium informiert wurde, nahm das Angebot an. Inzwischen wurde Sebold in Hamburg in die Pension Klopstock gebracht, die eine berühmte Spionageschule war. Als er sich schließlich nach Amerika begab, wurden die dort befindlichen deutschen Agenten benachrichtigt, daß ein gewißer Henry Sawyer bald mit ihnen Kontakt aufnehmen werde.

Am 8. Februar 1940 gingen ein Beamter des FBI und ein Vertreter des Außenministeriums an Bord des Dampfers „President Washington", der eben im Hafen von New York angelegt hatte. Dort trafen sie William Sebold und begaben sich mit ihm in das New Yorker FBI-Büro, wo sie von Hoover, der wie immer, wenn es sich um eine heikle Sache handelte, persönlich anwesend sein wollte, empfangen wurden.

Sebold war nervös und gab zu, nicht mehr als zwei Stunden pro Nacht geschlafen zu haben, seitdem er Europa verlassen hatte. Er war aber nach wie vor zur Mitarbeit bereit und händigte Hoover fünf Mikrofilme aus, die ihm Ritter vor seiner Abreise gegeben hatte. Einer davon war für einen gewissen Fritz Duquesne bestimmt, der in der 42. Straße auf Nummer 17 East wohnte, und enthielt den Auftrag, Informationen über die Fabrikation von Gasmasken, Funkgeräten und Entfernungsmessern zu beschaffen. Sebold besaß auch 500 Dollar in Zehndollar-

KAP. XIII / AGENTEN DES DRITTEN REICHES

scheinen, die er einer gewissen Lilly Stein in der 54. Straße übergeben sollte, und eine chiffrierte Botschaft an einen gewissen Everett Roeder de Merrick, der aufgefordert wurde, sich nach Deutschland zu begeben.

Hoover ließ diese drei Spione sofort überwachen. Außerdem ließ er von seinem Labor in Long Island einen Kurzwellensender bauen, der offiziell als Amateursender registriert wurde. Von dort konnte Sebold seinen deutschen Auftraggebern Informationen zukommen lassen, die Experten des amerikanischen Außenministeriums zusammengestellt hatten.

Bereits am nächsten Tag, den 9. Februar, begann Sebold seine Tätigkeit als Doppelagent. Seinen Instruktionen gemäß, nahm er ein Taxi und begab sich in ein Hotel an der Ecke Broadway und 3. Straße, wo er sich unter dem Namen Henry Sawyer eintragen ließ. Dabei wurde er ständig von Beamten des FBI überwacht. Vier Tage später mietete er ein Postfach in der Church Street, und am 20. Februar schrieb er an Duquesne, der prompt antwortete: „Rufen Sie mich am Nachmittag des 23. zwischen 14 und 16 Uhr an."

An diesem Tag trafen sich die beiden Männer nach kurzer telephonischer Verständigung bei der Air Terminal Company in der Wall Street Nr. 120, dem Büro, das Duquesne als Deckadresse benutzte. Sie blieben aber nicht lange dort. Duquesne war im Spionagegeschäft erfahren und fürchtete sich vor Abhöranlagen. Das Gespräch fand deshalb in einer Bar am Broadway statt.

„Das ist das erste und letzte Mal, daß Sie in meinem Büro waren", sagte Duquesne einleitend. „Es ist viel zu gefährlich. Wenn ich mit Ihnen Kontakt aufnehmen will, werde ich Ihnen einen Prospekt für Radioapparate schicken, und Sie werden mich anrufen und sich als Vertreter vorstellen, um mit mir ein Treffen an einem Ort Ihrer Wahl zu vereinbaren."

Diesen Ort gab es bereits. Hoover hatte für Sebold ein Büro

als Ingenieurkonsulent einrichten lassen, das in eine Falle für Spione umfunktioniert worden war.

Wer dieses Büro betrat, agierte praktisch unter den Augen der G-Männer. Hinter einer getönten Glastür versteckt, filmten die Beamten die Spione, die in das Büro gekommen waren, und nahmen mit Hilfe von Mikrophonen, die in den Möbeln versteckt waren, jedes Wort, das sie sprachen, auf. Eine kleine Uhr, die auf Sebolds Schreibtisch stand, und ein Kalender an der Wand zeigten auf den Filmen Tag und Stunde jedes Besuches an.

Die erste Funkverbindung zwischen der deutschen Abwehr in Hamburg und der Station, die das FBI für Sebold in Long Island eingerichtet hatte, kam am 20. Mai 1940 zustande. Zwischen diesem Tag und dem 28. Juni 1941, dem Tag, an dem das FBI Hand an die Mitglieder des Spionageringes legte, wurden 300 gefälschte Meldungen nach Deutschland gesendet, die einer Unterwanderung des deutschen Geheimdienstes gleichkamen. Nachdem mit wenigen Ausnahmen fast alle Informationen, die von deutschen Agenten auf amerikanischem Boden gesammelt wurden, über Sebold gingen, gelang es dem FBI und den Abwehrdiensten der Armee und der Marine, jeweils die geheimzuhaltenden Fakten aus den Meldungen zu eliminieren und sie durch andere, scheinbar ebenso authentische Details zu ersetzen, die aber die deutschen Empfänger auf falsche Spuren führten, sie veranlaßten, nutzlose Nachforschungen anzustellen und etwa die Zerstörung nicht existierender Objekte zu planen.

Andererseits fielen Sebold, der für die Abwehr eine sehr wichtige Rolle in den Vereinigten Staaten spielte, alle Meldungen und Anfragen, die aus Hamburg kamen, in die Hände, und das FBI wurde auf diese Weise fast täglich über die Absichten des Gegners informiert. So kam u. a. aus Hamburg ein Funkspruch, der die Bestätigung einer Meldung verlangte, wonach am 12. Mai 1941 ein Konvoi aus Amerika nach England abge-

KAP. XIII / AGENTEN DES DRITTEN REICHES

hen sollte. Tatsächlich war das Auslaufen des Geleitzuges für den 15. Mai vorgesehen, doch das FBI ließ die Deutschen wissen, daß die Informationen, die ihr Geheimdienst erhalten habe, grundsätzlich falsch seien. So sendete Sebold folgende Nachricht: „Ich habe nichts gefunden, was die Abreise eines bewaffneten US-Konvois nach England bestätigen könnte. Freunde wissen auch nichts davon."

So konnte der Geleitzug den Atlantik überqueren, ohne auf die grauen Wölfe, die Unterseeboote des Admirals Dönitz, zu stoßen.

Diese kleinen Funkspiele, die von so großer Wirkung waren, fanden aber keine Gnade vor den Augen Präsident Roosevelts. Er verlangte, daß Hoover alle Mitglieder des größten Spionageringes, den Deutschland je auf amerikanischem Boden errichtet hatte, festnehmen solle. Edgar Hoover protestierte vergeblich dagegen. Am 28. Juni 1941 mußte er zuschlagen. 36 Stunden lang erfolgten im ganzen Land Verhaftungen. Die Beamten des FBI hatten es dabei leicht. Seit der Eröffnung von Sebolds Büro in Manhattan hatten sie praktisch mit ihren Gegnern zusammengelebt und kannten deren Lebensgewohnheiten bis ins letzte Detail. Nicht eines der 33 Mitglieder des Spionageringes entging der Verhaftung. Die Presse zeigte sich begeistert.

Einzig Hoover teilte die allgemeine Begeisterung nicht. Er wußte nur zu gut, daß die Zerschlagung des Spionageringes, den er unter Kontrolle gehabt hatte, viel gefährlichere Folgen haben konnte als sein Fortbestand. Nun würden die Deutschen versuchen, andere Spionagenetze aufzubauen, und dabei vielleicht mehr Erfolg haben. Hoover dachte sich einen letzten Trick aus. Sebold, den man mit Zustimmung Roosevelts nicht verhaftet hatte, schickte am 30. Juni 1941, zwei Tage nach der großen Verhaftungswelle, folgende Nachricht nach Deutschland:

„Die hiesige Presse veröffentlicht die Verhaftung von 29 deutschen Agenten. Ich glaube jedoch, daß hier alles gut geht und daß Henry Sawyer heil davongekommen ist. Ich muß diese Sendung unterbrechen, werde aber jeden Tag Nachrichten erwarten. Oscar-Radio."

Infolge dieser Irreführung konnte die deutsche Abwehr in den Vereinigten Staaten niemals recht wirksam werden. Fast alle Spione, die mit falschen Papieren auf dem Schiffs- oder Luftweg ankamen oder heimlich in Unterseebooten an die Küste gebracht wurden, konnten bald entdeckt und meist ebenso rasch verhaftet werden. Andere blieben auf freiem Fuß, aber unter ständiger Bewachung, ohne etwas davon zu ahnen. Man ließ sie „am langen Seil laufen", um sie zu verhaften, sobald der richtige Augenblick gekommen war.

Mussolinis Spionagedienste bereiteten dem FBI trotz der vielen italienischen Einwanderer kaum Schwierigkeiten. Das hatte verschiedene Gründe.

Nachdem sie fast alle in tiefster Armut in Amerika angekommen waren, gelang es den italienischen Einwanderern in kürzester Zeit einen Lebensstandard zu erreichen, der zwar noch immer bescheiden, aber doch unvergleichlich höher war, als sie sich in ihrer alten Heimat je erträumt hatten. Ihre Anpassungsfähigkeit und ihr sehnlicher Wunsch, sich zu integrieren, der bei ihren bereits in Amerika geborenen Kindern besonders ausgeprägt war, schwächte ebenfalls ihre nationalen Gefühle ab, die von vorneherein weit weniger entwickelt waren als bei den deutschen und japanischen Einwanderern. Dementsprechend waren sie auch für patriotische Taten zugunsten ihres Herkunftslandes wenig empfänglich.

Dazu kam, daß sie in ihren Massenquartieren in den Vororten der großen Städte, die sie kaum verließen, isoliert und leicht zu überwachen waren. Entscheidend war aber vor allem, daß Mussolini unmittelbar nach seiner Machtergreifung der sizilianischen Mafia den Krieg erklärt und geschworen hatte, sie auszurotten, indem er ihre Chefs verhaftete oder deportierte. Die

KAP. XIII / AGENTEN DES DRITTEN REICHES

Mafia zahlte mit barer Münze zurück und half den Alliierten im Jahre 1943 bei der Landung in Sizilien. In der Zwischenzeit machten die Chefs der reichen und mächtigen amerikanischen Mafia mit ihren Vettern aus Corleone und Montelepre gemeinsame Sache und wachten aus reinem Selbsterhaltungstrieb streng darüber, daß es keine faschistische Infiltration der italienischen Einwanderer in den Vereinigten Staaten gab. Für das FBI gab es keine besseren Verbündeten als die Mitglieder der Mafia, die bereit waren, jeden Versuch eines Verrates im Keim zu ersticken, ohne sich dabei um juristische oder sonstige Einzelheiten zu kümmern.

Auch bei der Bekämpfung der japanischen Spione hatte Hoover Erfolg. Bis zum 7. Dezember, dem Tag, an dem die Japaner Pearl Harbor überfielen, hatte das FBI-Büro in Honolulu nicht das Recht gehabt, sich mit Spionagebekämpfung zu befassen. Laut Roosevelts Kompetenzanweisung mußte es sich damit begnügen, Sabotage zu verhindern. Die Spionagebekämpfung war dagegen Sache des ONI, des Nachrichtendienstes der Marine. Die Pressekampagne gegen das FBI und seinen Direktor, die auf Pearl Harbor folgte, war also unbegründet. Hoover versuchte auch gar nicht erst, zu antworten und sich zu rechtfertigen. Er hatte andere Sorgen. Seit 1939 hatte er Dossiers über alle verdächtigen Asiaten in den Vereinigten Staaten angelegt. Am 8. Dezember setzte er alle Beamten in einer gigantischen Verhaftungswelle ein, in deren Gefolge schließlich 1500 Japaner interniert wurden. Die japanischen Geheimdienste erholten sich niemals von diesem Schlag, der zum Pearl Harbor ihrer Spione wurde.

Gleichzeitig stieg Hoover zum unbestrittenen Herrn der amerikanischen Abwehr empor. Von neuem Ehrgeiz beflügelt, wollte er nun sämtliche Nachrichtendienste der Vereinigten Staaten beherrschen. Auf seine Erfolge pochend, gelang es ihm, Roosevelt zu überrumpeln, der ihm seine Zustimmung zu einer

Zusammenarbeit zwischen dem FBI und dem britischen Geheimdienst gab. Trotz beachtlicher Erfolge dauerte sie jedoch nicht allzulange.

Roosevelt vermochte den Einfluß des immer mächtiger werdenden Hoover, der sich bereits als Vizepräsident fühlte, nicht zuletzt weil er den tatsächlichen Vizepräsidenten für einen Trottel hielt, immer weniger zu ertragen. Er schuf daher im Jahre 1942 einen neuen Nachrichtendienst für das Ausland, das Office of Strategic Services, genannt OSS, und betraute General William „Wild Bill" Donovan mit seiner Leitung.

Hoover, der bis zuletzt gehofft hatte, diesen Posten zu erhalten und gleichzeitig an der Spitze des FBI zu bleiben, war gekränkt und gab dies auch deutlich zu erkennen. So versuchte er die Zusammenarbeit zwischen dem OSS und dem britischen Geheimdienst, wo er gute Freunde hatte, zu verhindern. Donovan gelang es jedoch, sich nach und nach durchzusetzen.

Hoover wandet sich deshalb wieder seinem alten Feind, dem Kommunismus zu. Von 1943 an sagte er des öfteren im vertraulichen Gespräch zu seinen Freunden:

„Der Krieg in Europa ist gewonnen. Ein Imperialismus ist tot; man muß sich vorbereiten, einen anderen zu bekämpfen: den Kommunismus. Seit Juni 1941 haben wir ihm freie Hand gelassen, sich zu entfalten. Wir haben ihn sogar unterstützt. Er muß schon das ganze Land unterwandert haben. Es ist Zeit, daß ich mich persönlich darum kümmere."

XIV

DAS NETZ DER SOWJETSPIONE

Sobald Hoover mit einer Aufgabe konfrontiert war, überließ er nichts dem Zufall. Diesmal ging er sofort daran, die Nachforschungen nach den kommunistischen Aktivitäten in den Vereinigten Staaten zu koordinieren und zu zentralisieren. Diese Aufgabe wurde einem Brain Trust übertragen, der den Einsatz der Beamten des FBI leitete. Alle Verdächtigen wurden erfaßt und die meisten unter ständige Überwachung gestellt. Nach der Unterzeichnung eines Beistandspaktes zwischen Amerika und der Sowjetunion war die Kommunistische Partei Amerikas aus dem Untergrund ans Tageslicht getreten. Ihr Hauptquartier war für Hoover der Sitz des bedeutendsten Gegners.

Zwischen 1939 und 1943 war die Zahl der Mitglieder der Kommunistischen Partei von 10 000 auf 45 000 gestiegen. Sie stellte in den Augen Hoovers nun wieder eine große Gefahr für die innere Sicherheit der Vereinigten Staaten dar. Er ließ deshalb in ihren Büros unbemerkt Abhörmikrophone anbringen und stellte sie mit den verschiedensten Mitteln unter ständige Überwachung. Tag und Nacht wurden die Besucher mit Hilfe von Kameras aus eigens gemieteten Wohnungen in der Nachbarschaft photographiert. Hoover bediente sich auch eines weitverzweigten Netzes von Informanten. Einige waren G-Männer, die in die Kommunistische Partei eingeschleust worden waren, andere waren Parteimitglieder, die das FBI dazu gebracht hatte, Informationen zu liefern.

Auf diese Weise erhielt Hoover ein Bild von der „internen Subversion", und das FBI gelangte in den Besitz von sechs Millionen Dossiers und einer noch viel größeren Zahl von Karteikarten. So stand praktisch ganz Amerika unter der Aufsicht von Hoovers Männern, und diese gigantische Überwachungskampagne trug bald ihre Früchte.

Am 8. November 1945 richtete Hoover an General Vaughan, den Militärberater Präsident Trumans, ein Schreiben, in dem er mitteilte, daß in den letzten beiden Jahren zwölf hohe Staatsbeamte Nachrichten militärischer oder wirtschaftlicher Art an sowjetische Spione weitergegeben hätten. Er legte eine Liste bei, auf der an zweiter Stelle der Name des Unterstaatssekretärs im Finanzministerium, Harry Dexter White, stand.

Aus dem Weißen Haus kam aber keine Antwort, worauf Hoover am 4. Dezember ein langes Memorandum an Vaughan schickte. Es befaßte sich ausführlich mit der Tätigkeit Harry Dexter Whites, der aus seinen kommunistischen Sympathien kein Hehl machte. Obwohl Hoover diesmal mehrere Kopien an Personen in der Umgebung Trumans, darunter auch an den Justizminister, geschickt hatte, erhielt er wieder keine Antwort.

Am 23. Januar 1946 konnte Hoover dann der Presse entnehmen, daß Harry Dexter White von Präsident Truman zum Chef der amerikanischen Vertretung beim Internationalen Währungsfonds ernannt worden sei. Das war ihm zuviel. Bei der Besprechung der „Patrone", die täglich in den Morgenstunden im Hauptquartier des FBI in der Pennsylvania Avenue stattfand, ließ Hoover seinem Zorn freien Lauf. „Dieser Truman ist entweder ein Dummkopf oder ein Kryptokommunist. Wobei das eine das andere nicht ausschließt. Wenn er glaubt, daß ich diese Angelegenheit auf sich beruhen lasse, täuscht er sich gewaltig."

Diese Aussagen wurden Truman hinterbracht. Sie dürften dazu beigetragen haben, daß der Präsident Allen Dulles an die

KAP. XIV / DAS NETZ DER SOWJETSPIONE

Spitze des 1947 geschaffenen CIA berief, um Hoover in Schach zu halten.

Am 4. Februar schrieb Hoover einen langen Brief, der sich ausschließlich mit Harry Dexter White befaßte. Er adressierte ihn „An General Vaughan für den Präsidenten" und schickte eine Kopie an Außenminister Byrnes. Das Schreiben lautete:

„Lieber General Vaughan,

um den Präsidenten und Sie zu informieren, finden Sie beiliegendes Memorandum über Harry Dexter White, Unterstaatssekretär im Finanzministerium.

Wie Sie wissen, wurde White vom Präsidenten dem Kongreß zur Bestätigung als einer der beiden Vertreter der Vereinigten Staaten beim Internationalen Währungsfonds vorgeschlagen, der auf Grund der Beschlüsse von Bretton Woods gegründet wurde. Da ich weiss, welche Bedeutung der Präsident und Sie solchen Fragen beimessen und angesichts der schwerwiegenden Beschuldigungen, die in dem beiliegenden Memorandum gegen White erhoben werden, habe ich mich bemüht, darin alle denkbaren Aspekte des Falles darzulegen. Wie Sie sehen, wurde das Büro aufmerksam gemacht, dass White ein wichtiges Mitglied eines geheimen sowjetischen Spionageringes in Washington ist. Dokumente, die ihm in dienstlicher Eigenschaft zugänglich waren, wurden von ihm mit Hilfe von Mittelsmännnern an Nathan Gregory Silvermaster, dessen Frau Helen Witte Silvermaster und an William Ludwig Ullmann weitergegeben. Silvermaster und Ullmann sind im Finanzministerium beschäftigt und unterstehen White. Die Dokumente des Ministeriums wurden entweder abgeschrieben oder von Ullmann in einem gut eingerichteten Labor im Keller von Silvermasters Haus photographiert. Sodann wurden die Dokumente per Kurier nach New York gebracht, wo sie, nach dessen Tode, am 27. November 1943, an Jacob M. Golos weitergegeben wurden. Golos, ein bekannter sowjetischer Agent, gab sie seinerseits an einen Mann weiter, der vermutlich Gaik Ovakimian war. Sie werden sich sicherlich daran erinnerns, daß Ovakimian vor einigen Jahren als sowjetischer Agent verhaftet wurde und auf Grund einer Sondervereinbarung mit dem Außenministerium in die Sowjetunion zurückreisen durfte.

Nach der Abreise Ovakimians reicht Golos die Dokumente an eine Person weiter, die vermutlich ... (Hier folgte ein Name, der aus Sicherheitsgründen in der später erfolgten Veröffentlichung von Hoovers Brief nicht wiedergegeben wurde.)

Nach dem Tod von Golos wurden die Dokumente, die von Silvermaster und Ullmann kamen, durch eine nicht identifizierte Person an Anatol Borisovich Gromov weitergegeben, der bis zu seiner Rückkehr in die Sowjetunion am 7. Dezember 1945 Erster Sekretär an der sowjetischen Botschaft in Washington war.

Gromov war unter Überwachung, da er im Verdacht stand, der Nachfolger von Wassili Zubilin zu sein, von dem begründeterweise angenommen wurde, daß er der Chef des NKWD für Nordamerika war, bis er Ende des Sommers 1944 nach Moskau zurückkehrte.

Der Spionagering wurde seit November 1945 überwacht, und das Ergebnis der Erhebungen kann ich Ihnen nunmehr vorlegen.

Ich halte es für meine Pflicht, Ihnen auch zusätzliches Material zu übermitteln, das wir über unser Büro in Kanada erhalten haben. Aller Voraussicht nach werden die Vertreter Großbritanniens und Kanadas beim Internationalen Währungsfonds die Wahl Whites zum Präsidenten der Weltbank oder zum stellvertretenden Direktor des Fonds vorschlagen.

Wenn die Vereinigten Staaten zustimmen bzw. White ihrerseits für eine dieser Funktionen nominieren, scheint seine Wahl gesichert.

Mein kanadischer Informant weist darauf hin, daß White auf

KAP. XIV / DAS NETZ DER SOWJETSPIONE

jedem dieser Posten die Möglichkeit hätte, die Verhandlungen über internationale Währungsfragen entscheidend zu beeinflussen. Der Informant, der zumindest einige der Vorwürfe, die in dem beiliegenden Memorandum gegen White erhoben werden, kennt, hält es für notwendig, sich der Loyalität Whites im Lichte der Tatsache zu versichern, daß die Sowjetunion das Abkommen von Bretton Woods nicht unterzeichnet hat.

Er drückt die Befürchtung aus, daß in Zukunft Ereignisse eintreten könnten, die White schwer belasten und damit die Funktionsfähigkeit dieser bedeutenden internationalen Währungsorganisation gefährden könnten.

Ich glaube, daß Sie an der vorstehend wiedergegebenen Meinungsäußerung über die Angelegenheit, die aus kanadischen Regierungskreisen kommt, interessiert sein werden.

Mit dem Ausdruck meiner vorzüglichen Hochachtung bin ich Ihr aufrichtiger John Edgar Hoover."

Auch auf diesen Brief erhielt Hoover keine Antwort, und Harry Dexter White begab sich an der Spitze der amerikanischen Delegation zur Tagung des Internationalen Währungsfonds. Hoovers Abgesandte folgten ihm auf den Fersen.

Da es ihm nicht gelungen war, das Weiße Haus zu alarmieren, hatte Hoover beschlossen, White überwachen zu lassen, um das Dossier zu vervollständigen und Harry Truman eines Tages vielleicht doch von den Anschuldigungen überzeugen zu können.

Mitten im Kalten Krieg war der Fall White für den Chef des FBI lediglich Teil eines viel größeren kommunistischen Komplottes zur Unterwanderung des amerikanischen Behördenapparates. Er befand sich mit dieser Meinung in einer recht isolierten Position, doch mit der gewohnten Energie war er bemüht, sie auch dem Präsidenten nahezubringen.

Im November 1946 mußte Harry Truman notgedrungen eine Kommission einsetzen, die sich mit dem Problem der „illoyalen" Staatsbediensteten befassen und der Verbreitung subversiver Ideen im Staatsbereich entgegentreten sollte. Das FBI wurde nun beauftragt, das Vorleben der staatlichen Funktionäre im Hinblick auf Verbindungen mit den Kommunisten zu durchleuchten. Das war eine große Aufgabe, zu deren Bewältigung Hoover 1700 Beamte einsetzte. Wieder einmal wurde er dabei beschuldigt, die Bürgerrechte zu verletzen und das FBI in eine Gestapo zu verwandeln. Petitionen mit Hunderttausenden von Unterschriften langten im Weißen Haus ein, in denen Truman vorgeworfen wurde, sich von Hoover mißbrauchen zu lassen, ein Spielzeug in seinen Händen zu sein und sich für eine Polizeiaktion übelster Sorte herzugeben. Obwohl er im Auftrag des Präsidenten handelte, fühlte sich Hoover verpflichtet, der Öffentlichkeit Rechenschaft zu geben. Er veröffentlichte in der Presse, von ihm unterzeichnet, die Instruktionen, die er seinen Beamten gegeben hatte, die aber zugleich auch die Ratschläge waren, die er der Öffentlichkeit für den Kampf gegen den Kommunismus gab. Diese „Zehn Gebote", wie man sie ironisch nannte, lauteten:

1. Bezeichnen Sie niemanden als Kommunisten, bevor Sie es beweisen können.

2. Verwechseln Sie nicht Fortschrittliche und Liberale mit Kommunisten.

3. Sie sind kein Richter; wenn ein Kommunist das Gesetz verletzt, sorgen Sie dafür, daß er vor den Richter kommt.

4. Spielen Sie nicht den Kommunisten in die Hände, indem Sie Ihretwegen in irgendeiner Weise das Gesetz verletzen.

5. Der Kampf gegen den Kommunismus darf uns nicht vergessen lassen, daß wir auch gegenüber dem Faschismus, dem Ku-Klux-Klan und anderen politischen Bewegungen wachsam sein müssen.

6. Lassen Sie die Kommunisten nicht in Ihr persönliches Leben oder in Ihre Arbeitswelt eindringen.

KAP. XIV / DAS NETZ DER SOWJETSPIONE

7. Lassen Sie sich niemals, auch nicht in belanglosen Fragen, von der kommunistischen Propaganda verführen.

8. Beteiligen Sie sich niemals an einer Demonstration, Kampagne oder Unterschriftenaktion der Kommunisten, selbst wenn sie begrüßenswerten Zielen zu dienen scheint.

9. Lassen Sie nicht zu, daß kommunistische Ideen die Schulen, die Kirchen, den Rundfunk, die Presse und den Film infiltrieren.

10. Kämpfen Sie für die wahre Demokratie, die Freiheit, Recht, Arbeit und Glück jedes Amerikaners garantiert.

Hoover wurde zwar kritisiert, aber er besaß jetzt die Möglichkeit, gegen Harry Dexter White vorzugehen. Tatsächlich wurde der Unterstaatssekretär im Februar 1947 nach Washington zurückberufen und zur Disposition gestellt.

Bezeichnenderweise haben die Gewerkschaften der öffentlich Bediensteten niemals gegen die Untersuchungen des FBI protestiert. Die amerikanische Linke verstärkte dagegen ihre Anstrengungen, um die Kommission zur Untersuchung der kommunistischen Aktivitäten und ihren verlängerten Arm, das FBI, zu diskreditieren. Unter dem Vorwand, es gelte die bedrohten staatsbürgerlichen Rechte und Freiheiten zu verteidigen, wurden Demonstrationen veranstaltet. Nun fand die Auseinandersetzung auf der Straße statt.

Es war eine der erbittertsten politischen Konfrontationen in der Geschichte der Vereinigten Staaten. Die heftigen Angriffe von links und von rechts vermochten aber nichts an der Tatsache zu ändern, daß die kommunistische Infiltration weit fortgeschritten war. Man konnte lediglich darüber diskutieren, wie weit. Ihre Existenz konnte ebensowenig geleugnet werden wie die Notwendigkeit, gegen sie einzuschreiten.

Das war die spannungsgeladene Situation, in der im Jahre 1948 der Fall Alger Hiss aufgedeckt wurde.

Hiss hatte zum Stabe von Präsident Roosevelt bei der Konferenz von Jalta gehört, hatte im amerikanischen Außenministerium gedient und war im Zeitpunkt seiner Verhaftung Präsident der Carnegie-Stiftung für den Frieden gewesen. Er wurde beschuldigt, Mitglied der Kommunistischen Partei zu sein und geheime Dokumente an einen gewissen Whittaker Chambers weitergegeben zu haben, einen ehemaligen Agenten der Sowjetunion, der nun für das FBI arbeitete.

Es war ein Fall, der alle Merkmale eines spannenden Kriminalromanes hatte. Jedesmal wenn Chambers etwas gestand, leugnete Hiss.

Don Whitehead schrieb darüber in seiner „Geschichte des FBI": „Bei der Gegenüberstellung der beiden gab Hiss zu, mit Chambers Kontakt gehabt zu haben, ihn aber nur unter dem Namen George Crosley und mit dem Beruf eines freischaffenden Journalisten gekannt zu haben. Chambers sagte aus, daß ihm Hiss Dokumente des Außenminsteriums zur Weiterleitung an Oberst Boris Bykov vom sowjetischen Geheimdienst übergeben habe. Hiss mußte zugeben, daß sich auf einem dieser Dokumente vier handschriftliche Zeilen von ihm befanden. Chambers sagte weiter aus, daß ihm Hiss auch Photokopien von Dokumenten, die er aus dem Außenministerium entwendet hatte, und einige unentwickelte Filme übergeben habe."

Die Konfrontation der beiden Männer fand vor dem Untersuchungsausschuß für antiamerikanische Umtriebe zu einem Zeitpunkt statt, in dem das FBI in die Ermittlungen noch nicht eingeschaltet war. Erst einige Zeit später wurden Hoover und seine Männer beauftragt, die Aussagen von Chambers und die Beweiskraft der Behauptungen von Hiss auf ihren Wahrheitsgehalt zu untersuchen.

Im Gegensatz zu allen damaligen und späteren Versuchen, Hoover zu diskreditieren, wurde diese Untersuchung mit größter Korrektheit durchgeführt. Sorgfältig wie stets setzte Hoover nicht weniger als 263 Beamte, teils gleichzeitig, teils nacheinan-

KAP. XIV / DAS NETZ DER SOWJETSPIONE

der ein, um den Fall zu klären. Seine G-Männer deckten auf, daß die Abschriften der Dokumente im Besitz von Chambers auf einer Schreibmaschine vom Typ Woodstock geschrieben worden waren, die sich zwischen 1936 und 1937 im Besitz des Ehepaares Hiss befunden hatte. So hatte Frau Hiss auf dieser Maschine im Jahre 1937 einen Bericht für die Absolventenvereinigung des Bryn Mawr College sowie einen Brief an die Universität von Maryland geschrieben.

Trotz dieser unanfechtbar erscheinenden Beweise wurde Alger Hiss, als er im Jahre 1949 unter Spionageanklage vor Gericht erschien, freigesprochen. Aber Hoover war nicht gewohnt, sich seine Beute entgehen zu lassen. Er ordnete neuerliche Untersuchungen an, um die Behauptung, auf der die Verteidigung von Alger Hiss beruhte, zu widerlegen, daß er nämlich Chambers nur unter dem Namen George Crowley, nicht aber unter seinem wahren Namen gekannt hatte.

Neuerlich verhört, erinnerte sich Frau Chambers, daß sie damals ein junges Mädchen namens Edith Murray porträtiert habe, das bezeugen könne, daß Alger Hiss ihren Mann sehr wohl unter seinem wahren Namen gekannt habe.

Edith Murray wurde nach einigen Tagen ausgeforscht und gab an, daß Hiss und seine Frau das Ehepaar Chambers damals in ihrer Wohnung in Baltimore besucht hätten.

Damit war bewiesen, daß Hiss vor Gericht nicht die Wahrheit gesagt hatte. Dem FBI gelang es, ihn noch einer anderen Lüge zu überführen.

Er hatte bestritten, Chambers im Jahre 1937 die Summe von 400 Dollar geborgt zu haben. Die Beamten des FBI fanden aber heraus, daß Hiss am 19. November 1937 400 Dollar von seiner Bank abgehoben und daß Frau Chambers am 23. November einen Wagen der Marke Ford um 486,75 Dollar gekauft hatte.

Alger Hiss wurde daraufhin neuerlich vor Gericht gestellt und wegen Meineides zu fünf Jahren Gefängnis verurteilt.

Trotz oder gerade wegen seiner erfolgreichen Arbeit wurde das FBI von der amerikanischen Linken heftig angegriffen, weil es im Zuge seiner Ermittlungen Telephongespräche abgehört und das Briefgeheimnis verletzt hatte. Hoover leugnete das zwar, aber die Kampagne ging weiter und erreichte einen neuen Höhepunkt, als die Ermittlungen gegen eine Bedienstete der Bundesbehörden begannen: Judith Coplon. Sie war seit 1936 Mitglied der Kommunistischen Partei und schien daher in der Kartei des FBI auf. Aufmerksamkeit erregte sie, als sie mit Valentin Gubitchev, einem Bediensteten der sowjetischen Botschaft in Washington, in Verbindung trat. Sie wurde am 4. Januar 1949 unter Bewachung gestellt und bereits am 4. März zusammen mit Gubitchev wegen Spionageverdachts verhaftet. Hoover hatte sich nicht mehr mit einer routinemäßigen Überwachung begnügt, sondern auch Spitzel eingesetzt. Das drang durch einige ungeschickte Äußerungen des Justizministers Tom C. Clark an die Öffentlichkeit. Daraufhin erreichte die Kampagne gegen das FBI einen neuen Höhepunkt.

Durch die Straßen zogen Demonstranten mit Spruchbändern: „Warum wird nicht gegen die Menschen ermittelt, die gegen Sie und mich ermitteln?" Oder: „Elf Millionen Dollar werden hinausgeworfen, um die Neugierde einiger Neugieriger zu befriedigen."

Das FBI und sein Chef standen wieder einmal im Mittelpunkt wütender Angriffe, und jedes Mittel war recht, sie zu diskreditieren. Aber während auf der Straße der Aufruhr tobte, behielten die Richter einen kühlen Kopf. Im September 1949 wurden Judith Coplon und Valentin Gubitchev zu je 15 Jahren Gefängnis verurteilt. Die über Gubitchev verhängte Strafe wurde allerdings auf Betreiben des Außenministeriums und des Justizministeriums ausgesetzt und der Sowjetagent des Landes verwiesen.

Auch das Urteil in diesem Prozeß bereitete der Kampagne

KAP. XIV / DAS NETZ DER SOWJETSPIONE

gegen Hoover kein Ende, denn die amerikanische Öffentlichkeit verfolgte bereits seit Monaten mit großer Spannung einen anderen hochpolitischen Prozeß, das Verfahren gegen elf führende Persönlichkeiten der Kommunistischen Partei Amerikas.

Lange und gründliche Erhebungen waren ihm vorausgegangen. Zwischen 1946 und 1947 hatte das FBI drei Dossiers erstellt: eines von 1350 Seiten und zwei mit je 250 Seiten sowie 846 beigelegten Beweisstücken. Diese 1850 Seiten und die 846 Beilagen wurden im Februar 1948 von Hoover dem Justizminister Tom Clark übergeben, der daraufhin sofort gegen die elf führenden Funktionäre der Kommunistischen Partei Anklage erheben ließ. Nach einem Vierteljahrhundert stillschweigender Tolerierung setzte die amerikanische Regierung zu einer großen Offensive gegen die Kommunisten an.

Am 20. Juli 1948 wurde von einem New Yorker Schwurgericht die Anklage erhoben und Bundesrichter Vincent L. Leibell ließ Haftbefehle gegen folgende Persönlichkeiten ausstellen: Eugene Dennis, John B. Williamson, Jacob Stachel, Robert G. Thompson, Benjamin J. Davis, Benjamin J. Davis jr., Henry Winston, John Gates, Irving Potash, Gilbert Green, Carl Winter und Gus Hall.

Dem FBI fiel es nicht schwer, sie alle zu verhaften, aber Hoover war beunruhigt. Bereits nach dem Prozeß gegen Judith Coplon und Valentin Gubitchev war er wegen des Einsatzes von Spitzeln heftig attackiert worden. Diesmal würde er einen solchen Einsatz nicht nur zugeben, sondern die Spitzel auch der Öffentlichkeit vorführen müssen. Bisher waren sie stets anonym geblieben; wenn jedoch der Prozeß gegen die elf Kommunisten mit einem Schuldspruch enden sollte, dann mußte er gegen seine Regel verstoßen, die Namen von Informanten nicht preiszugeben. Die Anklage beruhte vor allem auf den Angaben von 60 Personen, die in die Kommunistische Partei eingeschleust worden waren, und um sie zu erhärten, war es notwendig, sie vor Gericht in offener Sitzung und unter Eid zu wiederholen. Hoover entschloß sich daher, die Anonymität seiner Informanten preiszugeben, deren Aussagen für den Prozeß vom 17. Januar 1949 von größter Bedeutung waren.

„Zeuge auf Zeuge", schreibt Don Whitehead in seiner Geschichte des FBI, „bestätigte vor den Geschworenen mit präzisen Angaben die von Stalin formulierte Ansicht der Komintern, daß eine Revolution in den USA ,ohne die gewaltsame Zerstörung des bürgerlichen Staates' unmöglich sei. Die Angeklagten wurden von den Zeugen beschuldigt, konspiriert zu haben, um dieses Wort in die Tat umzusetzen. Die Schatten von Marx und Lenin schwebten ständig über dem Gerichtssaal..."

Der Prozeß war ein Ringen zwischen der Verteidigung, die erklärte, daß die elf Angeklagten lediglich von ihrem Recht auf Rede- und Gedankenfreiheit Gebrauch gemacht hätten, und der Anklage, die demgegenüber die These eines Komplottes vertrat. Sie wurde darin von Hoover unterstützt, der vor Gericht erklärte: „Die Kommunistische Partei in den Vereinigten Staaten verdient mehr als jede andere Organisation die Bezeichnung Fünfte Kolonne ... Sie ist mindestens hundertmal besser organisiert, als es die Nationalsozialisten in den Ländern waren, die sie später besetzten ... Sie versucht mit allen Mitteln Amerika zu schwächen, so wie sie das schon seinerzeit getan hat, als der Kommunismus noch mit dem Dritten Reich verbündet war. Das Ziel der Kommunisten ist es, unsere Regierung zu stürzen. An ihrer Gefährlichkeit kann nicht der geringste Zweifel bestehen: Ihre Treue gehört der Sowjetunion und nicht den Vereinigten Staaten!"

Nach solchen Anklagen konnte kein Zweifel daran bestehen, daß der Prozeß, der am 14. Oktober 1949 zu Ende ging, zu einem Schuldspruch führen würde. Er hatte neun Monate gedauert und war damit der längste Strafprozeß in der Geschichte der Vereinigten Staaten. Eugene Dennis, der Chef

KAP. XIV / DAS NETZ DER SOWJETSPIONE

der Kommunistischen Partei Amerikas, wurde zu sechs Monaten Gefängnis verurteilt. Trotz dieser milden Strafe erreichte die Kampagne gegen Hoover und die Regierung einen neuen Höhepunkt. Das hatte eine Gegenbewegung zur Folge. Senator MacCarthy, der radikalste aller Antikommunisten und Vorsitzender des Ausschusses zur Untersuchung antiamerikanischer Umtriebe, begann nun mit jenen Ermittlungen, die seine Gegner die „Hexenjagd" nannten.

Neue Gesetze wurden verabschiedet. Der Internal Security Act des Jahres 1950 sprach Kommunisten das Recht auf Besitz eines Reisepasses ab. Der MacCarran Act des Jahres 1952 ermächtigte die Einwanderungsbehörden, jeden amerikanischen Staatsbürger, der von einer Auslandsreise zurückkehrte, jedem notwendig erscheinenden Verhör zu unterziehen.

Es wäre aber falsch zu meinen, daß Kongreß und Präsident der Vereinigten Staaten mit diesen Maßnahmen den Vorstellungen Senator MacCarthys folgten. Es war vielmehr die Mehrheit der amerikanischen Staatsbürger, die damals Sicherheit verlangte. Nach der Explosion der ersten sowjetischen Atombombe erschien die „kommunistische Konspiration" mehr denn je eine Realität, und dementsprechend schien auch Wachsamkeit mehr denn je geboten zu sein.

Im Augenblick der Explosion der Bombe im Sommer 1949 wußte Hoover bereits, daß ihre Konstruktion durch den Spionagering ermöglicht worden war, den die Sowjets in den Vereinigten Staaten aufgebaut hatten. Es war zu dem Schluß gelangt, daß der Hauptverantwortliche ein Wissenschaftler, vermutlich ausländischer Herkunft, sein mußte, der am „Projekt Manhattan", wie der Kodename für die amerikanische Atombombenentwicklung lautete, in wichtiger Position gearbeitet hatte.

Hoover und seine Männer, die kaum die Fälle Hiss, White, Coplon usw. hinter sich gebracht hatten, wollten durch einen großen Erfolg ihre Gegner zum Schweigen bringen. In diesem

Sinne waren sie bereit, auch das unscheinbarste Detail und das entfernteste Indiz, das vielleicht auf die Spur des Verdächtigen führen konnte, zu untersuchen.

„Achtet auf die kleinen Fehler", schärfte Hoover seinen Mitarbeitern immer wieder ein. „Der Mann oder die Frau, die wir suchen, ist auch nur ein Mensch. Es ist durchaus möglich, daß er oder sie irgendwann einmal einen kleinen Fehler begangen hat, der zur Entdeckung führen kann. Findet diesen kleinen Fehler und er wird euch ans Ziel führen."

Er mahnte nicht vergeblich. Einer seiner Mitarbeiter war auf den Gedanken gekommen, daß sich unter den Mitarbeitern des Projektes Manhattan auch Deutsche befinden könnten, die nach 1933 vor Hitler in die Vereinigten Staaten geflohen waren. Er hielt es daher für angebracht, das Gestapo-Archiv, das am Ende des Zweiten Weltkrieges in amerikanische Hände gefallen war, zu durchleuchten. Es war eine lange, schwierige, aber gründlich bewältigte Arbeit. Tausende von Namen zogen an den Augen des untersuchenden Beamten vorbei. Einer erweckte seine Aufmerksamkeit: Klaus Fuchs. Dieser nationalisierte Engländer deutscher Abstammung hatte als Physiker in wichtiger Position am Manhattanprojekt gearbeitet. Seine Karteikarte enthüllte ein interessantes Detail: Fuchs war, bevor er 1933 Deutschland verließ, von der Gestapo überwacht worden. Sie hatte ihn als A 2 klassifiziert, was die Gestapo-Bezeichnung für Kommunisten und deren Sympathisanten war.

Hoover ließ daraufhin von seinen Beamten das Dossier des sowjetischen Agenten Igor Gusenko durchforschen, der im September 1945 von der sowjetischen Botschaft in Ottawa abgesprungen war und die Existenz eines Atomspionageringes in den Vereinigten Staaten verraten hatte. Im Dossier wurde ein Verzeichnis gefunden, das die gesuchte Adresse enthielt: Klaus Fuchs, 84 George Lane, Universität Edinburgh, Schottland.

Der Verdacht war somit bestätigt. Nun galt es noch, den

KAP. XIV / DAS NETZ DER SOWJETSPIONE

Schuldigen zu überführen, der nunmehr Chef der Abteilung für theoretische Physik im britischen Atomforschungszentrum in Harwell war. Hoover übermittelte das Ergebnis seiner Untersuchungen dem britischen Geheimdienst MI 5. Fuchs wurde unter Überwachung gestellt, die bald ohne jeden Zweifel ergab, daß er einem Spionagering angehörte. In der zweiten Dezemberhälfte 1949 hielt der britische Spionageabwehrdienst die Zeit für gekommen, Fuchs zu verhören. Er wurde verhaftet, leugnete aber anfänglich so standhaft und überzeugend, daß die verhörenden Beamten zunächst geneigt waren, an seine Unschuld zu glauben. Erst dem Verhörspezialisten William James Skardon gelang es, ihn zu einem Geständnis zu bewegen. Klaus Fuchs schrieb es nieder und erklärte darin: „Man konfrontierte mich mit der Behauptung, es gebe Beweise dafür, daß ich in New York den Russen Material übergeben habe, und erklärte gleichzeitig, daß ich im Falle eines Geständnisses in Harwell verbleiben kann. Ich habe mich daraufhin entschlossen, alles zu erzählen."

Nun trat das Ausmaß der Katastrophe zutage. Fuchs hatte den Sowjets alle Details der Atombombenfabrikation geliefert. Von Skrupeln gepackt, weigerte er sich aber, die Namen seiner Kontaktleute bekanntzugeben. Erst im Januar 1950 änderte er seine Haltung und erklärte sich bereit, die Person zu beschreiben, der er seine Aufzeichnungen übergeben hatte. Demnach handelte es sich um einen Mann von etwa vierzig Jahren, klein, mit rundem Gesicht, der gute Kenntnisse der Chemie zu haben schien, womöglich sogar selbst Chemiker war. Fuchs gestand ferner, daß er diesen Mann öfters bei seiner in Cambridge, Massachusetts, lebenden Schwester Christel Heineman getroffen habe.

Fuchs wurde im März 1950 wegen Spionage zu vierzehn Jahren Gefängnis verurteilt. Da die Sowjetunion zur Zeit seiner Tat ein Alliierter Großbritanniens gewesen war, entging er der Todesstrafe, die für Verrat an den Feind vorgesehen war.

Das FBI war nunmehr bemüht, auf Grund der spärlichen Angaben, die er gegeben hatte, seine Kontaktmänner in den Vereinigten Staaten ausfindig zu machen. Der erste Besuch der G-Männer galt Christel Heineman. Sie bestätigte, daß die Kontaktperson dreimal zu ihr gekommen war, um ihren Bruder zu treffen. Beim letzten Besuch hatte der Mann Fuchs nicht angetroffen, sei aber sehr freundlich gewesen, habe mit den Kindern gescherzt und ihrem kleinen Jungen als Spielzeug ein kleines chemisches Laboratorium versprochen. Er hatte auch eine New Yorker Telephonnummer hinterlassen, unter der ihn Fuchs anrufen sollte. Der Gatte von Frau Heineman bestätigte die Beschreibung, die Klaus Fuchs gegeben hatte: klein, etwa 1,65 m, rundes Gesicht. Er erinnerte sich auch, daß der Besucher von Buffalo und Philadelphia gesprochen hatte, wo er gearbeitet habe.

Die Telephonnummer in New York erbrachte nichts. Fuchs wurden in seiner Gefängniszelle in England unzählige Photos vorgelegt, unter denen er schließlich seinen Kontaktmann, von dem er nur den Namen „Raymond" wußte, zu erkennen glaubte.

„Ich kann es nicht beschwören", erklärte er, „aber ich glaube, daß dieses Photo den Mann darstellt, mit dem ich in Verbindung stand." Hoover ließ daraufhin das Photo verbreiten, doch es gelang seinen Beamten zunächst nicht, den Mann, den es darstellen sollte, aufzuspüren. Gleichzeitig wurden aber auch die Lebensläufe aller Chemiker in Buffalo, Philadelphia und New York durchforscht. Die G-Männer stießen schließlich im Frühjahr 1950 auf einen gewissen Harry Gold, Chemiker in Philadelphia, 1,65 m groß, 95 kg schwer, mit rundem Gesicht.

Zum ersten Mal schien man auf eine glaubhafte Spur gestoßen zu sein. Aus den Archiven des Büros ging nämlich hervor, daß Harry Gold bereits einmal, im Jahre 1947, unter Spionageverdacht gestanden war. Er hatte sich sogar vor einem New

KAP. XIV / DAS NETZ DER SOWJETSPIONE

Yorker Gericht wegen seiner Beziehungen zu einem bekannten kommunistischen Spion namens Jacob Golos zu verantworten gehabt, war aber nicht zuletzt durch den Tod von Golos einer Verurteilung entgangen. Seitdem war Gold als Chef der biologischen Forschungsstelle der Herzstation des Philadelphia General Hospital tätig.

Obwohl zunächst weder Fuchs noch seine Schwester und sein Schwager bei Vorlage eines Photos Gold als „Raymond" identifizierten, beschloß Hoover, ihn verhaften zu lassen. Der Verdächtigte legte, nachdem er bei den ersten Verhören der Lüge überführt worden war, ein Geständnis ab und erklärte: „Gut, es ist Zeit, zu reden. Ich habe die Informationen aus der Hand von Klaus Fuchs entgegengenommen." Fuchs, dem man daraufhin einen Film vorführte, der Gold zeigte, gab nun zu, daß dies sein Kontaktmann gewesen sei. Auch Gold gab willig Details seiner Spionagetätigkeit für die Sowjetunion preis und erzählte: „Im Mai 1945 hat mich mein Vorgesetzter, den ich nur unter dem Namen John kannte, beauftragt, Verbindung mit einem amerikanischen Soldaten in Albuquerque aufzunehmen, um Informationen aus dem amerikanischen Atomforschungszentrum Los Alamos zu erhalten." „John" war, wie sich herausstellte, der sowjetische Vizekonsul in New York gewesen. Den Soldaten, den er kontaktieren sollte, beschrieb Gold als kräftig gebaut, etwa 1,70 m groß, und eindeutig aus New York stammend.

Am 3. Juni 1950 legte das FBI nach Durchleuchtung aller Beschäftigten in Los Alamos Gold etwa zwanzig Photographien vor, unter denen er „seinen" Soldaten erkannte — einen gewissen David Greenglass. Nachforschungen ergaben, daß Greenglass eine Schwester Ethel hatte, deren kommunistische Neigungen bekannt waren. Ihr Mann Julius Rosenberg, der in New York im Fernschreibdienst der amerikanischen Armee gearbeitet hatte, war sogar wegen seiner kommunistischen Ansichten und Kontakte zunächst beurlaubt und dann entlassen worden.

Greenglass wurde am 16. Juni 1950 verhaftet und legte so wie Fuchs und Gold bald ein Geständnis ab. „Ich war immer Kommunist", erzählte er. „Mit vierzehn Jahren hat mich mein Schwager Julius Rosenberg zum Eintritt in die kommunistische Jugend bewogen. Im November 1944, nachdem ich Soldat geworden war, hat mich meine Frau Ruth in Los Alamos besucht und gesagt: ‚Julius ist es gelungen, Nachrichten an die Sowjetunion zu liefern. Nachdem du jetzt in einer Atomforschungsstation arbeitest, läßt er dich fragen, ob du ihm Details über deine Arbeit und über das, was du zu sehen bekommst, liefern kannst.' Ich habe, ohne zu zögern, zugestimmt. Zwei Monate später habe ich meinem Schwager während eines Urlaubes die ersten Informationen übergeben. Er hat mir viertausend Dollar gegeben und erklärt, daß man in Hinkunft meine Informationen direkt in Albuquerque übernehmen werde. Daraufhin ist ein kleiner dicker Mann gekommen. Er hat sich mit den Worten eingeführt: ‚Ich komme von Julius.' "

Noch am gleichen Abend ließ Hoover Julius Rosenberg verhören, der aber jede Spionagetätigkeit leugnete und erklärte: „Ja, ich wußte, daß Greenglass in Los Alamos war. Von der Atombombe habe ich aber nichts gewußt, bevor in den Zeitungen stand, daß sie über Japan abgeworfen wurde." Nun entspann sich folgendes Verhör zwischen den Beamten des FBI und Julius Rosenberg:

„Kennen Sie einen gewissen Morton Sobell?"

„Natürlich. Ich bin mit ihm ins College gegangen. Aber er hat mit dieser Sache nichts zu tun."

„Sonderbar. Greenglass hat uns erzählt, daß er ihn bei Ihnen an dem Abend getroffen hat, an dem er Ihnen seine Informationen übergeben hat. Merkwürdig ist auch, daß Sobell geflohen ist, sobald er erfahren hat, daß Greenglass verhaftet wurde."

„Ich habe nichts zu sagen. Ich bin unschuldig."

Trotzdem ließ Hoover Rosenberg und dessen Frau Ethel in

KAP. XIV / DAS NETZ DER SOWJETSPIONE

Haft nehmen. Der flüchtige Sobell wurde in Mexiko aufgespürt, von den mexikanischen Behörden ausgeliefert und am 18. August 1950 in Laredo, Texas, von Beamten des FBI verhaftet. Am 5. April erschien er mit dem Ehepaar Rosenberg in New York vor dem Bundesgericht unter dem Vorsitz von Richter Irving Robert Kauffman. Nur Sobell bekannte sich schuldig. Bevor der Richter das Urteil bekanntgab, fragte er Julius und Ethel Rosenberg, ob sie eine Erklärung abzugeben wünschten. Die beiden schwiegen wie bisher. Dann — man befand sich mitten in der großen Kommunistenjagd der Ära MacCarthy — erklärte Richter Kauffman: „Die Auslieferung des Atombombengeheimnisses an die Russen, lange bevor sie selbst, wie unsere angesehensten Wissenschaftler versichern, in der Lage gewesen wären, eine Atombombe zu konstruieren, hat zweifellos die kommunistische Aggression in Korea ermöglicht und damit zum Verlust von mehr als 50.000 Menschenleben geführt... Durch Ihren Verrat haben Sie unzweifelhaft den Lauf der Geschichte zuungunsten unseres Landes beeinflußt. Es steht nicht in meiner Macht, Julius und Ethel Rosenberg, Ihnen zu vergeben. Nur Gott kann seine Milde auf das erstrecken, was Sie getan haben." Dann verkündete er das Urteil: 30 Jahre Gefängnis für Sobell, Tod durch den elektrischen Stuhl für Julius und Ethel Rosenberg.

Bestürzt über die Härte des Urteils setzten die Kommunisten ihre Maschinerie in den Vereinigten Staaten und in der ganzen Welt in Bewegung. Nach bewährter Taktik liberale Kreise in das Schlepptau nehmend, starteten sie eine Kampagne unter der Devise: „Rettet die Rosenbergs!"

Der „Daily Worker", das Organ der Kommunistischen Partei Amerikas, schrieb unter der Schlagzeile „Der Fall Rosenberg: Ein abscheuliches politisches Verbrechen" u. a.: „Diese Affäre ist zur Gänze fabriziert worden, um den Hexenjägern ein Menschenopfer zu bringen und den Weg für neue Verbrechen zu bahnen."

So wie einst in Frankreich, in den Tagen der Affäre Dreyfus, lieferten sich nun in den amerikanischen Städten Anhänger und Gegner der Rosenbergs blutige Straßenschlachten, und darüber hinaus wurde auch Europa von der Welle leidenschaftlicher Auseinandersetzungen erfaßt.

Sechzehnmal lehnten die obersten Instanzen eine Wiederaufnahme des Prozesses ab. Daraufhin änderten die „Anwälte des Weltgewissens" ihre Taktik. Nun wurde die Verurteilung der Rosenbergs nicht als politischer Akt, sondern als ein krasser Fall von Antisemitismus dargestellt. Die Welle von Anschuldigungen führte dazu, daß ein Senatskomitee beauftragt wurde, Hoover zu befragen, ob die Erhebungen im Falle Rosenberg korrekt erfolgt seien. Präsident Truman hatte gegen diese Befragung nichts einzuwenden. Möglicherweise sah er eine Chance gekommen, sich Hoovers, der ihm zwar treu diente, den er aber nicht mochte, zu entledigen.

Unterstützt von seinen Mitarbeitern Tolson und Nichols trotzte Hoover auch diesem Ansturm. Obwohl ihn Präsident Eisenhower, der an die Stelle Trumans getreten war, nicht unterstützte, ging er aus den Untersuchungen des Senatskomitees ohne Makel hervor. Die Mehrheit der Bevölkerung erblickte in ihm weiterhin den starken Mann und Schutzengel der Vereinigten Staaten.

Auch Eisenhower änderte seine Haltung. Er lehnte ein Gnadengesuch der Rosenbergs ab, die daraufhin am 19. Juni 1953 im Gefängnis von Sing-Sing hingerichtet wurden. Hoover aber wurde für die Aufdeckung des Spionageringes, der das Atomgeheimnis verraten hatte, von Eisenhower öffentlich mit der Nationalen Sicherheitsmedaille ausgezeichnet.

Diese Ehrung entsprach einer Bestätigung im Amte. Hoover war nun der unbestrittene Chef der Spionageabwehr, seine

KAP. XIV / DAS NETZ DER SOWJETSPIONE

Macht kam jener des Präsidenten gleich, und das FBI war fast ein Staat im Staate geworden.

Amerika brauchte lange, um nach dem Sturm im Gefolge der Hinrichtung des Ehepaares Rosenberg zur Ruhe zu kommen. Wenige Jahre später wurde es durch eine neue Affäre aufgewühlt; es war der Fall des sowjetischen Meisterspions und Geheimdienstobersten Rudolph Abel.

Am 6. Mai 1957 erschien ein sowjetischer Staatsbürger in der amerikanischen Botschaft in Paris und verlangte den Militärattaché zu sprechen.

Er wurde zu ihm geführt, worauf der Besucher, ein Mann von kleiner Statur, der starken Akzent sprach, erklärte:

„Ich bin Oberstleutnant Hayhanen vom KGB. Ich habe fünf Jahre lang Ihr Land ausspioniert. Ich möchte jetzt um politisches Asyl ansuchen."

Am übernächsten Tag traf Hayhanen per Flugzeug in New York ein. Er wurde vom Chef der CIA, Allen Dulles, empfangen, der ihn als erster verhören wollte. Anschließend wurde er an Hoover überstellt.

Dem Direktor des FBI erklärte der Überläufer, der sich als sehr kooperationsbereit erwies:

„In den fünf Jahren, die ich in den Vereinigten Staaten verbracht habe, war ich nur ein Unteragent."

„In diesem Fall müssen Sie mir helfen, Ihren Chef zu fangen", meinte Hoover.

„Dazu bin ich gerne bereit", versicherte Hayhanen.

Dann begann er sein Leben zu schildern. Er war in der Nähe von Leningrad, unweit der russisch-finnischen Grenze zur Welt gekommen. Im russisch-finnischen Krieg hatte er 1940 als Dolmetscher gedient und diese Funktion nach der Unterzeichnung des Waffenstillstandes beibehalten. Zur gleichen Zeit war er in den Dienst der russischen Spionageabwehr getreten. 1943 war er nach Moskau berufen und in den Spionagedienst überstellt worden. Es folgte eine Ausbildungszeit in Estland, wobei ihm sein künftiges Einsatzgebiet bekanntgegeben wurde: Amerika. Er erhielt nun eine falsche Identität mit allen sorgfältig festgelegten Einzelheiten: Er war jetzt Eugen Nicolai Maki, amerikanischer Staatsbürger, geboren in Idaho, der mit seinen Eltern nach Finnland gekommen war, woher sein Vater stammte. Tatsächlich gab es eine Familie Maki mit einem Sohn Eugen, die aber verschwunden war, so daß die falsche Identität Hayhanens auf gesicherten Grundlagen beruhte.

Im Kofferraum eines Autos, das ein Tass-Korrespondent lenkte, wurde er nach Finnland geschmuggelt. Dort arbeitete er drei Jahre, um seine neue Identität zu erhärten, wobei es ihm gelang, zwei Zeugen zu der Bestätigung zu bewegen, daß er sich bereits seit 1943 im Lande aufhalte.

Im Jahre 1951 suchte er um einen amerikanischen Paß mit der Begründung an, daß seine Mutter gebürtige Amerikanerin und sein Vater neutralisierter Amerikaner gewesen sei, was für die wirkliche Familie Maki zugetroffen hatte. Übrigens hatte er auch eine junge Finnin geheiratet, obwohl er in Rußland Frau und Kind hatte.

Er erhielt seinen amerikanischen Paß und traf, nachdem er letzte Instruktionen erhalten hatte, 1952 in den Vereinigten Staaten ein. Sein Deckname war Vic. In Amerika sollte er seine Befehle von einem Mann erhalten, der später als der sowjetische UNO-Beamte Mikhail Nikolaievitch Svirine identifiziert wurde. Im Jahre 1954 setzte Hayhanen seine Tätigkeit in einer Spionagezelle fort, die von einem Mann geleitet wurde, den er nur unter dem Namen Mark kannte.

Er begegnete ihm das erste Mal in einem Kino. Die weiteren Treffs fanden in belebten Straßen oder Untergrundbahnstationen statt. Sie trafen sich aber nur selten, denn sie machten ausgiebigen Gebrauch von einem komplizierten System von „Briefkästen".

KAP. XIV / DAS NETZ DER SOWJETSPIONE

Dafür bekundete das FBI sofort lebhaftes Interesse. Auf Hinweis von Hayhanen untersuchten Beamte des Büros die Betonstiegen im Prospect Park in New York. In einer Ausnehmung fanden sie einen etwa sechs Zentimeter langen ausgehöhlten Bolzen von einem Zentimeter Durchmesser, in dem folgende stenographische Mitteilung steckte: „Niemand ist zum vereinbarten Treffen am 8. oder 9. gekommen. Warum? Innere oder äußere Gründe? Hat die Zeit nicht gepaßt? Die Gegend ist gut. Bitte kontrollieren."

Hayhanen hatte dem FBI erklärt: „Wir benützen gerne ausgehöhlte Gegenstände: Füllfedern, Bleistifte, Batterien oder Geldstücke." Diese Mitteilung rief bei Hoover und seinen Mitarbeitern eine Erinnerung wach. Im Juni 1954 war ihnen durch Zufall ein ausgehöhltes Geldstück in die Hände gefallen. Es war ein 5-Cent-Stück, ein sogenannter Nickel, den ein Zeitungsverkäufer in Brooklyn, New York, zur Zahlung erhalten hatte. Die Experten des FBI hatten den Fund genau untersucht. Es handelte sich um ein im Jahre 1948 geprägtes Geldstück, das auf der Vorderseite ein Reliefporträt von Präsident Jefferson und die Inschrift „IN GOD WE TRUST" trug. Im R des Wortes TRUST befand sich ein winziges Loch. Setzte man dort eine Nadel an, konnte das Geldstück in zwei Teile zerlegt werden. Die Rückseite gehörte zu einem anderen, zwischen 1942 und 1945 geprägten Geldstück. Der Nickel hatte einen Mikrofilm enthalten, dessen Entzifferung den Experten nicht gelungen war.

Das FBI mußte sich mit diesem mageren Resultat begnügen. Konnte Hayhanen den Schlüssel zur Lösung des Rätsels liefern? Tatsächlich halfen seine Hinweise, den Text zu entziffern, der lautete:

„1. Wir beglückwünschen Sie zu Ihrer Ankunft. Wir haben Ihren Brief an der Adresse ‚V' — ich wiederhole ‚V' — erhalten und haben den Inhalt Ihres Briefes Nr. 1 zur Kenntnis genommen.

2. Was Ihre Tarnung betrifft, haben wir Auftrag gegeben, Ihnen 3000 an das ‚Lokal' zu überweisen. Konsultieren Sie uns, bevor Sie diese Summe in einem Geschäft irgendwelcher Art investieren, und geben Sie uns die nötigen Informationen.
 3. Ihrem Wunsch entsprechend, übermitteln wir Ihnen anderweitig zugleich mit dem Brief Ihrer Mutter die Instruktionen für die Präparierung von Filmen und Nachrichten.
 4. Es ist noch zu früh, um Ihnen die GAMMAS zu schicken. Benützen Sie für kurze Briefe den Kode. Für lange Mitteilungen benützen Sie Inserate. Alle Sie betreffenden Details wie Arbeitsstätte, Adresse usw. dürfen nicht in einer Botschaft zusammengefaßt werden. Melden Sie das getrennt in Inseraten.
 5. Das Paket ist in die Hände Ihrer Frau gelangt. Es ist alles in Ordnung zu Hause. Wir wünschen Ihnen Glück. Schöne Grüße von Ihren Kameraden. Nr. 13. Dezember."

Hayhanen stellte fest, daß diese Botschaft ihm gegolten hatte, doch das löste noch nicht Hoovers Problem: Wer war Mark und wie konnte er ihn finden?

Hayhanen fragte schließlich: „Wo ist das Geldstück gefunden worden?" „In Brooklyn", antwortete einer der G-Männer. „Das bringt mich auf eine Idee", sagte der ehemalige Geheimdienstoffizier. „Ich erinnere mich, daß ich mit Mark in Brooklyn war. Er wollte mir sein Photolabor zeigen. Die Adresse war Fulton Street Nr. 252."

Zwei Beamte des FBI begaben sich sofort an den angegebenen Ort. Aus dem Namensverzeichnis im Eingang des Hauses ging hervor, daß ein Photograph namens Emil R. Goldfus ein Studio im 5. Stock des Hauses besaß.

„Mr. Goldfus ist vor einem Monat in den Süden gefahren", erklärte der Hauseigentümer. „Er hat gesagt, er habe eine Stirnhöhleneiterung und der Arzt habe ihm einige Wochen Ruhe verordnet."

Die Beschreibung, die der Hauseigentümer gab, stimmte mit

KAP. XIV / DAS NETZ DER SOWJETSPIONE

jener, die von Hayhanen stammte, überein: Etwa 50 Jahre alt, 1.75 m groß, dicklich, graues Haar. Die Beamten des FBI, die das Studio untersuchten, fanden nicht nur das für einen Photographen nötige Gerät, sondern auch andere Gegenstände: einen Kurzwellensender, Mikrofilme und vor allem ausgehöhlte Tabletten, Bleistifte, Füllfedern, Manschettenknöpfe und Geldstücke.

Nun gab es für Hoover keinen Zweifel mehr: Goldfus war der gesuchte Mann. Er ließ das Haus Fulton Street 252 überwachen.

Drei Wochen verstrichen. Schließlich ging in der Nacht des 13. Juni im Studio das Licht an. Jemand ging umher; die Beamten des FBI konnten eine Silhouette hinter den zugezogenen Vorhängen sehen. Zwei Stunden später versank das Studio wieder im Dunkel und dafür wurde es im Stiegenhaus hell. Ein Mann verließ das Haus; es war ohne Zweifel Mark. Hoover hatte befohlen, ihn nicht zu verhaften, sondern ihm zu folgen. Das war nicht schwer. Goldfus ging die Fulton Street entlang, bestieg die Untergrundbahn in Richtung Manhattan und verließ sie bei der Station in der 28. Straße. Einer der Beamten konnte ihn ungestört mit Hilfe eines unter seinem Regenmantel verborgenen Apparates photographieren. Goldfus, der sich sichtlich nicht überwacht fühlte, begab sich in das Hotel Latham in der 28. Straße, wo er ein Zimmer mietete. Die G-Männer legten sich wieder auf die Lauer.

Das Photo, das sie gemacht hatten, wurde am nächsten Tag Hayhanen gezeigt.

„Kein Zweifel", sagte er. „Dieser Mann ist Mark!"

Hoover ließ Goldfus eine Woche lang in der Hoffnung überwachen, er würde den Weg zu anderen Mitgliedern des Spionageringes weisen. Schließlich ließ er ihn in den Morgenstunden des 21. Juni verhaften. In seinem Hotelzimmer fand sich reichhaltiges Spionagematerial, darunter falsche Papiere und

Fälscherwerkzeuge. Die amerikanischen Einwanderungsbehörden erhoben daraufhin Anklage wegen illegaler Einreise und Verstoßes gegen die Aufenthaltsbestimmungen für Ausländer. Goldfus verweigerte im Verhör jede Auskunft. Er gab lediglich zu, Rudolph Ivanovitch Abel zu heißen und sowjetischer Staatsbürger zu sein.

Im Oktober 1957 erschien Abel vor den Richtern. Trotz seines Leugnens und der großartigen Verteidigung seines Anwaltes James B. Donovan war das vom FBI gesammelte Beweismaterial für die Geschworenen überzeugend, wobei sie zugleich Gelegenheit hatten, eine Grundregel des Spionagewesens kennenzulernen: Alle großen Fälle haben einen Stammbaum, der zu Fällen der Vergangenheit zurückführt. So wurde im Prozeß Abel die Erinnerung an das Ehepaar Rosenberg, genauer gesagt, an dessen Komplizen Morton Sobell alias „Stone" wachgerufen, der trotz seiner Beteuerungen unschuldig zu sein, zu 30 Jahren Gefängnis verurteilt worden war.

Zwischen dem Staatsanwalt, der ihn nach seinen Fahrten mit Abel befragte, und Hayhanen entspann sich folgender Dialog:

„Haben Sie bei einer dieser Fahrten den Bear Mountain Park besucht?"

„Ja, gewiß."

„Zu welchem Zweck?"

„Er (Abel) hat mir gesagt, daß wir zwei Plätze suchen sollten, an denen wir Geld verstecken können!"

„Wieviel?"

„5000 Dollar."

„Was hat er sonst noch gesagt?"

„Daß wir die 5000 Dollar der Frau des Agenten Stone übergeben sollten."

„War der Name Stone ein Deckname?"

„Ja, ein Deckname."

„War seine Frau Helen Sobell?"

KAP. XIV / DAS NETZ DER SOWJETSPIONE

„Ja."
„S-O-B-E-L-L?"
„Genau."

Viele Leute sagten daraufhin mit Recht, daß die „unschuldigen" Rosenbergs einen merkwürdigen Umgang gehabt hatten.

Die Untersuchungen im Fall Rudolph Abel hatten noch andere Entdeckungen gebracht. In einem Notizbuch Julius Rosenbergs hatte das FBI die Namen Morris und Leona Cohen gefunden, die zwar Mitglieder kommunistischer Organisationen waren, aber allem Anschein nach nie in Spionageaffären verwickelt gewesen waren. Hoover war allerdings die Eile verdächtig gewesen, mit der sie damals das Land verlassen hatten. Nun, sieben Jahre später, nach der Verhaftung des Oberst Abel, fanden die Beamten des FBI in einem seiner Ordner einen Umschlag, der persönliche Papiere und Paßphotos der Cohens enthielt.

Der Prozeß Abel endete am 15. November 1957 mit der Verurteilung des Spions zu 30 Jahren Gefängnis wegen Übermittlung militärischer Geheimnisse an die Sowjetunion.

Abel verbrachte nur fünf Jahre im Gefängnis. Er erhielt im Sommer 1962 die Freiheit im Austausch gegen Francis Gary Power, den von den Russen gefangenen U-2-Piloten, und Frederic L. Pryor, Sohn eines reichen Industriellen aus Michigan, der im vorangegangenen August in der DDR verhaftet worden war.

Mit der Verurteilung von Abel endete jene Nachkriegsperiode, die von der Jagd auf amerikanische Kommunisten zum Kampf gegen sowjetische Spione geführt hatte.

Diese Jahre des Spionagekrieges hatten John Edgar Hoover aber nicht davon abzuhalten vermocht, sein FBI für den verstärkten Kleinkrieg gegen das Verbrechen in Amerika zu rüsten.

XV

DIE VERBRECHERSYNDIKATE

Der Kampf gegen Kommunismus und Sowjetspionage hatte in den fünfziger Jahren seinen Höhepunkt erreicht. In diesem Kampf wurde eine immer größere Zahl von Beamten eingesetzt, doch zur gleichen Zeit sah sich das FBI mit einer wachsenden und immer brutaler werdenden Jugendkriminalität konfrontiert.

Hoover hatte diese Entwicklung seit 1944 vorausgesehen. Schuld daran waren nach seiner Ansicht der Zerfall der Familie und die schwindende Autorität der Erwachsenen.

Viele Eltern hatten Kriegsdienst in der Armee oder in der Rüstungsindustrie geleistet. Das hatte es ihnen unmöglich gemacht, ihre Söhne und Töchter entsprechend zu beaufsichtigen. Der Bevölkerungszuwachs in den Industriegebieten, wo es an geeigneter Freizeitbeschäftigung für die Jugendlichen fehlte, hatte zu einer Lockerung der Moral geführt. Die Abwanderung von Arbeitskräften aus kleinen Städten und vom flachen Lande in die Rüstungszentren hatte die Zerstörung der alten Ordnung bewirkt. Die Aufsicht der Eltern über ihre Kinder war vielfach nicht mehr hinreichend gegeben. Junge Mädchen zwischen 13 und 19 Jahren waren besonders gefährdet.

Die bürgerlichen Familien, in denen die Eltern immer weniger Kontakt mit ihren Kindern hatten, waren von dieser Entwicklung mitbetroffen. Eine Kluft zwischen den Generationen tat sich auf. So wuchs die Kriminalität in viel stärkerem Maße als die Bevölkerung. Zwischen 1945 und 1955 war die Bevölkerungszahl um 24,39 Prozent, die Zahl der Verbrechen dagegen um 44,5 Prozent gestiegen. Vor dem Kriege, in den Jahren 1937 bis 1939, wurden in den 255 größten Städten des Landes im Jahresdurchschnitt 630 257 Verbrechen und Vergehen begangen. Zwischen 1946 und 1955 wurden in diesen Städten im Jahresdurchschnitt mehr als 800 000 Delikte gezählt, was einer Steigerung von 26,8 Prozent gleichkam. Allein im Jahre 1955 wurden Gegenstände im Gesamtwert von 400 Millionen Dollar gestohlen. Im gleichen Jahr wurde durchschnittlich alle vierzehn Sekunden ein Verbrechen begangen.

Das bestürzendste Merkmal dieser Entwicklung war der immer größer werdende Anteil der Jugendkriminalität. Im Jahre 1955 waren in 1477 Städten 1 861 764 Personen wegen schwerer Delikte verhaftet worden; jeder zehnte Verhaftete war unter 18 Jahren gewesen. 62 Prozent der Autodiebstähle und 52,7 Prozent der Einbrüche waren von Jugendlichen begangen worden.

Im Lichte dieser Statistiken drängte sich die Erkenntnis auf, daß es um die Moral der Jugend schlecht bestellt war und daß sich die Minderjährigen immer mehr der Gewalt zuwandten. Noch vermochte man nicht zu erkennen, ob dies eine bleibende Erscheinung sein werde, doch die Situation war jedenfalls beunruhigend.

Für Hoover war es eine seiner Hauptsorgen, die ihn ständig beschäftigte. Um so mehr als die politischen und sozialen Spannungen, die Rassenkämpfe und das teils offene, teils versteckte Engagement der Vereinigten Staaten in Südamerika und Asien den jugendlichen Kriminellen mehr oder minder glaubwürdige ideologische Vorwände lieferten.

John Edgar Hoover schuf bereits im Jahre 1946 ein Sonderbüro innerhalb des FBI, das eng mit den Schulen und den lokalen Polizeibehörden zusammenarbeiten sollte. Einige Beamte

KAP. XV / DIE VERBRECHERSYNDIKATE

des Büros hatten durch ständige Besuche von Jugendklubs, Pfadfinderverbänden und religiösen Jugendorganisationen einschlägige Erfahrungen gesammelt. Vor allem war Hoover überzeugt, daß die Lösung des Problems nicht zuletzt in den Händen der Eltern lag und vertrat diese Ansicht in einem Artikel in dem juristischen Fachblatt „Syracuse". Innerhalb des allgemeinen Ansteigens der Kriminalität kam es zu einer besonders starken Zunahme der Banküberfälle. Die Methoden von Dillinger, Karpis, Baby Face Nelson und Konsorten hatten einem weniger brutalen, dafür aber um so erfolgreicheren Stil von ausgeklügelter Präzision Platz gemacht.

Ein anderes Problem, das Hoover zu schaffen machte, war die erschreckende Anzahl von Autodiebstählen. Zwischen 1935 und 1955 wurden in den Vereinigten Staaten vier Millionen Autos gestohlen, davon allein 227 150 im Jahre 1955.

Bereits im Jahre 1919 hatte ein Abgeordneter aus Missouri schockiert festgestellt, daß im Verlauf des vorangegangenen Jahres in 21 Städten Amerikas 29 399 Fahrzeuge gestohlen worden waren, von denen 5541 im Gesamtwert von fünf Millionen Dollar nie wieder sichergestellt werden konnten. Der Abgeordnete hatte daraufhin ein Bundesgesetz angeregt, das den Transport eines gestohlenen Fahrzeuges von einem Staat in den anderen unter Strafe stellte. Tatsächlich wurde ein solches Gesetz beschlossen und nach seinem Initiator Dyer-Gesetz genannt. Für das FBI war es in seinem Kampf gegen die Verbrecherbanden der dreißiger Jahre von besonderer Bedeutung gewesen.

Viele Autos wurden von jungen Menschen gestohlen, um damit eine Spazierfahrt zu machen, was nur die lokalen Polizeibehörden interessierte. Das FBI griff erst ein, wenn ein Verbrechen begangen wurde oder die Spazierfahrt über eine Staatsgrenze führte.

Es führte in diesem Zusammenhang Tausende von Untersuchungen stets mit der gleichen Gründlichkeit und Genauigkeit durch. Die Präzision des FBI war sprichwörtlich geworden und manifestierte sich vor allem in einem berühmt gewordenen Fall. Am 1. November 1955 befand sich eine DC-6B der United Air Lines des Fluges 629 von Denver nach Seattle im Anstieg über Colorado. Die 39 Passagiere und fünf Besatzungsmitglieder waren entspannt; alles an Bord war in Ordnung. Plötzlich verwandelte sich das Flugzeug in eine Feuerkugel. Von einer Explosion zertrümmert, fiel es mit einem Regen von Metallstücken und menschlichen Körperteilen zur Erde.

Was war geschehen?

Der Civil Aeronautic Board, CAB, die oberste Luftfahrtbehörde, und das FBI gingen unverzüglich daran, eine Antwort auf diese Frage zu suchen.

Hoover, in Washington von Roy Moore, dem Leiter des FBI-Büros in Denver, alarmiert, schickte sofort Experten der Identifizierungsabteilung und des Zentrallabors, auf das er besonders stolz war, an die Unglücksstelle.

Bereits am nächsten Morgen gingen sie an die Arbeit. Obwohl die Insassen der Maschine buchstäblich in Stücke zerrissen worden waren, gelang es den FBI-Experten mit Hilfe der Fingerabdruckkartei des Büros in Washington innerhalb von 24 Stunden 21 Leichen zu identifizieren. Das war eine beachtliche Leistung, die aber vom Erfolg der Spezialisten des Zentrallabors noch übertroffen werden sollte, die gemeinsam mit den Beamten des CAB begannen, alle Teile der Maschine zu sammeln. Sie bedienten sich dazu der Hilfe eines Vermessungsfachmannes, über dessen Arbeit Andrew Tully in seinem Buch „FBI" schrieb: „Senkrecht zur Flugrichtung wurde an der Stelle des Absturzes eine Linie gezogen. Von dieser Linie ausgehend, wurde das Gelände in 300 Quadratmeter große Felder aufgeteilt. Jedes Quadrat wurde sodann gründlich untersucht und alle Reste der Maschine und des Gepäcks gesammelt. Jedes Stück erhielt eine Nummernbezeichnung, aus der nicht nur der Fund-

KAP. XV / DIE VERBRECHERSYNDIKATE

ort, sondern auch die Lage gegenüber anderen Fundstücken ersichtlich war."

Dieses Vorhaben erweckte selbst bei den größten Optimisten zunächst ein skeptisches Lächeln, aber Hoover und seine Männer hatten nun einmal die Manie des Details! Unbeirrt von allen Einwänden ließen die Experten des Laboratoriums eine naturgetreue Attrappe des Flugzeuges aus Holz herstellen, während sich am Flugplatz von Stapleton bei Denver die gesammelten Bruchstücke zu Hunderten häuften. Nach und nach konnte auf der Holzattrappe die DC-6B wie aus Teilen eines Puzzlespieles zusammengesetzt werden und nach fünf Tagen war die gesamte Maschine mit Ausnahme einiger kleiner Stücke wiederhergestellt. Das unmöglich Scheinende war gelungen.

Die Experten konnten nun darangehen, den Ursachen der Katastrophe nachzuspüren. Sie stellten ein großes Loch an der rechten Rumpfseite in der Höhe des Gepäcksabteiles Nr. 4 fest. An dieser Stelle war die Blechverkleidung des Rumpfes nach außen gedrückt worden; ganz so als ob im Inneren eine Explosion stattgefunden hätte. Auf dem Metall entdeckten die Experten einige schwarze und graue Partikelchen. Außerdem war Kupfer, das offensichtlich vom Schloß eines Koffers stammte, mit der Gewalt eines Projektiles in das Stahlblech eingesprengt worden.

Das Laboratorium begann mit der Analyse der Partikelchen. Sie bestanden aus Kalk, Nitrat und Schwefel. Dynamit wird aus Nitroglyzerin, Natriumnitrat, Schwefel und anderen Chemikalien hergestellt. Bei der Explosion hinterläßt es Sodakarbonat, Sodanitrat und Schwefel. Ohne Zweifel hatte jemand in der DC-6B des Fluges 629 Denver-Seattle eine Bombe zur Explosion gebracht. Aber wer?

Hoover, der die Untersuchung von seinem Büro in Washington aus persönlich leitete, ließ das Vorleben der 39 Passagiere und fünf Besatzungsmitglieder durchforschen. Für achtzehn Passagiere bestanden Versicherungen im Gesamtwert von 752 000 Dollar. Das war eine erste Spur. Nicht alle persönlichen Gegenstände der Insassen waren zerstört worden. Sie wurden am 9. November nach Washington gebracht und gründlich untersucht. So war u. a. die Handtasche einer Mrs. Daisie King erhalten geblieben. Sie enthielt Briefe und Presseausschnitte, die sich mit ihrem 23jährigen Sohn Jack Gilbert Graham befaßten. Bald stellte sich auch heraus, daß der junge Mann von der Polizei in Denver 1951 wegen Fälschung verhaftet worden war, nachdem sie ihn auf der schwarzen Liste der „most wanted"-Personen geführt hatte.

Graham war zweifellos der Prototyp eines Verdächtigen. Zum Staunen der FBI-Beamten schien der Name von Mrs. King aber nicht unter den Personen auf, die vor dem Flug eine Versicherung eingegangen waren. Daraufhin wurde bei den Versicherungsgesellschaften nachgeforscht. Dabei stellte sich heraus, daß es nicht weniger als drei Polizzen auf den Namen von Frau King gab; da sie aber bereits am Tage vor dem Abflug abgeschlossen worden waren, hatte man sie in die Liste der Versicherungen der übrigen Passagiere nicht aufgenommen. Graham erschien nun um so mehr verdächtig, als die größte der drei Versicherungen in der Höhe von 37 500 Dollar zu seinen Gunsten ausgestellt war; die beiden anderen, in der Höhe von je 6250 Dollar lauteten auf seine Halbschwester in Alaska und auf eine in Missouri lebende Tante. Außerdem stellten die Graphologen fest, daß die Antragformulare für alle drei Versicherungen von Jack Graham ausgefüllt worden waren. Seine Täterschaft erschien deshalb mehr als wahrscheinlich.

Die Beamten des FBI begannen nun in Denver und Umgebung seinen Bekanntkreis auszufragen. Sie erfuhren, daß Graham und seine Mutter häufig geschäftliche Auseinandersetzungen gehabt hatten. Die Entfremdung zwischen den beiden Men-

KAP. XV / DIE VERBRECHERSYNDIKATE

schen reichte allerdings viel weiter zurück. Bereits in seiner Kindheit war Jack wiederholt bei Pflegeeltern untergebracht worden, weil seine Mutter mit ihm nicht zurechtgekommen war. Mit sechzehn Jahren war er dann einmal von zu Hause ausgerissen. Die FBI-Beamten ermittelten ferner, daß das Drive-in-Restaurant in Denver, das Grahams Mutter gehörte und von ihm geführt wurde, einige Monate zuvor durch eine Explosion zerstört worden war. Im März 1951 hatte Graham in einer Fabrik, in der er arbeitete, Schecks gestohlen und damit 4200 Dollar abgehoben. Er war dann geflohen und in Lubbock, Texas, wegen illegalen Whiskyhandels zu zwei Monaten Gefängnis verurteilt worden. Nach Denver überstellt, hatte er sich wegen des Scheckdiebstahls zu verantworten, wurde aber, da er die 4200 Dollar zurückerstattete, auf freiem Fuß gelassen.

Fast auf die Stunde genau zehn Tage nach der Katastrophe erschienen die Beamten des FBI bei Graham, der sie in aller Ruhe mit den Worten empfing: „Ich habe Sie erwartet."

Ohne weitere Einleitungen fragte ihn Roy Moore vom FBI: „Was hat der Koffer Ihrer Mutter enthalten?"

Selbstsicher antwortete Graham, ohne eine Minute zu zögern: „Wissen Sie, meine Mutter war sehr eigenartig. Sie packte ihre Koffer immer selbst und hat nie erlaubt, daß ihr jemand hilft. Ich weiß aber, daß sie Munition für ein Jagdgewehr und einen Karabiner mitgenommen hat. Sie wollte in Alaska, wo sie meine Halbschwester besuchen wollte, auf die Jagd gehen."

„Haben Sie etwas in den Koffer Ihrer Mutter gegeben?" fragte Moore.

„Nein", erwiderte Graham lächelnd. „Ich hätte nicht gewagt, das Gepäck meiner Mutter anzurühren."

Die erste Vernehmung hatte also kein Ergebnis gebracht, doch getreu dem Vorbild ihres Chefs Hoover, gaben die FBI-Beamten nicht so leicht auf. Am darauffolgenden Tag sprachen sie mit Grahams Frau, die alle Angaben ihres Mannes bestätigte.

Als sie bereits das Vernehmungsprotokoll unterzeichnen wollte, wandte sie sich noch einmal an die Beamten und sagte zögernd: „Ich habe eine Kleinigkeit vergessen. Mein Mann hat ein Abschiedsgeschenk für seine Mutter gekauft. Eine Garnitur von Bohrern, Feilen und Messern für ihre Lieblingsbeschäftigung, das Basteln von Schmuck aus Muscheln. Jack hat das Paket, das in Weihnachtspapier verpackt war, in den Keller getragen, wo meine Schwiegermutter ihr Gepäck herrichtete."

„Erinnern Sie sich auch an die Ausmaße des Paketes?" fragten die Beamten.

„Ja", sagte Frau Graham, „ungefähr 50 Zentimeter lang, 40 Zentimeter breit und zehn Zentimeter hoch."

Seltsam, dachten die Beamten. Das Paket war groß genug, um eine Bombe zu enthalten, und Graham hatte es nicht erwähnt.

Im Lichte dieser jüngsten Aussage begann das FBI nun nachzuprüfen, ob und wo die Werkzeuge gekauft worden waren.

„Jack Graham hat erzählt, daß er für seine Mutter Werkzeuge kaufen will", erklärte eine Nachbarin. „Ich habe auch gehört, daß er sie in den Koffer von Mrs. King als Überraschung bei ihrer Ankunft in Alaska gegeben hat."

Nachdem die G-Männer in ganz Denver vergeblich das Geschäft gesucht hatten, in dem die Werkzeuge gekauft wurden, beschlossen sie am 13. November, mit der Begründung, die Überreste des Gepäcks von Frau King müßten identifiziert werden, Jack Graham und seine Frau Gloria neuerlich zu vernehmen.

Graham war nach wie vor sehr selbstsicher. Als ihn die Beamten, nachdem sie mit seiner Frau gesprochen hatten, baten, zurückzubleiben, um „einige andere Aspekte der Angelegenheit" zu erörtern, stimmte er ohne Zögern zu. Roy Moore ging mit ihm essen, die Atmosphäre war sehr gelöst, und schließlich fragte der Beamte: „Sie haben eine Garnitur Werkzeuge für Ihre Mutter gekauft, nicht wahr?"

KAP. XV / DIE VERBRECHERSYNDIKATE

„Keineswegs", antwortete Graham. „Ich wollte, aber ich habe nichts gefunden, was mir zusagte."

Moore gab aber nicht nach und kam auf das Paket im Weihnachtspapier zu sprechen. Graham verlor seine Ruhe nicht und sagte lediglich: „Ich weiß nichts von einem Weihnachtspaket."

In der Zwischenzeit hatten zwei Beamte Gloria Graham dazu gebracht, ihre Aussagen über das fragliche Paket schriftlich niederzulegen. Sie kamen damit in das FBI-Büro, wohin inzwischen auch Roy Moore und Jack Graham gegangen waren. Die G-Männer tauschten einen Blick des Einverständnisses und dann sagte Moore unvermittelt: „Also, Jack, Sie haben das Flugzeug in die Luft gejagt, um Ihre Mutter zu töten."

Graham verlor zum ersten Mal die Fassung und schrie: „Sie sind ja verrückt!"

„Hören Sie zu, Jack", fuhr Moore fort. „Sie sind noch ein freier Mann. Sie können noch machen, was Sie wollen, Sie können noch Ihren Anwalt rufen. Aber Sie haben das Flugzeug in die Luft gejagt, nicht wahr?"

„Nein, wirklich nicht", erwiderte Graham, der seine Ruhe wiedergefunden hatte.

Die Beamten bestürmten ihn nun mit Fragen, aber er leugnete standhaft. Moores Überraschungsangriff war gescheitert; Graham verteidigte sich hartnäckig und erklärte: „Um Ihnen mein gutes Gewissen zu beweisen, erlaube ich Ihnen, alle meine Sachen zu durchsuchen, auch wenn Sie keinen Hausdurchsuchungsbefehl haben."

Moore machte von diesem Angebot sofort Gebrauch und ließ Graham eine entsprechende Erklärung unterzeichnen. Die Beamten wurden nun von Zweifeln gepackt; war Graham am Ende wirklich unschuldig? Eine halbe Stunde später läutete das Telephon in Moores Büro. Es war einer seiner Mitarbeiter, der ihm mitteilte: „Mrs. Graham hat mir gesagt, ihr Mann habe von ihr verlangt, sie möge zu niemandem über das Paket sprechen."

Moore wiederholte diese Mitteilung mit erhobener Stimme und wandte sich dann an Graham, der noch vor ihm saß: „Nun?"

„Also, schön", sagte der Verdächtige schließlich seufzend. „Ich habe die Werkzeuge für meine Mutter gekauft. Von einem Burschen, der in die Garage gekommen ist, in der ich halbtags arbeite. Zehn Dollar habe ich bezahlt. Zwei Kollegen waren dabei, wie ich sie gekauft habe."

Nachforschungen in der Garage bestätigten diese Aussage nicht, aber die Beamten machten eine andere Entdeckung. Sie fanden in Grahams Haus eine kleine Rolle Kupferdraht und ein gelbes Isolierband; ferner die auf Jack Graham ausgestellte Versicherungspolizze sowie Munition für Jagdgewehre und Karabiner, die angeblich im Koffer seiner Mutter gewesen sein sollten. Aber diese Beweismittel genügten noch nicht, um ihn von seinem Leugnen abzubringen.

„Was wir gegen ihn zusammengetragen haben, reicht nicht für eine Verhaftung", erklärte Moore am Morgen des 14. Novembers seinen Mitarbeitern. „Wir brauchen sein Geständnis. Nehmen wir ihn noch einmal vor."

Um 12.05 Uhr erschien Moore in seinem Büro, in das man Graham gebracht hatte. Der Verdächtige wischte sich den Schweiß von der Stirne, betrachtete den Beamten mit einem abwesenden Blick und sagte zunächst nur: „Kann ich ein Glas Wasser haben?" Man brachte es, er leerte es zur Hälfte und sagte schließlich mit leiser Stimme: „O. K., wo soll ich anfangen?"

„Wo Sie wollen", ermunterte ihn Moore. „Am besten ist es, wenn Sie beim Anfang anfangen."

„Alles ist die Schuld meiner Mutter", begann Graham. „Sie hat Krach gemacht, weil das Drive-in keinen Pfennig eingebracht hat. Deshalb wollte ich sie loswerden."

Nachdem er den Entschluß gefaßt hatte, war er für zehn Tage in eine Elektrowerkstatt gegangen, um sich die Grundbegriffe

KAP. XV / DIE VERBRECHERSYNDIKATE

für den Bau einer Höllenmaschine anzueignen. „Ich habe eine Bombe mit Zeitzündung gebaut", erklärte er. „Sie bestand aus 25 Stangen Dynamit, zwei elektrischen Zündern, einem Uhrwerk und einer Sechs-Volt-Batterie. Um das Paket in dem Koffer unterzubringen, habe ich eine Menge anderer Sachen herausnehmen müssen."

Am Morgen des 15. November unterzeichnete Graham sein schriftliches Geständnis. Noch am gleichen Tage wurde er wegen Sabotage und am nächsten Tage wegen Mordes an seiner Mutter angeklagt.

In weniger als zwei Wochen hatte das Büro eine der schwierigsten Untersuchungen in seiner Geschichte dank einer unvergleichlichen Teamarbeit abgeschlossen.

Im Laufe von 21 Jahren hatte Hoover eine kleine, von Korruption unterwanderte Truppe in einen der perfektsten und mächtigsten Polizeiapparate der Welt verwandelt.

Der Fall Graham wird heute in allen großen Polizeischulen der Welt als das Modell einer perfekten Untersuchung vorgeführt, bei der Präzision, Klugheit, Routine und Psychologie vorbildlich zusammenwirkten.

Jack Graham wurde am 5. Mai 1956 zum Tode verurteilt und am 11. Januar 1957 in der Gaskammer des Gefängnisses von Cañon City hingerichtet.

Der Kampf gegen die großen Kriminellen gehörte zu den spektakulären Aktivitäten des FBI, doch daneben gab es noch viele andere weit weniger beachtete Aufgaben zu erfüllen, wie etwa die Aufdeckung von Verstößen gegen das Anti-Trustgesetz und anderer Wirtschaftsvergehen. Dank dieser Tätigkeit flossen der Staatskasse allein in den Jahren 1945 bis 1955 Beträge im Wert von 601 975 128 Dollar zu. Untersuchungen im Bereich der Wirtschaft waren in der Regel äußerst kompliziert und erforderten lange und geduldige Überwachung, bis die Schuldigen schließlich gestellt werden konnten.

Bezeichnend für die Detailarbeit, die oft geleistet werden mußte, war der Fall eines Farmers, der eine Invalidenrente beanspruchte, weil er als Folge seines Kriegsdienstes angeblich an psychomotorischen Störungen litt.

Ein Beamter des FBI wurde beauftragt, ihn diskret zu beobachten. Er stellte fest, daß der Farmer ohne Schwierigkeiten hinter einem Pflug mit zwei Maultieren ging, schwere Säcke trug und den Maultieren, als sie einmal ausrissen, unbehindert nachlief. Das alles photographierte der Beamte heimlich, mit dem Ergebnis, daß der betrügerische Invalide seine Rente nicht erhielt.

Jugendkriminalität, Kommunismus und Sowjetspionage waren aber nicht die einzigen Probleme, mit denen sich das FBI in den schwierigen Nachkriegsjahren konfrontiert sah.

John Edgar Hoover hatte sich nie Illusionen hingegeben. Seine Männer hatten zwar im Jahre 1941 eine Schlacht, nicht aber den Krieg gegen die Mafia gewonnen. Verläßliche Anzeichen ließen ihn zu dem Schluß kommen, daß das Verbrechersyndikat nicht schlief, sondern daran war, sich neuerlich um jene Bosse zu scharen, die den großen Verhaftungswellen der Jahre 1935 bis 1940 entgangen waren.

Frank Costello, genannt Onkel Frank, den der energische Bürgermeister La Guardia samt seinen Glücksspielautomaten aus New York verjagt hatte, war in Louisiana, der Domäne seines alten Freundes Dandy Phil, untergeschlüpft. Ihre Organisation „The Mint" erfreute sich des Schutzes des Senators Huey Long, der einer der korruptesten Politiker in der Geschichte der Vereinigten Staaten war. Arbeiter in den Rüstungsindustrien hatten während des Krieges gut verdient und dementsprechend hatten die „einarmigen Räuber", wie die Spielautomaten genannt wurden, floriert.

Die beiden Gangster hatten in New Orleans das „Beverly", eines der luxuriösesten Spielhäuser Amerikas, eröffnet und sich

KAP. XV / DIE VERBRECHERSYNDIKATE

außerdem des mächtig aufstrebenden Musicbox-Geschäftes bemächtigt. Onkel Frank stand auch in Verbindung mit Frank Erikson, einem der Unterzeichner der Charta von Atlantic City im Jahre 1929, der seither dank seiner illegalen Wettbüros und der ausgezeichneten Nachrichtenverbindungen, die er mit Al Capone aufgebaut hatte, Milliardär geworden war.

Frank Costello hatte jährliche Einnahmen von mehr als 300.000 Dollar aus der schottischen Whiskyfabrik, deren Mehrheitsaktionär er war. Nur ein Zwischenfall hatte sein geruhsames Leben gestört: Die Empörung, die sich im ganzen Land erhob, als seine freundschaftlichen Beziehungen zu Richter Aurelio, Kandidaten für den Obersten Gerichtshof, bekannt wurden. Entdeckt hatte sie das FBI durch Telephonabhören, denn Hoover ließ, unbeschadet seiner vielen anderen Aufgaben, die alten Bosse des Verbrechersyndikates sorgfältig überwachen.

Ein besonders wachsames Auge hatte das Büro auf Meyer Lansky und Bugsy Siegel, deren Aufgabe es war, das beträchtliche Kapital des Syndikates gewinnbringend anzulegen. Meyer Lansky herrschte weiterhin über das Glücksspiel- und Prostitutionsimperium, das er in Habana errichtet hatte. Es florierte in den Kriegs- und Nachkriegsjahren mehr denn je, nicht zuletzt dank der Mithilfe General Battistas, der am Gewinn beteiligt war. Bugsy Siegel hatte sich nach Los Angeles zurückgezogen, wo er Frank Sinatra und Cary Grant zu seinen Freunden zählte. Mit den Geldern des Syndikates errichtete er mitten in der Mojavewüste von Nevada eine andere Metropole des Glücksspieles und der Prostitution: Las Vegas, das Habana ablöste, nachdem Fidel Castro Battista gestürzt hatte. Bereits im Jahre 1946 hatte Bugsy Siegel im Sand von Las Vegas, 400 km von Los Angeles entfernt, das luxuriöse Casino „Flamingo" erbauen lassen. Nicht zuletzt dank seiner guten Beziehungen in Hollywood wurde es bald ein großer Erfolg. Im Verlauf von zehn Jahren schossen die Casinos in Las Vegas wie die Pilze aus dem

Boden; eines luxuriöser als das andere. Bald hatte diese Spielerstadt in der Wüste New York den Rang als Metropole der Mafia abgelaufen.

Albert „Boum Boum" Anastasia war dank seiner mysteriösen Reinwaschung bereits im Jahre 1942 wieder in Brooklyn aufgetaucht. 1945 wurde er dann wieder offiziell der Boß der Waterfront, unterstützt von seinem Bruder Tony „Toughy" Anastasia.

Der Präsident des Verbrechersyndikates und Capo di tutti i capi der Mafia, Lucky Luciano, der nie aufgehört hatte, seine Rackets von seiner Zelle in Dannemora zu kontrollieren, wurde im Februar 1946 auf freien Fuß gesetzt und aus den Vereinigten Staaten ausgewiesen. Der Ozeandampfer, der ihn nach Italien brachte, kreuzte sich fast mit jenem Schiff, auf dem sein Kronprinz nach New York zurückkehrte. Vito Genovese, 1944 in Neapel verhaftet und Ende 1945 ausgewiesen, um sich vor einem New Yorker Gericht wegen des Mordes an den Gangstern Boccia und Rupolo im Jahre 1938 zu verantworten. Aber wie durch Zufall waren alle drei Zeugen in der Zwischenzeit gestorben, Genovese wurde freigesprochen und konnte seine kriminellen Aktionen weiterführen, obwohl er ursprünglich geglaubt hatte, er werde die Vereinigten Staaten nie wiedersehen.

Nun ging er zusammen mit Joe Adonis, einem Gefolgsmann Lucianos, daran, die amerikanischen Geschäfte des großen Bosses in die Hand zu nehmen. Luciano selbst hatte in Italien blitzschnell einen immensen Drogenhandel aufgebaut. Er verschiffte große Mengen von Rauschgift nach Amerika, wo es von Genovese und Adonis mit Hilfe einer Armee von Kleinverteilern im ganzen Land vertrieben wurde.

Hoover verfolgte das Wiederauftauchen der großen Bosse mit Besorgnis und setzte einige seiner besten Beamten auf ihre Fährte. Er fürchtete die Schaffung eines neuen Verbrechersyndikates und sollte damit recht behalten. Ende Oktober 1946 meldeten

KAP. XV / DIE VERBRECHERSYNDIKATE

ihm seine Beamten, daß Lucky Luciano Italien verlassen und sich nach Kuba begeben habe. Die Weihnachtsfeiertage 1946 boten einen ausgezeichneten Vorwand für das Zusammentreffen der Bosse zur ersten geheimen Generalversammlung nach dem zweiten Weltkrieg. Alle Veteranen des Verbrechens waren gekommen: Meyer Lansky, der Organisator des Treffens, Costello, Adonis, Moretti, Genovese, die Brüder Anastasia, Tom Lucchese, Mangano. Auch der Nachwuchs war erschienen: Joe Bonano, genannt Banane, Angie Pisano, Toni Accardo, die Brüder Fischetti, Morello, Traficano, Dandy Phil, Carlo Gambino, Profacci, Rao, Ormento, Civillo, d'Agostino, de Marcom, Santos, Miranda und Barbara. Den Beamten des FBI, die Hoover nach Habana geschickt hatte, waren sie alle bekannt. Diese neuen Bosse, deren Namen auch bald die amerikanische Öffentlichkeit kennen sollte, waren die ehemaligen „Frontsoldaten" der Rakkets des ersten Verbrechersyndikates, die sich als die Kader der neuen Mafia erwiesen hatten.

Meyer Lansky hatte gute Arbeit geleistet: Der Champagner floß in Strömen, und ein Fest reihte sich an das andere. Ein junger Sänger, von dem es hieß, er habe gute Beziehungen zu Costello und Luciano, verschönte die Abende. Sein Name war Frank Sinatra.

Nur ein großer Boß fehlte: Bugsy Siegel, über dessen Schicksal das Syndikat entscheiden sollte. Wie immer in solchen Fällen hatte man ihn nicht in Kenntnis gesetzt. Viele Mitglieder des Syndikates warfen ihm vor, er habe beträchtliche Summen aus den ihm für die Gründung von Las Vegas zur Verfügung gestellten Geldern als seinen persönlichen Gewinn abgezweigt. Obwohl in der Führung des Syndikates viele seiner alten Freunde saßen, entging er nicht dem Schicksal, das Verrätern zugedacht war. Am 20. Juni 1947 setzte ein kurzer heftiger Feuerstoß gegen die Fenster seiner luxuriösen Villa in Beverley Hills seinem Leben ein Ende. Die Polizei vermochte die Täter nicht zu eruieren, aber noch in der gleichen Nacht erschienen die Gefolgsleute Meyer Lanskys in Las Vegas und nahmen das „Flamingo" in ihre Obhut.

In Habana waren die Grundlagen für ein neues Verbrechersyndikat gelegt worden. So wie fünfzehn Jahre zuvor in Atlantic City hatte man wieder Amerika und die wesentlichen Sparten des Verbrechens unter sich aufgeteilt.

Lucky Luciano war auch im neuen Syndikat der unbestrittene Chef. Niemand dachte daran, seine Autorität anzuzweifeln. Trotzdem beschloß der Capo di tutti i capi, sein Reich sorgfältig zu überwachen, denn er begann dem schlecht verhehlten Ehrgeiz des intriganten Genovese zu mißtrauen. Luciano ließ sich deshalb in Habana nieder, nur eine Flugstunde von den Vereinigten Staaten entfernt, die er allerdings nicht betreten durfte. Trotzdem konnte er von dort, wie von einem vor der Küste verankerten Flugzeugträger, seine Verbrecherarmee leichter befehligen als von Palermo oder Neapel. In den allerersten Nachkriegsjahren gab es ja noch keine regelmäßigen Flugverbindungen zwischen Europa und Amerika.

Hoover waren alle diese Vorgänge nicht entgangen, denn seine Beamten hatten den Kongreß von Habana mit Hilfe zahlreicher Abhörmikrophone gründlich überwacht. Allein die Niederlassung seines alten Feindes Luciano in der Nähe der Vereinigten Staaten stellte für den Direktor des FBI eine Herausforderung dar. Ein direktes Eingreifen war ihm allerdings nicht möglich. Luciano war stets italienischer Staatsbürger geblieben, hatte sein Versprechen, nicht nach Amerika zurückzukehren, gehalten, und Kuba war ein unabhängiger Staat.

Trotzdem setzte Hoover Himmel und Hölle in Bewegung, um die Ausweisung des Mafiachefs aus Habana zu erreichen. Er ließ sowohl bei den italienischen Behörden als auch bei Battista intervenieren, dessen Herrschaft von der amerikanischen Hilfe abhängig war.

KAP. XV / DIE VERBRECHERSYNDIKATE

Kuba stand damals bereits im Zeichen eines Guerillakrieges von zunehmender Intensität. Anführer der Rebellen war ein junger Rechtsanwalt aus Habana namens Fidel Castro, der in den Untergrund gegangen war. Die CIA begann sich ernsthaft die Frage vorzulegen, ob es nicht besser war, diesen jungen Revolutionär zu unterstützen, der offensichtlich die Sympathie des Volkes besaß, als diesen verrotteten Battista, der selbst in den Vereinigten Staaten mehr und mehr verachtet wurde. Hoover ließ den kubanischen Diktator jedenfalls wissen, es liege in seinem Interesse, Luciano fallen zu lassen, wenn er weiterhin mit der Unterstützung der Amerikaner rechnen wolle. Das Ergebnis dieser Demarchen blieb nicht aus. Trotz der Zuwendungen, die er vom Syndikat erhielt, ließ Battista den Mafiachef noch im Jahre 1947, fünf Monate nach seiner Ankunft in Habana, ausweisen. Wütend kehrte Luciano nach Italien zurück, denn kein Land, auf das Amerika Einfluß hatte, war bereit, ihn aufzunehmen. Aber auch in Italien sorgte Hoover dafür, daß er nicht tun und lassen konnte, was er wollte. Er erreichte bei der italienischen Polizei, daß sie dem Capo di tutti i capi den Paß abnahm und ihm Neapel als Wohnsitz zuwies.

Auch dort wurde er von Hoover überwacht, der wußte, daß Luciano mächtiger und gefährlicher war als je zuvor. Zwischen New York und Neapel war ein regelrechter Pendelverkehr der Mafia und des Verbrechersyndikates im Gange. Die Chefs der großen Familien der Sizilianischen Union statteten Luciano, der nach wie vor alle großen Entscheidungen der amerikanischen Verbrecherwelt traf, regelmäßige Besuche ab. So war er es, der schweren Herzens seinen alten Freund Willie Moretti liquidieren ließ, der, von Syphilis und Gicht geplagt, trotz mehrfacher Warnungen, seinen Mund nicht halten konnte. Seine Schwatzhaftigkeit im Verein mit seinem Größenwahn waren gefährlich, und so wurde er am 25. Oktober 1951 in einem Restaurant in

New Jersey mit einer Garbe aus einer Maschinenpistole hingerichtet.

Hoover war nicht untätig. Seine Beamten unterstützten im Jahre 1952 die Bemühungen Thomas Deweys, der inzwischen Gouverneur von New York geworden war, die Kais der Waterfront von den Brüdern Anastasia zu befreien. 1953 legte das FBI gemeinsam mit dem Finanzministerium ein Dossier vor, das es Senator Kefauver, der sich um die Präsidentschaftskandidatur bemühte, erlaubte, Frank Costello vor ein Senatskomitee zu zitieren. Es wurde eines der ersten großen Verhöre dieser Art, die vom Fernsehen übertragen wurden. Costello und seinen Rechtsanwälten war es aber gelungen, durchzusetzen, daß das Gesicht des Verhörten nicht gezeigt werden durfte. Fasziniert verfolgten daraufhin Millionen von Fernsehern wochenlang das nervöse Spiel der Hände des Mafiabosses, der von den Senatoren erbarmungslos verhört wurde. Angesichts des erdrückenden Beweismaterials zog es Costello schließlich vor, zu schweigen und wurde dafür wegen Aussageverweigerung zu einem Jahr Gefängnis verurteilt. Das war aber erst der Anfang: Zwei Jahre später wurde er von einem Schwurgericht wegen Steuerhinterziehung zu fünf Jahren Gefängnis verurteilt, gegen Kaution jedoch auf freiem Fuß gelassen.

Nach Costello kam Erikson, sein Komplize bei den Wettrakkets, an die Reihe und dann Joe Adonis, der aber, bevor man ihn ins Gefängnis stecken konnte, nach Europa zu Lucky Luciano floh. Nach dem Verschwinden der rechten Hand des Capo di tutti i capi war für den ehrgeizigen Vito Genovese die letzte Hemmung gefallen. Als unbestrittener Drogenkönig in den Vereinigten Staaten war es seit langem sein Ziel, Luciano an der Spitze der Mafia abzulösen. Lucky war weit weg und durch die ständige Überwachung des FBI und der Rauschgiftbehörde in der Ausübung seiner Geschäfte behindert. Mit Mühe gelang es ihm, von Zeit zu Zeit für einige Stunden nach Taormina zu ent-

23—25 Spionenjagd: Links oben Harry Dexter White, den Hoover gegen den Widerstand des Weißen Hauses entlarvte; rechts oben der sowjetische Meisterspion Oberst Abel, unten Judith Coplon, eine amerikanische Beamtin, die für die Sowjetunion arbeitete

26   Hoover mit seinem langjährigen Mitarbeiter Louis B. Nichols (rechts) sagt vor einer Senatskommission aus

27   Martin Luther King verläßt das Büro des FBI, nachdem ihn Hoover mit einem Geheimdossier konfrontiert hatte

KAP. XV / DIE VERBRECHERSYNDIKATE

kommen, um sich dort mit den Abgesandten der Sizilianischen Union oder des Syndikats zu treffen.

Im großen Rat hatten nur Costello und Anastasia genügend Autorität, um Vito Genovese entgegenzutreten. Der Rauschgiftkönig seinerseits wollte sich zuerst des in seinen Augen schwächsten Gegners entledigen: Onkel Frank, dem sein Prozeß so viel zu schaffen gemacht hatte, daß er das außergewöhnliche Ansuchen stellte, sich aus dem Syndikat bei gleichzeitiger Übertragung seines Vermögens zurückziehen zu dürfen; eine Bitte, deren Erfüllung bisher noch stets verweigert worden war. Das Syndikat verließ man nur durch natürlichen oder gewaltsamen Tod. Nur dank der persönlichen Intervention Lucianos, der seine langen und treuen Dienste anerkannte, hatte der große Rat Costello die Erlaubnis erteilt, sich zur wohlverdienten Ruhe zu setzen. Für Genovese blieb er aber ein gefährlicher Gegner. Die Bosse des Syndikates hörten nun um so mehr auf ihn, als sein Rat von keinerlei materiellen Interessen regiert war. Und außerdem stand Costello in unerschütterlicher Treue zu Luciano...

Am 2. Mai 1957 kehrte Onkel Frank von einem Abendessen in seine luxuriöse Wohnung im „Majestic", am Central Park West, an der Ecke der 71. Straße, zurück. Ohne daß er es merkte, hatte sich ein Riese an seine Fersen geheftet. Ein Revolverschuß knallte, Costello stürzte mit blutüberströmtem Gesicht zur Erde, und der Attentäter verschwand in der Nacht. Aber Onkel Frank hatte Glück gehabt: Die Kugel hatte nur die Kopfhaut aufgerissen.

Im Krankenhaus vermochten die New Yorker Polizei und die Beamten des FBI in stundenlangen Verhören kein Wort aus ihm herauszubringen. Man hatte bei ihm aber ein Stück Papier gefunden, auf dem eine Tageseinnahme seines Kasinos in Las Vegas, „La Tropicana", verzeichnet war: 700 000 Dollar. Auch darüber verweigerte Costello jede Auskunft, doch das FBI ließ nicht locker und sorgte dafür, daß er neuerlich verurteilt wurde. Genovese hatte sich in seinem Landsitz in Atlantic Highland, umgeben von vierzig Leibwächtern, verschanzt. Das Attentat war fehlgeschlagen, aber er bekannte sich zu ihm. Er berief die Chefs aller Familien der New Yorker Mafia zu sich und ließ sie den Anschlag gegen Costello nachträglich genehmigen. Der Schrecken, den er verbreitete, war so groß, daß alle gehorchten, mit Ausnahme der Brüder Anastasia, die längst Todfeinde des Ehrgeizlings geworden waren.

Das Ränkespiel Genoveses ging noch weiter: Er schlug Onkel Frank eine Versöhnung vor. Costello, vom Alter gezeichnet, willigte ein, in der Hoffnung, damit einen Krieg innerhalb der Mafia verhindern zu können. Luciano in Neapel befahl aber wutentbrannt die Liquidierung Genoveses, der diese Reaktion seines ehemaligen Chefs vorausgesehen hatte. Ende Juni entging Luciano, der seinen Namen Lucky, der Glückliche, zu Recht trug, knapp einem Attentat. Genovese wußte auch, daß Boum Boum Anastasia geschworen hatte, ihn wegen seines doppelten Verrats an Costello und Luciano zu töten. Aus dem Munde des ehemaligen Chefs der Murder Inc. war ein solcher Schwur kein leeres Wort. Die einzige Überlebenschance für Genovese bestand darin, seinen Widersachern zuvorzukommen.

Am 25. Oktober 1957, um 10.15 Uhr hatte Albert Anastasia wie täglich im Fauteuil seines Friseurs Joe Bocchino im Park Sheraton Hotel in Manhattan Platz genommen, als plötzlich hinter seinem Rücken zwei maskierte Männer in den Salon eindrangen und den verschreckten Bocchino mit einer Geste anwiesen, zur Seite zu treten. Zwei Sekunden später riß eine Garbe Boum Boum vom Sessel. Von fünf Kugeln getroffen, stürzte er zu Boden und blieb in den Scherben von Flaschen und Tiegeln, die er im Fallen mit sich gerissen hatte, liegen. Der Überfall hatte weniger als eine Minute gedauert; die Attentäter verschwanden unentdeckt in aller Ruhe. Das FBI fand zwar spä-

KAP. XV / DIE VERBRECHERSYNDIKATE

ter heraus, daß einer der beiden Killer Carlo Gambino gewesen war, dem Genovese die Nachfolge Anastasias an der Waterfront versprochen hatte, doch fehlte es an Beweisen und Zeugen, um ihn vor Gericht zu bringen.

Die gesamte Unterwelt Amerikas zitterte nun vor der grausamen Kühnheit Genoveses. Es gab niemanden mehr, der sich seinem Aufstieg entgegenstellen konnte. Am 24. November 1957 befahl er etwa hundert Mafia-Chefs aus allen Teilen Amerikas in das feudale Anwesen Joe Barbaras bei Appalachin, einer idyllischen Kleinstadt in New Jersey. Zweck dieser Zusammenkunft: die Absetzung Lucky Lucianos und die Wahl Vito Genoveses, des neuen starken Mannes, zum Chef der Mafia und des Syndikates. Alle aufstrebenden Bosse waren erschienen: Joe Bonano, Carlo Gambino, Joe Profacci, Louis Trafficante, Joe Zerilli, Frankie Zitto, Joe Ida, Sam Giancana, James Coletti und viele andere.

Aber ein Ortspolizist, dem die Ansammlung Dutzender von Cadillacs aufgefallen war, alarmierte zwei Kollegen und schickte sich an, das Anwesen zu durchsuchen. Daraufhin setzte eine wilde Flucht der Versammlungsteilnehmer ein, die sich bei der Jagd über die Felder ihre rohseidenen Anzüge und Lackschuhe beschmutzten. Etwa zwanzig Gangster wurden festgenommen und, nachdem sie jede Aussage verweigerten, wegen Mißachtung der Behörden angezeigt. Das FBI wußte nun, woran es war. Für Hoover war der Staatsfeind Nr. 1 nicht mehr Lucky Luciano. Wenn auch die verunglückte Zusammenkunft von Appalachin seinem Prestige in der Organisation schwer geschadet hatte, so war doch der Mann, den es nun zu verfolgen galt, Vito Genovese.

Dabei konnte Hoover mit einem mächtigen Verbündeten rechnen: Lucky Luciano war nunmehr ein Todfeind Vito Genoveses geworden. Der um seine Macht kämpfende Capo di tutti i capi konnte sich seinerseits auf zwei verläßliche Gefolgsleute stützen: Meyer Lansky und Frank Costello. Dazu kam aber auch der mächtig aufstrebende Carlo Gambino, von dem man allgemein annahm, er werde dereinst der Chef der Mafia werden. Anfang 1958 traf Gambino als harmloser Tourist in Neapel ein. In Wirklichkeit war er gekommen, um mit Luciano einen machivellistischen Plan auszuhecken, wie man sich Genoveses entledigen könne, ohne ihn zu töten. Nach Amerika zurückgekehrt, nahm Gambino einen streng geheimgehaltenen Kontakt mit Hoover auf. Genovese sollte in einen Hinterhalt gelockt und bei der Übernahme von Rauschgift auf einer einsamen Straße in New Jersey in flagranti ertappt werden. Die Heroinladung im Werte von 100 000 Dollar wurde von Lucky Luciano beigestellt.

Aber Genovese hatte Glück. Er schlüpfte aus der Falle, die man ihm gestellt hatte; noch dazu unter Mitnahme der Rauschgiftladung.

Gambino arbeitete daraufhin mit der Hilfe von Vermittlern und abermals im Einvernehmen mit Luciano und Hoover einen neuen Plan aus. Ein Drogenhändler namens Nelson Cantelops, der eine Gefängnisstrafe in Sing-Sing verbüßte, war bereit, zunächst bei der Polizei und anschließend auch vor Gericht gegen Genovese auszusagen. Dafür verlangte er den Nachlaß seiner Strafe und 100 000 Dollar in bar, die je zur Hälfte von Luciano und Gambino aufgebracht wurden. Gleichzeitig verhaftete das FBI auf Grund von Angaben, die Gambino gemacht hatte, vierzehn weitere Drogenhändler und stellte ein Dossier von erdrückendem Beweismaterial gegen den Verräter zusammen, der es gewagt hatte, sich gegen den Mafia-Boß zu erheben.

Genovese wurde verhaftet und im Juni 1959 gemeinsam mit 24 Angehörigen eines Drogenringes zu 15 Jahren Gefängnis verurteilt. Wie vorgesehen, war Cantelops in dem Prozeß als Kronzeuge der Anklage aufgetreten. Genovese starb zehn Jahre später im Gefängnis von Leavenworth, wohin man ihn aus der

KAP. XV / DIE VERBRECHERSYNDIKATE

Strafanstalt von Atlanta gebracht hatte, an einem Herzinfarkt. Cantelops erhielt die versprochene Freiheit, wurde vom FBI beschützt und starb schließlich friedlich im Bett. Einige andere Mitglieder der Verschwörung gegen Genovese wurden allerdings von dessen Gefolgsleuten liquidiert.

An einer anderen Front des Kampfes gegen das Verbrechen erzielte das FBI im Jahre 1958 ebenfalls einen Erfolg. Es identifizierte die Hintermänner des Attentats gegen den in New York tätigen Journalisten Viktor Riesel, das der amerikanischen Öffentlichkeit einen geradezu traumatischen Schock versetzt hatte. Riesel war durch den Kampf berühmt geworden, den er seit dem Jahre 1936 gegen das Verbrechen im allgemeinen und gegen die Mafia im besonderen geführt hatte, indem er in seinen Radiosendungen, die in New York aufmerksam verfolgt wurden, die Untaten der Bosse anprangerte. Trotz wiederholter, immer dringlicherer Warnungen hatte Riesel seine Sendungen fortgesetzt und war dazu übergegangen, die Komplizen der Verbrecher in der Politik und bei den Behörden zu nennen. Als er 1958 eines Abends nach seiner Sendung in einer Bar in der Nähe des Studios noch ein Sandwich zu sich genommen hatte, wurde er beim Verlassen des Lokales von einem Bettler mit den Worten angesprochen: „Haben Sie einen Cent für mich?"

In dem Augenblick, in dem Riesel in die Tasche griff, um nach Geld zu suchen, holte der vermeintliche Bettler eine Flasche hervor, deren Inhalt er dem Journalisten ins Gesicht schüttete. Riesel brach mit einem Aufschrei zusammen; in der Flasche war Schwefelsäure gewesen. Er rang einige Wochen mit dem Tode, wurde schließlich gerettet, blieb aber für immer blind.

Der heimtückische Überfall erweckte in den Vereinigten Staaten eine ungeheure Welle von Anteilnahme. Riesel erhielt innerhalb weniger Tage annähernd 750 000 Briefe mit Sympathiebezeigungen, und Präsident Eisenhower berief Hoover zu sich und beauftragte ihn, den Attentäter um jeden Preis ausfindig zu machen. Das FBI stellte innerhalb kurzer Zeit fest, daß es sich um einen an und für sich unbedeutenden Gelegenheitsverbrecher handelte, der den Attentatsauftrag für 5000 Dollar übernommen hatte, ohne sein Opfer zu kennen. Als er nach dem Anschlag erfuhr, um welch prominente Persönlichkeit es sich gehandelt hatte, verlangte er von seinen Auftraggebern 50 000 Dollar. Die Beamten Hoovers waren auf seiner Spur, und seine Hintermänner zeigten sich beunruhigt, denn sie befürchteten, daß er im Falle seiner Festnahme aussagen werde. Er wurde deshalb unter dem Vorwand, man müsse ihn vor der bevorstehenden Verhaftung bewahren, außerhalb New Yorks gebracht. Am darauffolgenden Tag fand man seine von Pistolenschüssen durchsiebte Leiche auf einem Gehsteig in Manhattan. Die Männer, die ihn liquidiert hatten, wurden ihrerseits beseitigt, denn die Mafia unternahm alles, um die Spuren, die zu den Urhebern des Anschlages führten, zu verwischen. Mit Erfolg: Dem FBI gelang es zwar schließlich, den Auftraggeber des Attentats zu ermitteln, aber es gab weder Beweise noch Zeugen, um mit Aussicht auf Erfolg die Anklage gegen ihn erheben zu können. Der eigentliche Schuldige war Johnny Dio, einer der Chefs der Mafia-Familie Lucchese, die in enger Verbindung mit dem anrüchigen Chef der Transportarbeitergewerkschaft Jimmy Hoffa stand, mit dessen Machenschaften sich Riesel in der letzten Sendung vor dem Attentat beschäftigt hatte.

Hoover, der geschworen hatte, die wahren Urheber des Verbrechens aufzuspüren, hatte bestenfalls einen Teilerfolg erzielt; aber er sollte seine Genugtuung noch erhalten. Ganz allgemein wurde der Kampf gegen das organisierte Verbrechen immer schwieriger. Bis Präsident Lyndon Johnson im Jahre 1967 seine Charta gegen das Verbrechen unterzeichnete, die dem FBI endlich ausreichende Möglichkeiten an die Hand gab, war es in sei-

KAP. XV / DIE VERBRECHERSYNDIKATE

nen Auseinandersetzungen mit dem allmächtig erscheinenden Syndikat immer wieder durch den Mangel an einschlägigen Gesetzen behindert. Nicht nur das; es fanden sich auch immer wieder Gerichte, die ihm Verletzung der Verfassung und der bürgerlichen Rechte und Freiheiten vorwarfen. So erhob der Distriktsstaatsanwalt von Las Vegas, Edward G. Marshall, im Jahre 1963 gegen das FBI, vertreten durch John Edgar Hoover, Anklage wegen gesetzeswidrigen Abhörens der Telephonverbindungen des Kasinos „Desert Inn". Das Abhören war erfolgt, um die Gespräche der Gangster, die das Kasino leiteten, mit ihren Kunden zu überwachen und daraus Aufschlüsse über die Gewinne der Mafia aus Glücksspiel und Prostitution zu bekommen.

Im Tone der Entrüstung erklärte der Ankläger der G-Männer vor den Fernsehkameras:

„Mit seiner Weigerung, Auskünfte zu geben, hat das FBI seine Schuld an Vorgängen zugegeben, die ich als einen unqualifizierbaren Verstoß und Eingriff in das Privatleben amerikanischer Bürger betrachte. Für die Besucher des Kasinos, die das Opfer dieser unzulässigen Bespitzelung wurden, ist es kein Trost zu wissen, daß sie durch eine so berühmte Institution wie das FBI erfolgte!"

Es bedurfte der Proteste und der Rücktrittsdrohung eines anderen Distriktsstaatsanwaltes, der über das Vorgehen seines Kollegen bestürzt war, um Marshall zu bewegen, die Anklage zurückzuziehen und zu erklären, daß das FBI „ohne böse Absicht gehandelt habe".

Derartige Vorfälle beweisen, mit welch zunehmenden Schwierigkeiten die Beamten Hoovers und ihre Verbündeten von der Finanzbehörde bei ihrer Jagd auf die Rädelsführer des organisierten Verbrechens zu rechnen hatten. Vor allem wurde es immer schwerer, sie, so wie es einst in den Jahren von 1930 bis 1945 mit Capone, Tonio, Nitti, Guzik und vielen anderen Bossen geschehen war, wegen Steuerhinterziehung hinter Schloß und Riegel zu bringen. Die neuen Führer des Verbrechens waren auf der Hut. Ihre Rackets versteckten sich hinter ehr- und achtbaren Fassaden, die schwer zu durchschauen waren. Früher einmal war es ihr Hauptproblem gewesen, ihre beträchtlichen illegalen Einnahmen aus Drogenhandel, Glücksspiel und Prostitution aufzubrauchen und dabei so zu tun, als beruhe der luxuriöse Lebensstil, den sie sich leisten konnten, auf legalen Einkünften. Sie hatten aber längst ein Mittel gefunden, um das „schmutzige" Geld in „sauberes" Geld zu verwandeln und somit auch einen Einklang zwischen ihren Einnahmen und ihrem Lebensstil herzustellen. Das System war einfach: Die illegalen Einnahmen wurden auf sicherem Wege in europäische Finanzparadiese, vor allem in die Schweiz gebracht, wo sie für einige Zeit in der Anonymität eines Nummernkontos verblieben. Die Besitzer dieser Konten waren gleichzeitig Besitzer von Spielkasinos, Wäschereiketten, Leichenbestattungsanstalten oder ähnlichen Unternehmungen in den Vereinigten Staaten. Als solche legten sie alljährlich Steuererklärungen vor, in denen die Einnahmen mindestens zwei- oder dreimal so hoch angesetzt waren, als es der Wirklichkeit entsprach. Das brachte die Finanzbehörden in eine delikate Situation: Üblicherweise war es ja nicht ihre Aufgabe, überhöhte Steuererklärungen auf ihr tatsächlich gerechtfertigtes Maß zurückzuführen. Versuchten sie es, standen sie erst recht vor einem schwierigen Unterfangen. Wie wollten sie exakt den Geschäftsumfang einer Wäscherei, die Höhe der Einsätze in einem Spielkasino oder den Aufwand für Begräbnisse in einer Leichenbestattungsanstalt ermitteln?

So konnten sich die Gangster darauf beschränken, ihre überhöhten Steuern zu zahlen und anschließend ebenso diskret, wie es außer Landes gebracht worden war, ihr illegales Geld aus der Schweiz, Luxemburg und Liechtenstein wieder heimzubringen und im ungefähren Ausmaß ihrer überhöhten Einkommenser-

KAP. XV / DIE VERBRECHERSYNDIKATE

klärung auszugeben. Auf diese Weise erhielt ihr aufwendiger Lebenswandel eine nicht widerlegbare Rechtfertigung. Eine noch einfachere Methode war es, bei den amerikanischen Filialen jener ausländischen Banken, bei denen die illegalen Gelder eingezahlt worden waren, Kredite aufzunehmen, was den zusätzlichen Vorteil hatte, daß die Zinsen von der Steuer abgesetzt werden konnten.

Trotz all dieser Schwierigkeiten gelang es Hoover, so wie schon einmal im Jahre 1941, die Führung des Verbrechersyndikates weitgehend auszuschalten. Luciano und Adonis waren im Exil, Genovese im Gefängnis, Costello hatte sich zurückgezogen, Anastasia und Siegel waren tot, und die übrigen Teilnehmer der Konferenz von Appalachin standen unter permanenter Überwachung. Tony Toughy Anastasia, der die Nachfolge seines Bruders angetreten hatte, mußte die Kontrolle über die Waterfront im Jahre 1963 an den gemäßigteren Scotto abgeben. Nicht zuletzt hatte Fidel Castro dem Lasterreich Meyer Lanskys in Habana den Todesstoß versetzt, indem er alle Spielkasinos schloß und ihr Personal auswies. Lansky zog sich auf die anderen karibischen Inseln, vor allem auf die Bahamas zurück, wo ihm aber nur geringer Erfolg beschieden war.

Trotz allem war Hoover nicht zufrieden. Schon war eine neue Organisation im Entstehen, aufgebaut von jenem Nachwuchs, der mit Namen wie Lucchese, Hoffa, Bonano, Giancana, Gambino und Profacci verknüpft war. Gegen ihn nahm er am Beginn der sechziger Jahre den Kampf unter einem neuen Justizminister auf: Bob Kennedy. In der Zwischenzeit war allerdings ein neues Problem von einer nie zuvor erlebten Größenordnung aufgetaucht...

XVI

MARTIN LUTHER KING
UND DIE BÜRGERRECHTSBEWEGUNG

Das im vollen Wandel befindliche Amerika der Nachkriegsjahre stellte Hoover und das FBI nun vor ein Problem, das viel komplizierter und delikater war als die Bekämpfung der Jugendkriminalität oder des organisierten Verbrechens. Es war eine Aufgabe, bei deren Lösung das Büro und sein Direktor aus politischen und emotionellen Gründen den heftigsten Vorwürfen, Kritiken und Verdächtigungen ausgesetzt sein sollten. Das Image der Ehrlichkeit und Sauberkeit Hoovers und des FBI nahm dabei in den Augen vieler Amerikaner, vor allem der intellektuellen Kreise, schweren Schaden.

Es ging um das Rassenproblem und die Maßnahmen, die das Büro gegen die Führer und militanten Agitatoren der Organisationen ergriff, die für die Bürgerrechte kämpften.

Die Agitation der schwarzen Minderheit hatte in den fünfziger Jahren begonnen und war nicht zum Stillstand gekommen, sondern hatte im Gegenteil an Bedeutung, Umfang, aber auch an Heftigkeit ständig zugenommen. Im Gefolge des Zweiten Weltkrieges und besonders des Koreakrieges, in dem erstmals Neger, die bisher vor allem hinter der Front eingesetzt gewesen waren, gemeinsam mit anderen Soldaten in vorderster Linie gekämpft hatten, war das politische und gesellschaftliche Bewußtsein der farbigen Bevölkerung erwacht. Ihre verbesserten Bildungschancen, der Einfluß des Fernsehens, der Widerhall der Entkolonialisierung in Afrika und Asien sowie die ersten internationalen Konferenzen, die von den Staaten der Dritten Welt einberufen wurden, trugen zur Beschleunigung dieser Entwicklung bei. Dazu kam, daß angesichts ihrer Geburtenfreudigkeit der Anteil der schwarzen Bevölkerung ständig zunahm, während sich gleichzeitig ihre soziale Lage, vor allem in den Slums am Rande der Großstädte, im Vergleich mit dem Lebensstandard der weißen Bevölkerung offensichtlich ebenso stetig verschlechterte.

An der Seite verschiedener etablierter Gruppierungen wie der im Jahre 1909 gegründeten National Association for the Advancement of Coloured People, der NAACP, in deren Reihen auch Martin Luther King agitierte, bevor er seine eigene Organisation gründete, entstanden plötzlich zahlreiche Vereinigungen, von denen einige sehr bald einen äußerst harten Kurs einschlugen.

In vielen Städten stellte die schwarze Bevölkerung ein beachtliches Wählerpotential dar; so betrug ihr Anteil an der Gesamtbevölkerung in der Bundeshauptstadt Washington 75 Prozent. Die Demokratische Partei machte alle Anstrengungen, um diese potentiellen Wähler, die bisher meist den Urnen ferngeblieben waren, für sich zu gewinnen. In diesem Sinne unterstützte sie die Forderungen der Organisationen der farbigen Bevölkerung, in deren Schoße einige bemerkenswerte Führer heranwuchsen; allen voran der junge Pastor Martin Luther King, der sich bald einer ungeheuren Popularität bei den Negern Amerikas erfreute. Mit Hilfe der Demokraten und insbesondere ihres liberalen Flügels errang die schwarze Bevölkerung in kürzester Zeit eine eindrucksvolle Serie politischer Erfolge. Eine der größten Errungenschaften war das im Jahre 1954 vom Kongreß verabschiedete Gesetz, das Rassentrennung in den Schulen untersagte.

Bis dahin war die Agitation der farbigen Bevölkerung vorwiegend friedlicher und passiver Art gewesen: Streiks, Boykott von Verkehrsmitteln und sogenannte Sit-ins. Die Verpflichtung, weiße und schwarze Schüler gleichermaßen in öffentliche

KAP. XVI / MARTIN LUTHER KING

Schulen, aber auch in die Colleges und Universitäten samt deren Wohnanlagen aufzunehmen, entfesselte nun im Süden eine Serie von rassistischen Ausschreitungen, die zu einer Verhärtung der Haltung der schwarzen Bevölkerung führten, die Gewalt mit Gewalt beantwortete. Selbst friedfertige Bewegungen, wie jene Martin Luther Kings, unternahmen nun Aktionen, die theoretisch frei von Gewalt waren, deren Anlage und Ziel aber zwangsläufig zu Auseinandersetzungen führen mußte. Dazu gehörten die zahlreichen Märsche, die Martin Luther King organisierte und an denen Tausende von Farbigen, aber auch viele Weiße teilnahmen. Wenn ein solcher Marsch nach Washington führte, war das Risiko verhältnismäßig gering. Der Konflikt war aber unvermeidlich, wenn das Ziel Montgomery, Little Rock oder Birmingham in den Südstaaten war, wo die Behörden nicht nur der Aufhebung der Rassentrennung feindlich gegenüberstanden, sondern sich sogar gegen die Nationalgarde gestellt hatten, die eingesetzt worden war, um die neuerworbenen Rechte der farbigen Bevölkerung durchzusetzen und zu schützen. In diesem Falle waren die Märsche, wie Martin Luther King zugab, bewußte Provokationen, um zu prüfen, inwieweit die Regierung bereit war, sich für die Rechte der farbigen Bevölkerung einzusetzen. Ihre Führer wollten damit erreichen, daß sich Präsident und Kongreß voll und ganz hinter sie stellten.

Bis dahin hatte das FBI im Süden wiederholt in Fällen rassistischer Ausschreitungen, vor allem wegen Lynchmorden, ermittelt. Hoover war diesen Aufgaben niemals ausgewichen, und seine Männer hatten sie stets mit der ihnen eigenen Gewissenhaftigkeit ausgeführt. Das hatte ihm während seiner ganzen Amtszeit wiederholt heftige Angriffe hoher Würdenträger des Ku-Klux-Klan, aber auch der Gouverneure der Südstaaten eingetragen, die das FBI der Einmischung in ihre Kompetenzen beschuldigten. Die G-Männer hatten des öfteren Zusammenstöße mit den örtlichen Polizeibehörden gehabt, die ihre Mitarbeit verweigerten und soweit gingen, Spuren zu verwischen und Schuldige zu decken, wenn es sich um Weiße handelte. Louis B. Nichols, einer der Stellvertreter Hoovers, mußte in einer kleinen Stadt in Mississippi persönlich und ganz allein, mit der Pistole in der Hand, die Bevölkerung in Schach halten, die einen Neger aus dem Gefängnis holen wollte, um ihn aufzuhängen. Gerettet wurde er lediglich durch seine offensichtliche Entschlossenheit, bevor er überwältigt wurde, soviele Menschen zu töten als er Kugeln im Lauf hatte, und durch das rechtzeitige Eintreffen einer Verstärkung des FBI.

Mit einem Wort: Hoover und seine Beamten waren stets vollkommen objektiv gewesen; die Hautfarbe des Beschuldigten hatte bei ihren Ermittlungen nie eine Rolle gespielt. So hatte Hoover im Jahre 1944 trotz der heftigen, gewalttätigen Reaktion der Bevölkerung und der örtlichen Polizei nicht gezögert, den Sheriff von Newton in Georgia und dessen zwei Stellvertreter unter der Anklage zu verhaften, sie hätten den 33jährigen Neger Robert Hall zu Tode geprügelt.

Aber es war eine unbestrittene Tatsache, daß die Anwendung der Gesetze über die Aufhebung der Rassentrennung immer wieder vor Gericht angefochten wurde, was bedeutete, daß das FBI wiederholt bereits begonnene Aktionen abbrechen mußte. Das erweckte wieder den Eindruck, daß es unter politischem Druck von oben stehe. Besonders erbittert war Hoover, der von der Rechtmäßigkeit und Objektivität seines Vorgehens überzeugt war, daß er vom ersten Tage an die Zielscheibe der Angriffe aller militanten Negerorganisationen war. Ihre Führer bezeichneten einstimmig das FBI als das Musterbeispiel einer in jeder Hinsicht rassistischen Institution, in der von der Spitze bis zur Basis kein einziger Neger eine Position von Bedeutung innehabe. Verantwortlich dafür war in ihren Augen ausschließlich der negerfeindliche John Edgar Hoover.

KAP. XVI / MARTIN LUTHER KING

Nun war Hoover im Grunde seines Herzens zweifellos wirklich ein Rassist. Als überzeugter konservativer Republikaner und Patriot war er der Prototyp eines WASP, eines White Anglo Saxon Protestant, nach dem Vorbild der „Söhne und Töchter der Revolution". Aber seine puritanische, rigorose Pflichtauffassung, sein geradezu manischer Gerechtigkeitssinn und sein Respekt vor Disziplin und Moral schlossen aus, daß bei ihm persönliche Gefühle im Dienst die Oberhand gewannen. Für ihn war, unbeschadet seiner eigenen Meinung, Gesetz eben Gesetz. Ihm gehorchte er sklavisch und ohne Widerspruch.

Ihn schockierte an den militanten und extremen Führern der farbigen Bevölkerung so sehr, daß sie sich gegen Gesetz und Ordnung stellten und zur Durchsetzung ihrer Forderungen vor der Absage an demokratische und legale Methoden nicht zurückschreckten. Ihre größte Sünde war in seinen Augen, daß sie der Welt den Eindruck vermittelten, daß Amerika seine Minderheiten unterdrücke, obwohl es doch, seiner Meinung nach, der Hort von Freiheit, Recht und Demokratie war.

Aus allen diesen Gründen war Hoover zutiefst mißtrauisch, und die Tatsache, daß die Schwarzen bei vielen weißen Intellektuellen Unterstützung fanden, war nicht dazu angetan, sein Mißtrauen zu zerstören. Der Krieg in Korea und die großen sowjetischen Spionageaffären waren noch in frischer Erinnerung. Die Ermittlungen des FBI hatten ergeben, daß es zweifelhafte Elemente bis hinauf in die höchsten Staatsstellen gab. Mußte Hoover nicht fürchten, daß nunmehr die Agitation der farbigen Bevölkerung durch die illegale Kommunistische Partei oder durch Agenten aus Moskau, Peking oder Habana für subversive Zwecks benützt werden würde? War es nicht offensichtlich, daß die Negerführer, Martin Luther King nicht ausgenommen, marxistische Ideen vertraten und lebhafte Sympathien für Fidel Castro und die linken Revolutionäre in Mittel- und Südamerika bekundeten? Wurde nicht behauptet, daß King in einer kommunistischen Geheimschule in Amerika in revolutionärer Technik unterrichtet worden sei? John Edgar Hoover war jedenfalls nicht weit davon entfernt, die militanten Neger, so wie die Kommunisten, als eine Fünfte Kolonne zu betrachten, die Amerika für eine sowjetische Aggression sturmreif machen sollte.

In der Vergangenheit hatte er bereits gegen andere radikale Minderheiten kämpfen müssen, insbesondere gegen die von den Kubanern Castros in New York und Washington entfachte Terrorwelle. Sogar gegen das Gebäude des Kongresses war ein Bombenanschlag verübt worden, aber den G-Männern war es nicht schwergefallen, die radikalen Elemente, die nur einen Bruchteil der kubanischen und puertorikanischen Bevölkerung ausmachten, dingfest zu machen.

Das Problem der Neger, die nach Millionen zählten und in vielen großen Städten die weiße Bevölkerung an Zahl bei weitem übertrafen, war viel beunruhigender.

Deshalb hatte Hoover aus eigenem Entschluß alle diese Bewegungen und ihre Führer von Anfang an überwachen lassen. Er setzte dafür eine große Zahl von Beamten ein; seine Gegner behaupteten, mehr als zur Überwachung der Mafia.

An den Bürgerrechtsmärschen Martin Luther Kings nahmen stets Beamte des FBI teil, die als weiße Sympathisanten auftraten, aber auch schwarze Spitzel, die mit Geld geködert worden waren. Dazu kam, wie die Führer der Farbigen bald entdeckten, eine massive Telephonüberwachung. Viel später, im Jahre 1968, tat Bob Kennedy, der inzwischen als Justizminister der Vereinigten Staaten Hoovers Chef geworden war, so, als falle er aus allen Wolken, höre zum erstenmal davon und sei ehrlich entsetzt. Man befand sich mitten im Wahlkampf, und er war der unbestrittene Vorkämpfer der Farbigen und der Bürgerrechtsbewegung. Aber Hoover scheute nicht davor zurück, ihn öffentlich bloßzustellen, indem er eine Reihe von Schriftstücken vor-

28 „Deke" de Loach, von 1942 bis 1970 einer der engsten Vertrauten Hoovers, im Gespräch mit Präsident Johnson

29 Joe Valachi, der Mann, der den Verrat an der Mafia wagte, sagt aus

30 Der Gewerkschaftsboß und Gangster Jim Hoffa vor Justizminister Bob Kennedy. Er erhielt 12 Jahre Gefängnis, wurde von Nixon begnadigt und vermutlich durch die Mafia liquidiert

31 Hoover mit Präsident Nixon, den er politisch unterstützte und der ihm seinerseits freie Hand für seine Arbeit ließ

KAP. XVI / MARTIN LUTHER KING

legte, in denen er beauftragt wurde, die Telephongespräche prominenter Negerführer, darunter Martin Luther Kings, abhören zu lassen. Alle diese Aufträge waren von Justizminister Bobby Kennedy gezeichnet.

Hoover mußte sich trotzdem vorwerfen lassen, daß er gegen die Repräsentanten einer politischen Bewegung, die letztlich nichts anderes anstrebten als die rechtliche, soziale und kulturelle Besserstellung ihrer Anhänger, die gleichen Methoden anwandte wie gegenüber Spionen, Agenten und Kriminellen.

Für ihn waren diese Menschen freilich wegen ihrer marxistischen und kubanischen Sympathien eben Verräter, gegen die er sich mit seinem ganzen Patriotismus wandte. Er warf sie in einen Topf mit Linken, Progressiven und Liberalen in der weißen Bevölkerung, die sich mit den Negern verbündeten. Für alle diese Vorstellungen lieferte ihm der Krieg in Vietnam, wo die Vereinigten Staaten gegen eine von Peking und Moskau unterstützte kommunistische Bewegung kämpften, in seinen Augen eine glänzende Rechtfertigung. Außerdem standen die Amerikaner am Vorabend einer bestürzenden Entdeckung. In 200 Kilometer Entfernung von ihrer Küste waren russische Raketen installiert worden, die direkt auf ihr Land zielten. Diese Raktenbasen befanden sich auf Kuba, wo ihr Todfeind Fidel Castro herrschte, der sich als Anwalt der Neger Amerikas und ihrer Rechte gebärdete.

Und schließlich waren Hoover die vielen Komitees verdächtig, die vor allem an den Universitäten entstanden waren und Frieden in Vietnam forderten. Er ließ deshalb die Hochschulen überwachen, deren Studenten ihm zu radikal und deshalb zu anfällig für die Ideen der schwarzen Bevölkerung waren. Im Gefolge dieser Überwachung kam es zu zahlreichen Zwischenfällen, und die akademischen Behörden protestierten gegen die Verletzung der traditionellen Rechte und Freiheiten der Hochschulen.

Noch fragwürdiger war es, daß Beamte das FBI bei den Angehörigen schwarzer Soldaten, die in Vietnam kämpften, erschienen und von ihnen nachdrücklich verlangten, sie mögen aus den Friedeskomitees, denen sie angehörten, austreten. Bestreiten konnte Hoover diese Vorfälle nicht, denn sie wurden in mehreren Verfahren unter dem Vorsitz von weißen Richtern, an deren Objektivität kein Zweifel sein konnte, untersucht und das FBI und sein Chef wegen ihnen öffentlich gerügt.

Aber Hoovers Haltung hatte sich bereits 1953 mit dem Auftauchen von extremistischen Organisationen der Neger, die sich offen zu Gewalt und Aufruhr bekannten, verhärtet. Die erste Bewegung dieser Art waren die Black Muslims von Elija Muhammad und Malcolm X, der sich auch Cassius Clay unter dem Namen Muhammed Ali anschloß. Bei den Black Muslims stand das X für den „verlorenen Namen", den ihre Vorfahren einst in der afrikanischen Heimat gehabt hatten. Bei der Ankunft in Amerika hatten die Sklaven zumeist einen neuen Namen nach Belieben des Besitzers, der sie gekauft hatte, erhalten.

Die Black Muslims verübten in der ersten Hälfte der fünfziger Jahre eine Reihe von spektakulären Gewalttaten. Zur selben Zeit sammelte Robert Williams, ein ehemaliger Marineinfanterist, einige Terroristen um sich und verübte ebenfalls aufsehenerregende Anschläge, bevor er nach Kuba flüchtete. Von dort sandte er eine Flut von Flugblättern und Kampfschriften nach Amerika und forderte die farbige Bevölkerung über den Rundfunk auf, sich zu erheben und die Weißen zu töten. Von Kuba begab er sich nach Peking und appellierte in einer täglichen Radiosendung an die schwarzen Soldaten in Vietnam, überzulaufen oder ihre weißen Offiziere zu töten. Am Beginn der sechziger Jahre entstand dann eine noch radikalere Terrorgruppe: Die Black Panthers Bobby Seales, Huey P. Newtons und Eldridge Cleavers. Dieser vorbehaltlos marxistischen Bewegung

KAP. XVI / MARTIN LUTHER KING

schlossen sich puertorikanische und kubanische Kommunisten an; sie hatte aber auch Zulauf von Indianern, und in ihren Reihen war Angela Davis zu finden, die schwarze Studentin, die vom FBI gnadenlos gejagt wurde, weil sie vor Gericht ihren Mitangeklagten jene Pistolen zugesteckt hatte, mit denen sie einige Polizisten niederschossen und flohen.

Die Schwarzen Panther, deren erklärtes Ziel es war, das Vorgehen der Polizei gegen die schwarze Bevölkerung mit allen Mitteln der Gewalt zu vergelten, hatten nie mehr als einige Tausend Anhänger, aber darunter waren viele Intellektuelle, und alle waren überaus gefürchtet und zu allem entschlossen. Mehrere wurden wegen Mordes gesucht, und nicht weniger als 28 wurden im Laufe von zwei Jahren getötet. Den Black Panthers gelang es, mit ihren tollkühnen Aktionen die amerikanische Öffentlichkeit in Angst und Schrecken zu versetzen. Sie waren die Urheber der blutigen Unruhen in Watts, einem Vorort von Los Angeles, in Philadelphia, wo mehrere Polizisten getötet wurden, und der schweren Zwischenfälle beim Demokratischen Parteikongreß im Jahre 1968.

Ihre Haltung empörte Hoover so sehr, daß er keine Gelegenheit vorübergehen ließ, ohne ihnen in der Öffentlichkeit gnadenlosen Kampf anzusagen: „Es ist untragbar, daß junge Amerikaner zu Tausenden in Vietnam fallen, während andere sich mit ihren Mördern verbünden und zu Verrätern an ihrem Vaterland werden!"

Solche Emotionen vermochten Hoover aber nicht davon abzuhalten, seine Pflicht gegenüber der farbigen Bevölkerung und ihren Rechten zu erfüllen. So geriet er im Jahre 1952 in einen heftigen Konflikt mit dem Gouverneur von Texas, Allan Shivers, der ein Rassentrennungsgesetz durchsetzen wollte, und bald darauf mit dem Gouverneur von Pennsylvania, John S. Fine, der den Chef des FBI beschuldigte, die Staaten der Union wie Kriminelle zu behandeln. Hoover antwortete darauf:

„Ich bin nicht dazu da, Gesetze zu beurteilen, sondern um sie anzuwenden. Wenn ein Gouverneur Gesetze für schlecht oder ungerecht hält, soll er sich an den Kongreß wenden, der sie abändern kann. Er soll aber nicht das FBI angreifen, das die Gesetze nicht gemacht hat."

Im Jahre 1956 öffnete das Gesetz über die Rassenintegration der farbigen Bevölkerung die amerikanischen Schulen, und im Jahre 1960 erklärte der Civil Rights Act jeden Verstoß gegen die Rassengleichheit zu einem Bundesdelikt. Hoover und seine Beamten sorgten für die Anwendung dieser beiden Gesetze. Trotz des erbitterten und manchmal auch gewaltsamen Widerstandes vieler Weißer im Süden und unbeschadet ihrer eigenen Ressentiments gegenüber den schwarzen Extremisten schritten sie unerbittlich gegen alle Gesetzesübertretungen ein, obwohl diese Haltung alles andere als populär war.

Im Kreuzfeuer der Kritik aus Nord und Süd, von Weiß und Schwarz, Demokraten und Republikanern befand sich das FBI in einer fast unhaltbaren Situation. Ein Teil der Bevölkerung war entrüstet, weil es nicht handelte. Und begann es zu handeln, wurde es vom Rest der Bevölkerung attackiert. Begann das Büro wegen eines Verstoßes gegen die Rassengesetzgebung im Süden zu ermitteln, warfen ihm die bisher kooperationsbereiten lokalen Polizeibehörden einen Stein nach dem anderen in den Weg. Wenn die Ermittlungen daraufhin ins Stocken gerieten, erhob sich ein Sturm der Entrüstung bei schwarzen und weißen Bürgerrechtskämpfern, die das FBI beschuldigten, die Untersuchung zu sabotieren und mit den Rassisten des Ku-Klux-Klan unter einer Decke zu stecken. So sollte es nun ständig weitergehen...

Dabei war der Machtantritt der Brüder Kennedy im Jahre 1961 zweifellos der schwärzeste Tag im Lauf der langen Amtszeit John Edgar Hoovers. Für den alten überzeugten Republikaner stellten diese beiden jungen, ehrgeizigen und progressiven

KAP. XVI / MARTIN LUTHER KING

Demokraten, hinter denen ihre einflußreiche Familie und fast die gesamte amerikanische Intelligenz standen, eine große Gefahr dar.

Während des Wahlkampfes hatte John Fitzgerald Kennedy, dem sein Bruder Bob stets wie ein Schatten zur Seite stand, keinen Zweifel an seiner Absicht gelassen, sich des FBI-Chefs zu entledigen, den er für einen rückständigen Gegner der liberalen Rassenpolitik hielt, die er als neuer Präsident einzuschlagen gedachte.

Bereits 1959 und erst recht im Wahljahr 1960 war Hoover die Zielscheibe der Angriffe aller Bürgerrechtsorganisationen gewesen. Man warf ihm vor, ein Faschist, ein Rassist und ein Antisemit zu sein und das FBI in diesem Sinne zu beeinflussen.

Vor allem Martin Luther King und andere Negerführer beschuldigten ihn, rassische Vorurteile zu haben, weil das FBI nur eine verschwindend geringe Anzahl von farbigen Beamtem aufzuweisen hatte. Das stimmte und als Hoover darüber von dem Journalisten O'Larry befragt wurde, verhielt er sich reichlich ungeschickt. Überzeugend widerlegte er die Behauptung, daß das FBI in seinen 23 Büros in den Südstaaten nur Südstaatler beschäftige. Er konnte eine Statistik vorlegen, wonach 70 Prozent der Beamten, die in den Staaten der ehemaligen Konföderation tätig waren, aus dem Norden stammten und dort aufgewachsen waren. Dann aber griff er nach der Meinung mancher Leute daneben, als er erklärte: „Ich weigere mich, einen Neger einzustellen, nur weil er ein Neger ist. Ich habe weder jetzt noch in Zukunft die Absicht, in das FBI Leute aufzunehmen, welche Hautfarbe und Religion sie auch haben mögen, die den Einstellungserfordernissen nicht gerecht werden...!"

Diese Erklärung wurde von der American Civil Liberties Union als ungeheuerlich, rassistisch und antidemokratisch bezeichnet. Hoover hatte auch darauf hingewiesen, daß „sich nur sehr wenige Neger um die Aufnahme in das FBI bewerben", worauf man ihm entgegenhielt, das beweise lediglich, daß sie sich bei den faschistoiden Einstellungsbeamten keine Chancen erhofften.

Die mächtige jüdische Organisation Bnai Brith setzte eine Untersuchungskommission ein, und auch die Anti-Diffamierungsliga machte Hoover das Leben schwer, indem sie behauptete, er führe die Ermittlungen über Bombenanschläge gegen mehrere Synagogen ohne den nötigen Nachdruck. Die Tatsache, daß ihm Philip Klutznik, der Vorsitzende einer anderen bedeutenden jüdischen Organisation, zur gleichen Zeit ein Wohlverhaltenszeugnis ausstellte, vermochte dem Aufruhr, den die Proteste Bnai Briths hervorgerufen hatten, nicht aus der Welt zu schaffen.

Außerdem beschuldigten die zahlreichen progressiven Studenten in Colleges und Universitäten Hoover seit Beginn des Vietnamkrieges, das FBI in eine neue Gestapo umzuwandeln und mehr Beamte zur Bespitzelung der Akademiker einzusetzen als gegen die Mafia.

In dieser Atmosphäre trat John Fitzgerald Kennedy am 20. Januar 1961 unter gleichzeitiger Ernennung seines Bruders Bob zum Justizminister sein Amt als Präsident der Vereinigten Staaten an.

Schwierigkeiten mit Präsidenten hatte Hoover auch schon in der Vergangenheit gehabt. Truman hatte ihm nur ungern seine Haltung im Falle Harry Dexter White vergeben. Der zaudernde und wankelmütige Eisenhower hatte ihn durch seine überraschenden Kehrtwendungen oft in größte Schwierigkeiten gebracht. Hoover wußte nie, ob Ike seine Maßnahmen unterstützen würde oder nicht, und erlebte besonders harte Zeiten während der Affäre Rosenberg, bei der das mangelnde politische Verständnis des Präsidenten zu unhaltbaren Situationen führte. Ähnlich war es auch während des Besuches von Chruschtschow in den Vereinigten Staaten gewesen.

KAP. XVI / MARTIN LUTHER KING

In der Vergangenheit waren solche Meinungsverschiedenheiten jedoch stets streng vertraulich behandelt worden. Das Weiße Haus hatte sich davor gehütet, sie in die Öffentlichkeit zu tragen. Aber das alles war nichts gewesen, im Vergleich zu dem, was Hoover in der Ära Kennedy erleben sollte. Dabei waren ihm die beiden Brüder nicht unbekannt; er hatte mit ihnen, als sie noch Senatoren waren, bei der Untersuchung der Rackettätigkeit zusammengearbeitet. Nun aber sollte er zum ersten Male unter einem Justizminister arbeiten, der ihm unverhohlen feindlich gesinnt und überdies gewillt war, sein Ministerium im allgemeinen und das FBI im besonderen zu einem willfährigen Instrument seines Bruders und der Demokratischen Partei zu machen.

Welten trennten die beiden Männer. Zunächst ihr Alter: Bob Kennedy war 35, Hoover 66 Jahre alt. Der Justizminister war ungestüm, ungeduldig, ein wahrer Feuerkopf, den der schwerfällige Formalismus des FBI-Chefs, den er sklerotisch nannte, reizte. Umgekehrt waren für den strengen Puritaner Hoover die Brüder Kennedy Playboys, deren Lebensstil ihm zuwider war: Die Frauengeschichten, die ausgelassenen Partys auf dem Familienanwesen Hickory Hill, die Entourage von Intellektuellen, Schauspielern und Sängern, angeführt von Peter Lawford, der selbst ein Schauspieler, aber auch Schwager des Präsidenten war. Im Gefolge Lawfords erschien sein Clan aus Hollywood: Sammy Davis jr., Dean Martin und Frank Sinatra waren wiederholt bei den Kennedys zu Gast, obwohl jedermann in Amerika wußte, welch enge Verbindung zwischen Sinatra und der Mafia, insbesondere mit Frank Costello und Lucky Luciano, bestand. Und es gab auch zahlreiche schöne und zum Teil leichtlebige Frauen in der Umgebung der beiden Brüder, obwohl sie Ehemänner und Familienväter waren. Hoover war einer der ersten, dem die Behauptung hinterbracht wurde, John und Bob hätten sich die Gunst Marylin Monroes geteilt. Er war zutiefst schockiert, als er erfuhr, daß der blonde Star bei einer Geburtstagsfeier für den Präsidenten in einem hautengen, durchsichtigen Abendkleid „Happy Birthday" gesungen habe und noch in der gleichen Nacht seine Geliebte geworden sei.

Der tragische Tod der Brüder Kennedy hat bewirkt, daß viele Details ihres Lebensstils lange Zeit unerörtert blieben. Erst ab 1975 etwa sickerte durch, daß dieser Stil sehr freizügig gewesen, von der amerikanischen Presse aber in einer Art von stillschweigendem Gentlemen-Agreement nie kommentiert und kritisiert worden war.

Weit mehr noch als moralische Erwägungen waren es die politischen Anschauungen, die Hoover von Bob Kennedy trennten. Ein progressiver Demokrat stand einem konservativen Republikaner gegenüber. Für die Intellektuellen in der Umgebung Bob Kennedys galt Hoover als Fossil einer vergangenen Zeit, das nicht in der Lage war, die veränderte Welt, insbesondere die Jugendlichen, zu verstehen. Er war konfrontiert mit Soziologen, Psychologen und Theoretikern der „New Frontier", die ihre ganze Aufmerksamkeit der amerikanischen Jugend widmeten, die sich angesichts der Vorgänge in Vietnam und der sozialen Spannungen im eigenen Lande in offenem Aufruhr befand.

Hoover hatte dagegen am Beginn des Jahres 1960 geschrieben: „Nichts kann mich von der Überzeugung abbringen, daß die Regeln, die in meiner Jugendzeit galten, für die jungen Mädchen und Männer von heute wertvoller denn je sind... Wenn ich einen Sohn hätte, glaube ich, daß die beste Lebenshilfe, die ich ihm gewähren könnte, der Glaube an fünf Begriffe wäre: Ein persönliches Vorbild, dem er folgen kann, das Bewußtsein der Notwendigkeit von Idealen und Selbstbeschränkungen, Pflichtgefühl, der Glaube an gewisse grundsätzliche Werte und die Liebe zu Leistung und Arbeit."

Für die Kennedys, die Progressivität und Partizipation, nicht

KAP. XVI / MARTIN LUTHER KING

aber Repression zu ihrer Wahlplattform gemacht hatten, mußte ein Polizeichef mit derartig altmodischen Ansichten ein gefährliches Hindernis ihrer Politik darstellen. Sie mußten sich seiner entledigen, aber das wollte wohl überlegt sein. Einen Hoover, der für große Teile der Bevölkerung noch immer als der Fels galt, an dem Spione und Banditen, die das Leben des Landes gefährdet hatten, gescheitert waren, konnte man nicht so leicht loswerden.

Außerdem hatte er viele gute Freunde im Kongreß, vor allem eine Gruppe, die vom Abgeordneten des Repräsentantenhauses John J. Rooney geführt wurde, und eine andere, die sich um seinen alten Weggefährten Senator Everett Dirksen scharte.

Die Kennedys waren auch viel zu gewiegte Politiker, um Hoover frontal anzugreifen. Sie gingen weit geschickter vor. Bald nach seinem Einzug in das Weiße Haus wurde Hoover von John F. Kennedy in allen Ehren empfangen. Es war eine freundschaftliche Begegnung, nach der dem Chef des FBI vom Präsidenten vor den Fernsehkameras versichert wurde, daß er volles Vertrauen genieße und im Amt verbleiben solle. Dadurch ließ sich aber niemand täuschen. Im Gegenteil: In eingeweihten Kreisen Washingtons hielt sich hartnäckig das, wahrscheinlich vom Kennedy-Clan ausgestreute Gerücht, daß Hoover unmittelbar vor seiner Ablösung stehe. Darüber sprach übrigens auch Bob Kennedy ganz offen im Justizministerium.

Der neue Minister hatte sich seine Taktik bereits zurechtgelegt. Er wollte den alten Löwen so lange herausfordern und demütigen, bis dieser es vorzog, zurückzutreten. Die Atmosphäre war bald so spannungsgeladen, daß John Kennedy, der Komplikationen mit dem Kongreß und der öffentlichen Meinung befürchtete, seinen hitzköpfigen Bruder wiederholt zur Ordnung rief, worauf dieser notgedrungen den Rückzug antrat.

Das änderte nichts daran, daß Bob Kennedy vom ersten Tage an einen neuen Stil als Justizminister praktizierte. Bis dahin hatte Hoover stets direkte Kontakte mit den Präsidenten gehabt. Nun schaltete sich Bob Kennedy dazwischen. Der ehrgeizige junge Mann betrachtete sich nicht als ein Justizminister wie jeder andere. Seit Beginn der politischen Karriere seines Bruders war er dessen rechte Hand, sein intimster Berater und bester Mitarbeiter gewesen. Nun, da John Präsident war, fühlte sich Bob als sein Premierminister. Selbstgefällig sagte er von sich, er sei „der zweitmächtigste Mann der Vereinigten Staaten nach dem Präsidenten". Es war auch kein Zufall gewesen, daß ihm sein Bruder das Justizministerium anvertraut hatte. Bob hatte den Auftrag, sein Amt zu nutzen, um die Macht des Präsidenten zu stärken und sein Wählerpotential zu vergrößern, indem er weitreichende Maßnahmen auf dem Gebiete der Bürgerrechte setzte und einen ebenso unerbittlichen wie spektakulären Kampf gegen das organisierte Verbrechen führte. Die beiden Brüder hatten bereits 1959 als Senatoren bei den Untersuchungen über die Tätigkeit der Rackets feststellen können, welche Popularität Feldzüge gegen die Kriminalität einbrachten.

Um sein Doppelziel zu erreichen, hielt es Bob Kennedy für notwendig, das FBI in seine Hand zu nehmen und dessen Aktivitäten persönlich zu kontrollieren. Hoover war für ihn nur ein ausführendes Organ. Jedes Vorkommnis war ihm recht, um den Direktor des FBI vorzuladen und ihn zu belehren, als sei er ein kleiner Amtschef. Desgleichen pflegte er unangemeldet in Hoovers Büro zu erscheinen, was dessen sorgfältige Zeiteinteilung über den Haufen warf. Schließlich hatte Bob Kennedy eine direkte Telephonverbindung zwischen seinem und Hoovers Arbeitszimmer einrichten lassen, die er nach Belieben benützte. Als er sich dieses „heißen Drahtes" das erste Mal bediente, meldete sich Hoovers Sekretärin Helen Gandy, worauf Bob Kennedy mit eisiger Stimme erklärte: „Wenn ich auf dieser Leitung anrufe, erwarte ich, daß sich eine einzige Person meldet: Mr. Hoover! Geben Sie ihn mir!"

KAP. XVI / MARTIN LUTHER KING

Der neue Minister hatte noch andere neue Gewohnheiten. Bis dahin war es eine geheiligte Regel gewesen, daß kein Hund die Räume des FBI betreten durfte. Bob Kennedy brachte aber seine Dachshunde mit, die er im übrigen von Sekretärinnen des Justizministeriums spazierenführen ließ. Für Hoover war das ein kleiner Skandal in Permanenz.

Er mußte dieses schlechte Beispiel von Disziplin- und Sorglosigkeit, das der Justizminister gab, hinnehmen, aber es gab andere Probleme, die ihm viel größere Sorgen bereiteten.

In dem Bestreben, das FBI in den Griff zu bekommen, ging Bob Kennedy dazu über, den Beamten des Büros über den Kopf von Hoover hinweg Aufträge zu erteilen oder sie um Auskünfte zu befragen. Das war eine Vorgangsweise, die in absolutem Widerspruch zu den geheiligten Regeln und Traditionen des FBI stand. Bis dahin waren Dossiers und Berichte grundsätzlich ohne Ausnahme Hoover vorgelegt worden, der entschied, an wen sie allenfalls weitergereicht wurden. Dreißig Jahres lang war das ein Gesetz gewesen, auf dem Disziplin und Effizienz seiner Beamten beruht hatten. Indem Bob Kennedy dieses Gesetz nun durchbrach, änderte er nicht nur den Arbeitsstil des Büros, sondern stellte auch die Autorität seines Chefs in Frage. Damit wurde Hoovers Position in der Öffentlichkeit entscheidend geschwächt.

Bob Kennedy führte noch eine Neuerung ein: Er und seine Mitarbeiter gingen dazu über, Informationen aus dem Büro und seiner Ermittlungstätigkeit zu geben, ohne sich mit Hoover abzustimmen, was zu zahlreichen Mißverständnissen und Zwischenfällen führte. Die Journalisten, die in vielen Fällen ohnehin voreingenommen waren, machten es sich bald zur Regel, Auskünfte beim Justizminister und seinem Stabe statt bei Hoover und dessen Pressesprecher einzuholen. Unter der Hand verbreitete Bob Kennedy auch gerne Nachrichten, die dem Büro und dessen Direktor abträglich waren.

Hoover war wütend, mußte aber gute Miene zum bösen Spiel machen. Er wußte wenigstens, daß er sich auf die unbedingte Treue seiner Mitarbeiter verlassen konnte. Das war auch Bob Kennedy bekannt. Der Justizminister beklagte sich wiederholt über die Schwerfälligkeit des Büros und erklärte öffentlich, daß er Nachrichten aus dem Radio und dem Fernsehen schneller bekomme als vom FBI, das ihn offensichtlich schlecht bediene.

Noch im Jahre 1961 setzte er zur ersten großen Offensive gegen Hoover an. Die Brüder Reuther, prominente und progressive Gewerkschaftsführer, waren von ihm ermutigt worden, dem Präsidenten einen umfangreichen Bericht über den Rechtsextremismus im allgemeinen und die Republikanische Partei im besonderen vorzulegen, in dem der Justizminister u. a. aufgefordert wurde, das FBI von reaktionären Elementen zu säubern. Für die Brüder Reuther war die amerikanische Rechte mit ihrem militanten Antikommunismus die gefährlichste Gruppierung im Lande. In ihrem Bericht prangerten sie in kunterbuntem Durcheinander Gouverneur Goldwater, die Schauspieler John Wayne und James Stewart, den Filmproduzenten Jack Warner und mehrere andere Persönlichkeiten an, die ihrer Meinung nach auf eine Liste der Persönlichkeiten gehörten, die eine Gefährdung des Staates darstellten. Selbstverständlich fehlte auf dieser Liste auch Hoover nicht, den die Brüder Reuther beschuldigten, die kommunistische Gefahr zu übertreiben, um die Öffentlichkeit zu täuschen und die wahre Bedrohung zu verbergen: die rechtsradikale Subversion. Bob Kennedy beeilte sich, den Bericht an Regierungsfunktionäre und Mitglieder des Kongresses weiterzuleiten. Er nahm ihn auch zum Anlaß, das FBI mit der Überwachung rechtsradikaler Organisationen, der Umgebung Gouverneur Goldwaters und der Rassengleichheitsgegner in den Südstaaten zu beauftragen.

Hoover reagierte auf die Auslassung der Brüder Reuther, indem er im Februar 1962 wie üblich seinen Bericht über das

KAP. XVI / MARTIN LUTHER KING

abgelaufene Arbeitsjahr vorlegte. Darin stellte er mit der gewohnten Selbstgefälligkeit fest, daß die Tätigkeit des Büros zu 12 400 Verurteilungen vor Gericht geführt hatte. Die Laboratorien des FBI hatten um 230 000 Analysen mehr als im Vorjahr durchgeführt; die meisten von ihnen für Polizeibehörden im ganzen Lande. Der Erkennungsdienst hatte im Tagesdurchschnitt 23 000 Fingerabdrücke abgenommen. Er hatte 162 Millionen Abdrücke archiviert und die sofortige Identifizierung von 76,5 Millionen Personen ermöglicht. Die G-Männer hatten 10 700 Kriminelle festgenommen, 19 000 gestohlene Autos sichergestellt und Geldstrafen in der Gesamthöhe von 150 Millionen Dollar bewirkt, eine Summe, die das Gesamtbudget des FBI bei weitem übertraf.

Einmal mehr bezeichnete Hoover schließlich in dem Bericht die sowjetische Spionage und im Verein damit die illegale Kommunistische Partei Amerikas als die größte Gefahr für die Vereinigten Staaten. Diese Wiederholung seiner bekannten These veranlaßte W. H. Ferry, einen Sprecher des progressiven Lagers, ihn als „Mandarin des Antikommunismus und Märchenerzähler" zu bezeichnen. Außerdem warf man ihm vor, er habe den Bericht und damit die Tätigkeit des FBI benützt, um seine Fehde mit den Brüdern Reuther auszutragen.

Das änderte nichts daran, daß seine Ausführungen vom Kongreß zur Kenntnis genommen wurden, der ihm bei dieser Gelegenheit seine Goldmedaille in Anerkennung seines Kampfes gegen Kommunismus und Jugendkriminalität verlieh.

Am 10. Mai 1962 feierte Hoover die 38. Wiederkehr seines Amtsantrittes. Das Glückwunschtelegramm, das er aus diesem Anlaß von John Kennedy erhielt, war kühl und unpersönlich. Der Präsident hob hervor, daß es „außergewöhnlich und bemerkenswert" sei, daß ein Mann seit 38 Jahren an der Spitze einer so bedeutenden Bundesbehörde stehe.

Bob Kennedy kündigte an, er werde einen Empfang im

Justizministerium geben, in dessen Verlauf er John Edgar Hoover bitten werde, eine mit 38 Kerzen geschmückte Torte anzuschneiden.

Der alte Bulle wies diesen allfälligen Versöhnungsversuch seines ungestümen jungen Gegners zurück, indem er wissen ließ, er werde diesen Tag wie jeden anderen an seinem Schreibtisch arbeitend verbringen. Es schien ihm unehrlich zu sein, freundschaftliche Beziehungen zwischen zwei Männern vorzutäuschen, die einander seit Beginn ihrer Zusammenarbeit mißtrauten und mißverstanden. Vor allem hatte Hoover Bob Kennedy nicht verziehen, daß er das FBI für persönliche Zwecke mißbrauchte und mit seiner Hilfe den ganzen Staatsapparat in seine Hand bringen wollte.

Bob Kennedy wollte aber noch viel mehr. Er ging dazu über, Journalisten bespitzeln zu lassen, die dem Präsidenten und der Demokratischen Partei nicht wohlgesinnt waren.

Das drang in die Öffentlichkeit, aber die Verantwortung für diese in der Geschichte der amerikanischen Presse einmaligen Vorgänge wurde dem Polizeichef zugeschoben. Die Zeitungen fielen über das FBI her und attackierten seinen Direktor bis zur Lächerlichkeit.

Wütend gab Hoover, der wohl wußte, wer hinter dieser Affäre steckte, seiner Meinung über die Brüder Kennedy offen Ausdruck. Was er sagte, wurde dem Justizminister hinterbracht, und es bedurfte des vermittelnden Eingreifens des Vizepräsidenten Johnson, um zu verhindern, daß Hoover auf der Stelle entlassen wurde. So wurde im letzten Augenblick ein Skandal verhindert, der für die Brüder Kennedy möglicherweise schlecht ausgegangen wäre.

Die beiden Männer setzten aber ihren Kleinkrieg fort, und Hoover brannte darauf, Revanche zu nehmen. Er hatte sich eine machiavellistische Taktik zurechtgelegt, die dazu führte, daß Bob Kennedy seine Impulsivität bald zu zügeln begann. Hoover

KAP. XVI / MARTIN LUTHER KING

beschränkte sich darauf, so schnell und so wortgetreu wie möglich, alle Aufträge seines Ministers zu erfüllen, den er im vertrauten Kreise den „schlechterzogenen jungen Mann des Weißen Hauses" nannte.

Präsident Kennedy wurde bald nach seinem Amtsantritt mit einem großen Problem konfrontiert. Es war der „Aufstand der Stahlkönige". Angesichts massiver gewerkschaftlicher Lohnforderungen hatten die Führer der Stahlindustrie ebenso massive Preiserhöhungen beschlossen, die Auswirkungen auf die Gesamtwirtschaft, vor allem auf die Automobilerzeugung, haben mußten. Kennedy verlangte eine Reduzierung dieser Preiserhöhungen, aber die Industriellen gaben nicht nach. Es war ein Krieg im Zeichen des Patt.

Journalisten hatten herausbekommen, daß sich die Industrievertreter vor der Erhöhung zu einer geheimen Absprache über ein gemeinsames Vorgehen getroffen hatten. Damit hatten sie einen Verstoß gegen das Anti-Trust-Gesetz begangen. Bob Kennedy glaubte nun eine Handhabe gegen die Industriellen zu haben und beauftragte Hoover, durch das FBI bei den Journalisten ermitteln zu lassen, was sie über das Geheimtreffen wußten. Dieser Auftrag wurde sofort und buchstabengetreu ausgeführt. Um vier Uhr früh holten die G-Männer die verdutzten Journalisten aus den Betten und brachten sie in das Büro des FBI auf der Pennsylvania Avenue. Die Empörung über dieses Vorgehen war so groß, daß sich der Präsident persönlich bei der Presse entschuldigte. Bob Kennedy gelang es diesmal aber nicht, die Verantwortung für diese Affäre auf Hoover abzuschieben, der lediglich den Auftrag seines Vorgesetzten ausgeführt hatte.

Allerdings beschäftigte sich das FBI auch mit ernsthafteren Angelegenheiten. Im Jahre 1961 wurde der Sowjetspion Sobell verurteilt. Zur selben Zeit gelang ein entscheidender Schlag gegen das Racket im Boxsport. Franckie, Carbo, Blinky Palermo, Louis T. Dragna und Joseph Sica, alles Gangster, die seit Jahren Veranstalter, Manager und Boxer erpreßt und Kampfergebnisse manipuliert hatten, wurden für lange Zeit hinter Gitter gesetzt.

Aber auch dort, wo es um die Bekämpfung der Kriminalität ging, kam es bald zu Zusammenstößen zwischen dem Justizminister und dem Chef des FBI.

Die Brüder Kennedy hatten ihre eigenen Vorstellungen vom Kampf gegen die Rackets. Bereits vor ihnen hatten Politiker wie Dewey, Stevenson und Kefauver versucht, Verbrechensbekämpfung als Sprungbrett für eine Präsidentschaftskarriere zu nützen. Es war sehr populär, die Mafiabosse vor Untersuchungskommissionen zu zitieren; besonders seit die Fernsehanstalten solche Untersuchungen Woche für Woche in allen Details übertrugen. Das waren große Shows, die viele Zuseher anlockten und einem geschickten Politiker die Möglichkeit boten, sich als Anwalt des Rechtes zu profilieren.

Die Brüder Kennedy waren dem Beispiel ihrer Vorläufer gefolgt. 1959 hatten sie in einem Senatskomitee unter dem Vorsitz von Bob brilliert. Ihr Angriff hatte der mächtigsten Gewerkschaft der Vereinigten Staaten gegolten, den Teamstern, d. h. dem Syndikat der Lastwagenchauffeure, das insgesamt zwei Millionen Mitglieder hatte. Vorsitzender der Gewerkschaft war seit 1952 Jim Hoffa, zugleich einer der Patrone der Mafia, und damit war die Gewerkschaft ein Bestandteil der ehrenwerten Gesellschaft. Wer immer in den Vereinigten Staaten einen Fernlaster in Gebrauch hatte, mußte dem Syndikat seinen Tribut entrichten, und da dem Straßenverkehr viel mehr Bedeutung zukam als den Eisenbahnen, war Hoffa einer der mächtigsten Männer des Landes. Der Präsident der Teamster konnte in Stundenfrist das gesamte Wirtschaftsleben Amerikas lahmlegen.

Hoffa war ein Gewaltmensch, der fünf Lokale der Telephongewerkschaft in New York, deren Führer sich geweigert hatten,

KAP. XVI / MARTIN LUTHER KING

mit ihm zusammenzuarbeiten, in die Luft sprengen hatte lassen. Transportunternehmer, die sich nicht seinen Bedingungen unterwarfen, fanden in den Überlandstationen keinen Platz für ihre Fahrzeuge. Widerspenstige Chauffeure fielen, wenn sie überhaupt Arbeit fanden, allen nur erdenklichen Unfällen zum Opfer. Andererseits sicherte Hoffa seinen Anhängern vorzügliche Löhne und Arbeitsbedingungen. Er kümmerte sich um alle und regelte alles. Ein erkrankter Chauffeur konnte sich auf Kosten des Syndikates gesundpflegen. Nach der Genesung wurde alles unternommen, um ihm Arbeit zu verschaffen. Ein Fonds von 1,3 Milliarden Dollar, gespeist aus Mitgliedsbeiträgen, zur Hälfte von Hoffa persönlich, zur Hälfte vom Syndikat verwaltet, war vorhanden. Der Chef der Teamster investierte diesen Schatz in allen möglichen Geschäften, die vom Verbrechersyndikat kontrolliert wurden: Spielhöllen in Las Vegas, Supermärkte, Reinigungsanstalten, Realitäten und Drogenhandel. Das Teamstersyndikat war ein permanenter Skandal.

Bob Kennedy war darauf durch Pierre Salinger, den späteren Pressechef seines Bruders, hingewiesen worden, der bereits 1958, als Reporter des Magazins „Colliers", Hoffa attackiert hatte. Aber es dauerte zehn Jahre, bis diese Angriffe zu Ergebnissen führten. Nachdem er als Justizminister zurückgetreten war, setzte sie Bob Kennedy als Senator fort, wobei er wohl daran dachte, sich damit Popularität für die Präsidentschaftswahlen des Jahres 1968 zu sichern.

Der Beginn der Kampagne unter dem Slogan „Get Hoffa!" — „Fangt Hoffa!" — stand zunächst im Zeichen beachtlicher Erfolge, und nachdem Bob Kennedy dank seines Bruders Justizminister geworden war, setzte er sie verstärkt fort.

Dabei geriet er in eine Auseinandersetzung mit Hoover. Die beiden Männer hatten völlig entgegengesetzte Auffassungen von der Verbrechensbekämpfung. Bob Kennedy lechzte nach spektakulären, überfallsartigen Aktionen. Hoover, der nicht auf das Auftauchen des „schlecht erzogenen, brillanten jungen Mannes" gewartet hatte, um das Syndikat Hoffas trotz größter Schwierigkeiten durch seine Beamten überwachen zu lassen, war dagegen theatralischen Untersuchungen in aller Öffentlichkeit abgeneigt. Er blieb bei der alten Methode, die seiner Ansicht nach vielleicht langsamer, aber sicherer ans Ziel führte. Er wußte, wie vorsichtig und wachsam die Mafiabosse waren, wie schwierig es war, Beweise zu sammeln und Zeugen, die um ihr Leben bangten, zum Reden zu bringen. Es gab natürlich böse Zungen, die behaupteten, das alles seien nur Vorwände, hinter denen sich die heimliche Abneigung des FBI und seines Direktors gegenüber einer Aufgabe verbarg, die ebenso undankbar wie gefährlich war und nur magere Resultate bringen konnte. Es sei, so wurde weiter argumentiert, natürlich bequemer, im Jahresbericht umfangreiche Statistiken über die Verhaftung von Autodieben und anderen Kleinkriminellen zu veröffentlichen, statt über die Festnahme von Mafiabossen zu berichten. Schließlich wurde behauptet, Hoover fürchte sich, seine „Unbestechlichen" in allzu nahe Berührung mit der korrupten Welt des Verbrechens zu bringen und halte sie lieber allen Versuchungen fern, damit das Büro nicht wieder in jene Zustände zurückfalle, die er 1924 bei seinem Amtsantritt vorgefunden hatte.

Bob Kennedy, den die Vorsicht Hoovers in Wut versetzte, äußerte sich dementsprechend gegenüber Journalisten und liberalen Gesinnungsfreunden, die ihrerseits ihre ewig gleiche Klage wiederholten: Das FBI gebe mehr Geld aus, um die Bürgerrechtsbewegung zu bespitzeln, als um das organisierte Verbrechen zu bekämpfen ...

Die Meinungsverschiedenheit zwischen Hoover und seinem Minister kam in der Affäre Valacchi offen zum Ausdruck.

1962, zur selben Zeit, in der Bob Kennedy gegen Hoffa ermitteln ließ, fiel ihm der spektakuläre Fall in den Schoß, von dem er geträumt hatte.

KAP. XVI / MARTIN LUTHER KING

Seine Anfänge reichten drei Jahre zurück. Im Juni 1959 war Vito Genovese, der versucht hatte, Lucky Luciano zu entthronen und die Kontrolle über die New Yorker Mafiafamilie an sich zu reißen, wegen Drogenhandels verhaftet worden. Das FBI und das Rauschgiftbüro waren mit größter Sorgfalt den Verbindungen gefolgt, die von einem kleinen Endverteiler bis zu ihm führten. Auf Grund der gesammelten Beweise war er im Mai 1961 zusammen mit vierzehn Komplizen auf fünfzehn Jahre ins Gefängnis geschickt worden. Haft hatte einen Mafiaboß aber noch nie davon abgehalten, seine Geschäfte weiterzuführen. Auch Genovese regierte sein Reich von seiner Zelle aus weiter, aber mehrere seiner Gefolgsleute nützten seine Abwesenheit, um Geschäfte auf eigene Faust zu betreiben. Einer geriet an G-Männer, die sich als Rauschgiftverteiler ausgaben, und eine neue Verhaftungswelle setzte ein.

Eines ihrer Opfer wurde Joe Valacchi, der ab Mai 1962 seinem Chef in der Zelle Gesellschaft leisten mußte.

Wütend über die Ungeschicklichkeit seiner Untergebenen, beschloß Genovese daraufhin, mit eiserner Faust Ordnung zu schaffen und befahl u. a. die Liquidierung Anthony Strollos, eines seiner getreuesten Gefolgsleute, den er für die Vorfälle verantwortlich machte. Die Unterwelt begann zu erzittern: Dieser Mord war wahrscheinlich nur der Beginn einer langen Serie von Exekutionen. Ein Mann, der besonderen Anlaß zu Befürchtungen hatte, war Joe Valacchi. Man hatte ihn nicht von ungefähr in eine Zelle mit Genovese gesperrt. Als ehemaliger Leibwächter seines Chefs war er trotz seines verhältnismäßig bescheidenen Ranges über alle Vorgänge in der Organisation wohlinformiert. Bis dahin hatte er nichts ausgesagt; weniger aus Treue zur Omertà, dem Gesetz des Schweigens, sondern viel eher aus Angst vor der Rache, mit der Verräter zu rechnen hatten. Auf diese Angst spekulierte das FBI paradoxerweise, um ihn doch zum Reden zu bringen.

Hoover ließ das Gerücht in Umlauf setzen, Valacchi habe Aussagen gemacht, die zur Verhaftung von Gefolgsleuten Genoveses geführt hätten, mit dem er die Zelle teilte. Zur gleichen Zeit wurde Valacchi zu verstehen gegeben, daß ihn Genovese verdächtige und bereits einen Preis von 100 000 Dollar für seine Liquidierung ausgesetzt habe.

Vergeblich versuchte der Gangster nun, sich vor seinem Chef zu rechtfertigen. Je mehr er auf Genovese einsprach, desto verdächtiger machte er sich. Als er ihn eines Tages neuerlich bestürmte, ihm doch zu glauben, nahm ihn Genovese bei der Hand, drückte einen Kuß auf seine Wange und flüsterte ihm zu: „Wenn in einem Korb voll Obst eine faule Frucht ist, muß sie entfernt werden, bevor sie die anderen ansteckt."

Valacchi wurde bleich. Das war der Judaskuß des Todes in der alten sizilianischen Tradition gewesen, den ihm Genovese gegeben hatte. Von Angst gepeinigt schloß der Gangster nun kein Auge mehr, wagte das Essen nicht zu berühren und vermied jeden Kontakt im Gefängnis. Er war überzeugt, daß ihn ein Häftling oder ein bestochener Aufseher liquidieren würde. Dieser Alptraum dauerte sechs Wochen, in denen Valacchi am Rande eines Zusammenbruchs war.

Am 22. Juni 1962 näherte sich ihm ein Mithäftling namens Joe Beck, ein bekannter Mafioso, der wegen Mordes zu lebenslangem Kerker verurteilt worden war. Valacchi, in der festen Gewißheit, daß er nun liquidiert werden sollte, griff nach einem Metallstück und schlug dreimal auf Beck ein, der mit zertrümmertem Schädel zusammenbrach und tot liegen blieb. Die Wachen stürzten sich auf den Täter und brachten ihn in Einzelhaft.

Nun gab es für Valacchi nur mehr eine Alternative: Von der Mafia doch noch liquidiert oder wegen des Totschlages an Beck hingerichtet zu werden. In dieser Situation trat das FBI auf den Plan. Es bot Valacchi im Austausch für ein Geständnis Schutz

KAP. XVI / MARTIN LUTHER KING

und Gnade an. Der Gangster hatte nichts mehr zu verlieren, und so kam das Büro zum zweiten Male nach dem Fall Abe Reles im Jahre 1940 in den Besitz eines außerordentlichen Geständnisses.

An einen geheimgehaltenen Ort gebracht und von einem großen Polizeiaufgebot bewacht, begann Valacchi zu sprechen. Es war eine wahre Flut von Enthüllungen, gestützt auf ein außerordentliches Gedächtnis.

Valacchi wußte alles. Namen, Daten, Fakten und Begleitumstände prasselten auf die Beamten nieder, die ihren Ohren nicht trauten. Doch alles stimmte, wie das FBI bei seinen Nachforschungen bald feststellen konnte.

Das Geständnis von Valacchi ermöglichte es dem Büro, zahlreiche bisher ungeklärte Fälle zu lösen. Mehr noch: Es erhielt das bisher präziseste Bild der Mafia mit allen ihren Familien, ihren Aktionen, Geschäften und Verbrechen in den letzten dreißig Jahren. Das Geständnis samt Sichtung und Auswertung nahm ein volles Jahr in Anspruch.

Alle diese Enthüllungen wurden in riesigen Schaubildern festgehalten, die bei der öffentlichen Untersuchung eine große Rolle spielten. Hier brach der Konflikt zwischen Bob Kennedy und Hoover in aller Schärfe aus. Der Justizminister wollte Valacchi vor den ständigen Unterausschuß des Senates unter dem Vorsitz von Senator McClellan bringen. Hoover war darüber mit Recht aufgebracht. In aller Öffentlichkeit wiederholt und über das Fernsehen Millionen von Amerikanern zugänglich gemacht, waren die Geständnisse Valacchis für die Justiz wertlos und lediglich dazu angetan, die noch auf freiem Fuß befindlichen Verbrecher zu warnen und ihnen Gelegenheit zu geben, ihre Verteidigung vorzubereiten und lästige Beweise und Zeugen zum Verschwinden zu bringen.

In Hoovers Augen brachte der Minister aus purer Rechthaberei und Effekthascherei das FBI um die Chance, in Ruhe zu ermitteln und alles nötige Material zusammenzutragen, um einen entscheidenden Schlag gegen die Unterwelt zu führen. Er hatte nicht unrecht, aber der Justizminister hörte nicht auf ihn. Die Versuchung, vor aller Öffentlichkeit in der populären Rolle des Vorkämpfers gegen das Verbrechen dazustehen, war zu groß. Bob Kennedy warf das ganze Gewicht seiner Person und seiner Position in die Waagschale, um dem Fall Valacchi eine möglichst große Publizität zuteil werden zu lassen. So schrieb er am 10. August 1963 in der „Saturday Evening Post": „Viele Amerikaner glauben, daß sie das organisierte Verbrechen nichts angeht. Das ist ein Irrtum. Die politische und wirtschaftliche Macht der Kriminellen ist so groß, daß sie das Leben zahlreicher Mitbürger beeinträchtigen können."

Wochenlang verfolgte ganz Amerika fasziniert auf den Bildschirmen Valacchi, der vor dem Senatskomitee aussagte; sichtlich von Angst gepeinigt, obwohl er von Dutzenden Beamten des FBI umringt war.

Im übrigen behielt Hoover recht. Während Valacchi zitternd vor Furcht, Tag und Nacht bewacht, in seiner vollkommen isolierten Zelle saß, war die Mafia voll und ganz mit ihrer Verteidigung beschäftigt. Dank einer elektronischen Abhöranlage, die das FBI in den Räumen des Garagenbesitzers Michele Scandiglio, eines bekanten Mafioso, installiert hatte, gelang es der New Yorker Polizei, etwa sechzig Gangster zu verhaften, allerdings ausschließlich kleine Kriminelle. Da die Justizbehörden aber das Abhören wieder einmal als illegal erklärt hatten, wurde es den G-Männern verwehrt, die Killer vorbeugend in Haft zu nehmen, die nun im Auftrag der Bosse darangingen, alle unsicheren Elemente zu liquidieren.

Eine andere Konsequenz war, daß sich das Verbrechersyndikat neue Tarnungen suchte und seine vorsorglich dezentralisierten Kräfte umgruppierte. So überließ in Brooklyn Tony Anastasia seine Position einem gewissen Scotto, der aber nur ein Stroh-

KAP. XVI / MARTIN LUTHER KING

mann war, hinter dem sich Vito Genovese und Carlo Gambino, der künftige starke Mann der Unterwelt, verbargen.

Bob Kennedy hatte allerdings im Dezember 1962 an einer anderen Front des Kampfes gegen das Verbrechen einen Erfolg zu verzeichnen. Dank neuen Beweismaterials, das vom FBI zusammengetragen worden war, gelang es ihm, Anklage gegen Jim Hoffa zu erheben, der in Nashville vor Gericht gestellt, aber während der Verhandlung von einem Jugendlichen durch Revolverschüsse verletzt wurde. Ob der Täter ein Verrückter oder ein professioneller Killer war, wurde nie geklärt. Bob Kennedy gab seine Bemühungen jedoch nicht auf. Hoffa wurde im Jahre 1964 in Chattanooga wegen Rackettätigkeit und Einschränkung der Freiheit am Arbeitsplatz zu acht Jahren Gefängnis verurteilt. Das FBI hatte nachgewiesen, daß seine Killer versucht hatten, Zeugen einzuschüchtern, und er selbst sich bemüht hatte, Geschworene zu bestechen.

Zwei Jahre lang häufte Hoffa nun Berufung auf Berufung. Ein Heer von Rechtsanwälten war damit beschäftigt, alle Rechtsmittel, an denen das amerikanische Justizsystem so reich ist, zu seinen Gunsten auszuschöpfen, doch im Dezember 1966 wurde das Urteil durch den Obersten Gerichtshof der Vereinigten Staaten bestätigt. Zwei Tage darauf erlebte Amerika den ersten Totalstreik der Teamster-Gewerkschaft; die Lastwagenfahrer protestierten dagegen, daß man ihren Chef hinter Gitter bringen wollte. Im März 1967 kam es neuerlich zum Streik, als Jim Hoffa in das Gefängnis von Lewisburg eingeliefert wurde. Über der Strafanstalt erschien in Hinkunft alljährlich an seinem Geburtstag ein Flugzeug, das ein Spruchband mit Glückwünschen schleppte.

Hoffa setzte seinen Kampf fort. Am 26. Oktober 1967 wurde er aus dem Gefängnis wieder nach Chattanooga gebracht und neuerlich vor Gericht gestellt. Die Teamster hatten alle Zeugen eingeschüchtert, mit einer Ausnahme: Mrs. Mary Gordon,

Sekretärin der Gewerkschaft, die bereit war auszusagen, obwohl sie sich nach ihren eigenen Worten „vom Tod gezeichnet" fühlte, nachdem sie die Polizei vergeblich ersucht hatte, sie in Schutzhaft zu nehmen. Ihre Befürchtungen waren begründet. Ein Lastwagenfahrer namens Ed Pullon schlug sie kaltblütig nieder.

Das rettete aber Hoffa, der neuerlich ins Gefängnis mußte, nicht. Diesmal wurde er wegen Einschüchterung von Geschworenen und Zeugen verurteilt, fuhr aber fort, die Gewerkschaft von der Zelle aus zu regieren, und erreichte im Jahre 1969 eine abermalige Wiederholung seines Prozesses, die freilich wieder zu keinem Freispruch führte. Am 26. April 1971 wurde er auf Grund neuen Beweismaterials, das vom FBI zusammengetragen worden war, von Lewisburg nach New York gebracht und vor ein Schwurgericht gestellt. Aber er entging dem Ärgsten. Nach seiner Wahl zum Präsidenten begnadigte Richard Nixon im Jahre 1971 Hoffa unter der Bedingung, daß er sich nie wieder im Bereich der Gewerkschaft betätige. In Wirklichkeit ging der Gangster sofort daran, sein Reich, das während seiner Haft formell von seinem Nachfolger Fitz Simmons geleitet worden war, wieder völlig in seine Hand zu bekommen.

Im August 1975 verschwand Jim Hoffa auf geheimnisvolle Weise. Es kann kein Zweifel daran bestehen, daß er liquidiert wurde, aber trotz aller Nachforschungen wurde sein Leichnam bis auf den heutigen Tag nicht gefunden.

Doch zurück zu John Edgar Hoover und seinen Auseinandersetzungen mit den Brüdern Kennedy. Im Juli 1962, mitten in der Behandlung des Falles Valacchi, hatte eine neue, offensichtlich vom Justizminister inspirierte Pressekampagne gegen den Chef des FBI begonnen. Im darauffolgenden Jahr feierte Hoover seinen 68. Geburtstag und hatte damit das Pensionsalter erreicht. Unter Berufung auf angebliche Indiskretionen nannten

KAP. XVI / MARTIN LUTHER KING

die Journalisten hartnäckig Bob Sheridan, einen persönlichen Freund und Mitarbeiter Bob Kennedys, als seinen wahrscheinlichen Nachfolger. Hoover seinerseits beschränkte sich darauf, die Achseln zu zucken und im vertrauten Kreis zu erklären, die Sprunghaftigkeit des Ministers mache ihm das Leben nicht leicht.

Der heimtückische, gnadenlose, permanente Kleinkrieg zwischen Hoover und den Brüdern Kennedy war so außergewöhnlich, daß er eine Reihe von Fragen aufwirft. Immerhin hatten der Präsident und der Justizminister beachtliche Vollmachten. Auch die guten politischen Beziehungen Hoovers hätten John F. Kennedy und seinen Bruder Bob nicht hindern können, den unbequemen Direktor des FBI zu entlassen. Zumindest die Hälfte der Vertreter der öffentlichen Meinung und des Kongresses hätten einer solchen Maßnahme zugestimmt.

Das ständige Ausweichen und Zögern der Brüder Kennedy kann auch schwerlich mit einem Mangel an Entschlußkraft oder einem Übermaß an Geduld erklärt werden. John hatte in der Frage der russischen Raketen auf Kuba und Bob in seinem Kampf gegen das Verbrechen bewiesen, daß sie beide imstande waren, selbst schwierige Entscheidungen rasch und rücksichtslos zu treffen. Außerdem war gerade Bob alles andere als ein geduldiger Mann. Warum dann dieses merkwürdige Verhalten gegenüber Hoover? Warum diese Ratlosigkeit gegenüber den Schwierigkeiten mit ihm, die mehr oder minder alle Präsidenten zuvor auch gehabt hatten? Und warum vor allem die Versuche, rein formell mit ihm auszukommen, ihn nie frontal anzugreifen und ihn statt dessen auf dem Wege über eine Pressekampagne und mit Hilfe von zwischengeschalteten Persönlichkeiten zur freiwilligen Demission zu bringen?

Im Lichte der Enthüllungen über die Tätigkeit von FBI und CIA, die im Gefolge der Watergate-Affäre und des Rücktrittes Richard Nixons gemacht wurden, drängen sich noch viel gewichtigere Fragen auf.

Kann man sich vorstellen, über welche Fülle von Dossiers ein Mann verfügte, der seit vierzig Jahren an der Spitze der mächtigsten, modernsten, bestausgestatteten Polizei der westlichen Welt stand, die er nach seinen Vorstellungen geschaffen hatte und über die er wie ein absoluter Herrscher regierte? Mußten sich darunter nicht zahlreiche vertrauliche Unterlagen über alle führenden Persönlichkeiten der Vereinigten Staaten der letzten Jahrzehnte befinden, die von Tausenden Beamten und Informanten im ganzen Lande zusammengetragen worden waren?

Hoover besaß in seinem Panzerschrank wohl genügend Dynamit, um die ganze amerikanische Gesellschaft in die Luft gehen zu lassen. Es steht außer Zweifel, daß er seine geheimen Unterlagen ohne zu zögern benutzt hat, um einige seiner Kritiker, vor allem Pastor Martin Luther King am Höhepunkt seiner Kampagne gegen das FBI, zum Schweigen zu bringen.

Es ist nicht unvorstellbar, daß er trotz seines Pflichtgefühls und seiner Moralauffassungen diese Unterlagen auch benützt hätte, um sich gegen die Angriffe der Kennedys zur Wehr zu setzen, sobald sie versuchten, ihn abzusetzen, obwohl er sich doch als der Garant Amerikas gegenüber inneren und äußeren Feinden fühlte.

Vielleicht muß man hier den Schlüssel für das seltsame und vorsichtige Verhalten der Brüder Kennedy suchen, die vermieden, ihn direkt anzugreifen, und bei jedem Knurren der alten Bulldogge zurückwichen. Hoover kannte alle ihre Schwächen, also sicherlich auch die abenteuerlichen Komplottpläne, die vom CIA auf ihren Befehl in der Absicht geschmiedet worden waren, ausländische Politiker durch Gangster ermorden zu lassen; vor allem ihren Todfeind Fidel Castro.

Wie immer sich die Situation damals verhielt, Hoover hatte es am Beginn des Jahres 1963 jedenfalls schwer. Seit drei Jahren war der Süden in Unruhe. Organisationen der Farbigen, progressive Gruppierungen, Hippies und Studenten hielten ständig

KAP. XVI / MARTIN LUTHER KING

Kundgebungen, Sit-ins und Friedensmärsche ab. Immer wieder gab es blutige Zusammenstöße mit den lokalen Polizeibehörden und der Nationalgarde. Führer der Farbigen wurden ermordet; eine Bombe, die in Birmingham, Atlanta, explodiert war, hatte vier Kinder getötet; Kapellen und Schulen der Negerbevölkerung wurden in Brand gesteckt. Die Universität von Mississippi stand am Rande des Aufruhrs, als Polizisten dem Negerstudenten James Meredith mit vorgehaltener Pistole den Weg in das Hochschulgebäude bahnten.

Das FBI war ständig in Alarmbereitschaft. Hoover mußte bestürzt mitansehen, wie sein Büro immer tiefer in politische Auseinandersetzungen verstrickt wurde, aus denen er es stets herauszuhalten versucht hatte. Während ihn die Neger und die Liberalen der mangelnden Härte bei der Ausforschung rassistischer Attentäter beschuldigten, warf man ihm im Süden vor, die Rechte der Bundesstaaten zu verletzen und sich in die Kompetenzen lokaler Behörden einzumengen. Dieses Kreuzfeuer von Anklagen drang bis in den Kongreß, wo das FBI wieder einmal, und zwar diesmal vom demokratischen Senator Willis Robertson aus Virginia, wütend attackiert wurde.

In diese gespannte Atmosphäre fuhr wie ein Blitz das Attentat von Dallas, dem Präsident Kennedy zum Opfer fiel.

XVII

DAS ATTENTAT VON DALLAS

Für das Prestige des FBI und seines Direktors war Dallas ein schwerer Schlag. Mit einem Male brach der Mythos der Unfehlbarkeit in sich zusammen. Unter dem Eindruck der Presseberichte warf die zutiefst geschockte Öffentlichkeit Hoover aber auch die Gefühllosigkeit vor, mit der er Bob Kennedy von der Tragödie in Kenntnis gesetzt hatte. Die Ironie des Schicksals hatte es gewollt, daß ihm die traurige Aufgabe zufiel, dem Bruder des ermordeten Präsidenten die tragische Nachricht zu übermitteln. Hoover rief auf der direkten Leitung an, doch meldete sich nur Angie Novello, die Sekretärin des Justizministers. Bob Kennedy befand sich in Hickory Hill beim Mittagessen. Die junge Frau hatte die Nachricht bereits im Rundfunk gehört, es aber nicht übers Herz gebracht, ihren Chef anzurufen. Es war Hoover, der sich schließlich in der Villa Kennedy meldete.

„Ich habe schlechte Nachrichten", sagte der Chef des FBI in völlig unbewegtem und kühlem Ton, den man ihm später vorwarf. „Man hat auf den Präsidenten geschossen."

Am anderen Ende der Leitung blieb es einen Augenblick still.

„Ist es schlimm?" fragte Bob Kennedy schließlich.

„Ich fürchte, ja", sagte Hoover noch immer im gleichen Ton. „Ich werde mich informieren. Sobald ich mehr weiß, rufe ich wieder an."

Diese eisige Ruhe im Verein mit der Tatsache, daß er kein einziges Wort des Trostes für die Familie des ermordeten Präsidenten gefunden hatte, brachte die öffentliche Meinung gegen ihn auf.

Die Zeitungen schrieben, er habe die Ermordung John F. Kennedys gemeldet, als ob es sich um den Diebstahl eines Autos gehandelt hätte. Hoover erklärte dagegen später, daß sich hinter dieser scheinbaren Gefühlskälte tiefe Erschütterung verborgen habe, er es aber vermeiden wollte, die Niedergeschlagenheit seines Chefs noch zu verstärken. Er fügte hinzu, daß angesichts seiner hinlänglich bekannten Beziehungen zu Bob Kennedy jedes Wort der Anteilnahme als Heuchelei ausgelegt worden wäre. Trotzdem warf man ihm vor, daß er Bob Kennedy niemals formell kondoliert habe, obwohl der Justizminister noch neun Monate im Amt blieb. Man schrieb sogar, Hoover habe auf Vorwürfe erklärt: „Ich kann nicht zur selben Zeit den Mörder des Präsidenten jagen und mich in Höflichkeiten verzetteln."

Das war zwar alles pure Legende, doch war sie darauf zurückzuführen, daß der Kennedy-Clan mehr denn je zutiefst den Mann ablehnte, dem es nicht gelungen war, das Attentat zu verhindern. Hoover war sich über die Notwendigkeit einer Rechtfertigung im klaren und schrieb daher einen langen Bericht für die Warren-Kommission, die beauftragt worden war, den Mordanschlag zu untersuchen. Darin führte er aus: „Es ist ganz einfach unmöglich, irgend jemanden, auch den Präsidenten der Vereinigten Staaten, vor einem entschlossenen Einzeltäter zu bewahren, der bereit ist, sein Leben für die Verübung eines Anschlages zu opfern. Vor allem einem Politiker kann kein absoluter Schutz gewährleistet werden. Das hätte zur Voraussetzung, daß er jeden Kontakt mit der Menge vermeidet, nur ohne vorherige Ankündigung reist und vollkommen durch kugelsichere Scheiben und eine Mauer von Leibwächtern abgeschirmt wird. Jedes öffentliche Erscheinen einer hochgestellten Persönlichkeit hat Risken im Gefolge, für die man gerechterweise nicht die Sicherheitsbehörden verantwortlich machen kann."

KAP. XVII / DAS ATTENTAT VON DALLAS

Dieses Plädoyer pro domo vermochte die Anhänger Kennedys weder zu überzeugen noch zu beschwichtigen. Zutiefst aufgebracht waren sie durch die Erklärungen, die Bill Turner, ein ehemaliger Mitarbeiter Hoovers, gegenüber Journalisten gemacht hatte. Demnach war Lee Harvey Oswald, der Mörder des Präsidenten, dem FBI wohlbekannt gewesen. Das Büro hatte es aber unterlassen, das Secret Service, den persönlichen Geheimdienst des Präsidenten, über ihn in Kenntnis zu setzen, möglicherweise aus Gründen der Rivalität, wie sie so oft zwischen Polizeidiensten herrscht.

Schon damals erschien diese Enthüllung der amerikanischen Presse nicht übertrieben. Heute, im Lichte der Tatsachen, die im Gefolge der Watergate-Affäre über die seltsamen Aktionen von FBI und CIA bekannt wurden, ist sie es weniger denn je . . .

Das Faktum, daß das FBI Lee Harvey Oswald kannte, ist unbestritten. Durch seine Reisen nach Moskau und Kuba, seine Heirat mit einer Russin, die er in die USA gebracht hatte, und vor allem durch seine Bemühungen, seine amerikanische Staatsbürgerschaft zurückzulegen und sowjetischer Staatsbürger zu werden, hatte dieser seltsame kleine Mann wiederholt die Aufmerksamkeit sämtlicher Sicherheitsdienste, darunter auch des Nachrichtendienstes der Marine, in der er gedient hatte, erweckt. Bei mehrfachen Verhören hatte er auch vor dem FBI aus seinen Sympathien für den Marxismus und Fidel Castro kein Hehl gemacht, obwohl es nie gelang, formelle Beweise für eine Spionagetätigkeit zugunsten Rußlands oder Kubas zu erbringen. Daß er nicht im Dienste eines dieser beiden Staaten stand, ist allerdings schwer vorzustellen!

Um die allgemeine Verwirrung zu erhöhen, erklärte der Vorsitzende des Obersten Gerichtshofes, der spätere Vorsitzende der Untersuchungskommission, Earl Warren, unmittelbar nach dem Attentat und lange bevor er die Fakten kennen konnte, mit einem an Indolenz grenzenden Mangel an Zurückhaltung, rechtsstehende Kreise seien die Anstifter des Anschlages. Die Vorwürfe der öffentlichen Meinung gegen Hoover verstärkten sich, als im Zuge der Untersuchung die Konfusion in den ersten 48 Stunden nach dem Attentat sowie nach der Ermordung Oswalds durch Jack Ruby bekannt wurde. Vor allem in den 60 Minuten, die dem Todesschuß gefolgt waren, hatte ein unbeschreibliches Durcheinander geherrscht. Während die Chirurgen des Parkland Hospitals um den sterbenden Präsidenten bemüht waren, ohne dabei im geringsten auf die Notwendigkeit der Sicherung von Spuren an seinen Verletzungen und an seiner Kleidung zu denken, verweigerte die lokale Polizei den Beamten des FBI den Zutritt zum Krankenhaus. Der Tatort selbst war durch ein Chaos gekennzeichnet, in dem es bereits nach wenigen Augenblicken nicht mehr möglich war, auch nur das geringste verdächtige Material sicherzustellen, das auf eine brauchbare Spur hätte führen können. Dementsprechend konnte auch Lee Harvey Oswald erst später verhaftet werden.

Im weiteren Verlauf behinderte sodann ein grotesker Kompetenzkonflikt die ernsthaften Ermittlungen. Unter Berufung auf ihre Zuständigkeit verweigerten die lokalen Polizeibehörden dem FBI jede Mitwirkung an den Untersuchungen. Für die Kriminalbeamten von Dallas war das Attentat, unbeschadet der Tatsache, daß sein Opfer der Präsident der Vereinigten Staaten war, ein lokaler Fall. In rein juristischem Sinne hatten sie recht. Hoover wies in einem wütenden Brief an Lyndon Johnson, der im Flugzeug, das den Leichnam John F. Kennedys nach Washington brachte, den Eid als neuer Präsident abgelegt hatte, auf die bestürzende Tatsache hin, daß Beleidigung des Präsidenten in brieflicher Form einen Verstoß gegen ein Bundesgesetz darstelle und das FBI zum Einschreiten ermächtige, die Ermordung des Präsidenten dagegen nicht!

Einem Team von 30 Beamten, das Hoover sofort nach Dallas geschickt hatte, verweigerte die dortige Polizei jede Möglich-

KAP. XVII / DAS ATTENTAT VON DALLAS

keit, Oswald zu verhören. Desgleichen lehnte sie es ab, ihn in das Bundesgefängnis von Texas zu bringen, um einer allfälligen Lynchjustiz zu begegnen. Am schlimmsten aber war, daß sie alle Einzelheiten der Untersuchung, Stunde für Stunde, vor den Fernsehkameras bekanntgab. Kam das alles nicht einem großen und wohlvorbereiteten Komplott gleich? Und wußte das FBI tatsächlich nicht, wie ihm zu begegnen war?

In der Nacht nach dem Attentat rief Hoover den Polizeichef von Dallas an und wies ihn nachdrücklich auf die Notwendigkeit hin, den Attentäter strengstens zu bewachen. Er erhielt die Versicherung, daß Lee Harvey Oswald sofort unter Beachtung aller nötigen Geheimhaltungsmaßnahmen und Sicherheitsvorkehrungen aus dem Polizeiarrest in eine Gefängniszelle überstellt werden würde. Diese Zusage wurde nicht eingehalten. Um 3 Uhr früh erhielt Hoover den Anruf eines seiner Beamten aus Dallas, wonach die Überstellung Oswalds erst in den Mittagsstunden erfolgen werde, weil der auf Publizität bedachte Polizeichef von Dallas die Anwesenheit von Journalisten wünschte.

Das Resultat ist bekannt: Um 11.21 Uhr wurde Lee Harvey Oswald von Jack Ruby, Besitzer eines Stripteaselokals und bekannter Zuhälter, erschossen. Der Attentäter konnte nicht mehr aussagen!

Diese Tat hatte wenigstens eine positive Konsequenz: Die Verantwortung für die weiteren Ermittlungen gingen von der lokalen Polizei auf das FBI über. Das amerikanische Recht sieht nämlich vor, daß ein überführter Mörder zwar seine bürgerlichen Rechte verliert, zugleich aber seine persönliche Sicherheit durch die Verfassung geschützt bleibt. Seine Ermordung stellt einen Verstoß gegen diesen verfassungsrechtlichen Schutz dar, der dem FBI die Möglichkeit zum Einschreiten bietet.

Hoover sah sich aber nun vor ein neues Problem gestellt. Der Wunsch der Familie Kennedy, zusammen mit den hochgestellten Trauergästen aus aller Welt dem Leichnam des ermordeten Präsidenten zu Fuß durch Washington zu folgen, ergab für ihn fast unlösbare Sicherheitsprobleme. Wenn das Attentat von Dallas tatsächlich Bestandteil eines großangelegten Komplottes war, wie viele annahmen, dann war der Trauerzug für die potentiellen Attentäter eine einzige große wandelnde Zielscheibe. Vergeblich unterstützte Hoover den CIA in seinen Bemühungen, Jackie Kennedy und die übrige Familie zur Abhaltung der Trauerfeier in einer vorsichtigeren Form zu bewegen. Am Tage des Begräbnisses kontrollierten Tausende bis an die Zähne bewaffnete Beamte des FBI, die beim geringsten Zwischenfall eingegriffen hätten, die Menge, die sich auf den Gehsteigen der Straßen drängte, durch die der Trauerzug seinen Weg nahm. Aber nichts geschah. Der einzige, der wirklich einem Komplott zum Opfer gefallen war, ruhte auf der Lafette, die ihn zum Friedhof von Arlington brachte.

Im Auftrag von Lyndon Johnson, dem Hoover jeden Abend Bericht erstattete, untersuchten nun die fünfzig besten Beamten des FBI monatelang Vorgeschichte, Hintergründe und Ablauf des Attentates von Dallas. Das enttäuschende Ergebnis dieser Ermittlungen fand seinen Niederschlag in dem umfangreichen Bericht der Untersuchungskommission unter dem Vorsitz von Richter Earl Warren, der keine Sympathien für Hoover hegte und deshalb mit offizieller Kritik am FBI nicht sparte, weil es das Secret Service von der Gefährlichkeit Lee Harvey Oswalds, der in seiner Kartei aufschien, nicht in Kenntnis gesetzt hatte. Aber der Warren-Bericht reinigte ansonsten Hoover und seine Männer vom Vorwurf nachlässiger Dienstauffassung.

Nachdem seither eine neue Kommission unter dem Vorsitz des demokratischen Abgeordneten aus Kalifornien, Edwards, ein grelles Licht auf die merkwürdigen Praktiken von FBI und CIA geworfen hat, schenkt heute allerdings niemand mehr in den Vereinigten Staaten dem Warren-Bericht Glauben.

KAP. XVII / DAS ATTENTAT VON DALLAS

Da ist vor allem der von Lee Harvey Oswald unterzeichnete Drohbrief, der zehn Tage vor dem Attentat im FBI-Büro in Dallas eingetroffen war und den die dortigen Beamten zwei Stunden nach dem Mordanschlag vernichtet hatten. Es ist richtig, daß in dem Brief, über dessen Inhalt sich die Zeugen nicht völlig einig sind, der Präsident nicht erwähnt wurde. Er war vielmehr gegen den FBI-Beamten James P. Hosty, der die russische Frau Oswalds zu überwachen hatte, und gegen dessen Chefs gerichtet. War dieses Beweisstück nur vernichtet worden, damit die Warren-Kommission das FBI nicht der unglaublichen Nachlässigkeit bezichtigen konnte? Ist es nicht ungeheuerlich, daß ein Mensch wie Oswald nicht überwacht wurde, obwohl er angedroht hatte, das FBI-Büro in Dallas in die Luft zu sprengen und obwohl er zehn Tage zuvor wegen eines Raufhandels beim Verteilen castrofreundlicher Flugblätter in New Orleans festgenommen worden war?

Trotz dreimonatiger Untersuchungen vermochte die von Präsident Gerald Ford eingesetzte Edwards-Kommission nicht herauszufinden, wer den Befehl zur Vernichtung des Oswald-Briefes gegeben hatte. Nachgewiesen wurde lediglich, daß Hoover und mindestens zehn seiner bedeutendsten Mitarbeiter in Washington von der Existenz des Schreibens Kenntnis hatten. Desgleichen wurde erwiesen, daß auch anderes Beweismaterial, aus dem Oswalds Tätigkeit für eine ausländische Macht hervorging, vernichtet wurde.

Es gab aber noch weit sensationellere Entdeckungen. Ein Unterausschuß des Kongresses unter dem Vorsitz des republikanischen Senators von Pennsylvania, Richard Schweiker, und des demokratischen Abgeordneten von Colorado, Gery Hart, hatte einen gleichsam offiziellen Beweis dafür gefunden, daß Oswald in Beziehungen zum FBI stand, dem er als Agent provocateur und Spitzel gedient hatte. Hoover hatte seinerzeit vor der Warren-Kommission ausgesagt, daß sich der Mörder des Präsidenten dem Büro in Dallas in den Jahren 1962 und 1963 angeboten habe, aber zurückgewiesen worden sei. In diesem Punkt bestand der Untersuchungsausschuß Schweikers und Harts auf der Ansicht, daß Hoover wissentlich gelogen hätte. Wie sollte man auch glauben, daß eine Institution, deren Aufgabe es war, die kommunistische und kubanische Infiltration in den Vereinigten Staaten zu bekämpfen, das Angebot eines Mannes zurückgewiesen hätte, der in der Sowjetunion gelebt hatte und enge Beziehungen zu Kuba unterhielt? Die beiden Abgeordneten, die absolut überzeugt waren, daß Oswald nicht allein gehandelt hatte, haben im übrigen vom Kongreß eine Revision und Wiederaufnahme der Untersuchungen über die Ermordung John F. Kennedys verlangt.

Aus all diesen Weiterungen kann der Schluß gezogen werden, daß vom Fall Kennedy nur eine kleine Spitze des Eisberges sichtbar geworden ist und daß sich unter einer Oberfläche von Schweigen und Täuschen ein ungeheurer Skandal verbirgt.

Der Respekt vor dem Märtyrertod der beiden Männer, die im Dienste ihres Vaterlandes starben, hat das wahre Gesicht der Brüder Kennedy lange verschleiert: Sie waren Machtmenschen, die im Interesse ihrer Sache zu allem bereit waren. Die Aussagen des CIA-Chefs Phil Colby vor dem Senat lassen den Schluß zu, daß sie mit aller Wahrscheinlichkeit die Planung von Mordanschlägen gegen ausländische Politiker, die als gefährlich betrachtet wurden, gutgeheißen haben. Solche Anschläge waren vor allem gegen Fidel Castro und möglicherweise auch gegen Tschombe geplant, der Herrscher über das Kupfer von Katanga und damit Konkurrent des chilenischen Kupfers von Anaconda war, einer Mine im Besitze des Familienpatriarchen Joe Kennedy.

Auf Grund seines Amtes muß Hoover von all dem Kenntnis gehabt haben. Welche Rolle hat er aber dann in den Vorgängen rund um den Tod des Präsidenten tatsächlich gespielt?

KAP. XVII / DAS ATTENTAT VON DALLAS

Muß man, wie viele behaupten, annehmen, daß er über das Attentat wohlinformiert war? Sollten sich die Dinge nach seinem Willen so weit entwickeln, daß den Brüdern Kennedy, die ihn damals maßregeln wollten, Schrecken eingejagt wurde? Vielleicht hatte er ein wenig wie einst Fouché gehandelt, der zufällig jedesmal, wenn ihn Napoleon entlassen wollte, ein neues Komplott gegen den Kaiser aufdeckte.

Unglücklicherweise für die Kennedys standen aber in einem solchen Falle hinter den Überlegungen Hoovers Leute, die stärker waren als er und über phantastische Möglichkeiten und Verbündete verfügten. Eines steht heute jedenfalls außer jedem Zweifel: John Kennedy und Gouverneur Connally wurden von mindestens drei, möglicherweise vier Projektilen getroffen; da es sich um Sprenggeschosse handelte, läßt sich die genaue Anzahl nicht feststellen. Der Mordanschlag war jedenfalls nicht das Werk eines blindwütigen Einzelgängers, sondern ein von langer Hand vorbereitetes und minutiös ausgeführtes Komplott mehrerer professioneller Killer, von denen zwei von vorne schossen.

Es gibt einen Film über den Ablauf des Attentates, der aber der amerikanischen und ausländischen Öffentlichkeit bisher nur in Bruchstücken gezeigt wurde. Dieser auf eine Breite von 35 Millimetern übertragene Streifen wurde vom FBI aus Schmalfilmen von Augenzeugen zusammengestellt. Er bedient sich verschiedener Zeitraffer- und Vergrößerungstechniken sowie der Methode, wichtige Ausschnitte in einer Aneinanderreihung von einzelnen Bildern zu zeigen. Dieser auch der Interpol vorgeführte Film läßt nicht den geringsten Zweifel an der Zahl der Einschüsse, der Richtung, aus der sie gekommen sind, sowie an der Tatsache, daß es mehrere Schützen gab, die sich deutlich im Anschlag befinden und vom FBI auf dem Film ausdrücklich kenntlich gemacht wurden. Das gilt besonders für einen Schützen, der sich hinter Büschen auf einem Parkplatz verborgen hält und dem Präsidenten entgegenblickt. Ebenso sichtbar ist der Mann in der Menge, der mit einem roten Taschentuch das Signal zum Feuern gibt. Dieses außergewöhnliche Filmdokument befindet sich heute im Besitz eines der ehemaligen Mitarbeiter Bob Kennedys.

Es kann auch kein Zweifel daran bestehen, daß Hoover die wahren Schuldigen, die Anstifter des Attentates, kannte. Waren es kubanische Agenten, die Castro angestiftet hatte, um den von der CIA mit Billigung der Brüder Kennedy geplanten Anschlägen zu entgehen? Sam Giancana, ein Mafia-Capo aus Chicago, der in diese Pläne verwickelt gewesen sein soll, wurde im August 1975 von Pistolenkugeln durchlöchert tot aufgefunden; ausgerechnet am Vorabend einer Untersuchung dieser seinerzeitigen Anschlagspläne durch eine Senatskommission...

Waren es bezahlte Mörder im Auftrag der Schwerindustrie oder texanischer Ölmagnaten? John F. Kennedy war gegen diese Wirtschaftsgruppen mit äußerster Härte vorgegangen und hatte die Aufhebung bedeutender Steuerprivilegien erwogen, die einem Verlust von vielen Millionen Dollar gleichgekommen wäre.

Waren es Killer der Murder Inc. oder der Mafia, die Vergeltung für die Schwierigkeiten üben sollten, die Jim Hoffa und seinem Syndikat der Teamsters von den Brüdern Kennedy bereitet wurden? Victor Riesel, der für seine dreißig Jahre Kampf gegen die Mafia mit Erblindung nach einem Säureattentat bezahlen mußte, vertritt diese These. Tatsächlich stand Jack Ruby in Dallas und bereits zuvor in Chicago mit der Lucchese-Bande in Verbindung, die als eine der New Yorker Mafia-Familien mit dem Syndikat Hoffas zusammenarbeitete. John F. Kennedy könnte anstelle von Bob zum Opfer gewählt worden sein, weil sein Tod den Einfluß des Justizministers mindern mußte, während im umgekehrten Fall der Präsident einen neuen, ihm ergebenen Minister ernannt hätte, dessen Aufgabe

KAP. XVII / DAS ATTENTAT VON DALLAS

es gewesen wäre, die Anstrengungen im Kampf gegen die Mafia zu verdoppeln.

Waren es Scharfschützen aus den Reihen der ultra-nationalen Organisationen John Birch Society, Minute-Men oder des Ku-Klux-Klan, die weniger als eine Woche vor dem Attentat in texanischen Zeitungen wahre Mordaufrufe gegen die Kennedys veröffentlicht hatten, die beschuldigt wurden, durch ihre Politik gegenüber den Schwarzen, der Dritten Welt und der Sowjetunion zu Verrätern und Totengräbern der Größe und Ehre Amerikas geworden zu sein? Diese Organisationen konnten mit gewissen Sympathien bei den Falken im Pentagon rechnen, die über die vom Präsidenten verfügten Kürzungen des Verteidigungsbudgets aufgebracht waren, weil sie nach ihrer Meinung für die Vereinigten Staaten und die NATO eine tödliche Gefahr darstellten. Mit Sympathien konnte auch beim harten Kern des CIA gerechnet werden, dessen Budget und Aufgaben der Präsident auf Grund einer Reihe von Fehlleistungen, deren größte und demütigendste das Desaster von der Schweinebucht gewesen war, drastisch beschneiden wollte.

Denkbar ist schließlich ein Zusammenschluß dieser diversen Lobbies in einer großen gemeinsamen Verschwörung zur Wahrung ihrer Interessen, die durch die kühne Politik der Kennedys, die an die Grundlagen des Establishments der Vereinigten Staaten rührte, bedroht waren. In diesem Fall wäre die Ermordung John F. Kennedys so wie sechs Jahre später der Tod seines Bruders Bob lediglich die Vollstreckung eines Urteils gewesen, das ein geheimes Tribunal im Namen der „gesunden Kräfte und der traditionellen Werte" der amerikanischen Nation gefällt hätte...

Im Rahmen dieser Hypothese hätte der CIA die Aufgabe übernommen, die Mörder zu stellen: bezahlte Gangster wie jener Sam Giancana, über den seine Chefs 1975 vor der Edwards-Kommission aussagten, daß man sich seiner wiederholt bedient habe. Darunter könnte sich auch Lee Harvey Oswald befunden haben, nutzlos und verdächtig gewordener Agent, machiavellistisch manipuliert, den man los wurde, indem man ihn, 24 Stunden nachdem er alle Anzeichen der Schuld auf sich geladen hatte, durch Jack Ruby töten ließ.

Klingt das alles nicht zu sehr nach Kriminalroman? Aber: Die Watergate-Affäre und die Untersuchungen in ihrem Gefolge haben mindestens ebenso unglaubliche Tatsachen ans Licht gebracht! Die vorstehenden Hypothesen würden jedenfalls die unverständliche Apathie Hoovers und des FBI erklären. Wäre es sonst glaubhaft, daß dieser allmächtige Polizeichef, dessen Hartnäckigkeit so weit ging, ein von einer Bombe zerfetztes Flugzeug Stück für Stück wieder zusammensetzen zu lassen, um einen Mörder und Versicherungsbetrüger zu überführen, im Besitze aller ihm zu Gebote stehenden Untersuchungsmöglichkeiten unfähig gewesen wäre, volles Licht in die Hintergründe der Ermordung des Präsidenten der Vereinigten Staaten zu bringen? Wäre es sonst denkbar, daß er die Akten schloß, obwohl der Warren-Bericht so viele offene und widersprüchliche Fragen enthüllte, daß heute offiziell eine Wiederaufnahme der Untersuchungen verlangt wird, obwohl bezeichnenderweise in den ersten drei Jahren nach dem Attentat von Dallas alle unangenehmen Zeugen dahingestorben sind wie die Fliegen?

Haben nicht sowohl Hoover als auch Warren im Staatsinteresse geschwiegen?

Die Wahrheit hätte John F. Kennedy nicht zum Leben erweckt, aber die Grundlagen der amerikanischen Gesellschaft in einem Maße erschüttert, das zu einem Zusammenbruch führen hätte können. Wirtschaft, Armee, CIA, Teile des Kongresses, Gewerkschaften, der Süden im allgemeinen und Texas im besonderen, die nationalistischen Vereinigungen — all das wäre ins Zwielicht gerückt und überdies der Vorsitzende des Obersten Gerichtshofes unglaubwürdig geworden.

KAP. XVII / DAS ATTENTAT VON DALLAS

John Edgar Hoover hatte ein viel zu ausgeprägtes Staatsbewußtsein und fürchtete die Mächte, die Amerika bedrohten, viel zu sehr, um sich auf ein solches Werk der Selbstzerstörung einzulassen, das letztlich niemandem nützen konnte. Umso mehr als er selbst, wie sich gezeigt hatte, nicht erschüttert vom Tode eines Mannes war, dessen politische Ansichten er zutiefst ablehnte und der nur darauf gewartet hatte, ihn bei der erstbesten Gelegenheit fallen zu lassen.

Wird die Wahrheit schließlich doch noch ans Licht kommen? Der Direktor, der sie ohne jeden Zweifel kannte, hat jedenfalls bis zu seinem Tode geschwiegen und sein Geheimnis mit ins Grab genommen.

XVIII

DER TOD EINES MANNES, DAS ENDE EINER ÄRA

Der Fels Edgar Hoover, an dem sich im Laufe der Jahre so viele Wellen gebrochen hatten, war, nachdem John F. Kennedy zum Präsidenten gewählt worden war, zum erstenmal wirklich in Schwierigkeiten geraten. Das FBI befand sich damals auf dem Höhepunkt seiner Macht. Obwohl es unmittelbat dem Justizminister unterstand, hatte es sich Hoover zur Gewohnheit gemacht, ihn zu umgehen und sich direkt an den Präsidenten zu wenden, wenn er etwas brauchte. Weil er das wußte, hatte Bob Kennedy, der Bruder des künftigen Präsidenten, auf Befragen frühzeitig erklärt: „Ja, sobald mein Bruder gewählt ist, werden wir uns Hoovers entledigen."

Nach seinem Einzug in das Weiße Haus hatte John F. Kennedy nach reiflicher Überlegung aber nicht gewagt, Hoover seines Amtes zu entheben. Wie erwähnt, kann es dafür eine Reihe von Gründen gegeben haben. Wahrscheinlich war Hoover „drinnen" weniger gefährlich als „draußen". Indem er seinen Bruder Bob zum Justizminister machte, hoffte der junge Präsident, das FBI unter Kontrolle zu bringen, dem er in der Öffentlichkeit vorgeworfen hatte, es ziehe vor, kommunistische Organisationen bis zum letzten Mann zu infiltrieren, statt gegen das organisierte Verbrechen oder die Verletzung der Bürgerrechte zu kämpfen. Das Verhältnis zwischen dem neuen Justizminister und Hoover hatte sich nicht zuletzt wegen der Kontakte zwischen den Kennedys und Martin Luther King sehr schnell verschlechtert. Die Ermordung des Präsidenten hatte die Situation noch mehr verschärft, bis sich schließlich der Chef des FBI weigerte, das Wort an seinen Vorgesetzten zu richten. Sein Hauptvorwurf an die Adresse Bob Kennedys war, daß dieser „mehr schwarze FBI-Beamte wolle und dafür bereit sei, den Einstellungsstandard zu senken", wie er 1969 in einem Interview mit der Washington Post erklärte. Bis zum Jahre 1970 weigerte sich Hoover, die Zahl der farbigen Beamten im FBI preiszugeben. Heute ist sie bekannt: 51 unter insgesamt 6700.

Die Auseinandersetzungen mit Bob Kennedy hinderten Lyndon Johnson nicht daran, Hoover, nachdem er das Pensionsalter erreicht hatte, zum Direktor auf Lebenszeit zu ernennen. Im Gegenteil: Der neue Präsident war dem FBI-Chef geradezu ergeben und stand überdies dem Kennedy-Clan, nicht ganz zu Unrecht, mit Mißtrauen und Eifersucht gegenüber. Später meinte er dazu mit texanischem Realismus: „Mir ist lieber, er ist mit uns im Zelt und schießt auf die anderen, als er ist draußen und schießt auf uns im Zelt."

Auf Johnson schoß Hoover tatsächlich nie, aber er zögerte nicht, mit anderen Persönlichkeiten Fehden auszutragen; so mit Martin Luther King und allen, die es wagten, seine Ansichten nicht zu teilen.

Ab etwa 1964 fühlte sich Hoover unbesiegbar. Er griff überall und in alles ein, ohne deshalb seine Unterstützung im Kongreß zu verlieren, der ihm niemals auch nur einen Cent des von ihm vorgelegten Budgets verweigert hatte. Er war der Chef eines Staates im Staate geworden. Vier gepanzerte Cadillacs standen ihm zur Verfügung; der Präsident der Vereinigten Staaten hatte nur drei. Als Lyndon Johnson daranging, einen neuen Konsularvertrag mit der Sowjetunion abzuschließen, zog Hoover dagegen ins Feld und versuchte, Druck auf den Kongreß auszuüben. Und als sich der Oberste Gerichtshof in einem konkreten Fall für die Rechte der Angeklagten aussprach, kritisierte Hoover

KAP. XVIII / DAS ENDE EINER ÄRA

die Entscheidung der Richter, die er als „Heulsusen" abqualifizierte.

Ramsey Clark, der Nachfolger Bob Kennedys als Justizminister, wurde vom FBI-Chef nicht besser behandelt als sein Vorgänger. „Er ist eine Qualle", sagte Hoover, der ihm vor allem vorwarf, daß er seinen Enthusiasmus für die Überwachung linker und pazifistischer Organisationen nicht teilte. Seine immer schärfer werdenden Kritiken machten auch vor den Führern der Demokratischen Partei nicht halt. Am Beginn des Wahlkampfes des Jahres 1968 war Hoover, der alte Republikaner, Feuer und Flamme. So wie schon einmal unterstützte er wieder seinen Lieblingskandidaten: Richard Nixon. Mehr denn je ging es um seinen Kopf. Davon war er ebenso zutiefst überzeugt wie seine demokratischen Gegner, die nun versuchten, den alten Fuchs aus seinen letzten Schlupfwinkeln zu jagen. Der Wahlkampf schien der gegebene Anlaß für den Angriff zu sein. Der ehemalige demokratische Justizminister Clark eröffnete die Attacke, indem er erklärte: „Mr. Hoover nimmt seinen Posten schon so lange ein, daß er die Lust und Liebe von einst nicht mehr aufbringen kann. Er war ja schon da, wie ich noch gar nicht auf der Welt war."

Dann wandte er sich den Auseinandersetzungen zwischen dem FBI-Chef und Martin Luther King zu und erklärte: „Ich glaube, daß sich ein Mann in seiner Position unbedingt an das Gesetz halten muß, und das Gesetz besagt, daß ein Polizeichef Erkenntnisse, die er im Zuge einer Ermittlung gewonnen hat, an niemanden weitergeben darf als an das Gericht. Indem Mister Hoover vor der Öffentlichkeit unüberlegte Erklärungen abgab, hat er unentschuldbar gehandelt."

Die „Qualle" hatte offensichtlich den Spitznamen, den Hoover seinem Chef verliehen hatte, übelgenommen. Das war aber kaum der einzige Beweggrund für seine Attacke. Als der demokratische Kandidat für die Vizepräsidentschaft, Senator

Muskie, während des Wahlkampfes in Manchester über die Zukunft Hoovers befragt wurde, erklärte er: „Im Falle eines Wahlsieges wird er aufgefordert werden, zu demissionieren. Ich persönlich würde dann gerne Ramsey Clark an der Spitze des FBI sehen."

Aber Hoover erlebte die Genugtuung, daß Richard Nixon über das Paar Hubert Humphrey-Edmund Muskie siegte. Der FBI-Chef, dessen Position nun gestärkt war, verstand sich mit dem neuen Präsidenten ausgezeichnet und begrüßte dessen Politik: Entsendung konservativer Richter in den Obersten Gerichtshof und Rückkehr zu jenen traditionellen amerikanischen Tugenden, die seinen Vorstellungen entsprachen.

Aber Amerika war im Aufbruch befindlich und Hoover außerstande, die Unruhe zu begreifen, von der die Jugend, und insbesondere die Studenten, erfaßt waren. Welten trennten ihren Freiheitsdrang und Widerspruch von seinen eigenen Wertvorstellungen, von seinen puritanischen und patriotischen Erziehungsidealen, deren Zusammenbruch er angesichts der alarmierenden Berichte, die ihm von den lokalen FBI-Büros zugingen, befürchtete.

Für ihn kam das Unheil aus der Zerstörung der Familie, der sexuellen Emanzipation, der zunehmenden Mißachtung der traditionellen amerikanischen Gesellschaftsformen und dem wachsenden Lebensstandard in einem prosperierenden Land, in dem der Sinn für Bürgerpflichten im Schwinden war und der Wunsch nach Bequemlichkeit die Oberhand behielt. Hoover war ein viel zu engagierter Antikommunist, um diese Auflösungserscheinungen nicht in Verbindung mit der geheimen, subversiven und permanenten Tätigkeit sowjetischer Agenten und deren Komplizen auf amerikanischem Boden zu bringen. Für ihn war jeder, der auf diese oder jene Weise gegen eine bestehende Ordnung kämpfte, an dieser Verschwörung beteiligt: Schwarze oder puertorikanische Führer, die für Rassen-

KAP. XVIII / DAS ENDE EINER ÄRA

gleichheit eintraten, Progressive, die ihre Anliegen unterstützten, und ganz allgemein alle, die es wagten, Amerikas Haltung gegenüber dem Osten und der Dritten Welt in Frage zu stellen. Er spielte sich zum Mentor auf und predigte die Rückkehr zu den alten Tugenden, die Amerika groß gemacht hatten. In den Jahren, die ihm noch verblieben, ließ er keine Gelegenheit vorübergehen, um öffentlich oder im privaten Kreis die amerikanische Jugend zu ermahnen und die Verantwortlichen vor dem Verfall der Sitten zu warnen.

„Die Kommunistische Partei", wetterte er, „unternimmt alles in ihrer Macht stehende, um Hirne und Herzen unserer jungen Menschen in ihre Gewalt zu bringen... Nie zuvor haben die Kommunisten mit solchem Eifer gearbeitet wie in den letzten Jahren an unseren Universitäten und anderen Erziehungsinstituten, um die Jugend unseres Landes anzusprechen und sie zur Treue und zum Gehorsam gegenüber einer fremden Macht zu bewegen: der Sowjetunion."

Hoover war nun 75 Jahre alt und von zunehmender Uneinsichtigkeit. Seine Ansichten und Aussagen entsprachen eher dem Selbstverständnis eines Politkommissärs als eines unparteiischen Polizeichefs. Im Zeichen des bevorstehenden Wahlkampfes trat die Mehrzahl der demokratischen Präsidentschaftskandidaten für seinen Rücktritt ein. Sie stützten ihre Angriffe auf die Aussagen eines ehemaligen Angehörigen des FBI, Robert Wall, der u. a. erklärt hatte: „Wir haben im Büro einen Beamten gehabt, dessen einzige Aufgabe es war, die Banken der Stadt zu überwachen, die Kontoauszüge bestimmter Kunden zu photographieren und dann Nachforschungen anzustellen."

Zur Frage, ob sich das FBI gefälschter Presseausweise bedient habe, sagte Wall: „Sagen wir, daß Beamte solche Ausweise gelegentlich benützt haben, und ich bin sicher, daß sie nicht echt waren. Ich habe allerdings auch keinen Beamten gesehen, der einen gefälscht hätte."

Auch über den Kampf gegen das Verbrechen äußerte sich Wall: „In der Zeit, in der ich in Washington war, hat das Büro viel mehr gegen die Studenten ermittelt als gegen die Verbrecher. Mit der Verbrechensbekämpfung war ein Team von etwa sechs Mann beschäftigt, das nicht viel zu tun hatte."

Wall machte diese Aussagen zwar vor einer Untersuchungskommission, blieb aber die Beweise schuldig und ließ allzu deutlich erkennen, daß persönliche Verärgerungen seine Beweggründe waren. Die Angriffe gegen Hoover gingen aber weiter. So schrieb am 28. März 1971 ein Washingtoner Journalist: „Mr. Hoover, Direktor des FBI, hat gestern abend um 18.15 Uhr Krabbensuppe, Spaghetti Bolognese und Erdbeeren gegessen. Er hat sodann Magen- und Rachenpillen genommen." An diese „Meldung" schloß sich folgender Kommentar: „Wir haben beschlossen, den alten ‚G-Mann' den gleichen Untersuchungsmethoden zu unterwerfen, die er anwendet. Wir haben ihn beschattet, wir haben seine Nachbarn befragt und wir haben seinen Mülleimer ausgeleert."

Mit diesem Artikel wollte Jack Anderson, ein bekannter Journalist, die Meinung zahlreicher Amerikaner ausdrücken, die zwar bei einer Befragung zu 70 Prozent der Ansicht waren, daß Hoover gute Arbeit geleistet habe, dabei jedoch zu 51 Prozent die Auffassung vertraten, es sei Zeit für ihn, zurückzutreten.

Die Befragung hatte im Gefolge der Veröffentlichung von Akten stattgefunden, die ein Licht auf die Methoden des FBI warfen. Die Akten, die aus den Jahren 1969 bis 1971 stammten, waren am 8. März 1971 von einer Organisation, die sich „Untersuchungskommission für das FBI" nannte, aus dem lokalen FBI-Büro in Media, Pennsylvania, gestohlen worden. Kopien waren an die Washington Post, die New York Times und die Los Angeles Times geschickt worden, die Auszüge daraus veröffentlichten.

Unter diesen Dokumenten befand sich zahlreiches Material,

KAP. XVIII / DAS ENDE EINER ÄRA

das sich mit Spionage beschäftigte: Vom Bericht PH 399-R bis zum Dossier 157-I 567. Viel interessanter waren aber andere Aktenstücke. So hatte Hoover am 4. Oktober 1970 in einem dringlichen Rundschreiben alle Dienststellen das FBI aufgefordert, „vertrauliche Untersuchungen über alle farbigen Studentenvereinigungen und Hilfsorganisationen aufzunehmen", soweit sie in der Kartei des Büros nicht aufschienen. Die Beamten sollten „Umfang, Ziele und Aktivitäten" dieser Gruppen sowie „Führer und Aktivisten" ermitteln, herausfinden, welchen „extremistischen Einflüssen" sie ausgesetzt waren, Dossiers über die Verantwortlichen und ihr Vorleben anlegen und ein Netz von Informanten aufbauen. Diese Untersuchungen sollten sich auf alle höheren Schulen erstrecken.

Obwohl Organisationen wie die Black Panthers die Aufmerksamkeit des FBI in besonderem Maße in Anspruch nahmen, blieben die Ermittlungen nicht auf die Bewegungen der farbigen Bevölkerung beschränkt. So hatte das FBI-Büro in Philadelphia im September 1970 begonnen, seine Beamten auf die Notwendigkeit von Kontakten mit der „Neuen Linken" hinzuweisen. Im Auftrag von Hoover hatte es sich im Sommer 1969 um eine Konferenz gekümmert, die dem Widerstand gegen den Krieg in Vietnam gewidmet war. Getreu den Anschauungen seiner Vergangenheit hatte Hoover in diesem Jahr auch Ermittlungen gegen alle Studenten angeordnet, die mehr als einen Monat in der Sowjetunion verbracht hatten, „um festzustellen, ob sie nicht in Kontakt mit dem sowjetischen Geheimdienst stünden".

An und für sich waren alle diese Akten des FBI nichts Außergewöhnliches, aber die Veröffentlichung der Dokumente rückte sie ins Rampenlicht und machte mit den Mitteln und Methoden des Büros vertraut. Was die Öffentlichkeit schockierte, war das Ausmaß der Überwachung von Personen, gegen die kein richterlicher Auftrag zum Einschreiten vorlag.

Es wurde auch offenbar, daß das FBI vor Korrumpierung nicht zurückscheute und seine Beamten das Recht hatten, Informanten monatlich bis zu 300 Dollar zu bezahlen. Auch Einschüchterungen kamen vor: Den Beamten war empfohlen worden, ihre Kontakte mit den Angehörigen der „Neuen Linken" zu verstärken, in der Hoffnung, „daß einige von ihnen durch die polizeiliche Autorität zu Aussagen veranlaßt werden könnten".

Hoover schwieg zu allen Veröffentlichungen. An seiner Stelle ergriff Nixons Justizminister, John Mitchell, das Wort. Er verlangte von den Journalisten, die Kopien der Dokumente erhalten hatten, die Veröffentlichungen einzustellen, da „ihr Inhalt die Identität von Informanten preisgeben und die nationale Sicherheit gefährden könnte". Es war ein vergebliches Verlangen.

Die geheime „Untersuchungskommission", die sich der Dokumente bemächtigt hatte, machte kein Hehl aus ihrer Absicht, das FBI bloßzustellen, „das große Energie auf die Verfolgung kleiner Deliquenten aufwende, statt sich der Bewältigung großer Aufgaben wie der Bekämpfung des institutionalisierten Rassismus, des organisierten Verbrechens, der Kriegsgewinnler und des Rauschgifthandels" zu widmen. Die Washington Post teilte diese Ansichten, denn sie setzte ihre Kampagne fort und verlangte die Einsetzung eines Komitees des Kongresses, „um die Aktionen des Büros zu untersuchen".

Das war nicht der einzige Kampf, den Hoover seit den Präsidentschaftswahlen des Jahres 1968 zu führen hatte. Im November 1970 hatte der ehemalige Justizminister Ramsey Clark ein Buch veröffentlicht, in dem er dem FBI und seinem Direktor vorwarf, „den Kampf gegen das organisierte Verbrechen nur zögernd zu führen". Im Dezember desselben Jahres hatte der demokratische Abgeordnete von Tennessee, William Anderson, Hoover aufgefordert, seine Behauptung zu beweisen, zwei seiner

KAP. XVIII / DAS ENDE EINER ÄRA

ehemaligen Mitarbeiter, die Brüder Berrigan, hätten eine Verschwörung gegen ihn angezettelt,

Im Februar 1971 war der demokratische Senator George McGovern an der Reihe. Nachdem sich Hoover vor einem Unterausschuss des Senates geweigert hatte, über die Entlassung eines Beamten auszusagen, der das Büro und dessen Chef kritisiert hatte, veröffentlichte McGovern einen Brief, den er von zehn jungen Angehörigen des Büros erhalten hatte. Darin beschuldigten sie ihren Chef, die Statistiken zu manipulieren, „indem er sich nur mit den Minderheiten und den von der Polizei ansonsten vernachlässigten unerheblichen Straftaten beschäftige". McGovern erhielt daraufhin entrüstete Protestbriefe von Dutzenden ehemaliger Mitarbeiter Hoovers, die ihrem Chef die Treue hielten. Clyde Tolson, zweiter Mann des FBI, der dank Hoover als Siebzigjähriger noch immer im Dienst war, bezeichnete den Senator als „unverantwortlich" und erklärte, „er habe einen Mann vom Ansehen Hoovers nur angegriffen, um sich Publizität zu verschaffen und damit seine politische Karriere zu fördern".

McGovern, der im März 1971 von der „Untersuchungskommission" ebenfalls Dokumente zugeschickt erhielt, reichte sie daraufhin an das FBI weiter. Als Kandidat für die Präsidentschaftswahlen 1972 hatte sich McGovern bereits mit einer Reihe von unangenehmen Problemen herumzuschlagen und zog es daher vor, zu schweigen, statt sich durch die Zusammenarbeit mit einer geheimen und illegalen Institution zu kompromittieren. Allerdings gab es auch noch andere Hypothesen für sein Schweigen...

Dafür trat nun Senator Edmund Muskie, der sich abermals als Präsidentschaftskandidat bewarb, auf den Plan und erklärte in einem Fernsehinterview: „Mr. Hoover, der am 1. Januar seinen 70. Geburtstag gefeiert hat und seit 1924 das FBI leitet, sollte in den wohlverdienten Ruhestand treten."

Selbst das Weiße Haus, das offiziell noch immer Hoover verteidigte, ließ diskret wissen, daß ihm Richard Nixon im Falle seiner Wiederwahl den Rücktritt nahelegen werde; die Fertigstellung des neuen großen Bürogebäudes des FBI in Washington würde dafür der geeignete Anlaß sein.

Von allen Seiten angegriffen, von vielen Freunden im Stich gelassen, war der alte Bulle, seiner Macht gewiß, dennoch entschlossen, auf seinem Posten zu verbleiben.

Ende April 1972 zeigte er sich auf die Frage eines Journalisten durchaus optimistisch: „Mir geht es gut. Ich glaube, daß viel Arbeit für die Leute gut ist, und ich habe viele Jahre lang viel gearbeitet." „Und wie viele Jahre wollen Sie noch arbeiten?" fragte der Gesprächspartner. „Solange es meine Gesundheit erlaubt", antwortete Hoover. „Im letzten Sommer habe ich eine medizinische Untersuchung mit hundertprozentigem Erfolg bestanden." Mit anderen Worten: Abberufen konnte ihn nur der Tod...

Am Montag, den 2. Mai 1972, um acht Uhr früh, betrat Annie Fields, die alte und treue Haushälterin Hoovers, wie jeden Morgen das Schlafzimmer ihres Chefs. Der Raum war in Dunkel gehüllt. Sie ging zum Fenster und zog die Vorhänge zurück, um die Frühlingssonne eindringen zu lassen. Als sie sich umwandte, stieß sie einen Schrei aus.

John Edgar Hoover, der im Laufe der Nacht einem Gehirnschlag erlegen war, lag reglos zu Füßen seines Bettes.

Am darauffolgenden Tag schrieb ein Journalist: „Edgar Hoover, der Herrscher des FBI, hat im Alter von 77 Jahren Abschied genommen, seinen unwiderruflich letzten. Er, von dem man wiederholt gesagt hatte, er sei der mächtigste Mann der Welt, ist dahingegangen, als er den Schlaf des Gerechten schlief, und dieser strenggläubige Calvinist wird nun zur Rechten des Gottes der Polizisten sitzen, nachdem er sich bereits zu seinen Lebzeiten ein Denkmal gesetzt hat."

KAP. XVIII / DAS ENDE EINER ÄRA

In diesen ironischen Worten steckte ein wahrer Kern. Die Nachricht vom Tode Hoovers verbreitete sich wie ein Lauffeuer durch Washington. Noch tags zuvor schien er sich der besten Gesundheit erfreut zu haben. Richard Nixon verbarg, als er die Meldung erhielt, seine Bewegung nicht und sagte spontan zu Journalisten, die sich im Weißen Haus befanden: „Der alte Hoover, dieser Junggeselle von 77 Jahren, war eine lebende Legende und für Millionen seiner Landsleute das Symbol der Werte, die sie hochhielten: Mut, Patriotismus, Treue zur Heimat, Ehrlichkeit und Anständigkeit... Er wird vom amerikanischen Volk noch in ehrendem Angedenken gehalten werden, wenn die bösartigen Kritiken und die wütenden Angriffe seiner Feinde längst vergessen sind".

Die Angreifer hatte die Nachricht vom Tode Hoovers keineswegs entwaffnet. Die Black Panthers, deren intimster persönlicher Feind er war, ließen wissen, daß sie seit langem auf die Todesnachricht gehofft hatten und daß es besser gewesen wäre, sie bereits 77 Jahre früher zu hören. Zur selben Zeit veröffentlichte Justizminister Richard Kleindienst eine Erklärung, in der er seinem „tiefsten persönlichen Bedauern" über das Hinscheiden dieses bedeutenden Staatsdieners Ausdruck gab. Die Flaggen wurden auf halbmast gesetzt und die Journalisten, dem Protokoll entsprechend, ins Weiße Haus gerufen. Der Geist Hoovers, den nur der Tod auszulöschen vermocht hatte, war noch so präsent, daß nicht einmal die leisesten Andeutungen wegen seines Nachfolgers gemacht wurden. Der FBI-Chef selbst hatte lediglich gewünscht, daß er, so wie er selbst, aus den Reihen des Büros kommen möge.

Es war ein in jeder Hinsicht schweres und einmaliges Erbe, das seinen Nachfolger erwartete; das Erbe eines Mannes, der das FBI geschaffen und dessen Rechte niemand anzuzweifeln gewagt hatte. Dieser dienstälteste Polizist der Welt hinterließ ein Reich, das sein Werk war: 15 000 Mitarbeiter, darunter

6700 Erhebungsbeamte, ein Budget von 200 Millionen Dollar, das nur sehr theoretisch der Kontrolle des Kongresses unterlag, 50 Millionen Karteikarten und fünf Millionen Ermittlungsberichte. Und dazu eine lange und ansehnliche Beutestrecke: von Karpis, Bonnie und Clyde über Luciano bis Angela Davis. Von den Gangstern der dreißiger Jahre bis zur militanten schwarzen Jugend, von den G-Männern bis zu den Antisubversionsspezialisten war Edgar Hoover einen langen, durch seine außergewöhnliche Härte gekennzeichneten Weg gegangen.

Ihm zu Ehren ordnete Präsident Nixon ein Staatsbegräbnis an, und der Kongreß beschloß, daß sein mit dem Sternenbanner bedeckter Sarg in der Kuppelhalle des Capitols, wo zuvor auch die Präsidenten Eisenhower und Kennedy geruht hatten, aufgebahrt werden solle. Unter den 24 Amerikanern, denen diese Ehre zuteil geworden ist, war Hoover der einzige Angehörige des Beamtenstandes.

Tag und Nacht entboten Angehörige aller Altersgruppen und sozialen Schichten ihren letzten Gruß dem Mann, der 48 Jahre lang das FBI verkörpert und als der „Wachhund Amerikas" gegolten hatte. 48 Stunden lang zogen die Trauernden an den sterblichen Überresten John Edgar Hoovers vorüber, bis der Sarg am 5. Mai aus dem Capitol getragen wurde. An der Spitze des Trauerzuges schritt Präsident Nixon, der in der National Presbyterian Church vor Tausenden bewegten Zuhörern die Trauerrede hielt, in der er sagte:

„In der Regel wird der wahre Wert eines Menschen erst nach seinem Tode erkannt. John Edgar Hoover war eine der seltenen Ausnahmen. Vom Beginn seiner Karriere an war er eine Legende, der er im Laufe seines langen Lebens treu geblieben ist. Sein Tod hat die Achtung und Bewunderung, die er in unserem Lande und in allen freiheitsliebenden Ländern erweckt hat, nur noch verstärkt. Die Größe John Edgar Hoovers ist untrennbar mit der Größe der Organisation verbunden, die er geschaffen

KAP. XVIII / DAS ENDE EINER ÄRA

und der er sein ganzes Leben gewidmet hat. Er machte aus dem FBI den besten Polizeiapparat der Welt, den unbezwingbaren und unbestechlichen Verteidiger der Rechte aller Amerikaner, die frei von Furcht leben. Amerika hat in diesem Manne nicht nur den Direktor einer Institution, sondern eine Institution schlechthin verehrt. Während fast eines halben Jahrhunderts, fast einem Viertel der Geschichte unserer Republik, ist der ‚Direktor' auf seinem Posten verblieben. Ich erinnere mich, daß sowohl Präsident Eisenhower, ein Republikaner, als auch Präsident Johnson, ein Demokrat, mir nach meiner Wahl nachdrücklich empfohlen haben, ihn als Direktor des FBI zu belassen. Er war einer jener einmaligen Menschen, die in jeder Hinsicht für die Erfüllung einer lebenswichtigen Aufgabe geeignet sind. Seine außergewöhnlichen Führerqualitäten haben mitgeholfen, die Seele Amerikas lebendig zu erhalten. Er verkörperte die Anständigkeit, die Ehre, die Prinzipien, den Mut, die Disziplin und die Hingabe."

Richard Nixon schloß mit dem Bibelwort: „Die das Gesetz fürchten, werden sich eines großen Friedens erfreuen."

Dann wurde John Edgar Hoover, seinem Wunsch gemäß, an der Seite seiner Eltern auf dem Congressional Cemetery, einem kleinen Friedhof im Südosten Washingtons, beigesetzt, obwohl er so wie sein großer Gegner John F. Kennedy Anspruch auf ein Ehrengrab im Heldenfriedhof von Arlington gehabt hätte.

Aber er blieb bis zuletzt seinen bescheidenen Anfängen und seinen alten Bindungen treu. Sein einziger Erbe war unter Ausschluß der Verwandten sein Freund und Mitarbeiter Clyde Tolson, dem er 551.000 Dollar und sein Haus in Washington hinterließ. Bereits am Tage nach dem Begräbnis zog Tolson dort ein, trat als stellvertretender Direktor des FBI zurück und lebte in Hinkunft nur mehr dem Andenken seines Chefs und Freundes.

Der Tod Hoovers und die Demission Tolsons markierten das

Ende einer Ära und bildeten den vorläufigen Abschluß der Kontroversen um den selbstherrlichen und allmächtigen „Wachhund des amerikanischen Traumes". Einer seiner hartnäckigsten Gegner, Senator Hale Boggs, hatte nach dessen Tod erklärt: „Ich habe niemals Hoover persönlich, sondern immer nur seine Methoden kritisiert. Er war, alles in allem, ein Mann, der seinem Lande vorbildlich gedient hat."

ANHANG

BIBLIOGRAPHIE

Die Autoren danken folgenden Personen und Institutionen für ihre aufschlußreiche und wertvolle Mithilfe:
Den ehemaligen stellvertretenden Direktoren des FBI, Louis B. Nichols und Deke de Loach,
den ehemaligen Direktoren lokaler FBI-Büros Harvey Foster, Charles Weeks und Charles Noon,
den ehemaligen FBI-Beamten Virgil Petersond und Bob Maheu,
den Journalisten Hank Greenspun, John Kilgallen, John Kobler, Jack McPhaul, Victor Riesel und David Tinnin,
den Beamten des Bundesbüros für Alkohol, Tabak und Feuerwaffen McConnel, Reed und La Cholter
sowie James Hepburn, einem ehemaligen Mitarbeiter Bob Kennedys.

Ferner: George Bieber, Anwalt von Gangs in Chicago,
„Red" Rudensky aus der Umgebung Al Capones,
Jomo Kenyatta, einem der Führer der Black Panthers,
Robert Wall, ehemaligen Angehörigen und nunmehrigen Kritiker des FBI
sowie Alvin Karpis.

Schließlich den Mitarbeitern des amerikanischen Nationalarchives, der Kongreßbibliothek, der öffentlichen Bibliotheken von New York, Brooklyn, Washington, Chicago und Los Angeles, der Historical Society von Chicago, der Fernsehanstalten CBS, NBC und ABC sowie des Verlages von Time-Life.

Andrew TULLY, *F.B.I.*, Stock, Paris.
Fred J. COOKS, *The F.B.I. nobody knows*, McMillan Cy., New York.
Don WHITEHEAD, *The F.B.I. Story*, éd Random House, New York.
Jerry D. LEWIS, *Crusade against Crime*, B. Geis ass.

ANHANG / BIBLIOGRAPHIE

Ralph de TOLEDANO, *J. Edgar Hoover.* Arlington House.
J. Edgar HOOVER, *Crime aux États-Unis; Le gang et la débauche aux États-Unis; Master of Deceits,* Robeyr.
P. WATTERS et S. GILLES, *Investigating the F.B.I.,* Ballantine, Paris.
Jay R. NASH, *Bloodletters and Badmen.* Evans.
Kenneth ALSOPP, *The Bootleggers.*
John KOBLER, *Al Capone* et *Ardent spirits,* Laffont, Paris.
M. A. GOSSCH et R. HAMMER, *Lucky Luciano,* Stock, Paris.
Marvin MILLER, *The organized Crime behind Nixon.* Therapy Prod.
Thomas PLATE, *Mafia at war,* N.Y. magazine.
Paul SANN, *The Lawless Decade,* Fawcett, Greenwich, USA.
David LOWE, *K.K.K., the invisible Empire,* Norton.
Norman LEWIS, *La Mafia,* éd. Plon, Paris.
S. GROUEFF et D. LAPIERRE, *Les ministres du Crime,* éd. Julliard, Paris.
J. de LAUNAY et R. GHEYSENS, *Les grands espions de notre temps.* Hachette, Paris.
Vernon NINCHLEY, *Les Transfuges,* Dargaud.
J.-P. DELABON, *L'espionnage stratégique,* Hachette, Paris.
John TOLAND, *The Dillinger days.*
Red RUBENSKY, *The Goniff.*
R. H. DILLON, *The hatchet men,* Comstock.
Léonard KATZ, *Oncle Frank,* Presses de la Cité, Paris.
Claude KROES, *Watergate,* Éditions sociales.
James HEPBURN, *Farewell América,* Frontiers.
F. A. J. IANNI, *The Mafia, family business,* Russel Sage Foundation.
V. MARCHETTI et J. D. MARKS, *La C.I.A. et le culte du renseignement,* Laffont; *Martin Luther King,* Planète.
André MAUROIS, *Histoire des États-Unis,* Hachette, Paris.
Andrew TULLY, *Les super-espions,* Stock, Paris.
Allen DULLES, *Les grandes histoires d'espionnage,* Stock, Paris.

BILDNACHWEIS

Sämtliche Bilder wurden vom Service Iconographique der Editions Robert Laffont, Paris, zur Verfügung gestellt.

Leonce Peillard

DIE SCHLACHT IM ATLANTIK

Format 15,5 x 23 cm, 600 Seiten mit zahlreichen Kartenskizzen und 32 Bildseiten

Dieses ausgezeichnet illustrierte Buch enthält die bislang vollständigste Darstellung des atlantischen Seekriegs in übernationaler Perspektive.

Die Zeit, Hamburg

Sorgfältig ist Peillard den einzelnen Phasen der Schlacht um den Atlantik nachgegangen. Plastisch wird herausgearbeitet, wie sehr das Geschehen auf See beeinflußt wurde durch strategische und taktische Maßnahmen.

Marine-Forum

PAUL NEFF VERLAG

Molloy Mason

DIE LUFTWAFFE
1918—1940
Aufbau — Aufstieg
Scheitern im Sieg

400 Seiten mit 32 Bildseiten

Masons umfangreiches Werk ist mit englischer Gründlichkeit und Sachkenntnis geschrieben und unter Verwendung eines enormen Quellenmaterials konzipiert. Der Autor berichtet von den Schicksalen derer, die die Luftwaffe schufen (Udet, Junkers, Heinkel, Messerschmitt u. a.); er redet aber auch von denen, die bei der Vielzahl der Einsätze ihr Leben verloren. In diesen menschlichen Aspekten liegt der Wert des Buches. Einmal mehr zeigt es sich am historischen Beispiel der Luftwaffe, wie nahe das Glück des Sieges und die Tragik der Niederlage beieinanderliegen.

Baseler Nachrichten

PAUL NEFF VERLAG

Dominique Venner

SÖLDNER OHNE SOLD
Die deutschen Freikorps 1918–1923

380 Seiten mit 16 Bildseiten

Das Werk ist bemerkenswert, weil es sich um eine Übersetzung aus dem Französischen handelt. Trotzdem ist die Darstellung auch da, wo sich die Tätigkeit der Freikorps gegen Frankreich richtete, positiv. Sie ist darüber hinaus von einem tiefen Einfühlungsvermögen in die Hintergründe dieses Abschnittes der deutschen Geschichte getragen. Eine glückliche Verbindung von reportagehafter Schilderung und sachlicher Darstellung macht das Buch zu einer spannenden Lektüre, bei der auch die Reflexion über den Sinn des Geschehens zu ihrem Recht kommt. Idealismus und Heldenmut, Grausamkeit und Bestialität liegen hier eng beieinander.

Stuttgarter Zeitung

PAUL NEFF VERLAG